JN362926

여러분의 합격을 응원하는

해커스PSAT의 특별 혜택

FREE
· **치명적 실수를 줄이는 오답노트**(PDF)
· 문제풀이가 빨라지는 **SPEED UP 연산문제**(PDF)

해커스공무원 사이트(gosi.Hackers.com) 접속 후 로그인 ▶ 상단의 [교재·서점 → 무료 학습 자료] 클릭 ▶
교재 우측의 [자료받기] 클릭하여 이용

해커스PSAT 온라인 단과강의 **20% 할인쿠폰**

K750D9F5K83DK000

해커스PSAT 사이트(psat.Hackers.com) 접속 후 로그인 ▶
우측 퀵배너 [쿠폰/수강권등록] 클릭 ▶ 위 쿠폰번호 입력 후 이용

* 등록 후 15일간 사용 가능(ID당 1회에 한해 등록 가능)

PSAT 패스 **10% 할인쿠폰**

A9E6D9F4K570K000

해커스PSAT 사이트(psat.Hackers.com) 접속 후 로그인 ▶
우측 퀵배너 [쿠폰/수강권등록] 클릭 ▶ 위 쿠폰번호 입력 후 이용

* 등록 후 15일간 사용 가능(ID당 1회에 한해 등록 가능)

쿠폰 이용 관련 문의 **1588-4055**

해커스가 제안하는

자료해석 고득점 전략

1. 시험에 출제되는 **문제 유형**을 정확하게 파악해야 합니다.

2. 유형별 **문제풀이 핵심 전략**을 확실하게 익혀야 합니다.

3. **엄선된 기출문제**를 통해 체계적으로 학습해야 합니다.

해커스가 제안하는 **자료해석 고득점 전략**

1 시험에 출제되는 **문제 유형**을 정확하게 파악해야 합니다.

자료해석은 표, 그래프, 보고서 형태로 제시된 수치 자료를 계산하거나 분석하여 새로운 정보를 도출하는 능력을 평가하는 영역으로, 자료비교, 자료판단, 자료검토·변환, 자료이해 총 네 가지 유형으로 출제됩니다. 자료해석은 각 유형마다 평가하는 요소와 그에 따른 문제 풀이법이 다릅니다. 따라서 자료해석을 효과적으로 대비하기 위해서는 **시험에 출제되는 각 문제 유형을 정확하게 파악해야 합니다.**

※ 7급 공채 및 5급 공채, 민간경력자 PSAT 출제 유형 기준

2 유형별 **문제풀이 핵심 전략**을 확실하게 익혀야 합니다.

자료해석은 문제에 제시된 수치 자료를 분석하여 필요한 정보를 도출하는 능력을 평가하며, 사전에 암기한 지식을 통해 해결하는 문제보다는 종합적인 사고를 요하는 문제가 출제됩니다. 따라서 자료해석 고득점을 달성하기 위해서는 **자료해석에서 출제되는 유형별 문제풀이 핵심 전략을 학습하여 문제에 대한 접근법을 습득하고, 문제에 적용할 수 있도록 확실하게 익혀야 합니다.**

유형별
문제풀이 핵심 전략 학습

↓

문제에 대한 접근법 습득

↓

문제 해결력 및
문제풀이의 정확성 향상

↓

자료해석 고득점 달성!

3 **엄선된 기출문제**를 통해 체계적으로 학습해야 합니다.

PSAT는 시험마다 난이도는 다르지만 매년 비슷한 유형으로 문제가 출제되고 있습니다. 민간경력자 PSAT와 동일하게 출제되었던 2024년 7급 공채 PSAT 역시 5급 공채 PSAT와 유사하게 출제되었으므로 역대 기출문제를 기반으로 7급 공채 PSAT를 준비해야 합니다. 그러나 단순히 많은 문제를 푸는 것만으로는 성적을 향상시킬 수 없습니다. 자료해석에서 출제되는 문제 유형을 체계적으로 파악하고, 각 문제 유형의 문제풀이 핵심 전략을 보다 효과적으로 익힐 수 있도록 PSAT 전문가가 역대 **PSAT 기출문제 중 7급 공채 PSAT 자료해석 대비를 위해 반드시 풀어야 하는 기출문제만을 엄선하였습니다.**

실전공략문제
기출문제를 시간에 맞춰
풀어보며 문제 풀이 능력
향상시키기

유형공략문제
기출문제로 유형별
문제풀이 핵심 전략
적용해보기

엄선된 기출문제

기출 엄선 모의고사
PSAT 전문가가 엄선한
기출 엄선 모의고사로
실전 대비하기

자료해석 완전 정복!

해커스PSAT
7급PSAT
기본서
자료해석

해커스

김용훈

이력
- 서울시립대 법학부 졸업
- 서울대 행정대학원 행정학 전공 석사과정 재학중
- 2012~2014년 5급 공채 행시 1차 PSAT 합격
- (현) 해커스 5급 및 7급 공채 PSAT 자료해석 강사
- (전) 베리타스 법학원 5급 공채 PSAT 자료해석 강사
- (전) 위포트 NCS 필기 강사
- (전) 법률저널 PSAT 전국모의고사 출제 및 검수위원
- (전) 중앙대 정보해석 출강 교수

저서
- 해커스PSAT 7급 PSAT 김용훈 자료해석 실전동형모의고사
- 해커스PSAT 7급+민경채 PSAT 17개년 기출문제집 자료해석
- 해커스PSAT 5급 PSAT 김용훈 자료해석 13개년 기출문제집
- 해커스PSAT 7급 PSAT 유형별 기출 200제 자료해석
- 해커스PSAT 7급 PSAT 기본서 자료해석
- 해커스PSAT 7급 PSAT 입문서
- EBS 와우패스 NCS 한국전력공사
- EBS 와우패스 NCS 한국수력원자력
- EBS 와우패스 NCS NH농협은행 5급
- EBS 와우패스 NCS 고졸채용 통합마스터
- PSAT 자료해석의 MIND 기본서 실전편
- PSAT 초보자를 위한 입문서 기초편

서문

7급 공채 PSAT 자료해석, 어떻게 준비해야 하나요?

7급 공채 PSAT를 준비하는 수험생들 중 많은 분들이
어떻게 PSAT '자료해석'을 준비해야 할지 몰라 어려움을 겪고 있습니다.
자료해석은 공직 적격성 평가의 일종이기 때문에 단순 암기식 학습방법은 효과적이지 않습니다.
기존에 출제되었던 문제를 외우고 계산 연습만 하는 것은 효과적인 방법이 아닙니다.
기본적으로 공식을 파악하고 계산 감각을 키우는 것도 중요하지만
문제의 구조와 출제 패턴에 맞게 유형을 분류하고 그에 적절한 접근법을 알아가는 것이
자료해석을 공부하는 가장 올바르고 효율적인 방법입니다.

해커스 PSAT연구소와 함께 출간한 『**해커스PSAT 7급 PSAT 기본서 자료해석**』은
자료해석의 유형별 전략을 제시하고 있습니다.
첫째, **'문제풀이 핵심 전략'**을 통해 **자료해석 문제 유형의 특징을 숙지하고 각 유형별 기본기를 학습**할 수 있도록
하였습니다.
둘째, **'유형공략문제'**를 통해 **유형별 풀이법을 자신의 것으로 숙지**하고, **'실전공략문제'**를 통해 **자료해석 문제 풀이 능력을 향상**시킬 수 있도록 하였습니다.
셋째, **'기출 엄선 모의고사'**를 통해 **실전 감각을 키워 자료해석 고득점을 달성**할 수 있도록 하였습니다.

『**해커스PSAT 7급 PSAT 기본서 자료해석**』에는
5년 이상 PSAT 자료해석 문제를 고민하고 직접 부딪쳤던 수험생으로서의 제 경험치와
10년 이상 PSAT 자료해석 전문가로서 문제를 연구하고 제작하여 완성한 문제해결능력 노하우가 담겨 있습니다.
'인생은 속도가 아니라 방향이다.'라는 격언을 자주 접해봤을 겁니다.
자료해석도 마찬가지입니다. 접근 방향이 잘못되었다면 계산 속도만 빠른 것은 무의미합니다.
이 책을 통해 여러분들의 올바른 자료해석 방향성을 제시해 드리겠습니다.
부디 올바른 방향으로 나아가서 그에 걸맞은 공직자가 되길 기원합니다.

김용훈

목차

3 자료검토·변환

4 자료이해

기출 엄선 모의고사

정답 · 해설

부록

· 기출 출처 인덱스

PDF

· 치명적 실수를 줄이는 오답노트

· 문제풀이가 빨라지는 SPEED UP 연산문제

자료해석 고득점을 위한 이 책의 활용법

1 문제풀이 핵심 전략에 따라 유형별 문제풀이법을 학습한다.

· 유형별 문제풀이 핵심 전략을 통해 자료해석 문제를 빠르고 정확하게 푸는 방법을 익힐 수 있습니다. 또한 '김용훈쌤의 응급처방'을 통해 문제풀이 팁 및 핵심 이론을 학습할 수 있습니다.

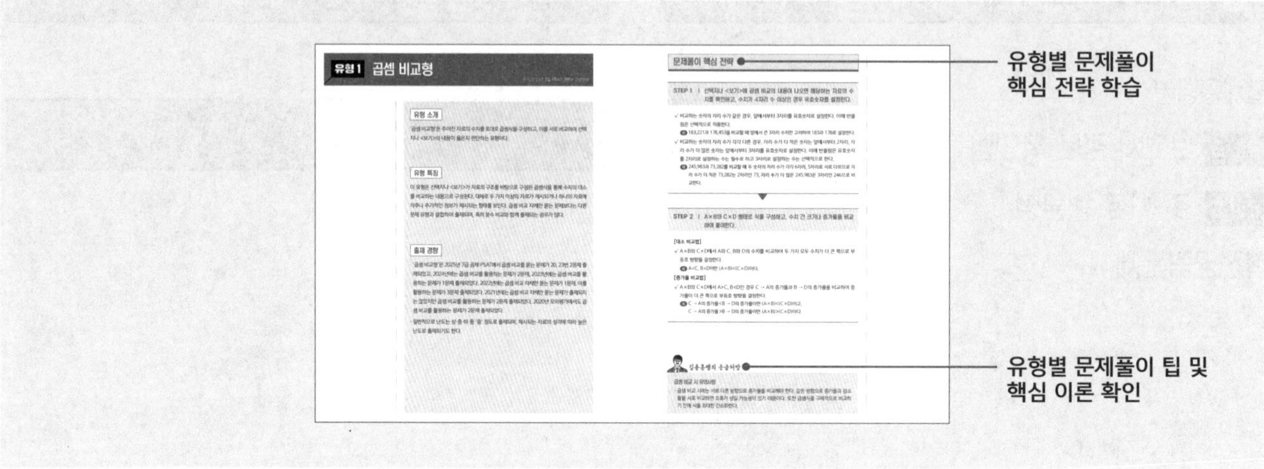

2 유형공략문제와 실력 UP 포인트로 문제풀이법을 완벽히 숙지한다.

· 유형공략문제에서 문제풀이 핵심 전략을 적용하여 유형별 문제풀이법을 완벽히 숙지할 수 있습니다. 특히 문제를 풀고 난 후, 실력 UP 포인트로 문제에서 반드시 확인하고 이해해야 하는 부분들을 점검함으로써 보다 심층적으로 학습할 수 있습니다.

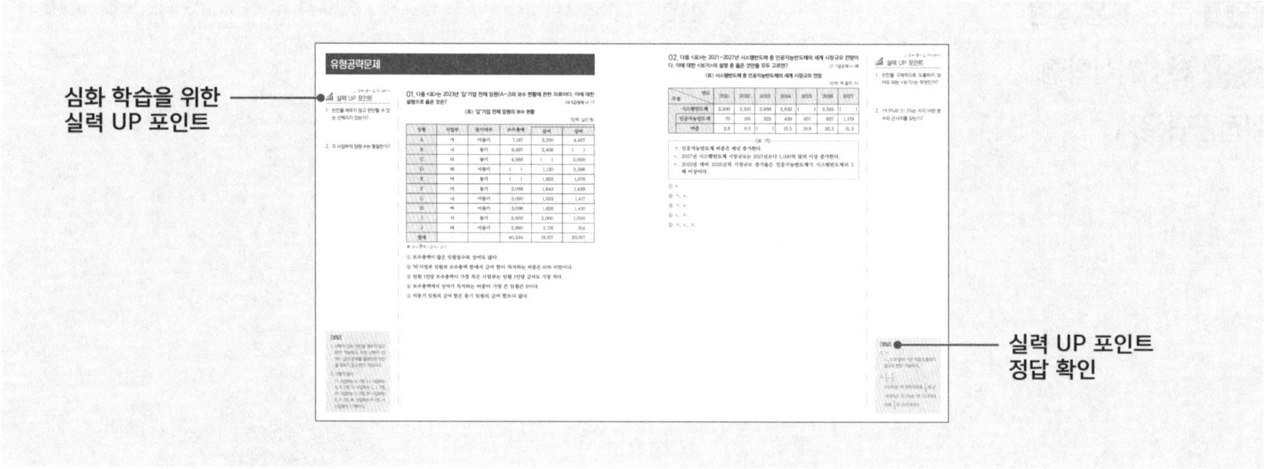

3 실전공략문제로 자료해석 문제풀이 능력을 향상시킨다.

· 권장 제한시간에 따라 실전공략문제를 풀어 보며 시간 관리 연습을 할 수 있고, 유형별 문제풀이 능력 또한 향상시킬 수 있습니다.

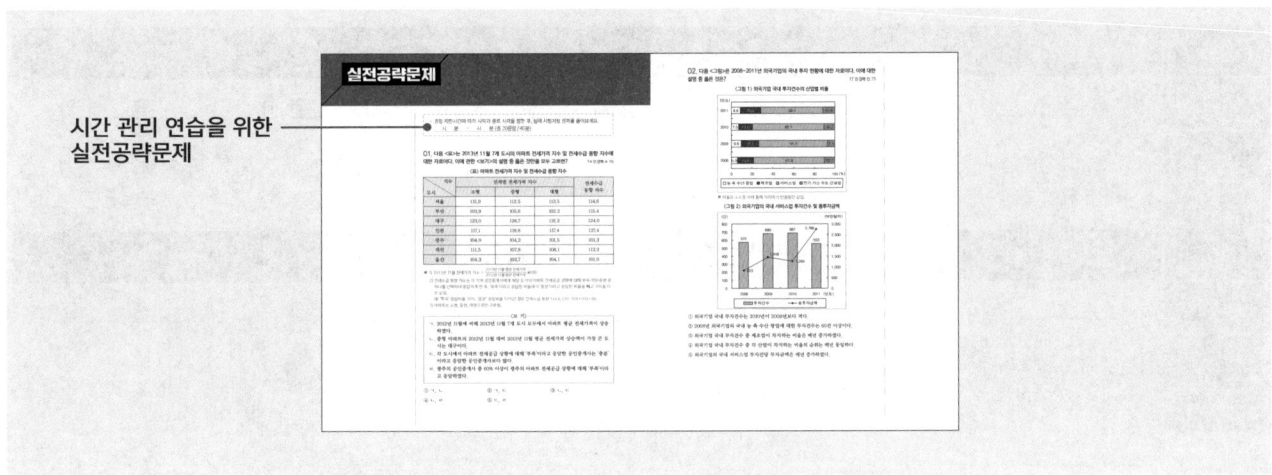

시간 관리 연습을 위한
실전공략문제

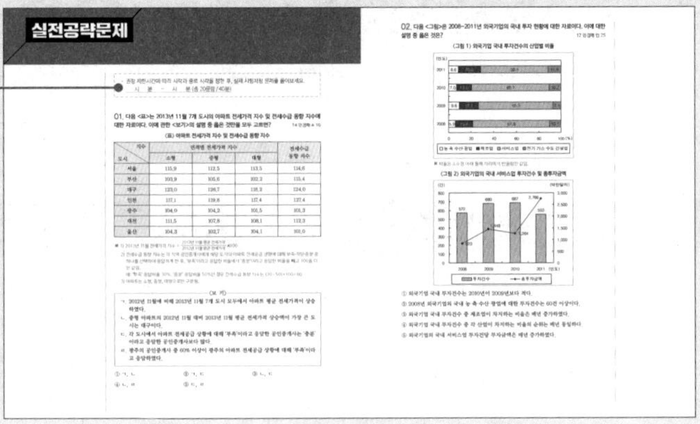

4 기출 엄선 모의고사를 통해 실전 감각을 극대화한다.

· 7급 공채 PSAT 대비를 위해 엄선된 기출문제를 제한시간 내에 풀어봄으로써 실전 감각을 극대화하고 완벽하게 실전에 대비할 수 있습니다.

PSAT 전문가가 엄선한
기출 엄선 모의고사

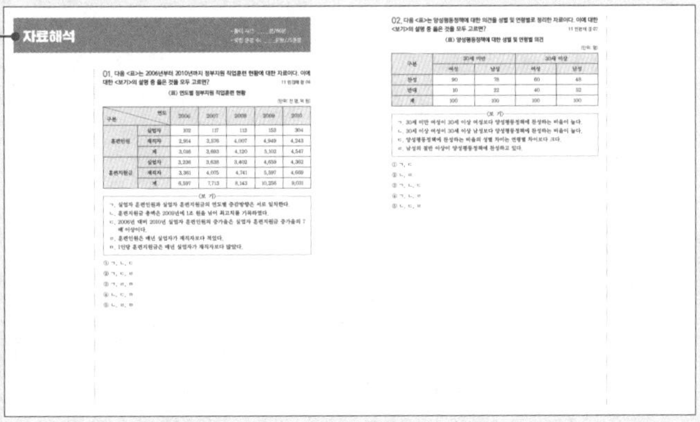

기간별 맞춤 학습 플랜

2주 완성 학습 플랜

이런 분에게 추천합니다!

· PSAT 자료해석을 학습한 경험이 있거나 시간이 부족하여 단기간에 PSAT 자료해석을 대비해야 하는 분

진도	1주차				
날짜	___월 ___일	___월 ___일	___월 ___일	___월 ___일	___월 ___일
학습 내용	1. 자료비교 · 유형 1~3	1. 자료비교 · 실전공략문제	2. 자료판단 · 유형 4~7	2. 자료판단 · 실전공략문제	3. 자료검토·변환 · 유형 8~9
진도	2주차				
날짜	___월 ___일	___월 ___일	___월 ___일	___월 ___일	___월 ___일
학습 내용	3. 자료검토·변환 · 실전공략문제	4. 자료이해 · 유형 10~12	4. 자료이해 · 실전공략문제	기출 엄선 모의고사	전체 복습

2주 완성 수험생을 위한 학습 가이드

· 유형별 문제풀이 핵심 전략을 확인한 후, 기출문제에 핵심 전략이 어떻게 적용되는지 학습합니다.
· 유형공략문제에 문제풀이 핵심 전략을 적용하여 풀어보면서 문제풀이 핵심 전략을 익힙니다.
· 제한시간에 따라 실전공략문제와 기출 엄선 모의고사를 풀고 난 후, 틀린 문제와 풀지 못한 문제를 다시 풀어보며 복습합니다.

4주 완성 학습 플랜

이런 분에게 추천합니다!

- PSAT 자료해석을 처음 학습하거나 기본기가 부족하여 기초부터 탄탄하게 학습하고 싶은 분

진도	1주차				
날짜	___월 ___일	___월 ___일	___월 ___일	___월 ___일	___월 ___일
학습 내용	1. 자료비교 · 유형 1~3		1. 자료비교 · 실전공략문제	2. 자료판단 · 유형 4~5	2. 자료판단 · 유형 6~7
진도	2주차				
날짜	___월 ___일	___월 ___일	___월 ___일	___월 ___일	___월 ___일
학습 내용	2. 자료판단 · 실전공략문제	1. 자료비교 복습	2. 자료판단 복습	3. 자료검토·변환 · 유형 8~9	3. 자료검토·변환 · 실전공략문제
진도	3주차				
날짜	___월 ___일	___월 ___일	___월 ___일	___월 ___일	___월 ___일
학습 내용	4. 자료이해 · 유형 10~12	4. 자료이해 · 실전공략문제	3. 자료검토·변환 복습	4. 자료이해 복습	기출 엄선 모의고사
진도	4주차				
날짜	___월 ___일	___월 ___일	___월 ___일	___월 ___일	___월 ___일
학습 내용	기출 엄선 모의고사 복습	1. 자료비교 복습	2. 자료판단 복습	3. 자료검토·변환 복습	4. 자료이해 복습

4주 완성 수험생을 위한 학습 가이드

- 유형별로 제시된 문제풀이 핵심 전략을 꼼꼼히 학습한 후, 기출문제에 핵심 전략이 어떻게 적용되는지 핵심 전략을 단계별로 직접 적용해 보고 문제풀이 핵심 전략을 확실하게 이해합니다.
- 문제풀이 핵심 전략에 따라 유형공략문제를 풀어본 후, 실력 UP 포인트를 풀어보면서 문제에서 반드시 파악해야 하는 내용들을 확인합니다.
- 제한시간에 따라 실전공략문제와 기출 엄선 모의고사를 풀고 난 후, 틀린 문제와 풀지 못한 문제는 다시 풀어보며, 문제풀이 핵심 전략을 완벽하게 익힙니다.

7급 공채 및 PSAT 알아보기

7급 공채 알아보기

1. 7급 공채란?

7급 공채는 인사혁신처에서 학력, 경력에 관계없이 7급 행정직 및 기술직 공무원으로 임용되기를 원하는 불특정 다수인을 대상으로 실시하는 공개경쟁채용시험을 말합니다. 신규 7급 공무원 채용을 위한 균등한 기회 보장과 보다 우수한 인력의 공무원을 선발하는 데에 시험의 목적이 있습니다. 경력경쟁채용이나 지역인재채용과 달리 18세 이상(교정·보호 직렬은 20세 이상)의 연령이면서 국가공무원법 제33조에서 정한 결격사유에 저촉되지 않는 한, 누구나 학력 제한이나 응시상한 연령 없이 시험에 응시할 수 있습니다.

- **경력경쟁채용**: 공개경쟁채용시험에 의하여 충원이 곤란한 분야에 대해 채용하는 제도로서 다양한 현장 경험과 전문성을 갖춘 민간전문가를 공직자로 선발한다.
- **지역인재채용**: 자격요건을 갖춘 자를 학교별로 추천받아 채용하는 제도로서 일정 기간의 수습 근무를 마친 후 심사를 거쳐 공직자로 선발한다.

2. 7급 공채 채용 프로세스

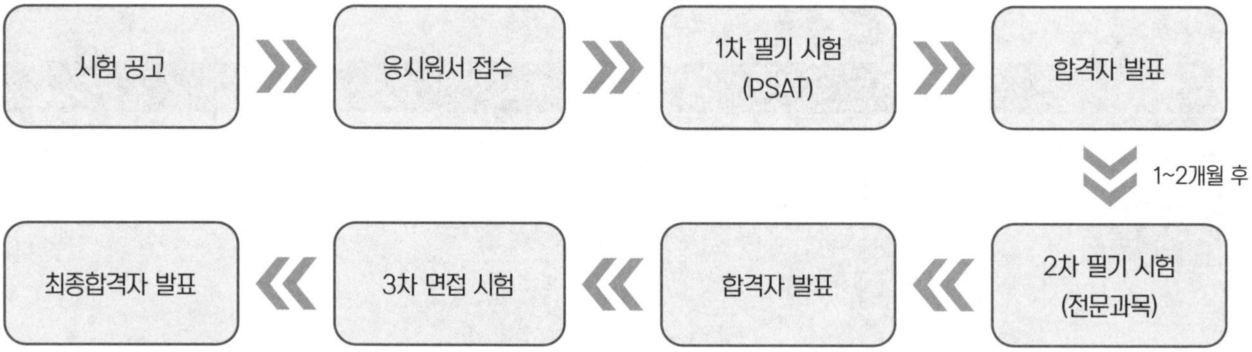

※ 상세 일정은 사이버국가고시센터 홈페이지(www.gosi.kr) 참고

7급 공채 PSAT 알아보기

1. PSAT란?

PSAT(Public Service Aptitude Test, 공직적격성평가)는 공직과 관련된 상황에서 발생하는 여러 가지 문제에 신속히 대처할 수 있는 문제해결의 잠재력을 가진 사람을 선발하기 위해 도입된 시험입니다. 즉, 특정 과목에 대한 전문 지식 보유 수준을 평가하는 대신, 공직자로서 지녀야 할 기본적인 자질과 능력 등을 종합적으로 평가하는 시험입니다. 이에 따라 PSAT는 이해력, 추론 및 분석능력, 문제해결능력 등을 평가하는 언어논리, 상황판단, 자료해석 세 가지 영역으로 구성됩니다.

2. 시험 구성 및 평가 내용

과목	시험 구성	평가 내용
언어논리	각 25문항/120분	글의 이해, 표현, 추론, 비판과 논리적 사고력 등을 평가함
상황판단		제시문과 표를 이해하여 상황 및 조건에 적용하고, 판단과 의사결정을 통해 문제를 해결하는 능력을 평가함
자료해석	25문항/60분	표, 그래프, 보고서 형태로 제시된 수치 자료를 이해하고 계산하거나 자료 간의 연관성을 분석하여 정보를 도출하는 능력을 평가함

※ 본 시험 구성은 2022년 시험부터 적용

자료해석 고득점 가이드

출제 유형 분석

자료해석은 표, 그래프, 보고서 형태로 제시된 수치 자료를 계산하고 분석하는 능력을 평가하는 영역으로, 크게 자료비교, 자료판단, 자료검토·변환, 자료이해 네 가지 유형으로 나눌 수 있습니다. 네 가지 유형 모두 표나 그래프 등의 수치 자료를 올바르게 해석하는 능력을 요구하므로 주어진 시간 내에 자료를 빠르고 정확하게 파악하는 능력이 필요합니다.

유형	세부 유형	유형 설명
자료비교	· 곱셈 비교형 · 분수 비교형 · 반대해석형	제시된 자료의 수치를 올바르게 비교하고 분석할 수 있는지 평가하는 유형
자료판단	· 매칭형 · 빈칸형 · 각주 판단형 · 조건 판단형	제시된 자료와 조건을 활용하여 올바르게 항목을 매칭하고, 추가로 제시된 각주 및 정보를 활용하여 올바르게 판단할 수 있는지 평가하는 유형
자료검토·변환	· 보고서 검토·확인형 · 표-차트 변환형	보고서나 보도자료 등으로 제시된 자료를 해석하고, 특정 형태의 자료를 다른 형태로 변환할 수 있는지 평가하는 유형
자료이해	· 평균 개념형 · 분산·물방울형 · 최소여집합형	다양한 형태의 자료를 제시하고, 평균, 최소여집합 등의 개념을 활용하여 자료를 올바르게 이해할 수 있는지 평가하는 유형

연도 / 분류 / 유형	2021년 나책형		2022년 가책형		2023년 인책형		2024년 사책형		2025년 인책형	
	문제번호	문항수	문제번호	문항수	문제번호	문항수	문제번호	문항수	문제번호	문항수
곱셈비교	3	1	6	1					20, 23	2
분수비교	9, 12, 13, 14, 15, 16, 20	7	2, 3, 4, 8, 14	5	6, 7, 8, 19	4	9, 10, 14, 19, 20, 23	6	2, 12, 14, 15	4
매칭형	6, 10, 17	3	5, 9, 12, 16, 23	5	22	1	8, 15	2	7, 8, 16	3
빈칸형	4, 8, 18, 21, 25	5	11, 20, 25	3	2, 10, 14, 16, 18, 21, 23	7	16, 22	2	19, 21, 22	3
각주판단형	5	1	15, 17, 21, 24	4	3	1	1, 12, 17, 18	4	5, 9, 10, 11, 17, 25	6
조건판단형	11, 19, 23	3	13, 18	2	1, 4, 11, 12, 20, 25	6	4, 6	2	1, 24	2
보고서 검토확인형	1	1	10	1	5	1	3, 5, 7	3	3, 4	2
표-차트 변환형	24	1			13	1	21,	1		
평균개념형	7	1					2, 25	2		
분산물방울형			19,	1	9, 15	2	24	1	13	1
최소여집합형			22	1	17	1			18	1
단순판단형	2, 22	2	1, 7	2	24	1	11, 13	2	6	1

※ 상단에서 하단으로 내려갈수록 특별한 유형이며 2가지 유형에 해당하는 경우에는 보다 더 특별한 유형으로 표시하였음

출제 경향 분석 & 대비 전략

1. 출제 경향 분석

① 출제 유형

2025년 출제 패턴을 보면 기존의 민경채, 5급 공채 그리고 7급 공채에서 출제되었던 패턴의 문제가 대부분입니다. 2024년 기출문제에 비해 유의미한 차이가 있다면 보고서 검토확인형의 대표적인 유형인 표-차트 변환형과 보고서 검토확인형 중 추가로 필요한 자료를 찾는 유형이 출제되지 않았다는 점입니다. 다만 보고서 검토확인형 중 사용되지 않은 자료를 찾는 문제가 역대 최다인 2문제 출제되었습니다. 그 외 유형의 출제 비중은 대동소이하였습니다.

② 난이도

2025년 7급 공채 PSAT 자료해석영역의 난도는 2024년 기출에 비해 체감난도가 상향되었습니다. 실제로 1번부터 15번까지는 평이한 수준이었지만 16번 이후 문제부터 난도가 상승하였으며 특히 20번대 문제에서 다소 고난도 문제가 여럿 출제되어 80점 정도를 받기엔 수월했으나 90점 이상 고득점하기 쉽지 않은 난도라고 평가할 수 있습니다.

③ 소재

인포그래픽을 활용한 시각 자료의 비중이 낮아졌으며, 보고서의 출제 비중이 높아졌습니다. 인구, 사회, 산업, 교육, 수산 등의 분야의 일반적인 통계 자료와 스포츠 자료 등이 출제되었습니다.

2. 대비 전략

① 자료를 정확하게 이해하고, 분석하는 능력을 길러야 합니다.

자료해석 영역은 다양한 형태의 자료와 수치가 제시되므로 이를 이해하고 분석하는 능력이 필요합니다. 이에 따라 평소에 다양한 자료를 접해 보면서 도표 및 그래프를 분석하는 연습을 해야 합니다. 이때 자료의 흐름을 파악하고, 정확하게 이해하기 위해 표나 그래프의 제목, 단위, 항목 등 자료의 특징적인 부분을 먼저 확인하는 것이 중요합니다.

② 자료해석의 문제 유형을 파악하고, 유형에 따른 풀이법을 학습해야 합니다.

자료해석 영역은 다양한 유형으로 구분되어 있고, 유형에 따라 효과적인 풀이법이 있습니다. 그렇기 때문에 유형에 따른 풀이법을 정확히 파악하고 준비하는 것이 중요합니다. 이에 따라 기출문제를 반복적으로 풀면서 정확하게 유형을 분석하는 능력을 기르고, 본 교재의 문제풀이 핵심 전략을 적용하여 빠르고 정확하게 문제를 풀이하는 연습이 필요합니다.

③ 자료를 해석하기 위해 필요한 이론을 학습해야 합니다.

자료해석 영역은 제시된 자료와 정보를 토대로 변화량, 증감률, 비중, 평균 등의 수치를 계산하기 때문에 계산에 필요한 이론 학습이 중요합니다. 이에 따라 본 교재에 수록된 이론을 꼼꼼히 학습하고, 학습한 이론을 문제에 적용하는 연습이 필요합니다.

7급 공채 PSAT 대표 기출문제 분석

기출문제 1

- 유형: 자료이해
- 세부 유형: 평균 개념형

다음 <표>는 '갑' 박물관 이용자를 대상으로 12개 평가항목에 대해 항목별 중요도와 만족도를 조사한 결과이다. 이를 바탕으로 평가항목을 <그림>과 같이 4가지 영역으로 분류할 때, 이에 대한 설명으로 옳은 것은?

→ 2개 이상의 자료를 제시하고 서로 연계하여 정보를 도출하는 문제가 출제됩니다.

〈표〉 평가항목별 중요도와 만족도 조사결과

(단위: 점)

구분 / 평가항목	중요도	만족도
홈페이지	4.45	4.51
안내 직원	(　　)	4.23
안내 자료	4.39	4.13
안내 시설물	4.32	4.42
전시공간 규모	4.33	4.19
전시공간 환경	4.46	4.38
전시물 수	4.68	4.74
전시물 다양성	4.59	4.43
전시물 설명문	4.34	4.44
기획 프로그램	4.12	4.41
휴게 시설	4.18	4.39
교통 및 주차	4.29	4.17
평균	4.35	4.37

→ 분류 기준에 따라 자료의 관계를 묻기 위해 표, 그림, 그래프 등이 제시되고, 수치를 바탕으로 빈칸을 채워야 하는 자료가 제시되기도 합니다.

〈그림〉 중요도와 만족도에 따른 평가항목 영역 분류

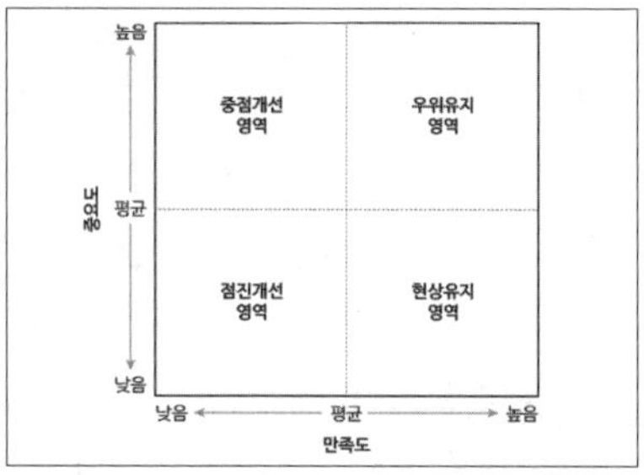

① '안내 직원'의 중요도는 중요도 평균보다 높다.
② '교통 및 주차'는 '현상유지 영역'으로 분류된다.
③ '점진개선 영역'으로 분류되는 항목은 2개이다.
④ '우위유지 영역'으로 분류되는 항목의 수는 '현상유지 영역'으로 분류되는 항목의 수와 같다.
⑤ '중점개선 영역'으로 분류된 항목은 없다.

[정답] ④

→ 선택지나 <보기>는 자료를 이해하여 해석한 올바른 내용과 올바르지 않은 내용이 제시됩니다.

PSAT 전문가의 TIP

평균 개념을 활용하여 도출된 정보가 올바른지 판단하는 문제는 자료를 해석하는 데 필요한 개념을 정확하게 적용해야 합니다.

기출문제 2

- 유형: 자료검토·변환
- 세부유형: 보고서 검토·확인형

다음 식품의약품안전처 <보도자료> 내용에 대한 <보기>의 설명 중 옳은 것만을 모두 고르면?

식품의약품안전처	보도자료		보다 나은 정부
보도일시	브리핑(14시) 이후		
배포일시	2019.□□.□□.	담당부서	식품의약품안전처 ○○○○과
담당과장	김◇◇ (044-000-0001)	담 당 자	박△△ (044-000-0009)

신선한 달걀, 산란일자 표시로 확인하세요!

○ 식품의약품안전처는 8월 23일 '달걀 산란일자 표시제' 전면 시행으로 산란일자가 표시된 달걀만 유통·판매되는 만큼 소비자는 시장, 마트 등에서 산란일자를 확인하고 신선한 달걀을 구입할 수 있게 되었다고 밝혔습니다.

– '달걀 산란일자 표시제'는 달걀의 안전성을 확보하고 소비자에게 달걀에 대한 정보제공을 강화하고자 마련한 제도로, 안정적인 정착을 위해 180일 간의 계도기간이 끝난 시점인 2019년 8월 23일 전면 시행되었습니다.

– 전면 시행 1개월을 앞두고 지난 7월 대형마트 100곳, 중소형마트 100곳에 유통 중인 달걀 전체를 대상으로 산란일자 표시여부를 조사하였고, 그 결과는 다음과 같습니다.

구분	대형마트	중소형마트	전체
표시율(%)	90	70	85

○ '달걀 산란일자 표시제' 시행 후 생산된 달걀 껍데기에는 산란일자 4자리 숫자를 포함하여 생산자고유번호(5자리), 사육환경번호(1자리) 순서로 총 10자리가 표시됩니다.

〈예 시〉

0823M3FDS2

산란일자 생산자고유번호 사육환경번호

사육 환경번호	사육환경	내용
1	방사	방목장에서 닭이 자유롭게 다니도록 키우는 사육방식
2	방사	케이지와 축사를 자유롭게 다니도록 키우는 사육방식
3	개선 케이지	닭을 키우는 케이지 면적이 0.075㎡/마리 이상
4	기존 케이지	닭을 키우는 케이지 면적이 0.05㎡/마리 이상

〈보 기〉

ㄱ. '달걀 산란일자 표시제'의 계도기간은 2019년 2월에 시작되었다.

ㄴ. '1023M3FDS3'으로 표시된 달걀이 150m^2 면적의 케이지에서 산란되었다면, 10월 23일 기준 해당 케이지의 닭은 2,000마리 이하이다.

ㄷ. 2019년 7월 산란일자 표시여부 조사 대상 달걀 수는 대형마트가 중소형마트의 4배 미만이다.

① ㄱ ② ㄴ ③ ㄷ
④ ㄱ, ㄴ ⑤ ㄱ, ㄴ, ㄷ

[정답] ⑤

보고서 형태로 제시된 자료를 올바르게 이해했는지를 묻는 문제가 출제됩니다.

표나 그림, 보고서 같은 기본적인 자료뿐만 아니라 실무와 관련성이 높은 보도자료 형식이 자료로 제시됩니다.

선택지나 <보기>는 자료를 이해하여 해석한 올바른 내용과 올바르지 않은 내용이 제시됩니다.

PSAT 전문가의 TIP

자료나 보고서의 내용을 이해하는 문제는 선택지나 <보기>에서 항목명 또는 수치 등의 키워드를 빠르게 찾는 연습이 필요합니다.

자료해석 **고득점 가이드**

기출문제 3

- 유형: 자료판단
- 세부유형: 각주 판단형

다음 <그림>은 2012~2018년 동안 A제품과 B제품의 판매수량 및 평균 판매단가를 지수화하여 표시한 것이다. <그림>으로부터 알 수 없는 것은?

〈그림 1〉 A제품과 B제품의 판매수량 지수

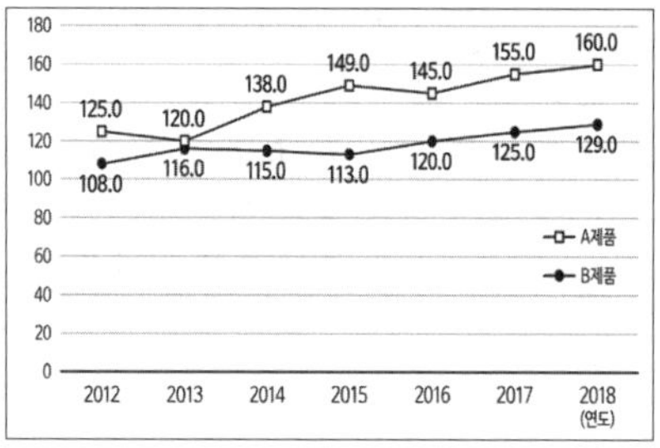

※ 판매수량 지수는 2011년의 판매수량을 100으로 하였을 때 해당연도 판매수량의 상대적 비율임

〈그림 2〉 A제품과 B제품의 평균 판매단가 지수

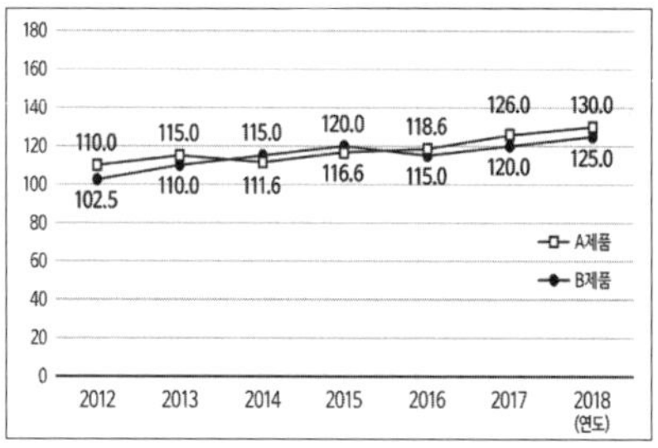

※ 1) 평균 판매단가 지수는 2011년의 평균 판매단가를 100으로 하였을 때 해당연도 평균 판매단가의 상대적 비율임.
2) 2011년 A제품의 평균 판매단가는 B제품과 동일함.
3) 매출액=평균 판매단가×판매수량

① A제품 매출액의 연평균 증가율
② 2012년 A제품 매출액 대비 B제품 매출액 비율
③ B제품 평균 판매단가의 연평균 증가율
④ 2018년 B제품 평균 판매단가 대비 A제품 평균 판매단가 비율
⑤ B제품 판매수량의 연평균 증가율

[정답] ②

제시된 자료 내에서 판단할 수 있는 항목과 판단할 수 없는 항목을 구별하는 문제가 출제됩니다.

추가 정보가 각주('※'로 시작하는 정보)의 형태로 제시됩니다.

선택지나 <보기>는 제시된 범위 내에서 확인할 수 있는 내용과 확인할 수 없는 내용이 제시됩니다.

PSAT 전문가의 TIP

각주에서 추가적인 정보가 제시되는 경우에는 이를 정리하여 본래 제시된 자료와 연계하는 방법을 숙지해야 합니다. 이에 따라 제시된 자료를 통해 판단할 수 없는 정보를 자료의 구조에 따라 직관적으로 간파할 수 있어야 합니다.

기출문제 4

- 유형: 자료판단
- 세부유형: 조건 판단형

다음 <표>는 국민 삶의 질을 평가하는 다양한 개별지표와 종합지수이다. <표>의 종합 지수를 아래의 <대화>에 근거하여 재작성할 경우, '환산된 2014년 주관적 웰빙 영역 지수'(A)와 '2015년 기존의 종합 지수 대비 재작성된 종합 지수의 변화'(B)를 바르게 나열한 것은?

〈표〉 영역별 지수 및 종합 지수

영역 \ 연도	2006	2007	2008	2009	2010	2011	2012	2013	2014	2015
소득·소비	100.0	99.4	103.9	109.0	109.6	108.7	111.9	113.4	114.4	116.5
고용·임금	100.0	102.1	103.0	100.3	99.8	101.8	103.6	105.2	103.6	103.2
사회복지	100.0	101.3	103.2	108.4	107.8	107.8	110.0	112.8	115.4	116.3
주거	100.0	100.3	100.5	101.3	102.0	101.9	102.1	103.6	105.2	105.2
건강	100.0	112.7	114.2	110.6	107.1	108.5	105.6	105.7	108.9	107.2
교육	100.0	104.5	107.7	114.3	116.7	119.7	124.4	119.7	122.5	123.9
문화·여가	100.0	99.9	98.9	98.9	99.5	95.4	104.4	111.0	111.4	112.7
가족·공동체	100.0	98.3	98.2	94.9	95.6	96.6	98.5	98.5	98.2	98.6
시민참여	100.0	103.1	111.5	116.1	114.8	114.1	116.9	116.3	113.4	111.1
안전	100.0	96.9	97.5	101.3	108.9	113.2	114.5	116.3	121.4	122.2
환경	100.0	102.7	109.5	103.9	103.8	105.3	109.4	107.1	108.5	111.9
종합	100.0	101.9	104.4	105.4	106.0	106.6	109.2	110.0	111.2	111.7

〈대 화〉

사무관: 2013년부터 '주관적 웰빙' 영역의 개별지표값이 처음으로 측정되어 이 영역이 추가됩니다. '주관적 웰빙' 영역의 개별지표값은 정리되었나요?

주무관: 네, '주관적 웰빙' 영역의 개별지표값은 다음과 같습니다.

영역	개별지표 \ 연도	2013	2014	2015
주관적 웰빙	삶에 대한 만족도	5.0	5.0	5.7
	긍정정서	6.0	5.7	6.6

사무관: '주관적 웰빙' 영역까지 포함한 종합 지수를 재작성해야 합니다. 작성방법은 다음과 같습니다.

> □ 영역 지수는 기준년도(2006년) 대비 당해연도 영역별 '개별지표 비율'의 산술평균임.(단, '주관적 웰빙' 영역의 기준년도는 2013년임)
>
> ○ 개별지표비율 $=\frac{\text{당해연도 지표값}}{\text{기준년도 지표값}}\times 100$
>
> □ 종합 지수는 모든 영역 지수의 산술평균임.

주무관: 영역 지수에 '주관적 웰빙' 영역을 추가하고, 종합 지수를 재작성 하겠습니다.

사무관: 아! 그런데, 2013년 '주관적 웰빙' 영역 지수는 2013년 기존 종합 지수 값인 110.0을 사용하고, 이 값을 기준으로 2014년과 2015년의 '주관적 웰빙' 영역 지수를 환산해주세요.

※ 지수는 소수점 둘째자리에서 반올림함.

	A	B
①	97.5	감소
②	97.5	증가
③	107.3	감소
④	107.3	증가
⑤	107.3	없음

[정답] ④

자료를 연계하여 새로운 항목의 구체적인 수치를 계산하는 문제가 출제됩니다.

자료와 관련된 계산식이나 규칙 등이 <대화>, <조건> 등 다양한 형태로 추가 제시됩니다.

선택지나 <보기>는 자료와 함께 추가로 제시된 계산식을 활용하여 도출할 수 있는 구체적인 수치가 제시됩니다.

PSAT 전문가의 TIP

추가로 조건이 제시되는 문제는 계산을 최소화하는 데 초점을 두어 식을 정리해야 합니다.

해커스PSAT **7급 PSAT 기본서** 자료해석

1 자료비교

출제경향분석

유형 1 곱셈 비교형

유형 2 분수 비교형

유형 3 반대해석형

실전공략문제

출제경향분석

1 자료비교란?

자료비교는 실수나 비율이 나타난 자료를 토대로 수치를 비교하는 능력을 평가하기 위한 유형이다. 실질적으로 자료해석에서 출제되는 문제는 대부분 자료비교의 과정을 거치기 때문에 유형의 분류뿐 아니라 접근 방법에 따른 분류로도 볼 수 있다. 따라서 후술할 자료판단과 자료검토·변환 역시 자료비교에서 사용하는 곱셈 비교와 분수 비교를 바탕으로 접근해야 한다.

2 세부 출제 유형

자료비교는 선택지나 <보기>에서 묻는 형태에 따라 ① **곱셈 비교형**, ② **분수 비교형**, ③ **반대해석형** 총 3가지 세부 유형으로 출제된다.

곱셈 비교형	자료에서 주어지는 수치를 토대로 곱셈식의 구조를 비교하는 유형
분수 비교형	자료에서 주어지는 수치를 토대로 분수식의 구조를 비교하는 유형
반대해석형	자료에서 기준과 합계가 같은 두 가지 항목 또는 여러 항목이 제시되고, 선택지나 <보기>에서 전체에서 특정 항목의 비율을 제시할 때, 특정 항목의 비율을 반대되는 항목의 비율 또는 비율 간 배수 관계로 해석하여 선택지나 <보기>가 올바른지 판단하는 유형

3 출제 경향

1. 자료비교는 자료해석 문제의 기본적인 패턴이다. 따라서 거의 대부분의 문제를 풀이할 때, 자료비교 과정을 거치게 된다. 그중에서도 순수 자료비교만을 요구하는 문제는 2025년에는 작년과 동일하게 6문제가 출제되었고, 2023년에 4문제, 2022년에 6문제, 2021년에 7문제, 2020년 모의평가에 7문제가 출제되어 비중이 높은 편이다.
2. 난도를 상·중·하로 나눌 때 대체로 '중' 또는 '상'이다. 특히 자료의 양이 많거나 수치가 클 경우, 곱셈 비교 및 분수 비교를 묻는 선택지의 개수가 많을 경우 풀이 시간이 오래 소요되어 난도가 높아진다.

4 대비 전략

문제를 직접 보기 전에는 어떤 주제가 나올지 알 수 없으므로 주제별 학습보다 자료의 제목·단위·각주 등을 체크하여 문제에 접근하는 구조적 학습이 필요하다. 또한 곱셈 비교와 분수 비교는 자료이해 문제의 성패를 좌우하는 기본기이므로 반복적으로 연습한다.

1. 기출문제를 반복적으로 풀면서 다양한 패턴의 곱셈 비교 및 분수 비교 연습을 한다.
2. 수치 비교를 할 때는 계산을 정확하게 하는 연산 과정도 중요하지만, 간단하고 정확한 식을 구성하는 것이 중요하므로 제시된 자료를 보고 식을 잘 세우는 연습을 한다.
3. 자료에서 항목의 기준, 합계 등을 먼저 체크하는 습관을 기르고, 문제에서 제시되는 항목을 반대로 해석하는 연습을 한다.
4. 자료에 기호가 나타나는 경우, 먼저 해당 기호의 의미를 빠르게 찾는 연습을 한다.
5. 순위 자료가 제시되는 경우, 순위가 몇 위까지 나타난 자료인지 체크하는 습관을 들인다.

유형 1 곱셈 비교형

유형 소개

'곱셈 비교형'은 주어진 자료의 수치를 토대로 곱셈식을 구성하고, 이를 서로 비교하여 선택지나 <보기>의 내용이 옳은지 판단하는 유형이다.

유형 특징

이 유형은 선택지나 <보기>가 자료의 구조를 바탕으로 구성된 곱셈식을 통해 수치의 대소를 비교하는 내용으로 구성된다. 대체로 두 가지 이상의 자료가 제시되거나 하나의 자료에 각주나 추가적인 정보가 제시되는 형태를 보인다. 곱셈 비교 자체만 묻는 문제보다는 다른 문제 유형과 결합하여 출제되며, 특히 분수 비교와 함께 출제되는 경우가 많다.

출제 경향

- '곱셈 비교형'은 2025년 7급 공채 PSAT에서 곱셈 비교를 묻는 문제가 20, 23번 2문제 출제되었고, 2024년에는 곱셈 비교를 활용하는 문제가 2문제, 2023년에는 곱셈 비교를 활용하는 문제가 1문제 출제되었다. 2022년에는 곱셈 비교 자체만 묻는 문제가 1문제, 이를 활용하는 문제가 3문제 출제되었다. 2021년에는 곱셈 비교 자체만 묻는 문제가 출제되지는 않았지만 곱셈 비교를 활용하는 문제가 2문제 출제되었다. 2020년 모의평가에서도 곱셈 비교를 활용하는 문제가 2문제 출제되었다.
- 일반적으로 난도는 상·중·하 중 '중' 정도로 출제되며, 제시되는 자료의 성격에 따라 높은 난도로 출제되기도 한다.

문제풀이 핵심 전략

STEP 1 | 선택지나 <보기>에 곱셈 비교의 내용이 나오면 해당하는 자료의 수치를 확인하고, 수치가 4자리 수 이상인 경우 유효숫자를 설정한다.

√ 비교하는 숫자의 자리 수가 같은 경우, 앞에서부터 3자리를 유효숫자로 설정한다. 이때 반올림은 선택적으로 적용한다.

예 183,221과 178,453을 비교할 때 앞에서 큰 3자리 수치만 고려하여 183과 178로 설정한다.

√ 비교하는 숫자의 자리 수가 각각 다른 경우, 자리 수가 더 적은 숫자는 앞에서부터 2자리, 자리 수가 더 많은 숫자는 앞에서부터 3자리를 유효숫자로 설정한다. 이때 반올림은 유효숫자를 2자리로 설정하는 수는 필수로 하고 3자리로 설정하는 수는 선택적으로 한다.

예 245,983과 73,282를 비교할 때 두 숫자의 자리 수가 각각 6자리, 5자리로 서로 다르므로 자리 수가 더 적은 73,282는 2자리인 73, 자리 수가 더 많은 245,983은 3자리인 246으로 비교한다.

STEP 2 | A×B와 C×D 형태로 식을 구성하고, 수치 간 크기나 증가율을 비교하여 풀이한다.

[대소 비교법]

√ A×B와 C×D에서 A와 C, B와 D의 수치를 비교하여 두 가지 모두 수치가 더 큰 쪽으로 부등호 방향을 결정한다.

예 A<C, B<D이면 (A×B)<(C×D)이다.

[증가율 비교법]

√ A×B와 C×D에서 A>C, B<D인 경우 C → A의 증가율과 B → D의 증가율을 비교하여 증가율이 더 큰 쪽으로 부등호 방향을 결정한다.

예 C → A의 증가율<B → D의 증가율이면 (A×B)<(C×D)이고,
C → A의 증가율>B → D의 증가율이면 (A×B)>(C×D)이다.

김용훈쌤의 응급처방

곱셈 비교 시 유의사항

· 곱셈 비교 시에는 서로 다른 방향으로 증가율을 비교해야 한다. 같은 방향으로 증가율과 감소율을 서로 비교하면 오류가 생길 가능성이 있기 때문이다. 또한 곱셈식을 구체적으로 비교하기 전에 식을 최대한 간소화한다.

문제풀이 핵심 전략 적용

기출 예제

다음 <표>는 A, B, C 세 구역으로 구성된 '갑'시 거주구역별, 성별 인구분포에 관한 자료이다. '갑'시의 남성 인구는 200명, 여성 인구는 300명일 때 이에 대한 <보기>의 설명 중 옳은 것만을 모두 고르면? 15 민경채 인 06

〈표〉 '갑'시 거주구역별, 성별 인구분포

(단위: %)

성별 \ 거주구역	A	B	C	합
남성	15	55	30	100
여성	42	30	28	100

〈보 기〉

ㄱ. A구역 남성 인구는 B구역 여성 인구의 절반이다.
ㄴ. C구역 인구보다 A구역 인구가 더 많다.
ㄷ. C구역은 여성 인구보다 남성 인구가 더 많다.
ㄹ. B구역 남성 인구의 절반이 C구역으로 이주하더라도, C구역 인구는 '갑'시 전체 인구의 40% 이하이다.

① ㄱ, ㄴ

② ㄱ, ㄷ

③ ㄴ, ㄷ

④ ㄴ, ㄹ

⑤ ㄷ, ㄹ

STEP 1

자리 수가 4자리 미만이므로 유효숫자 설정은 별도로 하지 않는다. 자료의 단위가 '%'이므로 비율이 제시된 자료이지만, 문제에서 전체 남녀 인구를 제시하고 있으므로 이를 곱하여 구역별 남녀 인구를 도출하는 곱셈 비교로 접근한다.

STEP 2

'갑'시의 남성 인구 200명과 여성 인구 300명을 거주구역별 비율에 곱해 구체적인 인구 수를 도출할 수 있지만, 여성 인구가 남성 인구보다 1.5배(50%) 많다는 것을 이용하여 곱셈 비교로 판단할 수 있다.

ㄴ. C구역 인구는 남성 200×0.3=60명과 여성 300×0.28=84명의 합인 144명이고 A구역 인구는 남성 200×0.15=30명과 여성 300×0.42=126명의 합인 156명이다. 곱셈 비교를 이용하면 남성 인구는 C구역이 A구역보다 200의 15%만큼 더 많고 반대로 여성 인구는 A구역이 C구역보다 300의 14%만큼 더 많으므로 구체적으로 수치를 계산하지 않아도 A구역 인구가 C구역 인구보다 더 많다고 판단할 수 있다.

ㄹ. B구역 남성 인구는 200×0.55=110명이므로 이 중 절반인 55명이 C구역으로 이주하면 C구역 인구는 144+55=199명이다. 따라서 C구역 인구는 '갑'시 전체 인구 500명의 (199/500)×100≒39.8%로 40% 이하이므로 옳은 설명이다.

따라서 정답은 ④이다.

오답 체크

ㄱ. A구역 남성 인구는 30명으로 B구역 여성 인구 90명의 1/3이다. 곱셈 비교를 이용하면 '갑'시의 여성 인구는 남성 인구의 1.5배이고 B구역 여성 인구 구성비는 A구역 남성 인구 구성비의 2배이므로 A구역 남성 인구는 B구역 여성 인구의 절반이 아니다. 따라서 옳지 않은 설명이다.

ㄷ. C구역의 남성 인구는 60명이고, 여성 인구는 84명이다. 곱셈 비교를 이용하면 '갑'시의 여성 인구는 남성 인구의 1.5배이고 C구역의 남성 인구 구성비는 여성 인구 구성비의 1.5배 미만이므로 C구역의 여성 인구가 남성 인구보다 더 많다. 따라서 옳지 않은 설명이다.

유형공략문제

실력 UP 포인트 (문제 풀이 후 확인하기)

1. <그림>은 <표>의 가구수와 인구수 중 어느 항목과 연관이 있는가?

2. <그림>에서 조사시기별 구성비의 수치가 일정한 배수 관계를 보이는 가구는 어느 가구인가?

01. 다음 <표>와 <그림>은 조선시대 A군의 조사시기별 가구수 및 인구수와 가구 구성비에 대한 자료이다. 이에 대한 <보기>의 설명 중 옳은 것만을 모두 고르면? 16 5급공채 4 01

〈표〉 A군의 조사시기별 가구수 및 인구수

(단위: 호, 명)

조사시기	가구수	인구수
1729년	1,480	11,790
1765년	7,210	57,330
1804년	8,670	68,930
1867년	27,360	144,140

〈그림〉 A군의 조사시기별 가구 구성비

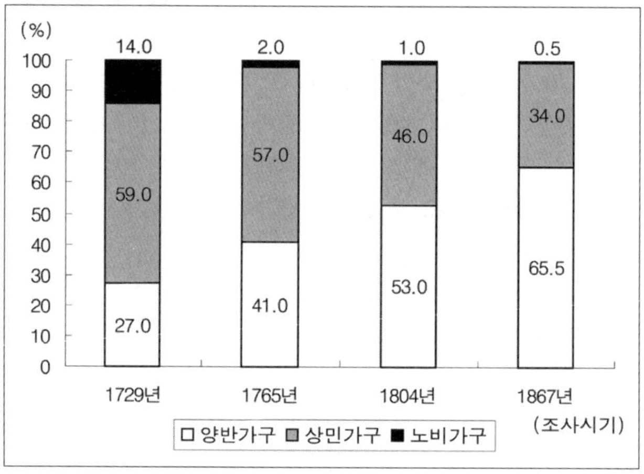

〈보 기〉

ㄱ. 1804년 대비 1867년의 가구당 인구수는 증가하였다.
ㄴ. 1765년 상민가구 수는 1804년 양반가구 수보다 적다.
ㄷ. 노비가구 수는 1804년이 1765년보다는 적고 1867년보다는 많다.
ㄹ. 1729년 대비 1765년에 상민가구 구성비는 감소하였고 상민가구 수는 증가하였다.

① ㄱ, ㄴ
② ㄱ, ㄷ
③ ㄴ, ㄹ
④ ㄱ, ㄷ, ㄹ
⑤ ㄴ, ㄷ, ㄹ

[정답]

1. 가구수
<표>에 가구수가 제시되어 있으므로 <그림>의 가구 구성비와 연결하여 곱셈 비교로 판단할 수 있다.

2. 노비가구
1867년부터 역순으로 2배, 2배, 7배 관계에 있다.

02. 다음 <표>는 2006~2011년 어느 나라 5개 프로 스포츠 종목의 연간 경기장 수용규모 및 관중수용률을 나타낸 것이다. 이에 대한 설명 중 옳은 것은? 12 민경채 인 18

〈표〉 프로 스포츠 종목의 연간 경기장 수용규모 및 관중수용률

(단위: 천 명, %)

종목 구분 \ 연도		2006	2007	2008	2009	2010	2011
야구	수용규모	20,429	20,429	20,429	20,429	19,675	19,450
	관중수용률	30.6	41.7	53.3	56.6	58.0	65.7
축구	수용규모	40,255	40,574	40,574	37,865	36,952	33,314
	관중수용률	21.9	26.7	28.7	29.0	29.4	34.9
농구	수용규모	5,899	6,347	6,354	6,354	6,354	6,653
	관중수용률	65.0	62.8	66.2	65.2	60.9	59.5
핸드볼	수용규모	3,230	2,756	2,756	2,756	2,066	2,732
	관중수용률	26.9	23.5	48.2	43.8	34.1	52.9
배구	수용규모	5,129	5,129	5,089	4,843	4,409	4,598
	관중수용률	16.3	27.3	24.6	30.4	33.4	38.6

※ 관중수용률(%) $= \frac{\text{연간 관중 수}}{\text{연간 경기장 수용규모}} \times 100$

① 축구의 연간 관중 수는 매년 증가한다.

② 관중수용률은 농구가 야구보다 매년 높다.

③ 관중수용률이 매년 증가한 종목은 3개이다.

④ 2009년 연간 관중 수는 배구가 핸드볼보다 많다.

⑤ 2007~2011년 동안 연간 경기장 수용규모의 전년대비 증감 방향은 농구와 핸드볼이 동일하다.

문제 풀이 후 확인하기

실력 UP 포인트

1. <표>에서 직접 판단 가능한 선택지는 무엇인가?

2. <표>에서 직접 확인할 수는 없지만 각주를 이용해 해당항목을 도출하여 판단해야 하는 선택지는 무엇인가?

[정답]

1. ②, ③, ⑤
관중수용률과 연간 경기장 수용규모는 직접 <표>에서 확인할 수 있다.

2. ①, ④
연간 관중 수는 관중수용률과 연간 경기장 수용규모를 곱하여 도출할 수 있다.

실력 UP 포인트

문제 풀이 후 확인하기

1. <그림>과 <표>에 공통적으로 제시된 연도는 몇년도인가?

2. 2016년 폐기물 생산량은 2017년 폐기물 생산량보다 더 많은가?

[정답]

1. 2016~2018년

2. 그렇지 않다.
폐기물 생산량은 2016년 45×61.1%≒27.5Twh에서 2017년 56×60.4%≒33.8Twh로 증가하였다.

03. 다음 <그림>과 <표>는 '갑'국의 재생에너지 생산 현황에 관한 자료이다. 이에 대한 <보기>의 설명 중 옳은 것만을 모두 고르면?

19 5급공채 가 03

〈그림〉 2011~2018년 재생에너지 생산량

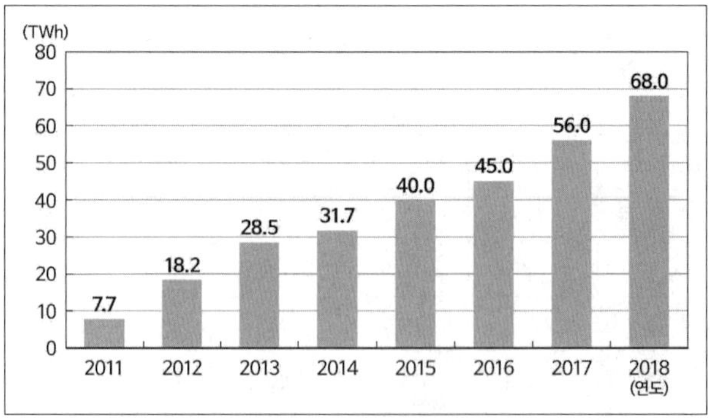

〈표〉 2016~2018년 에너지원별 재생에너지 생산량 비율

(단위: %)

에너지원 \ 연도	2016	2017	2018
폐기물	61.1	60.4	55.0
바이오	16.6	17.3	17.5
수력	10.3	11.3	15.1
태양광	10.9	9.8	8.8
풍력	1.1	1.2	3.6
계	100.0	100.0	100.0

〈보 기〉

ㄱ. 2012~2018년 재생에너지 생산량은 매년 전년대비 10% 이상 증가하였다.
ㄴ. 2016~2018년 에너지원별 재생에너지 생산량 비율의 순위는 매년 동일하다.
ㄷ. 2016~2018년 태양광을 에너지원으로 하는 재생에너지 생산량은 매년 증가하였다.
ㄹ. 수력을 에너지원으로 하는 재생에너지 생산량은 2018년이 2016년의 3배 이상이다.

① ㄱ, ㄴ
② ㄱ, ㄷ
③ ㄱ, ㄹ
④ ㄴ, ㄷ
⑤ ㄴ, ㄹ

04. <표>와 <그림>은 소나무재선충병 발생지역에 대한 자료이다. 이를 이용하여 계산할 때, 고사한 소나무 수가 가장 많은 발생지역은? 14 5급공채 A 01

〈표〉 소나무재선충병 발생지역별 소나무 수

(단위: 천 그루)

발생지역	소나무 수
거제	1,590
경주	2,981
제주	1,201
청도	279
포항	2,312

〈그림〉 소나무재선충병 발생지역별 감염률 및 고사율

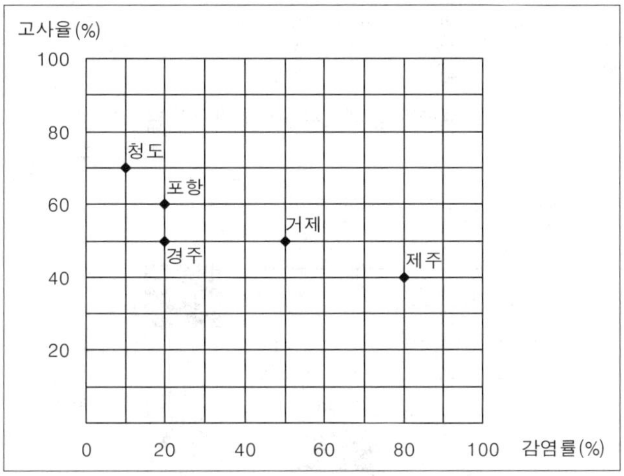

※ 1) 감염률(%) = $\frac{\text{발생지역의 감염된 소나무 수}}{\text{발생지역의 소나무 수}} \times 100$

2) 고사율(%) = $\frac{\text{발생지역의 고사한 소나무 수}}{\text{발생지역의 감염된 소나무 수}} \times 100$

① 거제
② 경주
③ 제주
④ 청도
⑤ 포항

문제 풀이 후 확인하기

실력 UP 포인트

1. 발문에서 묻는 항목은 자료 또는 각주 중 어디에서 찾을 수 있는가?

2. 고사한 소나무 수가 가장 많이 발생한 지역을 도출하기 위해 정확한 수치를 도출해야 하는가?

[정답]

1. 각주 2)
   고사율 식의 분자를 구성하고 있다.
2. 그렇지 않다.
   선택지에서 고사한 소나무 수가 가장 많은 지역이 구체적으로 얼마인지 묻고 있지 않으므로 곱셈 비교를 통해 답을 도출할 수 있다.

문제 풀이 후 확인하기

실력 UP 포인트

1. <그림 1>과 <그림 2>에서 공통적으로 제시된 연도는 언제인가?

2. <그림 1>과 <그림 2>를 연계하여 수입에너지량, 원유량, 가스량을 도출할 수 있는가?

05. 다음 <그림>은 A국 에너지소비에 대한 자료이다. 이에 대한 <보기>의 설명 중 옳은 것을 모두 고르면?

10 5급공채 인 39

〈그림 1〉 A국의 총 에너지소비 추이

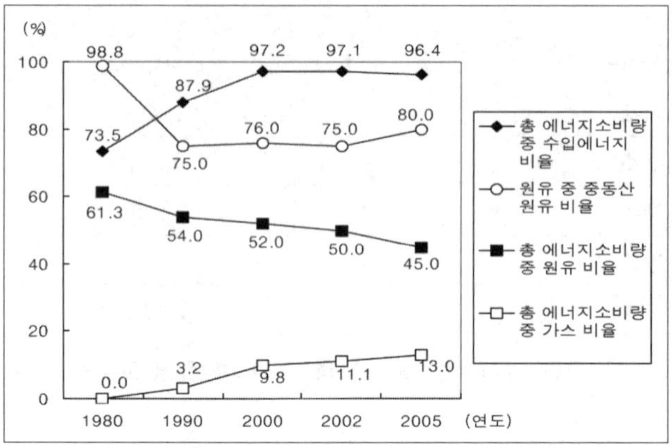

※ 원유는 100% 수입함.

〈그림 2〉 A국의 총 에너지소비량 및 용도별 소비량

(TOE: 석유환산톤수)

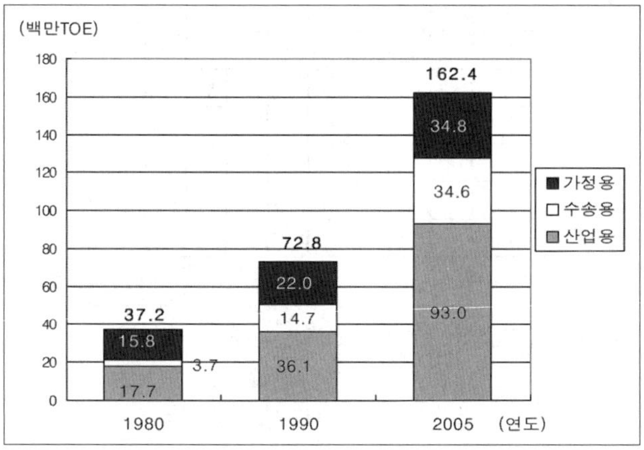

※ 에너지는 가정용, 수송용, 산업용으로만 소비됨.

<보 기>

ㄱ. 2005년에 1980년보다 '수입에너지'가 4배 이상 소비되었다.
ㄴ. 2002년에 비해 2005년에 '총 에너지소비량' 중 '중동산 원유' 비율이 감소하였다.
ㄷ. 만약 2002년 대비 2005년 '총 에너지소비량' 증가율이 10%라면, 같은 기간 동안 '원유' 소비량은 증가하였다.
ㄹ. 1990년에 비해 2005년에 '총 에너지소비량' 중 '산업용' 비율은 증가하였으나, '총 에너지소비량' 중 '가정용' 비율은 감소하였다.

① ㄱ, ㄷ

② ㄴ, ㄹ

③ ㄱ, ㄴ, ㄷ

④ ㄱ, ㄴ, ㄹ

⑤ ㄴ, ㄷ, ㄹ

[정답]

1. 1980년, 1990년, 2005년

2. <그림 1>의 총 에너지소비량 중 해당 유형의 비율과 <그림 2>의 총 에너지소비량을 곱하여 도출할 수 있다.

실력 UP 포인트

문제 풀이 후 확인하기

1. 수입액과 지출액은 서로 비교할 수 있는가?

2. 해외사업비와 국내사업비 중 어느 항목의 지출액이 더 많은가?

06. 다음 <그림>은 A 자선단체의 수입액과 지출액에 관한 자료이다. 이에 대한 설명 중 옳은 것은?

16 민경채 5 21

〈그림 1〉 수입액 구성비

(단위: %)

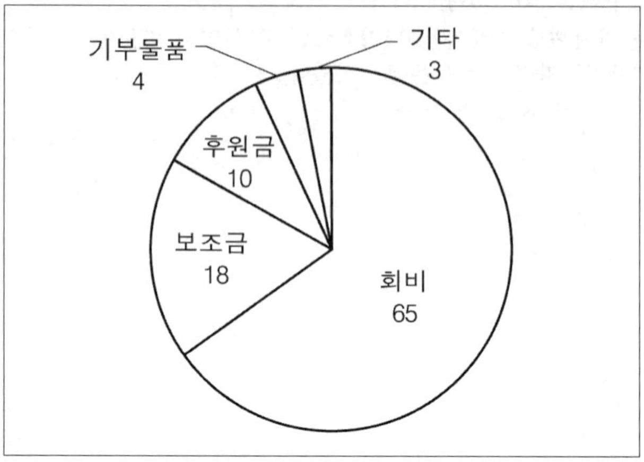

〈그림 2〉 지출액 구성비

(단위: %)

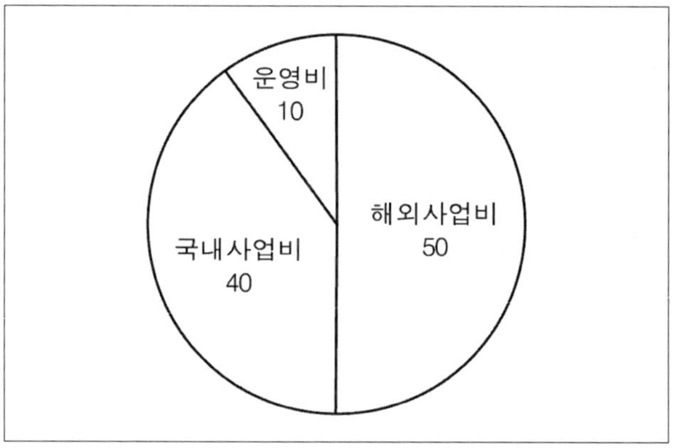

※ A 자선단체의 수입액과 지출액은 항상 같음.

〈그림 3〉 국내사업비 지출액 세부 구성비

(단위: %)

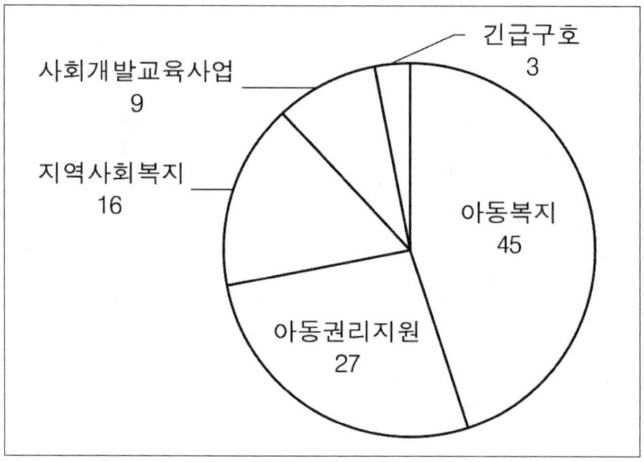

〈그림 4〉 해외사업비 지출액 세부 구성비

(단위: %)

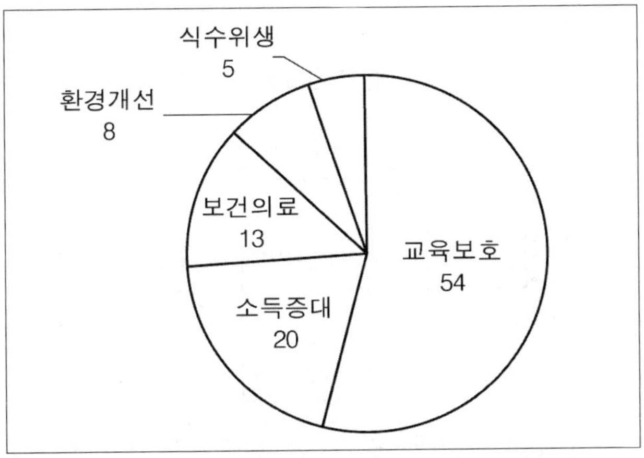

① 전체 수입액 중 후원금 수입액은 국내사업비 지출액 중 아동복지 지출액보다 많다.

② 국내사업비 지출액 중 아동권리지원 지출액은 해외사업비 지출액 중 소득증대 지출액보다 적다.

③ 국내사업비 지출액 중 아동복지 지출액과 해외사업비 지출액 중 교육보호 지출액의 합은 A 자선단체 전체 지출액의 45%이다.

④ 해외사업비 지출액 중 식수위생 지출액은 A 자선단체 전체 지출액의 2% 미만이다.

⑤ A 자선단체 전체 수입액이 6% 증가하고 지역사회복지 지출액을 제외한 다른 모든 지출액이 동일하게 유지된다면, 지역사회복지 지출액은 2배 이상이 된다.

[정답]

1. 비교할 수 있다.
   <그림 2>의 각주에서 수입액과 지출액은 항상 같다고 가정하고 있기 때문이다.
2. 해외사업비

실력 UP 포인트

문제 풀이 후 확인하기

1. 신입, 경력, 인턴 3가지 지원유형이 모두 거쳐야 하는 업무단계는 무엇인가?

2. 직무능력심사는 어떤 지원유형에 대해 거쳐야 하는 업무단계인가?

[정답]

1. 접수확인, 합격여부통지

2. 신입, 경력

07. 다음 <그림>과 <표>는 어느 연구소의 직원채용절차에 대한 자료이다. 이를 근거로 1일 총 접수건수를 처리하기 위한 각 업무단계별 총 처리비용이 두 번째로 큰 업무단계는?

12 5급공채 인 16

〈그림〉 직원채용절차

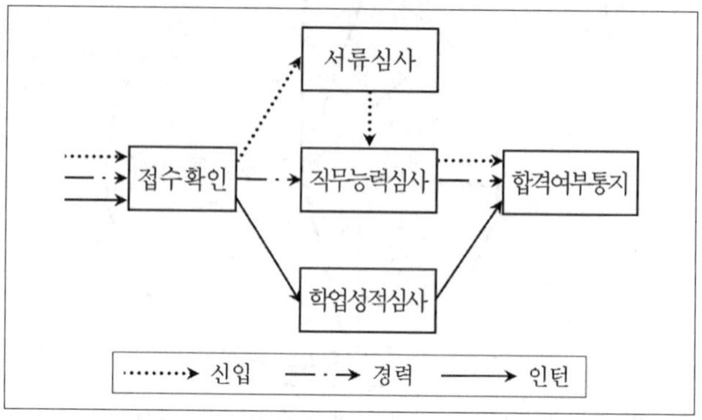

〈표 1〉 지원유형별 1일 접수건수

지원유형	접수(건)
신입	20
경력	18
인턴	16

〈표 2〉 업무단계별 1건당 처리비용

업무단계	처리비용(원)
접수확인	500
서류심사	2,000
직무능력심사	1,000
학업성적심사	1,500
합격여부통지	400

※ 1) 직원채용절차에서 중도탈락자는 없음.
2) 업무단계별 1건당 처리비용은 지원유형에 관계없이 동일함.

① 접수확인

② 서류심사

③ 직무능력심사

④ 학업성적심사

⑤ 합격여부통지

08. 다음 <표>는 조선 후기 이후 인구 현황에 대한 자료이다. 이에 대한 <보기>의 설명 중 옳은 것만을 모두 고르면?

15 민경채 인 25

〈표 1〉 지역별 인구분포(1648년)

(단위: 천 명, %)

구분	전체	한성	경기	충청	전라	경상	강원	황해	평안	함경
인구	1,532	96	81	174	432	425	54	55	146	69
비중	100.0	6.3	5.3	11.4	28.2	27.7	3.5	3.6	9.5	4.5

〈표 2〉 지역별 인구지수

연도 \ 지역	한성	경기	충청	전라	경상	강원	황해	평안	함경
1648	100	100	100	100	100	100	100	100	100
1753	181	793	535	276	391	724	982	868	722
1789	197	793	499	283	374	615	1,033	888	1,009
1837	213	812	486	253	353	589	995	584	1,000
1864	211	832	505	251	358	615	1,033	598	1,009
1904	200	831	445	216	261	559	695	557	1,087

※ 1) 인구지수 = $\frac{\text{해당연도 해당지역 인구}}{\text{1648년 해당지역 인구}} \times 100$

2) 조선 후기 이후 전체 인구는 9개 지역 인구의 합임.

〈보 기〉

ㄱ. 1753년 강원 지역 인구는 1648년 전라 지역 인구보다 많다.

ㄴ. 1789년 대비 1837년 인구 감소율이 가장 큰 지역은 평안이다.

ㄷ. 1864년 인구가 가장 많은 지역은 경상이다.

ㄹ. 1904년 전체 인구 대비 경기 지역 인구의 비중은 함경 지역 인구의 비중보다 크다.

① ㄱ, ㄴ

② ㄱ, ㄹ

③ ㄴ, ㄷ

④ ㄱ, ㄷ, ㄹ

⑤ ㄴ, ㄷ, ㄹ

정답 · 해설 p.266

문제 풀이 후 확인하기

실력 UP 포인트

1. 연도가 다른 지역별 인구를 비교할 수 있는가?

2. 1904년 인구지수가 가장 큰 함경이 실제 인구도 가장 많은가?

[정답]

1. 비교할 수 있다.
   <표 1>의 1648년 인구를 기준으로 <표 2>의 인구지수를 곱하여 도출한다.

2. 그렇지 않다.
   <표 1>의 1648년 인구를 기준으로 지수를 곱해 비교해야 한다. 함경의 인구보다 경상이 더 많다.

유형 2 분수 비교형

유형 소개

'분수 비교형'은 실수 또는 비율 자료가 제시되고, 분수 형태의 수식을 비교하여 선택지나 <보기>의 내용이 옳은지 판단하는 유형이다.

유형 특징

이 유형은 자료의 제목과 단위를 통해 실수 자료인지, 비율 자료인지가 구분된다. 대부분의 경우 단위가 '명, 개, 원' 등인 실수 자료가 제시되고, 자료의 제목이 '비중' 또는 '지수'이거나 단위가 '%'인 비율 자료가 제시되기도 한다. 선택지나 <보기>는 자료의 수치를 바탕으로 증감률, 비중 등을 비교하는 내용으로 구성된다.

출제 경향

- '분수 비교형'은 2025년 7급 공채 PSAT에서 분수 비교 자체만 묻는 문제가 25문제 중 4문제 출제되었고, 2024년에는 6문제, 2023년에는 4문제, 2022년에는 5문제, 2021년에는 7문제, 2020년 모의평가에서는 7문제가 출제되었다.
- 일반적으로 난도는 상·중·하 중 '중' 정도로 출제되지만, 제시되는 표와 자료의 양이 많아지면 '상' 난도로 출제될 수 있다.

문제풀이 핵심 전략

STEP 1 | 선택지나 <보기>에 분수 비교의 내용이 나오면 해당하는 자료의 수치를 확인하고, 수치가 4자리 수 이상인 경우 유효숫자를 설정한다.

√ 비교하는 숫자의 자리 수가 같은 경우, 앞에서부터 3자리를 유효숫자로 설정한다. 이때 반올림은 선택적으로 적용한다.

√ 비교하는 숫자의 자리 수가 각각 다른 경우, 자리 수가 더 적은 숫자는 앞에서부터 2자리, 자리 수가 더 많은 숫자는 앞에서부터 3자리를 유효숫자로 설정한다. 이때 반올림은 유효숫자를 2자리로 설정하는 수는 필수로 하고 3자리로 설정하는 수는 선택적으로 한다.

STEP 2 | $\frac{A}{B}$와 $\frac{C}{D}$ 형태로 식을 구성하고, 수치 간 크기나 증가율을 비교하여 풀이한다.

[분자와 분모의 대소 비교법]

√ A와 C, B와 D의 수치를 비교하여 분모와 분자의 크기에 따라 부등호 방향을 결정한다.

예 $\frac{A}{B}$와 $\frac{C}{D}$에서 A<C, B>D이면 $\frac{A}{B}<\frac{C}{D}$이다.

[기준 설정 비교법]

√ $\frac{A}{B}$와 $\frac{C}{D}$에서 A<C, B<D인 경우, 분수 비교 전에 비교 기준이 되는 수치를 설정한다.

예 $\frac{A}{B}$는 분자가 분모의 10%를 넘고, $\frac{C}{D}$는 분자가 분모의 10%를 넘지 못한다면 $\frac{A}{B}>\frac{C}{D}$이다.

[분자와 분모의 증가율 비교법]

√ $\frac{A}{B}$와 $\frac{C}{D}$에서 A<C, B<D인 경우, 분자와 분모 간의 증가율을 비교한다.

예 A → C 증가율>B → D 증가율이면 $\frac{A}{B}<\frac{C}{D}$이고, A → C 증가율<B → D 증가율이면 $\frac{A}{B}>\frac{C}{D}$이다.

[분자와 분모의 차이값 비교법]

√ $\frac{A}{B}$와 $\frac{C}{D}$에서 A<C, B<D인 경우, 분자 값 간의 차와 분모 값 간의 차를 분수로 나타내어 $\frac{A}{B}$와 비교한다.

예 $\frac{A}{B}<\frac{C-A}{D-B}$이면 $\frac{A}{B}<\frac{C}{D}$이고, $\frac{A}{B}>\frac{C-A}{D-B}$이면 $\frac{A}{B}>\frac{C}{D}$이다.

→ 증명: $\frac{A}{B}<\frac{C-A}{D-B}$의 식을 전개하면 AD−AB<BC−AB이고, 양변에 AB가 동일하므로 소거하여 다시 정리하면 AD<BC이다. 따라서 $\frac{A}{B}<\frac{C-A}{D-B}$는 $\frac{A}{B}<\frac{C}{D}$와 같다.

문제풀이 핵심 전략 적용

기출 예제

다음 <그림>과 <표>는 전산장비(A~F) 연간유지비와 전산장비 가격 대비 연간유지비 비율을 나타낸 자료이다. 이에 대한 설명으로 옳은 것은? 14 민경채 A 15

〈그림〉 전산장비 연간유지비

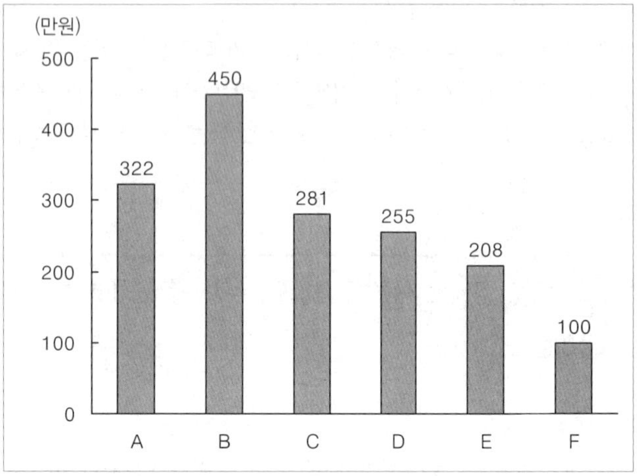

〈표〉 전산장비 가격 대비 연간유지비 비율

(단위: %)

전산장비	A	B	C	D	E	F
비율	8.0	7.5	7.0	5.0	4.0	3.0

① B의 연간유지비가 D의 연간유지비의 2배 이상이다.

② 가격이 가장 높은 전산장비는 A이다.

③ 가격이 가장 낮은 전산장비는 F이다.

④ C의 가격은 E의 가격보다 높다.

⑤ A를 제외한 전산장비는 가격이 높을수록 연간유지비도 더 높다.

STEP 1

<그림>에 연간유지비가 주어져 있고, <표>에 가격 대비 연간유지비 비율이 주어졌으므로 가격은 $\frac{\text{연간유지비}}{\text{가격 대비 연간유지비}}$로 판단할 수 있다.

STEP 2

단위를 감안하지 않고 수치로만 전산장비 가격을 비교하면 A가 $\frac{322}{8.0}$≒40, B가 $\frac{450}{7.5}$=60, C가 $\frac{281}{7.0}$≒40, D가 $\frac{255}{5.0}$=51, E가 $\frac{208}{4.0}$=52, F가 $\frac{100}{3.0}$≒33이다. A~E는 모두 40 이상이므로 가격이 가장 낮은 전산장비는 F이다.

따라서 정답은 ③이다.

오답 체크

① B의 연간유지비는 450만 원, D의 연간유지비는 255만 원으로 B는 D의 2배 이상이 되지 않으므로 옳지 않은 설명이다.

② 전산장비 가격은 A가 $\frac{322}{8.0}$≒40이고, B가 $\frac{450}{7.5}$=60이므로 A가 B보다 더 낮다. 따라서 가격이 가장 높은 전산장비는 적어도 A가 아니므로 옳지 않은 설명이다.

④ 전산장비 가격은 C가 $\frac{281}{7.0}$≒40이고 E가 $\frac{208}{4.0}$=52이다. 따라서 C보다 E의 가격이 더 높으므로 옳지 않은 설명이다.

⑤ A를 제외한 전산장비 중 연간유지비가 높은 순으로 나열하면 B, C, D, E, F로 E는 C와 D보다 연간유지비는 낮으나 전산장비 가격은 C보다 E가 더 높으므로 옳지 않은 설명이다.

유형공략문제

문제 풀이 후 확인하기

실력 UP 포인트

1. 질병비용이 가장 많은 위험요인은 매년 동일한가?

2. 운동부족의 질병비용은 2007년에 비해 2008년에 증가하였다. 그렇다면 전체 질병비용에서 운동부족 위험요인이 차지하는 비중도 증가하였는가?

[정답]

1. 동일하다.
   매년 흡연의 질병비용이 가장 많다.
2. 그렇지 않다.
   비용이 증가했다고 해서 전체에서 차지하는 비중이 증가했다고 볼 수 없다. 전체 질병비용 역시 얼마나 증가했는지 증가율을 서로 비교해야 한다.

01. 다음 <표>는 건강행태 위험요인별 질병비용에 대한 자료이다. 이에 대한 설명으로 옳은 것은?

11 5급공채 인 32

〈표〉 건강행태 위험요인별 질병비용

(단위: 억 원)

연도 / 위험요인	2007	2008	2009	2010
흡연	87	92	114	131
음주	73	77	98	124
과체중	65	72	90	117
운동부족	52	56	87	111
고혈압	51	62	84	101
영양부족	19	35	42	67
고콜레스테롤	12	25	39	64
계	359	419	554	715

※ 질병비용이 클수록 순위가 높음.

① '위험요인'별 질병비용의 순위는 매년 변화가 없다.

② 2008~2010년의 연도별 질병비용에서 '영양부족' 위험요인이 차지하는 비율은 전년대비 매년 증가한다.

③ 2008~2010년의 연도별 질병비용에서 '운동부족' 위험요인이 차지하는 비율은 전년대비 매년 증가한다.

④ '고혈압' 위험요인의 경우 2008년부터 2010년까지 질병비용의 전년대비 증가율이 가장 큰 해는 2009년이다.

⑤ 연도별 질병비용에서 '과체중' 위험요인이 차지하는 비율이 가장 높은 해는 2010년이다.

02. 다음 <그림>은 2005~2009년 A지역 도서관 현황에 관한 자료이다. 이에 대한 <보기>의 설명 중 옳은 것만을 모두 고르면?
14 5급공채 A 09

〈그림 1〉 도서관 수와 좌석 수 추이

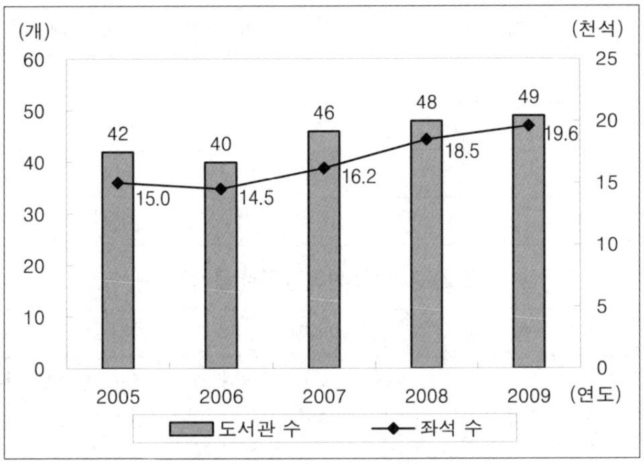

〈그림 2〉 장서 수와 연간이용자 수 추이

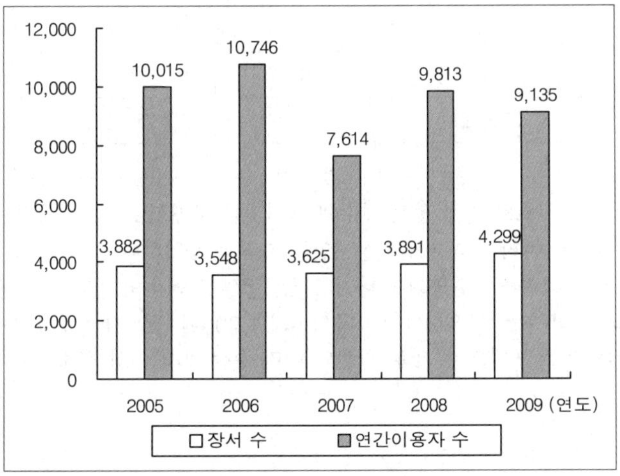

〈보 기〉

ㄱ. 2007년 도서관 수는 전년보다 증가하였지만 도서관당 좌석 수는 전년보다 감소하였다.
ㄴ. 연간이용자 수가 가장 적은 해와 도서관당 연간이용자 수가 가장 적은 해는 같다.
ㄷ. 2008년 도서관 수의 전년대비 증가율은 장서 수의 전년대비 증가율보다 높다.
ㄹ. 2009년 장서 수, 연간이용자 수, 도서관 수, 좌석 수 중 전년대비 증가율이 가장 큰 항목은 장서 수이다.

① ㄱ, ㄹ

② ㄴ, ㄷ

③ ㄱ, ㄴ, ㄷ

④ ㄱ, ㄴ, ㄹ

⑤ ㄴ, ㄷ, ㄹ

문제 풀이 후 확인하기

실력 UP 포인트

1. 도서관 수와 좌석 수의 연도별 증감방향은 동일한가?

2. 장서 수와 연간이용자 수의 연도별 증감방향은 반대인가?

[정답]

1. 동일하다.
감소, 증가, 증가, 증가로 증감방향이 같다.

2. 그렇지 않다.
2007년 대비 2008년은 모두 증가하므로 동일하다.

문제 풀이 후 확인하기

실력 UP 포인트

1. 각국의 화폐 1단위를 가지고 원화를 가장 많이 환전할 수 있는 국가는 어디인가?

2. B국의 화폐 1단위로 C국의 화폐를 몇 단위 환전할 수 있는가?

[정답]

1. B

2. 10단위

03. 다음 <표>는 A~D국 화폐 대비 원화 환율 및 음식가격에 대한 자료이다. 이에 대한 <보기>의 설명 중 옳은 것만을 모두 고르면? 16 민경채 5 25

〈표 1〉 A~D국 화폐 대비 원화 환율

국가	화폐단위	환율(원/각 국의 화폐 1단위)
A	a	1,200
B	b	2,000
C	c	200
D	d	1,000

〈표 2〉 A~D국 판매단위별 음식가격

음식 / 판매단위 / 국가	햄버거	피자	치킨	삼겹살
판매단위	1개	1조각	1마리	1인분
A	5a	2a	15a	8a
B	6b	1b	9b	3b
C	40c	30c	120c	30c
D	10d	3d	20d	9d

〈보 기〉

ㄱ. 원화 120,000원으로 가장 많은 개수의 햄버거를 구매할 수 있는 국가는 A국이다.
ㄴ. B국에서 치킨 1마리 가격은 삼겹살 3인분 가격과 동일하다.
ㄷ. C국의 삼겹살 4인분과 A국의 햄버거 5개는 동일한 액수의 원화로 구매할 수 있다.
ㄹ. D국 화폐 대비 원화 환율이 1,000원/d에서 1,200원/d로 상승하면, D국에서 원화 600,000원으로 구매할 수 있는 치킨의 마리 수는 20% 이상 감소한다.

① ㄱ, ㄴ

② ㄱ, ㄷ

③ ㄴ, ㄷ

④ ㄱ, ㄴ, ㄹ

⑤ ㄴ, ㄷ, ㄹ

04. 다음 <그림>은 2008년 스마트폰 시장 상황에 대한 자료이다. 이에 대한 설명으로 옳지 않은 것은?

11 5급공채 인 39

〈그림 1〉 2008년 회사별 스마트폰 점유율 (판매대수 기준)

(단위: %)

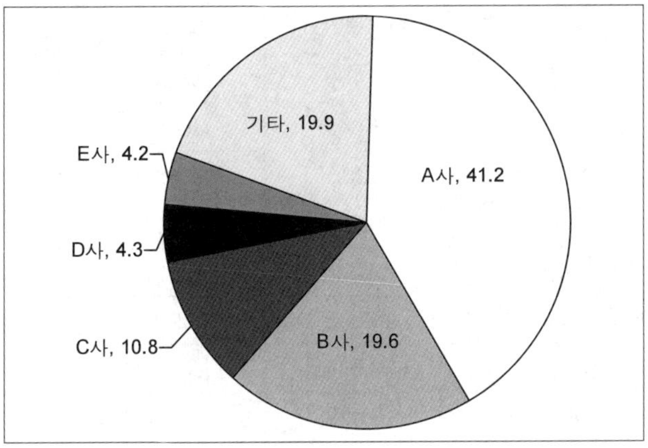

〈그림 2〉 2008년 회사별 스마트폰 판매대수의 전년대비 증가율

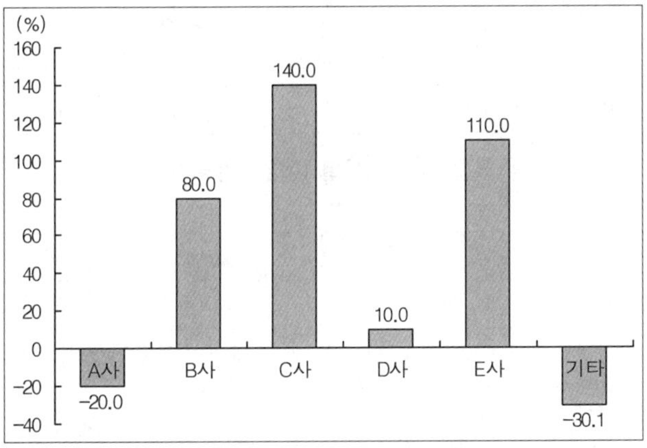

① A~E사 중 2007년 스마트폰 판매대수가 가장 많은 회사는 A사이다.

② C사의 2007년 스마트폰 판매대수는 E사의 2007년 스마트폰 판매대수의 두 배 이상이다.

③ 2008년 E사의 전년대비 판매대수 증가량은 2008년 A사의 전년대비 판매대수 감소량보다 많다.

④ A~E사 중 2008년에 전년대비 판매대수가 가장 많이 증가한 회사는 B사이다.

⑤ 2007년과 2008년에 A~E사 간 판매대수 기준 스마트폰 점유율이 큰 순서는 동일하다.

문제 풀이 후 확인하기

실력 UP 포인트

1. 2007년 회사별 스마트폰 판매대수의 크기를 비교할 수 있는가?

2. 구체적인 분수 비교나 계산을 하지 않고 판단할 수 있는 선택지는 무엇인가?

[정답]

1. 비교할 수 있다.
   2007년 스마트폰 판매대수 크기는 <그림 2>의 전년대비 증가율을 전년대비 배수로 변환하여 <그림 1>의 점유율에서 나눠주면 도출된다.

2. ①
   2008년 스마트폰 점유율은 A사가 가장 큰데 전년대비 증가율이 유일하게 (-)이므로 2007년에도 스마트폰 점유율은 A사가 가장 크다.

문제 풀이 후 확인하기

실력 UP 포인트

1. <표 2>를 활용해야 판단할 수 있는 <보기>는 무엇인가?

2. 계산이 가장 복잡하고 까다로운 <보기>는 무엇인가?

[정답]

1. ㄴ

승객 수를 고려해야 하는 순이익을 묻고 있으므로 <표 2>가 필요하다.

2. ㄴ

각주의 순이익을 통해 보조금 크기를 계산해야 하므로 가장 까다로운 <보기>이다.

05. 다음 <표>는 A회사의 버스 종류별 1대당 1일 총운송비용과 승객 수를 나타낸 자료이다. 이에 대한 <보기>의 설명 중 옳은 것을 모두 고르면? 12 5급공채 인 34

〈표 1〉 버스 종류별 1대당 1일 총운송비용 내역

(단위: 원)

부문	항목	일반버스	굴절버스	저상버스
가동비	운전직 인건비	331,400	331,400	331,400
	연료비	104,649	160,709	133,133
	타이어비	3,313	8,282	4,306
	소계	439,362	500,391	468,839
보유비	관리직 인건비	42,638	42,638	42,638
	차량보험료	16,066	21,641	16,066
	차량 감가상각비	23,944	104,106	24,057
	차고지비	3,029	4,544	3,029
	기타관리비	40,941	40,941	40,941
	정비비	9,097	45,484	13,645
	소계	135,715	259,354	140,376
총운송비용		575,077	759,745	609,215

〈표 2〉 버스 종류별 1대당 1일 승객 수

(단위: 명)

버스 종류	일반버스	굴절버스	저상버스
승객 수	800	1,000	900

※ 1) 버스 1대당 1일 순이익=버스 1대당 1일 승객 요금합－버스 1대당 1일 총운송비용
2) 버스 1대당 1일 승객 요금합=버스 1대당 1일 승객 수×승객당 버스요금
3) 승객당 버스요금은 900원임.
4) A회사는 일반버스, 굴절버스, 저상버스 각 1대씩만 보유·운행함.

〈보 기〉

ㄱ. 일반버스와 굴절버스 간의 운송비용 항목 중 비용 차이가 가장 큰 항목은 차량감가상각비이다.
ㄴ. 버스 종류별로 1대당 1일 순이익이 30만 원이 안될 경우, 그 차액을 정부가 보전해주는 정책을 시행한다면 A회사에서 가장 많은 보조금을 받는 버스 종류는 굴절버스이다.
ㄷ. 굴절버스는 다른 버스 종류에 비해 총운송비용에서 가동비가 차지하는 비중이 낮다.
ㄹ. 모든 버스 종류별로 정비비가 각각 10%씩 절감된다면, 총운송비용의 감소 비율이 가장 큰 버스 종류는 저상버스이다.

① ㄱ, ㄴ
② ㄴ, ㄹ
③ ㄱ, ㄴ, ㄷ
④ ㄱ, ㄷ, ㄹ
⑤ ㄴ, ㄷ, ㄹ

06. 다음 <그림>은 국내 7개 권역별 전국 대비 면적, 인구, 산업 생산액 비중 현황을 나타낸 것이다. 이를 토대로 <보기>에 제시된 각 항목의 값이 두 번째로 큰 권역을 바르게 나열한 것은?

16 5급공채 4 06

〈그림〉 권역별 전국 대비 면적, 인구, 산업 생산액 비중 현황

(단위: %)

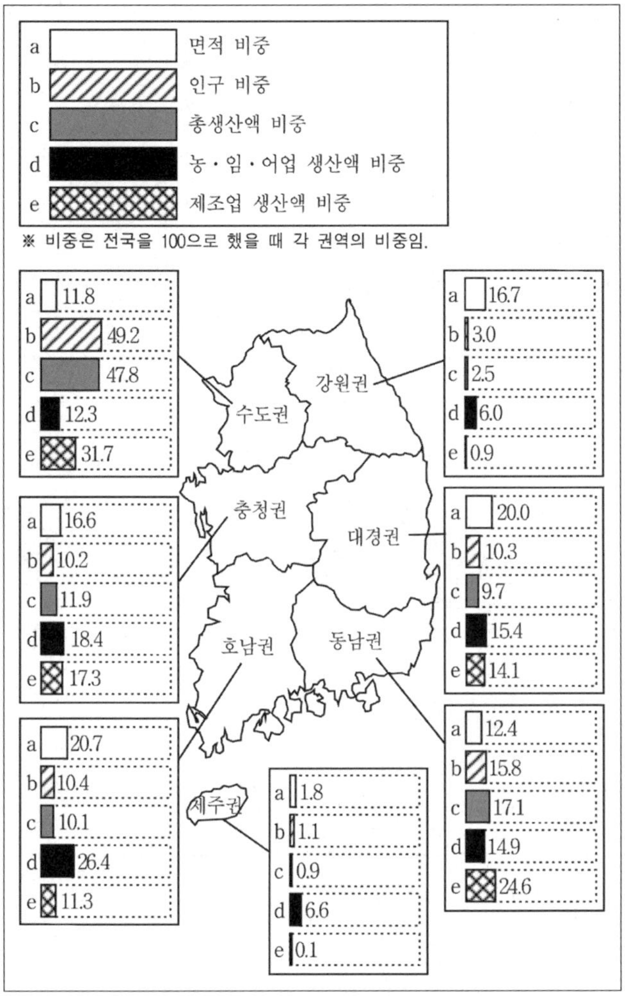

〈보 기〉

ㄱ. 면적 대비 총생산액
ㄴ. 면적 대비 농·임·어업 생산액
ㄷ. 인구 대비 제조업 생산액

	ㄱ	ㄴ	ㄷ
①	충청권	동남권	동남권
②	충청권	호남권	대경권
③	동남권	동남권	대경권
④	동남권	호남권	대경권
⑤	동남권	호남권	동남권

실력 UP 포인트

문제 풀이 후 확인하기

1. 범례에 제시된 각각의 비중은 어떻게 더해야 100%가 되는가?

2. 두 번째로 큰 권역을 찾기 위해 선택지에 제시된 권역만 비교하면 되는가? 그렇지 않다면 선행적으로 찾아야 할 권역은 무엇인가?

[정답]

1. 7개 권역을 모두 더한다.
   범례의 각주에서도 비중은 전국을 100으로 했을 때 각 권역별 비중이라고 제시하고 있기 때문이다.
2. 선택지에 제시된 권역을 먼저 비교하고, 둘 중 큰 권역보다 더 큰 권역이 존재하는지 판단한다.

문제 풀이 후 확인하기

실력 UP 포인트

1. 사고건수가 두 번째로 많은 원인은 매년 동일한가?

2. 전체 사고건수가 가장 적은 연도와 '주택'의 사고건수가 가장 적은 연도는 동일한가?

[정답]

1. 동일하지 않다.
   2016년의 경우 '공급자 취급부주의'보다 '시설미비'가 더 많고 2016년을 제외한 나머지 연도는 매년 '공급자 취급부주의'가 두 번째로 많다.
2. 동일하다.
   2017년의 전체 사고건수는 118건으로 가장 적고 '주택' 사고건수 역시 39건으로 가장 적다.

07. 다음 <표>는 2015~2019년 '갑'국의 가스사고 현황에 관한 자료이다. 이에 대한 <보기>의 설명 중 옳은 것만을 모두 고르면? 20 7급모의 03

〈표 1〉 원인별 사고건수

(단위: 건)

원인 \ 연도	2015	2016	2017	2018	2019
사용자 취급부주의	41	41	41	38	31
공급자 취급부주의	23	16	22	26	29
제품노후	4	12	19	12	18
고의사고	21	16	16	12	9
타공사	2	6	4	8	7
자연재해	12	9	5	3	3
시설미비	18	20	11	23	24
전체	121	120	118	122	121

〈표 2〉 사용처별 사고건수

(단위: 건)

사용처 \ 연도	2015	2016	2017	2018	2019
주택	48	50	39	42	47
식품접객업소	21	10	27	14	20
특수허가업소	14	14	16	16	12
공급시설	3	7	5	5	6
차량	4	5	4	5	6
제1종 보호시설	3	8	6	8	5
공장	9	6	7	6	4
다중이용시설	0	0	0	0	1
야외	19	20	14	26	20
전체	121	120	118	122	121

〈보 기〉

ㄱ. 2015년 대비 2019년 사고건수의 증가율은 '공급자 취급부주의'가 '시설미비'보다 작다.
ㄴ. '주택'과 '차량'의 연도별 사고건수 증감방향은 같다.
ㄷ. 2016년에는 사고건수 기준 상위 2가지 원인에 의한 사고건수의 합이 나머지 원인에 의한 사고건수의 합보다 적다.
ㄹ. 전체 사고건수에서 '주택'이 차지하는 비중은 매년 35% 이상이다.

① ㄱ, ㄴ ② ㄱ, ㄹ ③ ㄴ, ㄷ
④ ㄱ, ㄷ, ㄹ ⑤ ㄴ, ㄷ, ㄹ

08. 다음 <그림>은 2014~2020년 연말 기준 '갑'국의 국가채무 및 GDP에 관한 자료이다. 이에 대한 <보기>의 설명 중 옳은 것만을 모두 고르면? 21 7급공채 나 03

〈그림 1〉 GDP 대비 국가채무 및 적자성채무 비율 추이

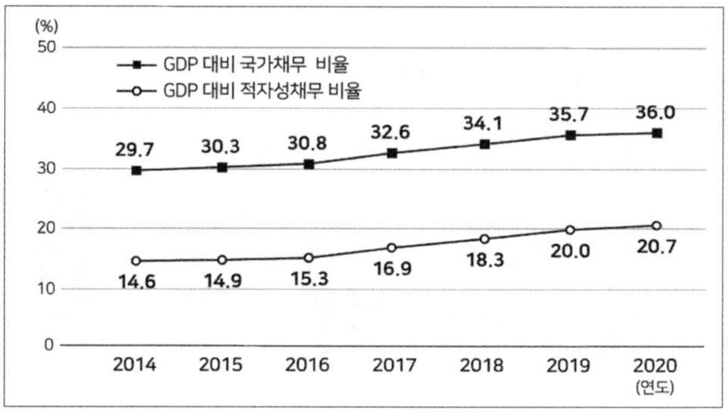

※ 국가채무 = 적자성채무 + 금융성채무

〈그림 2〉 GDP 추이

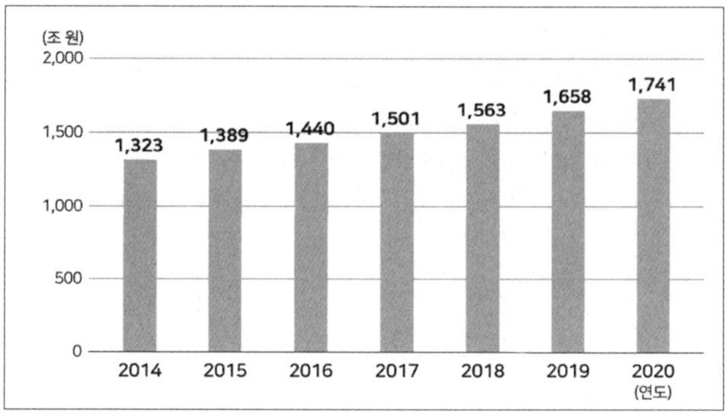

〈보 기〉

ㄱ. 2020년 국가채무는 2014년의 1.5배 이상이다.
ㄴ. GDP 대비 금융성채무 비율은 매년 증가한다.
ㄷ. 적자성채무는 2019년부터 300조 원 이상이다.
ㄹ. 금융성채무는 매년 국가채무의 50% 이상이다.

① ㄱ, ㄴ

② ㄱ, ㄷ

③ ㄴ, ㄹ

④ ㄱ, ㄷ, ㄹ

⑤ ㄴ, ㄷ, ㄹ

문제 풀이 후 확인하기

실력 UP 포인트

1. GDP 대비 금융성채무 비율은 어떻게 도출해야 하는가?

2. 국가채무 대비 적자성채무 비율은 어떻게 도출해야 하는가?

[정답]

1. GDP 대비 국가채무 비율에서 GDP 대비 적자성채무 비율을 빼면 도출할 수 있다.
2. GDP 대비 국가채무 비율과 GDP 대비 적자성채무 비율이 주어져 있고 두 가지 비율 모두 GDP가 분모로 공통이므로 (GDP 대비 적자성채무 비율/GDP 대비 국가채무 비율)로 도출할 수 있다.

문제 풀이 후 확인하기

실력 UP 포인트

1. 각 연도별로 특허 출원건수가 가장 많은 사료 유형은 동일한가?

2. 각 연도별로 특허 출원건수가 가장 적은 사료 유형은 동일한가?

[정답]

1. 동일하지 않다.
   2019년은 '동물기원'이 가장 많고 2019년을 제외한 나머지 연도는 '식물기원'이 매년 가장 많다.

2. 동일하지 않다.
   2017, 2020년은 '미생물효소'가 가장 적고 2018, 2021년은 '동물기원'이 가장 적다.

09. 다음 <그림>은 2017~2021년 '갑'국의 반려동물 사료 유형별 특허 출원건수에 관한 자료이다. 이에 대한 <보기>의 설명 중 옳은 것만을 모두 고르면? 22 7급공채 가 08

〈그림〉 반려동물 사료 유형별 특허 출원건수

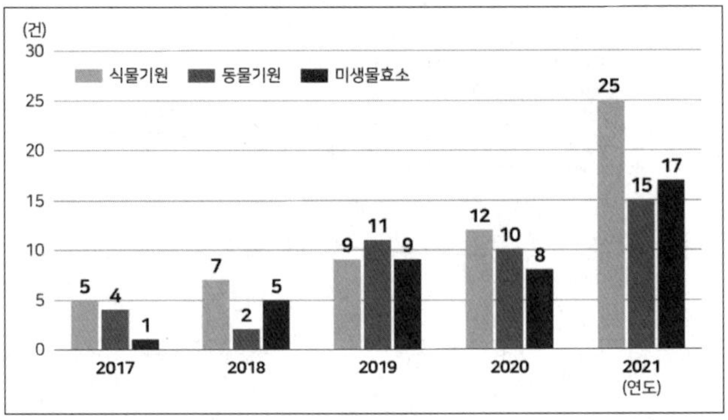

※ 반려동물 사료 유형은 식물기원, 동물기원, 미생물효소로만 구분함.

〈보 기〉

ㄱ. 2017~2021년 동안의 특허 출원건수 합이 가장 작은 사료 유형은 '미생물효소'이다.

ㄴ. 연도별 전체 특허 출원건수 대비 각 사료 유형의 특허 출원건수 비율은 '식물기원'이 매년 가장 높다.

ㄷ. 2021년 특허 출원건수의 전년 대비 증가율이 가장 높은 사료 유형은 '식물기원'이다.

① ㄱ

② ㄷ

③ ㄱ, ㄴ

④ ㄱ, ㄷ

⑤ ㄴ, ㄷ

10. 다음 <표>는 2022년 A~E국의 연구개발 세액감면 현황에 관한 자료이다. 이에 대한 <보기>의 설명 중 옳은 것만을 모두 고르면?

23 7급공채 인 06

〈표〉 2022년 A~E국의 연구개발 세액감면 현황

(단위: 백만 달러, %)

구분 \ 국가	연구개발 세액감면액	GDP 대비 연구개발 세액감면액 비율	연구개발 총지출액 대비 연구개발 세액감면액 비율
A	3,613	0.20	4.97
B	12,567	0.07	2.85
C	2,104	0.13	8.15
D	4,316	0.16	10.62
E	6,547	0.13	4.14

〈보 기〉

ㄱ. GDP는 C국이 E국보다 크다.
ㄴ. 연구개발 총지출액이 가장 큰 국가는 B국이다.
ㄷ. GDP 대비 연구개발 총지출액 비율은 A국이 B국보다 높다.

① ㄱ
② ㄴ
③ ㄷ
④ ㄴ, ㄷ
⑤ ㄱ, ㄴ, ㄷ

문제 풀이 후 확인하기

실력 UP 포인트

1. GDP를 식으로 구성하면 어떻게 되는가?

2. 연구개발 총지출액을 식으로 구성하면 어떻게 되는가?

[정답]

1. $\frac{\text{연구개발 세액감면액}}{\text{GDP 대비 연구개발 세액감면액 비율}}$

연구개발 세액감면액을 GDP 대비 연구개발 세액감면액 비율로 나눠주면 GDP가 도출된다.

2. $\frac{\text{연구개발 세액감면액}}{\text{연구개발 총지출액 대비 연구개발 세액감면액 비율}}$

연구개발 세액감면액을 연구개발 총지출액 대비 연구개발 세액감면액 비율로 나눠주면 연구개발 총지출액이 도출된다.

11. 다음 <표>는 2023년 '갑'시 소각시설 현황에 관한 자료이다. 이에 대한 설명으로 옳은 것은?

24 7급공채 사 19

〈표〉 2023년 '갑'시 소각시설 현황

(단위: 톤/일, 톤, 명)

소각시설	시설용량	연간소각실적	관리인원
전체	2,898	689,052	314
A	800	163,785	66
B	48	12,540	34
C	750	169,781	75
D	400	104,176	65
E	900	238,770	74

※ 시설용량은 1일 가동 시 소각할 수 있는 최대량임.

① '연간소각실적'이 많은 소각시설일수록 '관리인원'이 많다.

② '시설용량' 대비 '연간소각실적' 비율이 가장 높은 소각시설은 E이다.

③ '연간소각실적'은 A가 D의 1.5배 이하이다.

④ C의 '시설용량'은 전체 '시설용량'의 30% 이상이다.

⑤ B의 2023년 가동 일수는 250일 미만이다.

문제 풀이 후 확인하기

실력 UP 포인트

1. 전체는 A~E소각시설의 합과 동일한가?

2. 연간소각실적 자료를 통해 일평균소각실적을 도출할 수 있는가?

[정답]

1. 동일하다.

   일반적으로 소계, 합계, 계 등으로 제시된 경우에는 주어진 항목의 합과 동일하지만 전체라고 주어진 경우에는 그렇지 않은 경우가 있으니 확인할 필요는 있다.

2. 가능하다.

   연간소각실적을 365일로 나누면 일평균소각실적을 도출할 수 있다.

12. 다음 <표>는 2017~2023년 '갑'시의 유치원 현황에 관한 자료이다. 이에 대한 <보기>의 설명 중 옳은 것만을 모두 고르면?

25 7급공채 인 02

<표> 2017~2023년 '갑'시의 유치원 현황

(단위: 개, 명)

연도 \ 구분	유치원수	원아수	교원수
2017	427	44,009	3,042
2018	430	42,324	3,095
2019	423	39,373	2,853
2020	403	38,319	2,920
2021	399	36,170	2,891
2022	396	35,427	2,909
2023	393	34,777	3,042

〈보 기〉

ㄱ. 2018년 교원 1인당 원아수는 10명 이상이다.
ㄴ. 전년 대비 증감 방향은 유치원수와 원아수가 매년 동일하다.
ㄷ. 2017년 대비 2023년 원아수는 20% 이상 감소한다.

① ㄱ

② ㄴ

③ ㄷ

④ ㄱ, ㄷ

⑤ ㄱ, ㄴ, ㄷ

정답 · 해설 p.269

문제 풀이 후 확인하기

실력 UP 포인트

1. 원아수가 교원수의 10배 미만인 연도가 있는가?

2. 구분항목 유치원수, 원아수, 교원수 중 매년 증감현황이 일정한 항목이 있는가?

[정답]

1. 없다.
   모든 연도의 원아 수는 교원 수의 10배 이상이다.
2. 원아수.
   매년 감소하고 있다.

유형 3 반대해석형

유형 소개

'반대해석형'은 제시된 자료에서 기준과 합계가 같은 2가지 이상의 항목이 제시되고, 선택지나 <보기>에서 특정 항목의 비율을 물어볼 때, 반대되는 항목의 비율로 해석하거나 반대되는 항목과의 배수 관계를 파악하여 선택지나 <보기>의 내용이 올바른지 판단하는 유형이다.

유형 특징

이 유형은 자료에서 기준과 합계가 동일한 여러 항목이 제시되고, 선택지나 <보기>는 특정 항목의 90%, 80%, 65%, 50%, 35%, 20% 등의 비율을 묻는 내용으로 구성된다. 대표적인 선택지나 <보기>의 내용은 다음과 같다.

- 2010년에 회원급여저축총액에서 누적이자총액이 차지하는 비중은 50% 이상이다.
- 2012년 태풍 피해금액은 2012년 5개 자연재해 유형 전체 피해금액의 90% 이상이다.
- A~E지방법원 전체 소환인원에서 A지방법원의 소환인원이 차지하는 비율은 35% 이상이다.

출제 경향

- '반대해석형'은 2025년 9번, 15번, 2024년 23번, 2023년 19번, 2021년 3번, 4번, 14번 문제와 같이 분수 비교형 문제 중 반대해석을 활용하면 문제풀이 시간을 단축할 수 있는 문제가 다수 출제되었다.
- 문제 자체의 난도는 자료 구성과 계산 정도에 따라 다양하지만, 반대해석을 적용하여 선택지나 <보기>를 판단하면 계산 과정이 단순해지므로 난도가 낮아진다.

문제풀이 핵심 전략

STEP 1 | 제시된 자료와 각주를 통해 전체 항목이 여러 가지 항목의 합으로 구성되었는지 체크한 후, 선택지나 <보기>에서 전체 대비 특정 항목의 비율을 묻고 있는지 체크한다.

√ 제시된 자료와 각주에서 전체 항목이 두 가지 항목의 합이거나 단위가 '%' 경우, 선택지나 <보기>에서 전체 대비 특정 항목의 비율을 묻고 있는지 체크한다.

STEP 2 | 전체 대비 특정 항목의 비율을 묻고 있는 선택지나 <보기>를 특정 항목의 반대 항목의 비율을 활용하여 문제를 풀이한다.

√ 선택지나 <보기>에서 특정 항목 비율이 A% 이상인지 묻는 경우, 특정 항목을 제외한 나머지 항목이 (100-A)% 이하인지 파악한다.

√ 선택지나 <보기>에서 특정 항목 비율이 A% 이하인지 묻는 경우, 특정 항목을 제외한 나머지 항목이 (100-A)% 이상인지 파악한다.

김용훈쌤의 응급처방

반대해석의 응용: 비율의 배수관계 전환

· 자료에 제시된 전체 비율의 합(A+B)이 100%인 경우, 항목의 수치를 비례 관계로 전환하여 판단한다. 전체가 항목 A와 B로 구성되고 전체 비율의 합이 100%라면 비율의 비례 관계 전환은 다음 3가지가 대표적이다.

① A가 50% 이상이라면 B는 50% 이하이다. 즉, B≤A이다.

② A가 80% 이상이라면 B는 20% 이하이다. 즉, B×4≤A이다.

③ A가 75% 이상이라면 B는 25% 이하이다. 즉, B×3≤A이다.

문제풀이 핵심 전략 적용

기출 예제

다음 <표>는 '갑' 공제회의 회원기금원금, 회원 수 및 1인당 평균 계좌 수, 자산 현황에 관한 자료이다. 이에 대한 <보기>의 설명 중 옳지 않은 것을 모두 고르면? 11 민경채 경 05

〈표 1〉 공제회 회원기금원금(연말 기준)

(단위: 억 원)

원금구분 \ 년	2005	2006	2007	2008	2009	2010
회원급여 저축원금	19,361	21,622	21,932	22,030	23,933	26,081
목돈수탁원금	7,761	7,844	6,270	6,157	10,068	12,639
계	27,122	29,466	28,202	28,187	34,001	38,720

〈표 2〉 공제회 회원 수 및 1인당 평균 계좌 수(연말 기준)

(단위: 명, 개)

구분 \ 년	2005	2006	2007	2008	2009	2010
회원 수	166,346	169,745	162,425	159,398	162,727	164,751
1인당 평균 계좌 수	65.19	64.27	58.02	61.15	67.12	70.93

〈표 3〉 2010년 공제회 자산 현황(연말 기준)

(단위: 억 원, %)

구분	금액(비중)
회원급여저축총액	37,952(46.8)
차입금	17,976(22.1)
보조금 등	7,295(9.0)
안정기금	5,281(6.5)
목돈수탁원금	12,639(15.6)
계	81,143(100.0)

※ 회원급여저축총액 = 회원급여저축원금 + 누적이자총액

〈보 기〉

ㄱ. 회원기금원금은 매년 증가하였다.
ㄴ. 공제회의 회원 수가 가장 적은 해에 목돈수탁원금도 가장 적다.
ㄷ. 2010년에 회원급여저축총액에서 누적이자총액이 차지하는 비중은 50% 이상이다.
ㄹ. 1인당 평균 계좌 수가 가장 많은 해에 회원기금원금도 가장 많다.

① ㄱ, ㄴ ② ㄱ, ㄷ ③ ㄴ, ㄷ
④ ㄴ, ㄹ ⑤ ㄱ, ㄷ, ㄹ

STEP 1

제시된 자료와 각주를 통해 전체 항목이 여러 가지 항목의 합으로 구성되었는지 체크한 후 선택지나 <보기>에서 전체 대비 특정 항목의 비율을 묻고 있는지 체크한다. <표 3> 각주에서 회원급여저축총액 = 회원급여저축원금 + 누적이자총액으로 전체 항목이 두 가지 항목의 합으로 구성되어 있음을 알 수 있다. 이때 <보기>에서 ㄷ이 회원급여저축총액 중 누적이자총액의 비율을 묻고 있으므로 ㄷ을 먼저 풀이한다.

STEP 2

ㄷ에서 2010년 회원급여저축총액에서 누적이자총액이 차지하는 비중이 50% 이상인지 묻고 있으므로 2010년 회원급여저축총액에서 회원급여저축원금이 차지하는 비중이 50% 이하인지 파악한다.

ㄷ. 2010년에 회원급여저축총액 37,952억 원 중 회원급여저축원금 26,081억 원이 차지하는 비중은 (26,081/37,952)×100≒68.7%로 50% 이상이다. 따라서 2010년에 회원급여저축총액에서 누적이자총액이 차지하는 비중은 50% 미만이므로 옳지 않은 설명이다.

나머지 <보기>를 살펴보면 다음과 같다.

ㄱ. 회원기금원금은 2006년에 29,466억 원에서 2007년에 28,202억 원으로 감소했으므로 옳지 않은 설명이다.

ㄴ. 공제회의 회원 수가 가장 적은 해는 2008년이고, 2008년에 목돈수탁원금도 6,157억 원으로 가장 적으므로 옳은 설명이다.

ㄹ. 1인당 평균 계좌 수가 가장 많은 해는 2010년이고, 2010년에 회원기금원금도 38,720억 원으로 가장 많으므로 옳은 설명이다.

따라서 정답은 ②이다.

유형공략문제

실력 UP 포인트

문제 풀이 후 확인하기

1. 반태해석이 가능한 <보기>는 무엇인가?

2. 화물운항횟수가 0인 E의 여객지수는 얼마인가?

[정답]

1. ㄱ, ㄴ, ㄹ

여객지수와 화물지수는 합이 1이므로 이를 묻는 보기는 모두 반대해석이 가능하다.

2. 1

화물운항횟수가 0인 E는 화물지수도 0이 되므로 반대인 여객지수는 1이 된다.

01. 다음 <표>는 국내에 취항하는 12개 항공사의 여객 및 화물 운항 실적을 나타낸 자료이다. 이에 대한 <보기>의 설명 중 옳은 것을 모두 고르면? 12 5급공채 인 28

〈표〉 국내 취항 항공사의 여객 및 화물 운항 실적

구분	항공사	취항 노선 수(개)	운항횟수(회)	여객운항 횟수(회)	화물운항 횟수(회)
국내 항공사	A	137	780	657	123
	B	88	555	501	54
	국내항공사 전체	225	1,335	1,158	177
외국 항공사	C	5	17	13	4
	D	3	5	0	5
	E	4	7	7	0
	F	4	18	14	4
	G	12	14	0	14
	H	13	31	0	31
	I	12	28	0	28
	J	9	76	75	1
	K	10	88	82	6
	L	17	111	102	9
	외국항공사 전체	89	395	293	102

※ 1) 운항횟수=여객운항횟수+화물운항횟수

2) 여객지수$=\frac{\text{여객운항횟수}}{\text{운항횟수}}=1-$화물지수

3) 국내에 취항하는 항공사의 수는 총 12개임.

4) 각 항공사 간 취항노선의 중복과 공동운항은 없음.

〈보 기〉

ㄱ. 화물지수가 1인 항공사의 수가 여객지수가 1인 항공사의 수보다 많다.

ㄴ. 여객지수가 B항공사보다 큰 외국항공사의 수는 4개이다.

ㄷ. 국내항공사가 취항하는 전체 노선 수 중 A항공사가 취항하는 노선 수가 차지하는 비중은 65%를 넘는다.

ㄹ. '국내항공사 전체'의 여객지수가 '외국항공사 전체'의 여객지수보다 크다.

① ㄱ, ㄴ ② ㄱ, ㄷ ③ ㄴ, ㄹ

④ ㄱ, ㄴ, ㄷ ⑤ ㄱ, ㄴ, ㄹ

02. 다음 <표>는 2006~2010년 '갑'국 연구개발비에 관한 자료이다. 이에 대한 설명으로 옳은 것은?

14 민경채 A 08

〈표〉 연도별 연구개발비

구분 \ 연도		2006	2007	2008	2009	2010
연구개발비(십억 원)		27,346	31,301	34,498	37,929	43,855
	전년대비 증가율(%)	13.2	14.5	10.2	9.9	15.6
	공공부담 비중(%)	24.3	26.1	26.8	28.7	28.0
인구 만 명당 연구개발비(백만 원)		5,662	6,460	7,097	7,781	8,452

※ 연구개발비=공공부담 연구개발비+민간부담 연구개발비

① 연구개발비의 공공부담 비중은 매년 증가하였다.

② 전년에 비해 인구 만 명당 연구개발비가 가장 많이 증가한 해는 2010년이다.

③ 2009년에 비해 2010년 '갑'국 인구는 증가하였다.

④ 전년대비 연구개발비 증가액이 가장 작은 해는 2009년이다.

⑤ 연구개발비의 전년대비 증가율이 가장 작은 해와 연구개발비의 민간부담 비중이 가장 큰 해는 같다.

문제 풀이 후 확인하기

실력 UP 포인트

1. 반대해석이 가능한 선택지는 무엇인가?

2. 인구를 도출하기 위한 식은 무엇인가?

[정답]

1. ⑤
각주에서 공공부담+민간부담 구조가 제시되고, <표>에는 공공부담 비중만 제시되어 있으므로 민간부담 비중을 묻는 ⑤가 반대해석이 가능하다.

2. 인구$=\frac{\text{연구개발비}}{\text{인구 만 명당 연구개발비}}$

실력 UP 포인트

문제 풀이 후 확인하기

1. 반대해석이 가능한 <보기>는 무엇인가?

2. 가장 후순위로 풀이해야 하는 <보기>는 무엇인가?

[정답]

1. ㄴ

전체 피해금액에서 태풍 피해금액이 차지하는 비율을 묻고 있으므로 태풍을 제외한 나머지 합이 10% 이하인지 확인하는 반대해석이 가능하다.

2. ㄱ

자료에서 주어진 전체 연도인 10개 연도의 강풍과 풍랑의 합계를 비교해야 하므로 가장 후순위로 풀이한다.

03. 다음 <표>는 2004~2013년 5개 자연재해 유형별 피해금액에 관한 자료이다. 이에 대한 <보기>의 설명 중 옳은 것만을 모두 고르면? 15 민경채 인 16

〈표〉 5개 자연재해 유형별 피해금액

(단위: 억 원)

유형 \ 연도	2004	2005	2006	2007	2008	2009	2010	2011	2012	2013
태풍	3,416	1,385	118	1,609	9	0	1,725	2,183	8,765	17
호우	2,150	3,520	19,063	435	581	2,549	1,808	5,276	384	1,581
대설	6,739	5,500	52	74	36	128	663	480	204	113
강풍	0	93	140	69	11	70	2	0	267	9
풍랑	0	0	57	331	0	241	70	3	0	0
전체	12,305	10,498	19,430	2,518	637	2,988	4,268	7,942	9,620	1,720

〈보 기〉

ㄱ. 2004~2013년 강풍 피해금액 합계는 풍랑 피해금액 합계보다 작다.

ㄴ. 2012년 태풍 피해금액은 2012년 5개 자연재해 유형 전체 피해금액의 90% 이상이다.

ㄷ. 피해금액이 매년 10억 원보다 큰 자연재해 유형은 호우뿐이다.

ㄹ. 피해금액이 큰 자연재해 유형부터 순서대로 나열하면 2010년과 2011년의 순서는 동일하다.

① ㄱ, ㄴ

② ㄱ, ㄷ

③ ㄷ, ㄹ

④ ㄱ, ㄴ, ㄹ

⑤ ㄴ, ㄷ, ㄹ

04. 다음 <표>는 2014년 '갑'국 지방법원(A~E)의 배심원 출석 현황에 관한 자료이다. 이에 대한 <보기>의 설명 중 옳은 것만을 모두 고르면? 15 민경채 인 20

〈표〉 2014년 '갑'국 지방법원(A~E)의 배심원 출석 현황

(단위: 명)

구분 / 지방법원	소환인원	송달 불능자	출석취소 통지자	출석의무자	출석자
A	1,880	533	573	( )	411
B	1,740	495	508	( )	453
C	716	160	213	343	189
D	191	38	65	88	57
E	420	126	120	174	115

※ 1) 출석의무자 수 = 소환인원 - 송달불능자 수 - 출석취소통지자 수

2) 출석률(%) = $\frac{\text{출석자 수}}{\text{소환인원}} \times 100$

3) 실질출석률(%) = $\frac{\text{출석자 수}}{\text{출석의무자 수}} \times 100$

〈보 기〉

ㄱ. 출석의무자 수는 B지방법원이 A지방법원보다 많다.
ㄴ. 실질출석률은 E지방법원이 C지방법원보다 낮다.
ㄷ. D지방법원의 출석률은 25% 이상이다.
ㄹ. A~E지방법원 전체 소환인원에서 A지방법원의 소환인원이 차지하는 비율은 35% 이상이다.

① ㄱ, ㄴ
② ㄱ, ㄷ
③ ㄴ, ㄷ
④ ㄴ, ㄹ
⑤ ㄷ, ㄹ

정답 · 해설 p.275

문제 풀이 후 확인하기

실력 UP 포인트

1. 반대해석이 가능한 <보기>는 무엇인가?

2. 분수 비교를 통해 해결 가능한 <보기>는 무엇인가?

[정답]

1. ㄹ

전체에서 A지방법원의 소환인원이 차지하는 비율이 35% 이상인지 묻고 있으므로 A지방법원을 제외한 나머지 지방법원의 소환인원이 차지하는 비율의 합이 65% 이하인지 확인하는 반대해석이 가능하다.

2. ㄴ

각주 3)에 따라 실질출석률을 분수 비교하여 해결할 수 있다.

실전공략문제

· 권장 제한시간에 따라 시작과 종료 시각을 정한 후, 실제 시험처럼 문제를 풀어보세요.
시 분 ~ 시 분 (총 20문항 / 40분)

01. 다음 <표>는 2013년 11월 7개 도시의 아파트 전세가격 지수 및 전세수급 동향 지수에 대한 자료이다. 이에 관한 <보기>의 설명 중 옳은 것만을 모두 고르면? 14 민경채 A 10

〈표〉 아파트 전세가격 지수 및 전세수급 동향 지수

지수 / 도시	면적별 전세가격 지수			전세수급 동향 지수
	소형	중형	대형	
서울	115.9	112.5	113.5	114.6
부산	103.9	105.6	102.2	115.4
대구	123.0	126.7	118.2	124.0
인천	117.1	119.8	117.4	127.4
광주	104.0	104.2	101.5	101.3
대전	111.5	107.8	108.1	112.3
울산	104.3	102.7	104.1	101.0

※ 1) 2013년 11월 전세가격 지수 = $\frac{\text{2013년 11월 평균 전세가격}}{\text{2012년 11월 평균 전세가격}} \times 100$

2) 전세수급 동향 지수는 각 지역 공인중개사에게 해당 도시의 아파트 전세공급 상황에 대해 부족·적당·충분 중 하나를 선택하여 응답하게 한 후, '부족'이라고 응답한 비율에서 '충분'이라고 응답한 비율을 빼고 100을 더한 값임.

예: '부족' 응답비율 30%, '충분' 응답비율 50%인 경우 전세수급 동향 지수는 (30−50)+100=80

3) 아파트는 소형, 중형, 대형으로만 구분됨.

〈보 기〉

ㄱ. 2012년 11월에 비해 2013년 11월 7개 도시 모두에서 아파트 평균 전세가격이 상승하였다.

ㄴ. 중형 아파트의 2012년 11월 대비 2013년 11월 평균 전세가격 상승액이 가장 큰 도시는 대구이다.

ㄷ. 각 도시에서 아파트 전세공급 상황에 대해 '부족'이라고 응답한 공인중개사는 '충분'이라고 응답한 공인중개사보다 많다.

ㄹ. 광주의 공인중개사 중 60% 이상이 광주의 아파트 전세공급 상황에 대해 '부족'이라고 응답하였다.

① ㄱ, ㄴ　② ㄱ, ㄷ　③ ㄴ, ㄷ
④ ㄴ, ㄹ　⑤ ㄷ, ㄹ

02. 다음 <그림>은 2008~2011년 외국기업의 국내 투자 현황에 대한 자료이다. 이에 대한 설명 중 옳은 것은? 12 민경채 인 25

〈그림 1〉 외국기업 국내 투자건수의 산업별 비율

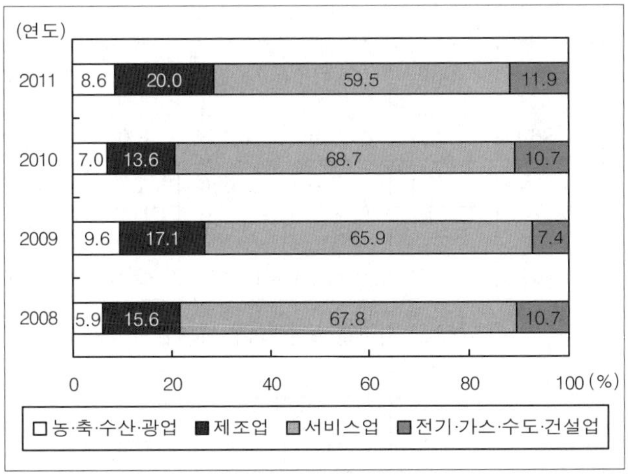

※ 비율은 소수점 아래 둘째 자리에서 반올림한 값임.

〈그림 2〉 외국기업의 국내 서비스업 투자건수 및 총투자금액

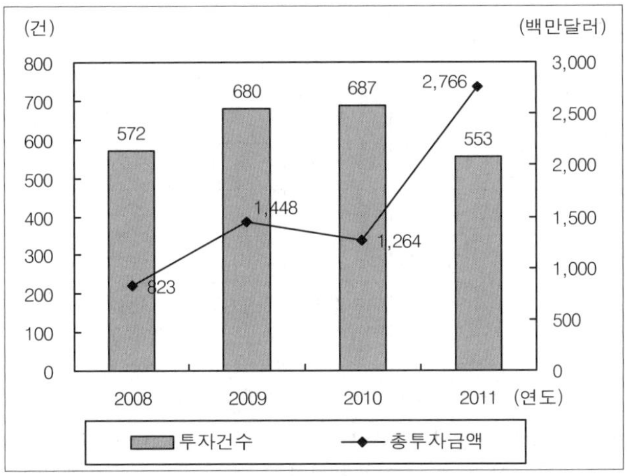

① 외국기업 국내 투자건수는 2010년이 2009년보다 적다.

② 2008년 외국기업의 국내 농·축·수산·광업에 대한 투자건수는 60건 이상이다.

③ 외국기업 국내 투자건수 중 제조업이 차지하는 비율은 매년 증가하였다.

④ 외국기업 국내 투자건수 중 각 산업이 차지하는 비율의 순위는 매년 동일하다.

⑤ 외국기업의 국내 서비스업 투자건당 투자금액은 매년 증가하였다.

03. 다음 <표>는 일제강점기 중 1930~1936년 소작쟁의 현황에 관한 자료이다. 이에 대한 <보기>의 설명 중 옳지 않은 것만을 모두 고르면? 14 5급공채 A 12

〈표 1〉 소작쟁의 참여인원

(단위: 명)

구분 \ 연도	1930	1931	1932	1933	1934	1935	1936
지주	860	1,045	359	1,693	6,090	22,842	29,673
마름	0	0	0	586	1,767	3,958	3,262
소작인	12,151	9,237	4,327	8,058	14,597	32,219	39,518
전체	13,011	10,282	4,686	10,337	22,454	59,019	72,453

〈표 2〉 지역별 소작쟁의 발생건수

(단위: 건)

지역 \ 연도	1930	1931	1932	1933	1934	1935	1936
강원도	4	1	6	4	92	734	2,677
경기도	95	54	24	119	321	1,873	1,299
경상도	230	92	59	300	1,182	5,633	7,040
전라도	240	224	110	1,263	5,022	11,065	7,712
충청도	139	315	92	232	678	3,714	8,136
평안도	5	1	0	16	68	1,311	1,733
함경도	0	0	0	2	3	263	404
황해도	13	10	14	41	178	1,241	947
전국	726	697	305	1,977	7,544	25,834	29,948

〈보 기〉

ㄱ. 소작쟁의 발생 건당 참여인원이 가장 적은 해는 1936년이다.
ㄴ. 1932년 이후 소작쟁의 발생건수가 매년 증가한 지역은 5곳이다.
ㄷ. 전체 소작쟁의 참여인원 중 지주가 차지하는 비중은 매년 증가하였다.
ㄹ. 1930년에 비해 1936년에 전국 소작쟁의 발생건수에서 지역별 소작쟁의 발생건수가 차지하는 비중이 증가한 지역은 5곳이다.

① ㄱ, ㄴ

② ㄱ, ㄹ

③ ㄷ, ㄹ

④ ㄱ, ㄴ, ㄷ

⑤ ㄴ, ㄷ, ㄹ

04. 다음 <표>는 어느 국가의 지역별 영유아 인구수, 보육시설 정원 및 현원에 관한 자료이다. 이에 대한 <보기>의 설명 중 옳은 것을 모두 고르면? 11 민경채 경 22

〈표〉 지역별 영유아 인구수, 보육시설 정원 및 현원

(단위: 천 명)

지역 \ 구분	영유아 인구수	보육시설 정원	보육시설 현원
A	512	231	196
B	152	71	59
C	86	( )	35
D	66	28	24
E	726	375	283
F	77	49	38
G	118	67	52
H	96	66	51
I	188	109	84
J	35	28	25

※ 1) 보육시설 공급률(%) = $\frac{\text{보육시설 정원}}{\text{영유아 인구수}} \times 100$

2) 보육시설 이용률(%) = $\frac{\text{보육시설 현원}}{\text{영유아 인구수}} \times 100$

3) 보육시설 정원충족률(%) = $\frac{\text{보육시설 현원}}{\text{보육시설 정원}} \times 100$

〈보 기〉

ㄱ. A지역의 보육시설 공급률과 보육시설 이용률의 차이는 10%p 미만이다.

ㄴ. 영유아 인구수가 10만 명 이상인 지역 중 보육시설 공급률이 50% 미만인 지역은 2곳이다.

ㄷ. 영유아 인구수가 가장 많은 지역과 가장 적은 지역 간 보육시설 이용률의 차이는 40%p 이상이다.

ㄹ. C지역의 보육시설 공급률이 50%라고 가정하면 이 지역의 보육시설 정원충족률은 80% 이상이다.

① ㄱ, ㄴ

② ㄱ, ㄷ

③ ㄷ, ㄹ

④ ㄱ, ㄴ, ㄹ

⑤ ㄴ, ㄷ, ㄹ

05. 다음 <표>는 2008~2012년 커피 수입 현황에 대한 자료이다. <보고서> 내용 중 <표>와 일치하는 것만을 모두 고르면? 14 5급공채 A 20

〈표〉 2008~2012년 커피 수입 현황

(단위: 톤, 천 달러)

구분		2008	2009	2010	2011	2012
생두	중량	97.8	96.9	107.2	116.4	100.2
	금액	252.1	234.0	316.1	528.1	365.4
원두	중량	3.1	3.5	4.5	5.4	5.4
	금액	37.1	42.2	55.5	90.5	109.8
커피 조제품	중량	6.3	5.0	5.5	8.5	8.9
	금액	42.1	34.6	44.4	98.8	122.4

※ 1) 커피는 생두, 원두, 커피 조제품으로만 구분됨.

2) 수입단가 $= \frac{\text{금액}}{\text{중량}}$

〈보고서〉

○ 커피 전체
- ㉠ 커피 수입금액은 2008년부터 2011년까지 매년 증가하다가 2012년에 감소
- 커피 수입중량은 2012년에 전년대비 12.1% 감소

○ 생두
- 2011년 생두 수입금액은 전년대비 증가했으나 2012년에는 전년대비 30.8% 감소, ㉡ 2012년 원두 수입중량 대비 생두 수입중량 비율은 2008년에 비해 감소
- ㉢ 생두 수입단가는 2011년에 전년대비 50% 이상 상승한 후 2012년에 전년대비 하락

○ 원두
- ㉣ 2009~2012년 동안 원두 수입금액의 전년대비 증가율은 2011년에 최대
- 원두 수입단가는 원두 고급화로 인해 매년 상승

○ 커피 조제품
- 전년대비 커피 조제품 수입금액은 2009년 감소했다가 2010년 증가 후, 2011년 전년대비 222.5%가 되었음
- ㉤ 2012년 커피 조제품 수입단가는 2008년 대비 200% 이상의 증가율을 보임

① ㄱ, ㄴ

② ㄱ, ㄹ

③ ㄷ, ㅁ

④ ㄴ, ㄷ, ㄹ

⑤ ㄴ, ㄹ, ㅁ

06. 다음 <표>는 2006년 부담 주체별 대학 등록금 현황 및 2005년과 2006년의 정부부담 장학금 현황을 나타낸 것이다. 이 <표>에 대한 설명으로 옳지 않은 것은? 09 5급공채 위 12

〈표 1〉 2006년 부담 주체별 대학 등록금 현황

(단위: 조 원)

총등록금	정부		대학, 기업체	본인, 학부모
	학자금 대출	장학금		
12.5	3.0	0.4	2.3	6.8

〈표 2〉 정부부담 장학금 현황

(단위: 억 원, 명, %)

지급부처	장학사업명	장학금		수혜인원(2006년)	
		2005년	2006년	인원	전년대비 증가율
A	기초생활수급자	600	700	18,000	10
	이공계	900	820	15,000	−20
	지역대학 우수학생	20	40	2,000	100
	지방대 인문계열	400	500	2,300	200
	전문대 근로장학	60	80	5,000	50
B	영농희망	150	230	1,000	250
	성적우수	250	400	2,000	50
C	보훈장학	80	180	500	−10
	군자녀 장학	200	260	11,000	−50
D	군장학생	300	360	2,200	30
E	직업능력개발	200	300	2,500	50
F	새터민 장학	60	130	500	60
계		3,220	4,000	62,000	

① 2006년 총등록금 중 정부부담 비율은 30% 미만이다.

② 2006년 A부처의 기초생활수급자 장학금과 이공계 장학금을 합친 금액은 총등록금의 1% 이상이다.

③ 2006년 A부처의 장학금은 전체 정부부담 장학금의 50% 이상이다.

④ 2005년 정부부담 장학금 중 장학금 수혜인원이 가장 많은 장학금은 C부처의 군자녀 장학금이다.

⑤ 2006년 정부부담 장학금 중 전년대비 증가율이 가장 큰 장학금은 F부처의 새터민 장학금이다.

07. 다음 <그림>과 <표>는 A국의 프린터 시장에 대한 자료이다. 이에 대한 <보기>의 설명 중 옳지 않은 것을 모두 고르면?

11 5급공채 인 03

〈그림 1〉 프린터 시장 현황(2000~2005년)

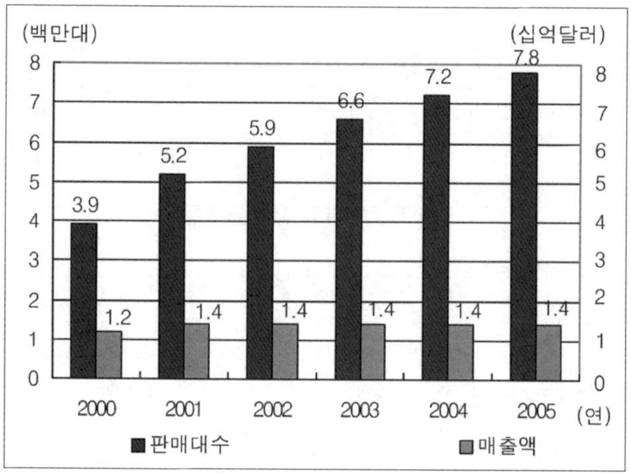

〈그림 2〉 2000년 프린터 종류별 판매대수의 점유율

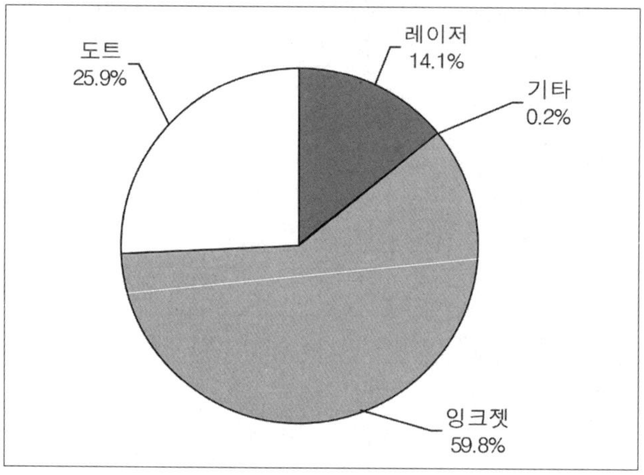

〈그림 3〉 2000년 프린터 종류별 매출액의 점유율

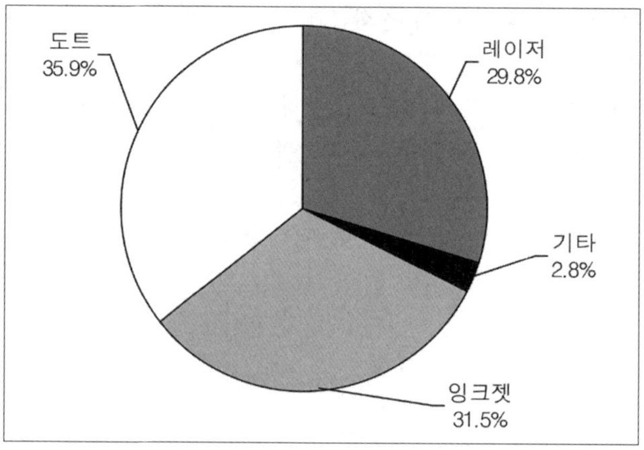

〈표〉 2000년 이용부문별 프린터 판매 및 매출 현황

(단위: 대, 백만 달러, %)

이용부문	판매대수		매출액	
정부	317,593	(40.8)	122.7	(43.7)
교육	190,301	(76.8)	41.0	(55.3)
일반 가정	1,092,452	(223.7)	121.2	(167.5)
자영업	704,415	(66.6)	165.5	(49.5)
소규모 기업	759,294	(71.9)	270.6	(71.0)
중규모 기업	457,886	(15.6)	207.9	(19.6)
대규모 기업	415,620	(31.0)	231.4	(33.3)
계	3,937,561	(75.1)	1,160.3	(50.0)

※ 1) (　　)는 전년대비 증가율.

2) 시장가격$=\frac{\text{매출액}}{\text{판매대수}}$

〈보 기〉

ㄱ. 도트, 잉크젯, 레이저 프린터 중, 2000년 시장가격이 가장 낮은 종류는 도트 프린터이다.

ㄴ. 2001년부터 2005년까지 프린터 시장가격은 전년대비 매년 하락하고 있다.

ㄷ. 2000년의 판매대수 점유율이 계속 유지된다고 하면, 2000년에 비해 2005년의 잉크젯 프린터 판매대수 증가량은 200만 대 이상이다.

ㄹ. 2000년 정부 부문의 프린터 시장가격은 2000년 교육 부문의 프린터 시장가격의 2배 이상이다.

ㅁ. 2000년의 프린터 시장가격은 1999년에 비해 낮다.

① ㄱ, ㄷ

② ㄱ, ㄹ

③ ㄴ, ㄹ

④ ㄱ, ㄹ, ㅁ

⑤ ㄴ, ㄷ, ㅁ

08. 다음 <표>는 일제강점기 8개 도시의 기간별 물가와 명목임금 비교지수에 관한 자료이다. 이에 대한 <보기>의 설명 중 옳은 것만을 모두 고르면? 20 5급공채 나 22

〈표 1〉 일제강점기 8개 도시의 물가 비교지수

기간 \ 도시	경성	대구	목포	부산	신의주	원산	청진	평양
1910~1914년	1.04	0.99	0.99	0.95	0.95	1.05	1.06	0.97
1915~1919년	0.98	1.03	0.99	0.96	0.98	1.03	1.03	1.00
1920~1924년	1.03	1.01	1.01	1.03	0.96	0.99	1.05	0.92
1925~1929년	1.05	0.98	0.99	0.98	0.98	1.04	1.05	0.93
1930~1934년	1.06	0.96	0.93	0.98	1.06	1.00	1.04	0.97
1935~1939년	1.06	0.98	0.94	1.01	1.02	0.99	1.02	0.98

※ 기간별 각 도시의 물가 비교지수는 해당 기간 8개 도시 평균 물가 대비 각 도시 물가의 비율임.

〈표 2〉 일제강점기 8개 도시의 명목임금 비교지수

기간 \ 도시	경성	대구	목포	부산	신의주	원산	청진	평양
1910~1914년	0.92	0.83	0.89	0.96	1.01	1.13	1.20	1.06
1915~1919년	0.97	0.88	0.99	0.98	0.92	1.01	1.32	0.93
1920~1924년	1.13	0.93	0.97	1.05	0.79	0.96	1.32	0.85
1925~1929년	1.05	0.83	0.91	0.98	0.95	1.05	1.36	0.87
1930~1934년	1.06	0.86	0.84	0.96	0.96	1.01	1.30	1.01
1935~1939년	0.99	0.85	0.85	0.95	1.16	1.04	1.10	1.06

※ 기간별 각 도시의 명목임금 비교지수는 해당 기간 8개 도시 평균 명목임금 대비 각 도시 명목임금의 비율임.

〈보 기〉

ㄱ. 경성보다 물가가 낮은 도시는 '1910~1914년' 기간에는 5곳이고 '1935~1939년' 기간에는 7곳이다.
ㄴ. 물가와 명목임금 모두가 기간별 8개 도시 평균보다 매 기간에 걸쳐 높은 도시는 한 곳뿐이다.
ㄷ. '1910~1914년' 기간보다 '1935~1939년' 기간의 명목임금이 경성은 증가하였으나 부산은 감소하였다.
ㄹ. '1920~1924년' 기간의 명목임금은 목포가 신의주의 1.2배 이상이다.

① ㄱ, ㄷ
② ㄱ, ㄹ
③ ㄴ, ㄷ
④ ㄱ, ㄴ, ㄹ
⑤ ㄴ, ㄷ, ㄹ

09. 다음 <표>는 '가'국의 PC와 스마트폰 기반 웹 브라우저 이용에 대한 설문조사를 바탕으로, 2013년 10월~2014년 1월 동안 매월 이용률 상위 5종 웹 브라우저의 이용률 현황을 정리한 자료이다. 이에 대한 설명으로 옳은 것은? 15 민경채 인 24

〈표 1〉 PC 기반 웹 브라우저

(단위: %)

조사시기 / 웹 브라우저 종류	2013년			2014년
	10월	11월	12월	1월
인터넷 익스플로러	58.22	58.36	57.91	58.21
파이어폭스	17.70	17.54	17.22	17.35
크롬	16.42	16.44	17.35	17.02
사파리	5.84	5.90	5.82	5.78
오페라	1.42	1.39	1.33	1.28
상위 5종 전체	99.60	99.63	99.63	99.64

※ 무응답자는 없으며, 응답자는 1종의 웹 브라우저만을 이용한 것으로 응답함.

〈표 2〉 스마트폰 기반 웹 브라우저

(단위: %)

조사시기 / 웹 브라우저 종류	2013년			2014년
	10월	11월	12월	1월
사파리	55.88	55.61	54.82	54.97
안드로이드 기본 브라우저	23.45	25.22	25.43	23.49
크롬	6.85	8.33	9.70	10.87
오페라	6.91	4.81	4.15	4.51
인터넷 익스플로러	1.30	1.56	1.58	1.63
상위 5종 전체	94.39	95.53	95.68	95.47

※ 무응답자는 없으며, 응답자는 1종의 웹 브라우저만을 이용한 것으로 응답함.

① 2013년 10월 전체 설문조사 대상 스마트폰 기반 웹 브라우저는 10종 이상이다.

② 2014년 1월 이용률 상위 5종 웹 브라우저 중 PC 기반 이용률 순위와 스마트폰 기반 이용률 순위가 일치하는 웹 브라우저는 없다.

③ PC 기반 이용률 상위 5종 웹 브라우저의 이용률 순위는 매월 동일하다.

④ 스마트폰 기반 이용률 상위 5종 웹 브라우저 중 2013년 10월과 2014년 1월 이용률의 차이가 2%p 이상인 것은 크롬뿐이다.

⑤ 스마트폰 기반 이용률 상위 3종 웹 브라우저 이용률의 합은 매월 90% 이상이다.

10. 다음 <표>와 <그림>은 2009~2012년 도시폐기물량 상위 10개국의 도시폐기물량지수와 한국의 도시폐기물량을 나타낸 것이다. 이에 대한 <보기>의 설명 중 옳은 것만을 모두 고르면?

17 민경채 나 20

〈표〉 도시폐기물량 상위 10개국의 도시폐기물량지수

순위	2009년		2010년		2011년		2012년	
	국가	지수	국가	지수	국가	지수	국가	지수
1	미국	12.05	미국	11.94	미국	12.72	미국	12.73
2	러시아	3.40	러시아	3.60	러시아	3.87	러시아	4.51
3	독일	2.54	브라질	2.85	브라질	2.97	브라질	3.24
4	일본	2.53	독일	2.61	독일	2.81	독일	2.78
5	멕시코	1.98	일본	2.49	일본	2.54	일본	2.53
6	프랑스	1.83	멕시코	2.06	멕시코	2.30	멕시코	2.35
7	영국	1.76	프랑스	1.86	프랑스	1.96	프랑스	1.91
8	이탈리아	1.71	영국	1.75	이탈리아	1.76	터키	1.72
9	터키	1.50	이탈리아	1.73	영국	1.74	영국	1.70
10	스페인	1.33	터키	1.63	터키	1.73	이탈리아	1.40

※ 도시폐기물량지수 = $\frac{\text{해당년도 해당 국가의 도시폐기물량}}{\text{해당년도 한국의 도시폐기물량}}$

〈그림〉 한국의 도시폐기물량

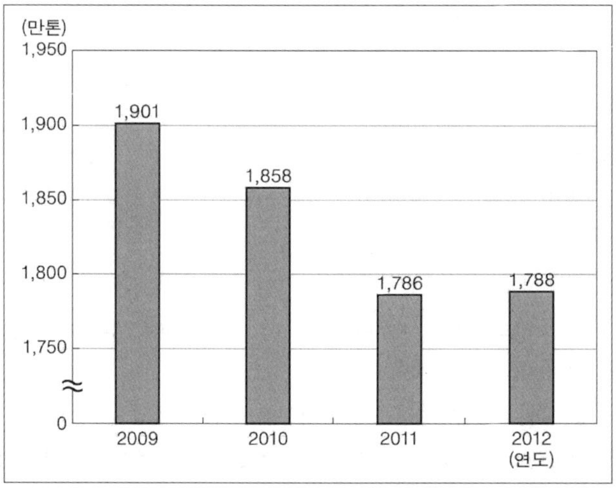

〈보 기〉

ㄱ. 2012년 도시폐기물량은 미국이 일본의 4배 이상이다.
ㄴ. 2011년 러시아의 도시폐기물량은 8,000만 톤 이상이다.
ㄷ. 2012년 스페인의 도시폐기물량은 2009년에 비해 감소하였다.
ㄹ. 영국의 도시폐기물량은 터키의 도시폐기물량보다 매년 많다.

① ㄱ, ㄷ ② ㄱ, ㄹ ③ ㄴ, ㄷ
④ ㄱ, ㄴ, ㄹ ⑤ ㄴ, ㄷ, ㄹ

11. 다음 <그림>은 추락사고가 발생한 항공기 800대의 사고 발생시점과 사고 원인을 정리한 자료이다. 이에 대한 <보기>의 설명 중 옳은 것만을 모두 고르면? 20 7급모의 13

〈그림〉 항공기 추락사고의 사고 발생시점과 사고 원인

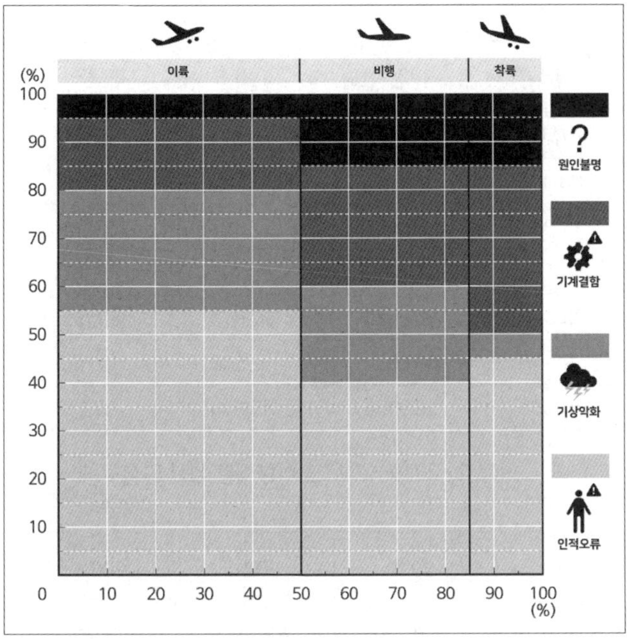

※ 사고 발생시점은 이륙, 비행, 착륙 중 하나이며, 사고 원인은 인적오류, 기상악화, 기계결함, 원인불명 중 하나임.

〈보 기〉

ㄱ. 이륙 중에 인적오류로 추락한 항공기 수는 착륙 중에 원인불명으로 추락한 항공기 수의 12배 이상이다.

ㄴ. 비행 중에 원인불명으로 추락한 항공기 수는 착륙 중에 기계결함으로 추락한 항공기 수보다 많다.

ㄷ. 비행 중에 인적오류로 추락한 항공기 수는 이륙 중에 기계결함으로 추락한 항공기 수보다 56대 더 많다.

ㄹ. 기계결함으로 추락한 항공기 수는 추락사고가 발생한 항공기 수의 20% 이상이다.

① ㄱ, ㄴ

② ㄱ, ㄷ

③ ㄱ, ㄹ

④ ㄴ, ㄷ

⑤ ㄷ, ㄹ

12. 다음 <표>는 2019~2023년 '갑'국 및 A지역의 식량작물 생산 현황에 관한 자료이다. 이 <표>에 대한 설명으로 옳지 않은 것은? 24 7급공채 사 20

〈표 1〉 2019~2023년 식량작물 생산량

(단위: 톤)

구분 \ 연도	2019	2020	2021	2022	2023
'갑'국 전체	4,397,532	4,374,899	4,046,574	4,456,952	4,331,597
A지역 전체	223,472	228,111	203,893	237,439	221,271
미곡	153,944	150,901	127,387	155,501	143,938
맥류	270	369	398	392	201
잡곡	29,942	23,823	30,972	33,535	30,740
두류	9,048	10,952	9,560	10,899	10,054
서류	30,268	42,066	35,576	37,112	36,338

〈표 2〉 2019~2023년 식량작물 생산 면적

(단위: ha)

구분 \ 연도	2019	2020	2021	2022	2023
'갑'국 전체	924,470	924,291	906,106	905,034	903,885
A지역 전체	46,724	47,446	46,615	47,487	46,542
미곡	29,006	28,640	28,405	28,903	28,708
맥류	128	166	177	180	98
잡곡	6,804	6,239	6,289	6,883	6,317
두류	5,172	5,925	5,940	5,275	5,741
서류	5,614	6,476	5,804	6,246	5,678

※ A지역 식량작물은 미곡, 맥류, 잡곡, 두류, 서류뿐임.

① 2023년 식량작물 생산량의 전년 대비 감소율은 A지역 전체가 '갑'국 전체보다 낮다.

② 2019년 대비 2023년 생산량 증감률이 가장 큰 A지역 식량작물은 맥류이다.

③ 미곡은 매년 A지역 전체 식량작물 생산 면적의 절반 이상을 차지한다.

④ 2023년 생산 면적당 생산량이 가장 많은 A지역 식량작물은 서류이다.

⑤ A지역 전체 식량작물 생산량과 A지역 전체 식량작물 생산 면적의 전년 대비 증감 방향은 매년 같다.

13. 다음 <표>는 2005~2007년도의 지방자치단체 재정력지수에 대한 자료이다. 이 <표>에 대한 설명으로 옳은 것은? 09 5급공채 위 22

〈표〉 지방자치단체 재정력지수

연도 지방자치단체	2005	2006	2007	평균
서울	1.106	1.088	1.010	1.068
부산	0.942	0.922	0.878	0.914
대구	0.896	0.860	0.810	0.855
인천	1.105	0.984	1.011	1.033
광주	0.772	0.737	0.681	0.730
대전	0.874	0.873	0.867	0.871
울산	0.843	0.837	0.832	0.837
경기	1.004	1.065	1.032	1.034
강원	0.417	0.407	0.458	0.427
충북	0.462	0.446	0.492	0.467
충남	0.581	0.693	0.675	0.650
전북	0.379	0.391	0.408	0.393
전남	0.319	0.330	0.320	0.323
경북	0.424	0.440	0.433	0.432
경남	0.653	0.642	0.664	0.653

※ 1) 매년 지방자치단체의 기준재정수입액이 기준재정수요액에 미치지 않는 경우, 중앙정부는 그 부족분만큼의 지방교부세를 당해연도에 지급함.

2) 재정력지수 = $\frac{\text{기준재정수입액}}{\text{기준재정수요액}}$

① 3년간 지방교부세를 지원받은 적이 없는 지방자치단체는 서울, 인천, 경기 3곳이다.

② 3년간 충북은 전남보다 기준재정수입액이 매년 많았다.

③ 3년간 재정력지수가 지속적으로 상승한 지방자치단체는 전북이 유일하다.

④ 3년간 지방교부세를 가장 많이 지원받은 지방자치단체는 전남이다.

⑤ 3년간 대전과 울산의 기준재정수입액이 매년 서로 동일하다면 기준재정수요액은 대전이 울산보다 항상 크다.

14. 다음 <표>는 교통수단별 에너지 소비량 및 CO_2 배출량, 그리고 철도수송 분담률별 비용 절감액에 관한 자료이다. 이에 대한 <보기>의 설명 중 옳은 것을 모두 고르면?

11 5급공채 인 11

〈표 1〉 교통수단별 수송유형별 단위당 에너지 소비량

(단위: kcal)

교통수단 \ 수송유형	여객	화물
철도	63.50	109.40
자동차	532.10	1,544.10

※ 여객(화물)수송의 단위당 에너지 소비량은 여객 1명(화물 1톤)을 1㎞ 수송하는 데 소요되는 에너지양을 의미함.

〈표 2〉 교통수단별 수송유형별 단위당 CO_2 배출량

(단위: g)

교통수단 \ 수송유형	여객	화물
철도	26.08	35.55
자동차	150.72	474.87

※ 여객(화물)수송의 단위당 CO_2 배출량은 여객 1명(화물 1톤)을 1㎞ 수송하는 데 배출되는 CO_2 양을 의미함.

〈표 3〉 철도수송 분담률별 비용 절감액

(단위: 억 원)

수송유형	절감대상 \ 철도수송 분담률	15%	20%	30%
여객	에너지 소비비용	10,334	24,363	52,421
	CO_2 배출비용	526	1,240	2,668
	소계	10,860	25,603	55,089
화물	에너지 소비비용	12,516	26,460	54,347
	CO_2 배출비용	774	1,573	3,231
	소계	13,290	28,033	57,578

〈보 기〉

ㄱ. 화물 1톤을 1㎞ 수송할 경우, 철도의 에너지 소비량 및 CO_2 배출량은 모두 자동차의 10% 미만이다.

ㄴ. 여객수송의 철도수송 분담률이 15%이고 화물수송의 철도수송 분담률이 20%일 때 에너지 소비비용 절감액과 CO_2 배출비용 절감액의 합은 4조 원을 초과한다.

ㄷ. 철도를 이용하여 여객 500명과 화물 400톤을 200㎞ 수송할 경우, CO_2 배출량은 5톤을 초과한다.

ㄹ. 철도수송 분담률이 20%에서 30%로 증가함에 따른 CO_2 배출비용 절감액의 증가율은 여객수송이 화물수송에 비해 크다.

① ㄱ, ㄴ　② ㄱ, ㄷ　③ ㄴ, ㄹ　④ ㄱ, ㄷ, ㄹ　⑤ ㄴ, ㄷ, ㄹ

15. 다음 <표>는 2011년 주요 국가별 의사 수 및 인구 만 명당 의사 수에 대한 자료이다. 이에 대한 <보기>의 설명 중 옳은 것을 모두 고르면? 13 외교관 인 03

〈표〉 2011년 주요 국가별 의사 수 및 인구 만 명당 의사 수

(단위: 명, %)

국가	의사 수	전년대비 증감률	인구 만 명당 의사 수	전년대비 증감률
A	12,813	0.5	29	2.1
B	171,242	1.5	18	3.3
C	27,500	1.0	31	1.5
D	25,216	2.0	35	0.5
E	130,300	1.5	33	0.5
F	110,124	3.0	18	0.4
G	25,332	1.5	31	−0.5
H	345,718	3.3	60	5.5

※ 인구 만 명당 의사 수는 소수점 아래 첫째 자리에서 반올림함.

〈보 기〉

ㄱ. 2010년 의사 수가 가장 많은 국가는 2011년 인구 만 명당 의사 수도 가장 많다.
ㄴ. 2011년 기준 C, D, E 3개국 중 인구가 가장 적은 국가는 D이다.
ㄷ. 2011년 인구가 2010년보다 많은 국가의 수는 4개이다.
ㄹ. 2010년 기준 의사 수가 많은 국가일수록 같은 해 인구 만 명당 의사 수도 많다.

① ㄱ, ㄴ, ㄷ

② ㄱ, ㄴ, ㄹ

③ ㄱ, ㄷ, ㄹ

④ ㄴ, ㄷ, ㄹ

⑤ ㄱ, ㄴ, ㄷ, ㄹ

16. 다음 <그림>은 1998~2007년 동안 어느 시의 폐기물 처리 유형별 처리량 추이에 대한 자료이다. 이에 대한 <보기>의 설명 중 옳은 것을 모두 고르면? 12 5급공채 인 02

〈그림 1〉 생활폐기물 처리 유형별 처리량 추이

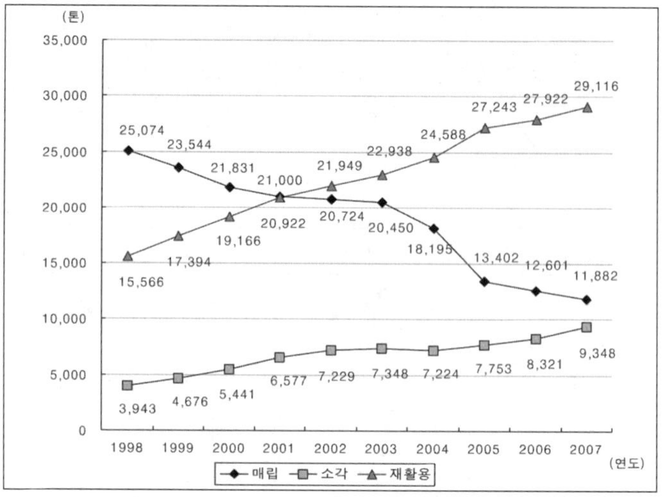

〈그림 2〉 사업장폐기물 처리 유형별 처리량 추이

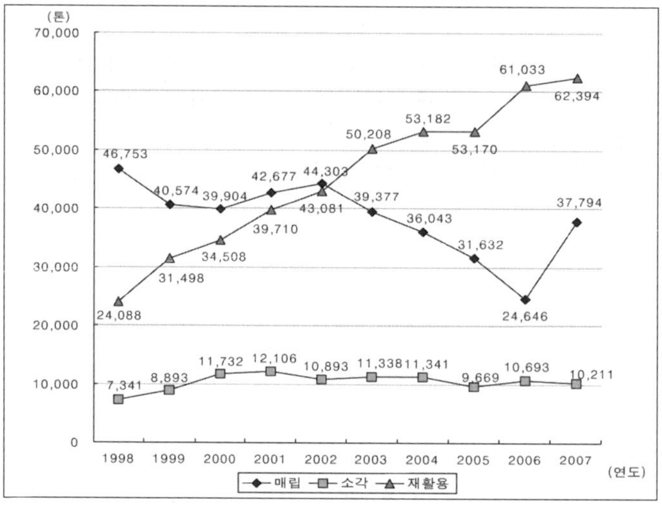

※ 1) 폐기물 처리 유형은 매립, 소각, 재활용으로만 구분됨.

2) 매립률(%) $= \frac{\text{매립량}}{\text{매립량}+\text{소각량}+\text{재활용량}} \times 100$

3) 재활용률(%) $= \frac{\text{재활용량}}{\text{매립량}+\text{소각량}+\text{재활용량}} \times 100$

〈보 기〉

ㄱ. 생활폐기물과 사업장폐기물 각각의 재활용량은 매년 증가하고 매립량은 매년 감소하고 있다.
ㄴ. 생활폐기물 전체 처리량은 매년 증가하고 있다.
ㄷ. 2006년 생활폐기물과 사업장폐기물 각각 매립률이 25% 이상이다.
ㄹ. 사업장폐기물의 재활용률은 1998년에 40% 미만이나 2007년에는 60% 이상이다.
ㅁ. 2007년 생활폐기물과 사업장폐기물의 전체 처리량은 각각 전년대비 증가하였다.

① ㄱ, ㄷ

② ㄴ, ㄹ

③ ㄷ, ㅁ

④ ㄱ, ㄴ, ㄹ

⑤ ㄷ, ㄹ, ㅁ

17. 다음 <표>는 6개 대학교의 2007학년도 신입생 정원에 관한 자료이다. 이에 대한 <보기>의 설명 중 옳은 것을 모두 고르면? 10 5급공채 인 21

〈표 1〉 계열별 신입생 정원

(단위: 명)

구분	전체	인문·사회	자연·공학
A 대학교	5,691	2,400	3,291
B 대학교	4,123	2,290	1,833
C 대학교	5,112	2,732	2,380
D 대학교	7,860	3,528	4,332
E 대학교	1,331	823	508
F 대학교	3,228	1,534	1,694

※ 각 대학교의 계열은 인문·사회와 자연·공학 두 가지로만 구성됨.

〈표 2〉 모집전형별 계열별 신입생 정원

(단위: 명)

구분	수시전형		정시전형	
	인문·사회	자연·공학	인문·사회	자연·공학
A 대학교	1,200	1,677	1,200	1,614
B 대학교	561	427	1,729	1,406
C 대학교	707	663	2,025	1,717
D 대학교	2,356	2,865	1,172	1,467
E 대학교	344	240	479	268
F 대학교	750	771	784	923

〈보 기〉

ㄱ. 전체 신입생 정원에서 인문·사회 계열 정원의 비율이 가장 높은 대학교는 B 대학교이다.

ㄴ. 자연·공학계열 신입생 정원이 전체 신입생 정원의 50%를 초과하는 대학교는 A, D, F 대학교이다.

ㄷ. 수시전형으로 선발하는 신입생 정원이 정시전형으로 선발하는 신입생 정원보다 많은 대학교는 D 대학교뿐이다.

ㄹ. 수시전형으로 선발하는 신입생 정원과 정시전형으로 선발하는 신입생 정원의 차이가 가장 작은 대학교는 A 대학교이다.

① ㄱ, ㄴ

② ㄱ, ㄷ

③ ㄱ, ㄹ

④ ㄴ, ㄷ

⑤ ㄴ, ㄹ

18. 다음 <표>는 A지역에서 판매된 가정용 의료기기의 품목별 판매량에 관한 자료이다. 이에 대한 <보기>의 설명 중 옳은 것만을 모두 고르면? 14 5급공채 A 05

〈표〉 가정용 의료기기 품목별 판매량 현황

(단위: 천 개)

판매량 순위	품목	판매량		
			국내산	국외산
1	체온계	271	228	43
2	부항기	128	118	10
3	혈압계	100	(　　)	(　　)
4	혈당계	84	61	23
5	개인용 전기자극기	59	55	4
6위 이하		261	220	41
전체		(　　)	(　　)	144

〈보 기〉

ㄱ. 전체 가정용 의료기기 판매량 중 국내산 혈압계가 차지하는 비중은 8% 미만이다.
ㄴ. 전체 가정용 의료기기 판매량 중 국내산이 차지하는 비중은 80% 이상이다.
ㄷ. 가정용 의료기기 판매량 상위 5개 품목 중 국외산 대비 국내산 비율이 가장 큰 품목은 개인용 전기자극기이다.
ㄹ. 국외산 가정용 의료기기 중 판매량이 네 번째로 많은 의료기기는 부항기이다.

① ㄱ, ㄴ
② ㄱ, ㄷ
③ ㄴ, ㄷ
④ ㄴ, ㄹ
⑤ ㄷ, ㄹ

19. 다음 <표>는 '갑'국의 '환경친화적 자동차 구매목표제' 시행에 따른 민간부문과 공공부문의 구매실적에 관한 자료이다. 이를 근거로 작성한 <보고서>의 (가)~(다)에 해당하는 내용을 바르게 연결한 것은? 25 7급공채 인 12

<표 1> 2024년 민간부문 구매실적

(단위: 대)

업종구분 \ 차종		하이브리드차	전기차	수소차	합계
공시대상기업집단		6,333	8,771	(　　)	15,177
자동차대여사업자		9,393	7,537	6	16,936
시내버스운송사업자		0	399	(　　)	407
일반택시운송사업자		0	64	0	64
화물자동차 운수사업자	우수물류	4	68	0	72
	택배서비스	7	62	0	69
전체		15,737	16,901	87	32,725

<표 2> 2019~2024년 공공부문 구매실적

(단위: 대)

연도 \ 차종	하이브리드차	전기차	수소차	합계
2019	833	2,104	61	2,998
2020	1,135	1,486	20	2,641
2021	1,916	2,366	109	4,391
2022	3,422	1,307	136	4,865
2023	682	2,813	174	3,669
2024	307	2,939	95	3,341

※ 환경친화적 자동차는 하이브리드차, 전기차, 수소차뿐임.

〈보고서〉

'갑'국에서는 에너지 절감을 위한 '환경친화적 자동차 구매목표제'를 2019년부터 시행하고 있다. 2024년 민간부문과 공공부문 구매실적의 합이 가장 큰 차종은 (가) 였다.

2024년 민간부문의 업종구분별 구매실적을 보면, 자동차대여사업자는 하이브리드차를 가장 많이 구매하였고 그 외의 업종구분에서는 전기차를 가장 많이 구매하였다. 한편, 전기차 구매실적 대비 수소차 구매실적 비율이 가장 높은 업종구분은 (나) (으)로 나타났다.

2019~2024년 공공부문 구매실적을 보면, 하이브리드차의 공공부문 구매실적은 정책 시행 시작연도인 2019년부터 매년 증가하여 (다) 년에 최대가 되었다가 이후 매년 감소하였다.

	(가)	(나)	(다)
①	전기차	공시대상기업집단	2022
②	전기차	시내버스운송사업자	2022
③	전기차	시내버스운송사업자	2023
④	하이브리드차	공시대상기업집단	2023
⑤	하이브리드차	시내버스운송사업자	2023

20. 다음 <보고서>는 2022~2024년 A부처의 정부포상 실적에 관한 자료이다. <보고서>의 내용과 부합하는 자료는?

25 7급공채 인 14

〈보고서〉

A부처는 민간기관의 참여 활성화를 위해 매년 정부포상을 실시하고 있다. 정부포상은『정부 표창 규정』에 따라 '대통령표창', '국무총리표창', 그리고 '장관표창'으로 구분되고, 2022~2024년 A부처의 연도별 정부포상 실적은 다음과 같다.

먼저, '대통령표창'과 '국무총리표창'은 포상분야 및 포상인원이 각각 매년 증가하였다. 특히 '국무총리표창'의 포상분야는 2024년이 2022년 대비 20% 이상 증가하였다. 2024년 정부포상을 포상분야 1개당 포상인원이 많은 표창부터 순서대로 나열하면 '장관표창', '국무총리표창', '대통령표창' 순이다.

①

(단위: 개, 명)

연도 / 표창 \ 구분	2022		2023		2024	
	포상분야	포상인원	포상분야	포상인원	포상분야	포상인원
대통령표창	8	24	12	26	15	27
국무총리표창	25	112	27	132	28	141
장관표창	41	253	37	281	39	277

②

(단위: 개, 명)

연도 / 표창 \ 구분	2022		2023		2024	
	포상분야	포상인원	포상분야	포상인원	포상분야	포상인원
대통령표창	8	21	12	25	9	27
국무총리표창	25	112	31	109	36	117
장관표창	44	253	43	281	45	297

③

(단위: 개, 명)

연도 / 표창 \ 구분	2022		2023		2024	
	포상분야	포상인원	포상분야	포상인원	포상분야	포상인원
대통령표창	4	24	5	26	6	27
국무총리표창	25	112	27	132	30	141
장관표창	41	253	37	281	39	277

④

(단위: 개, 명)

연도 표창 구분	2022		2023		2024	
	포상분야	포상인원	포상분야	포상인원	포상분야	포상인원
대통령표창	8	21	9	25	9	27
국무총리표창	25	112	31	115	36	117
장관표창	44	281	43	253	45	257

⑤

(단위: 개, 명)

연도 표창 구분	2022		2023		2024	
	포상분야	포상인원	포상분야	포상인원	포상분야	포상인원
대통령표창	4	24	5	26	6	27
국무총리표창	25	129	31	132	36	141
장관표창	41	351	37	281	39	314

정답 · 해설 p.277

해커스PSAT **7급 PSAT 기본서** 자료해석

PSAT 교육 1위, 해커스PSAT **psat.Hackers.com**

2 자료판단

출제경향분석

1 자료판단이란?

자료판단은 제시된 자료와 조건을 활용하여 올바르게 항목을 매칭할 수 있는지, 자료에서 빈칸의 형태로 누락된 수치를 올바르게 유추할 수 있는지, 각주를 해석하여 적합한 판단이나 계산을 할 수 있는지, 기본적으로 제시되는 표나 그림 등의 자료 외 새로운 조건을 토대로 선택지나 <보기>의 정오를 판단하거나 계산할 수 있는지를 평가하기 위한 유형이다.

2 세부 출제 유형

자료판단은 자료와 선택지 또는 <보기>의 내용에 따라 ① **매칭형**, ② **빈칸형**, ③ **각주 판단형**, ④ **조건 판단형** 총 4가지 세부 유형으로 출제된다.

매칭형	자료와 함께 추가적인 정보가 제시되고, 제시된 정보를 활용하여 자료의 항목과 선택지의 항목이 일치되도록 매칭하는 유형
빈칸형	빈칸이 포함된 자료가 제시되고, 제시된 자료의 구조나 각주를 활용하여 빈칸을 직접 채우거나 간접적으로 판단하여 문제를 해결하는 유형
각주 판단형	각주에 추가로 제시되는 설명이나 수식을 해석하여 자료를 판단하거나 새롭게 식을 구성하여 항목값을 계산·비교하는 유형
조건 판단형	표 또는 그래프와 함께 박스 형태로 추가되는 조건이나 규칙을 분석하여 선택지의 정오를 판단하거나 새롭게 식을 구성하여 항목값을 계산하는 유형

3 출제 경향

1. 자료판단은 2025년 7급 공채 PSAT에서 25문제 중 14문제가 출제되었고, 2024년에는 10문제, 2023년에 15문제, 2022년에 16문제, 2021년에 13문제, 2020년 모의평가에서 14문제가 출제되어 전체 문항 중 가장 큰 비중을 차지하였다.
2. 경우의 수를 고려하여야 하고, 빈칸을 채우거나 조건 및 각주를 분석해야 답이 도출되는 경우가 많아 문제풀이 소요 시간이 길다. 난도를 상·중·하로 나눌 때 '중' 또는 '상'으로 출제된다.

4 대비 전략

다양한 형태로 제시되는 정보나 조건을 빠르게 이해하고, 이를 문제에 적용하는 능력을 기르는 것이 필요하다.

1. 자료의 항목을 제시된 정보와 매칭할 때, 경우의 수를 발생시키지 않고 쉽게 검토할 수 있는 정보부터 먼저 검토하는 연습을 한다.
2. 자료에 빈칸이 제시되더라도 최대한 빈칸을 채우지 않고 문제를 해결하여 시간을 단축하는 연습을 한다.
3. 각주로 식이 2개 이상 제시된 경우, 문제에서 이를 새로운 수식으로 변형하여 값을 도출해야 하도록 하는 경우가 많으므로 제시된 계산식을 다양하게 변형하고 정리하는 연습을 한다.
4. 제시된 정보에서 공통적으로 적용되는 계산식이 있다면 공통적인 부분은 제외하고, 차이가 나는 부분만 계산하여 비교하는 연습을 한다.

유형 4 매칭형

유형 소개

'매칭형'은 자료와 함께 조건이나 정보가 제시되고, 이를 활용하여 자료의 항목과 선택지의 항목이 일치되도록 매칭하는 유형이다.

유형 특징

이 유형은 자료에서 A, B, C, D 또는 가, 나, 다, 라 등으로 구성된 임시 항목이 제시되고, 추가적으로 조건이나 정보가 제시된다. 이를 통해 자료의 임시 항목이 실제로 어떠한 항목인지 조건이나 정보를 연결하여 추론해야 한다. 이때 조건이나 정보의 내용은 자료의 수치를 활용하여 실제 항목명을 파악할 수 있는 내용으로 구성되며, 선택지는 A, B, C, D 또는 가, 나, 다, 라 항목의 실제 항목명으로 구성된다. 대표적인 발문의 형태는 다음과 같다.

- <보고서>의 설명을 바탕으로 <표>의 A~F에 해당하는 기관을 바르게 짝지은 것은?
- <보기>의 설명을 참고하여 A~D에 해당하는 지역을 바르게 나열한 것은?
- <보기>를 이용하여 A~F를 구할 때 A, C, F에 해당하는 화재장소를 바르게 짝지은 것은?
- 다음 <조건>의 설명에 근거하여 <표>의 A~D에 해당하는 국가를 바르게 나열한 것은?

출제 경향

- '매칭형'은 2025년 7급 공채 PSAT에서 3문제가 출제되었고, 2024년에는 2문제, 2023년에는 1문제, 2022년에는 5문제, 2021년에는 3문제, 2020년 모의평가에서는 1문제가 출제되었다.
- 제시된 자료와 함께 조건이나 정보를 해석하여 자료의 항목과 선택지의 항목을 매칭하는 과정 중에 여러가지 경우의 수가 발생한다. 따라서 경우의 수가 많고, 계산이 많을수록 난도가 높다. 2022년 7급 공채 PSAT의 경우 난도가 높지는 않았지만 보고서를 해석하는 시간이 다소 소요되었다는 점에서 풀이 시간이 긴 편이었다.

문제풀이 핵심 전략

STEP 1 | 자료의 제목·단위·각주를 체크하고, 조건이나 정보의 키워드를 체크한다.

√ 자료의 제목과 단위를 토대로 자료의 속성을 파악하고, 각주에서 추가로 식이 주어지는 경우 반드시 체크한다.

√ 조건이나 정보 중 비교 항목, 수식어 등의 키워드를 체크한다.

STEP 2 | 제시된 조건이나 정보 중 한 항목을 특정하거나 계산이 단순한 것을 먼저 풀이한다.

√ 제시된 조건이나 정보의 키워드 중 '가장', '첫 번째', '두 번째' 등으로 제시되는 내용은 한 항목을 특정하므로 먼저 풀이한다.

√ '가장' 등의 키워드가 없다면 계산이 간단하거나 제시하는 항목의 개수가 비교적 적은 조건이나 정보를 먼저 풀이하고, 계산이 복잡하거나 항목의 개수가 많은 조건이나 정보는 후순위로 풀이한다.

김용훈쌤의 응급처방

선택지 소거 활용

· 제시된 조건이나 정보를 하나씩 검토할 때마다 정답이 될 수 없는 항목을 제거하는 방식으로 선택지를 소거하면 문제 풀이 시간을 단축할 수 있다.

문제풀이 핵심 전략 적용

기출 예제

다음 <그림>은 남미, 인도, 중국, 중동 지역의 2010년 대비 2030년 부문별 석유수요의 증감규모를 예측한 자료이다. <보기>의 설명을 참고하여 A~D에 해당하는 지역을 바르게 나열한 것은?

11 민경채 경 20

〈그림〉 2010년 대비 2030년 지역별, 부문별 석유수요의 증감규모

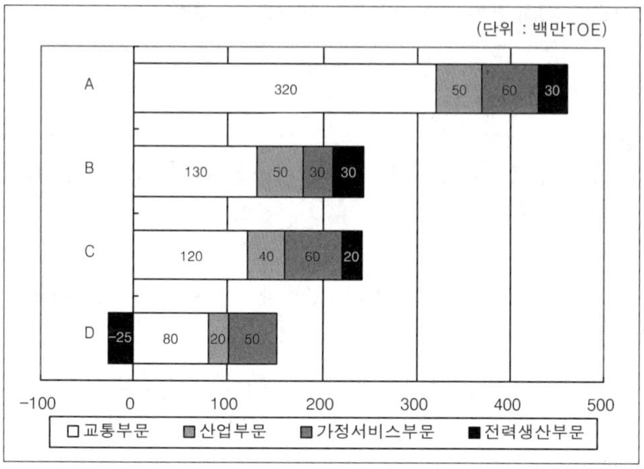

※ 주어진 네 부문 이외 석유수요의 증감은 없음.

〈보 기〉

○ 인도와 중동의 2010년 대비 2030년 전체 석유수요 증가규모는 동일하다.
○ 2010년 대비 2030년에 전체 석유수요 증가규모가 가장 큰 지역은 중국이다.
○ 2010년 대비 2030년에 전력생산부문의 석유수요 규모가 감소하는 지역은 남미이다.
○ 2010년 대비 2030년에 교통부문의 석유수요 증가규모가 해당 지역 전체 석유수요 증가규모의 50%인 지역은 중동이다.

	A	B	C	D
①	중국	인도	중동	남미
②	중국	중동	인도	남미
③	중국	인도	남미	중동
④	인도	중국	중동	남미
⑤	인도	중국	남미	중동

STEP 1

자료의 제목·단위·각주를 체크하고, 조건이나 정보의 비교 항목, 수식어 등의 키워드를 체크한다. <그림>은 2010년 대비 2030년 부문별 석유수요의 증감규모를 백만 TOE 단위로 예측하고 있으며, 각주를 통해 제시된 네 부문의 석유수요만 증감이 있음을 알 수 있다. 첫 번째 <보기>는 인도와 중동을 비교하고 있고, 두 번째 <보기>는 중국, 세 번째 <보기>는 남미, 네 번째 <보기>는 중동을 제시하고 있다.

STEP 2

'가장'이 포함된 두 번째 <보기>부터 풀이한 후, 계산이 단순한 첫 번째 <보기>와 세 번째 <보기>를 풀이한다. 마지막으로 계산이 비교적 복잡한 네 번째 <보기>를 풀이한다.

- 두 번째 <보기>에서 2010년 대비 2030년에 전체 석유수요 증가규모가 가장 큰 지역은 중국이라고 했으므로 A가 중국임을 알 수 있다.
- 첫 번째 <보기>에서 인도와 중동의 2010년 대비 2030년 전체 석유수요 증가규모는 동일하다고 했으므로 B 또는 C가 인도 또는 중동임을 알 수 있다.
- 세 번째 <보기>에서 2010년 대비 2030년에 전력생산부문의 석유수요 규모가 감소하는 지역은 남미라고 했으므로 D가 남미임을 알 수 있다.
- 네 번째 <보기>에서 2010년 대비 2030년에 교통부문의 석유수요 증가규모가 해당 지역 전체 석유수요 증가규모의 50%인 지역은 중동이라고 했으므로 전체가 120+40+60+20=240백만 TOE이고, 교통부문의 석유수요 증가규모가 120백만 TOE인 C가 중동임을 알 수 있고, 이에 따라 B가 인도임을 알 수 있다.

따라서 A는 중국, B는 인도, C는 중동, D는 남미이므로 정답은 ①이다.

유형공략문제

문제 풀이 후 확인하기

실력 UP 포인트

1. 가장 먼저 판단해야 할 조건은 무엇인가?

2. 두 번째로 판단해야 할 조건은 무엇인가?

[정답]

1. 첫 번째 조건.
   발명청과 세무청의 조합을 확인할 수 있다.
2. 세 번째 조건.
   첫 번째 조건을 통해 A, D 조합을 판단하면 자연스럽게 B, C조합은 문화청 또는 자료청이므로 두 번째 조건보다 세 번째 조건을 우선적으로 판단해야 한다.

01. 다음 <표>는 2024년 '갑'국 기관 A~D의 재직자 교육 프로그램에 대한 만족도 조사 결과이다. <표>와 <조건>을 근거로 A~D에 해당하는 기관을 바르게 연결한 것은?

25 7급공채 인 08

<표> 기관 A~D의 재직자 교육 프로그램 만족도

(단위: 명, 점)

기관	참여자	교육환경 만족도	내용 만족도	강사 만족도
A	190	4.2	4.1	4.3
B	120	3.9	4.0	3.8
C	180	4.6	4.8	4.1
D	150	3.8	3.6	3.9

※ A~D는 문화청, 발명청, 세무청, 자료청 중 하나임.

〈조 건〉

- ㅇ '강사 만족도'가 '교육환경 만족도'보다 높은 기관은 발명청과 세무청이다.
- ㅇ '내용 만족도'는 자료청이 세무청보다 높다.
- ㅇ '참여자'는 문화청이 자료청보다 많다.

	A	B	C	D
①	문화청	세무청	발명청	자료청
②	발명청	문화청	자료청	세무청
③	발명청	자료청	문화청	세무청
④	세무청	문화청	자료청	발명청
⑤	세무청	자료청	문화청	발명청

02. 다음 <표>와 <대화>는 4월 4일 기준 지자체별 자가격리자 및 모니터링 요원에 관한 자료이다. <표>와 <대화>를 근거로 C와 D에 해당하는 지자체를 바르게 나열한 것은?

21 7급공채 나 10

〈표〉 지자체별 자가격리자 및 모니터링 요원 현황(4월 4일 기준)

(단위: 명)

구분 \ 지자체		A	B	C	D
내국인	자가격리자	9,778	1,287	1,147	9,263
	신규 인원	900	70	20	839
	해제 인원	560	195	7	704
외국인	자가격리자	7,796	508	141	7,626
	신규 인원	646	52	15	741
	해제 인원	600	33	5	666
모니터링 요원		10,142	710	196	8,898

※ 해당일 기준 자가격리자=전일 기준 자가격리자+신규 인원−해제 인원

〈대 화〉

갑: 감염병 확산에 대응하기 위한 회의를 시작합시다. 오늘은 대전, 세종, 충북, 충남의 4월 4일 기준 자가격리자 및 모니터링 요원 현황을 보기로 했는데, 각 지자체의 상황이 어떤가요?

을: 4개 지자체 중 세종을 제외한 3개 지자체에서 4월 4일 기준 자가격리자가 전일 기준 자가격리자보다 늘어났습니다.

갑: 모니터링 요원의 업무 부담과 관련된 통계 자료도 있나요?

을: 4월 4일 기준으로 대전, 세종, 충북은 모니터링 요원 대비 자가격리자의 비율이 1.8 이상입니다.

갑: 지자체에 모니터링 요원을 추가로 배치해야 할 것 같습니다. 자가격리자 중 외국인이 차지하는 비중이 4개 지자체 가운데 대전이 가장 높으니, 외국어 구사가 가능한 모니터링 요원을 대전에 우선 배치하는 방향으로 검토해 봅시다.

	C	D
①	충북	충남
②	충북	대전
③	충남	충북
④	세종	대전
⑤	대전	충북

문제 풀이 후 확인하기

실력 UP 포인트

1. 다음 중 A~D의 지자체를 구분하기 위해 검토해야 할 <대화>는 무엇인가? (중복선택 가능)
   ① 갑의 첫 번째 <대화>
   ② 을의 첫 번째 <대화>
   ③ 갑의 두 번째 <대화>
   ④ 을의 두 번째 <대화>
   ⑤ 갑의 세 번째 <대화>

2. 전일 기준 자가격리자에 비해 해당일 기준 자가격리자가 감소하려면 신규 인원과 해제 인원 중 누가 더 많아야 하는가?

[정답]

1. ②, ④, ⑤
   을의 첫 번째 <대화>에서 세종을 판단할 수 있고 을의 두 번째 <대화>에서 대전, 세종, 충북을 판단할 수 있으며, 갑의 세 번째 <대화>에서 대전을 판단할 수 있다.

2. 해제 인원
   각주의 식을 정리하면 (해당일 기준 자가격리자−전일 기준 자가격리자)=(신규 인원−해제 인원)이므로 (해당일 기준 자가격리자−전일 기준 자가격리자)<0이 되려면 (신규 인원−해제 인원)<0이 되어야 한다.

문제 풀이 후 확인하기

실력 UP 포인트

1. 검토하지 않아도 되는 조건이 있는가?

2. <조건> 중 가장 먼저 검토해야 하는 조건은 무엇인가?

[정답]

1. 첫 번째 조건
   다시마, 미역, 톳은 모든 선택지에서 A, B 또는 E이므로 검토할 필요가 없다.
2. 두 번째 조건
   세 번째 조건에 가장이라는 키워드가 있지만 시장지배력지수라는 분수식을 판단해야 하므로 순위 일치 여부를 묻는 두 번째 조건부터 검토한다.

03. 다음 <표>는 2020년 '갑'지역 수산물 생산 현황에 관한 자료이다. <표>와 <조건>을 근거로 A~E에 해당하는 수산물을 바르게 연결한 것은? 23 5급공채 가 15

〈표〉 2020년 '갑'지역 수산물 생산 현황

(단위: 톤, %, 억 원)

구분 수산물	갑				전국	
	생산량	전국 대비 비중	생산액	전국 대비 비중	생산량	생산액
A	660,366	97.8	803	92.3	675,074	870
B	482,216	95.2	1,181	82.1	506,620	1,439
C	394,111	73.5	3,950	77.7	536,341	5,084
D	46,631	14.3	428	14.6	325,889	2,940
E	27,730	99.0	146	98.6	28,017	148

※ 1) '갑'지역에서 수산물은 굴, 김, 다시마, 미역, 톳만 생산됨.

2) 시장지배력지수 $= \frac{\text{지역 생산량} \times \text{지역 생산액}}{\text{전국 생산량} \times \text{전국 생산액}} \times 100$

〈조 건〉

- 생산량의 전국 대비 비중이 생산액의 전국 대비 비중보다 큰 수산물은 다시마, 미역, 톳이다.
- '갑'지역에서 생산량 순위와 생산액 순위가 같은 수산물은 굴, 미역, 톳이다.
- '시장지배력지수'가 가장 높은 수산물은 톳이다.

	A	B	C	D	E
①	다시마	미역	굴	김	톳
②	다시마	미역	김	굴	톳
③	다시마	톳	굴	김	미역
④	다시마	톳	김	굴	미역
⑤	미역	다시마	굴	김	톳

04. 다음 <그림>은 12개 국가의 수자원 현황에 관한 자료이며, A~H는 각각 특정 국가를 나타낸다. <그림>과 <조건>을 근거로 판단할 때, 국가명을 알 수 없는 것은? 21 7급공채 나 06

〈그림〉 12개 국가의 수자원 현황

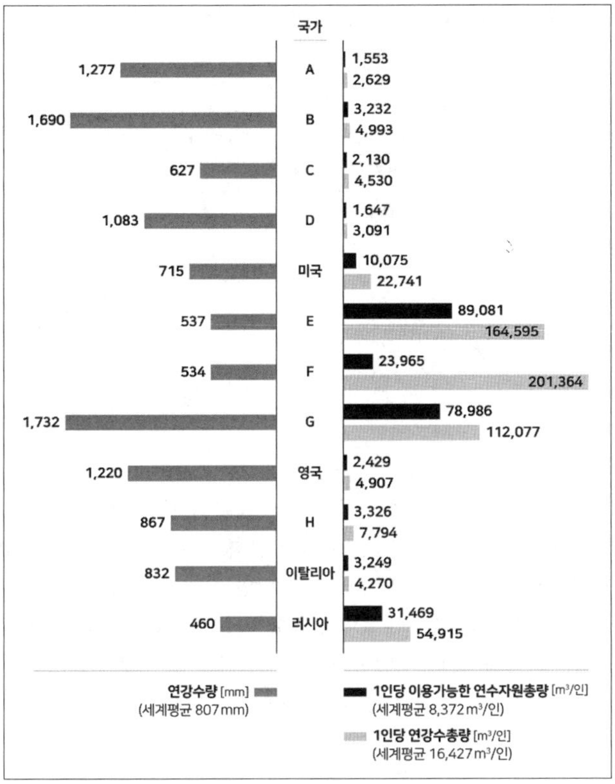

〈조 건〉

- ‘연강수량’이 세계평균의 2배 이상인 국가는 일본과 뉴질랜드이다.
- ‘연강수량’이 세계평균보다 많은 국가 중 ‘1인당 이용가능한 연수자원총량’이 가장 적은 국가는 대한민국이다.
- ‘1인당 연강수총량’이 세계평균의 5배 이상인 국가를 ‘연강수량’이 많은 국가부터 나열하면 뉴질랜드, 캐나다, 호주이다.
- ‘1인당 이용가능한 연수자원총량’이 영국보다 적은 국가 중 ‘1인당 연강수총량’이 세계평균의 25% 이상인 국가는 중국이다.
- ‘1인당 이용가능한 연수자원총량’이 6번째로 많은 국가는 프랑스이다.

① B

② C

③ D

④ E

⑤ F

실력 UP 포인트

문제 풀이 후 확인하기

1. A~H 중 선택지에 제시되지 않은 국가는 무엇인가?

2. <그림>에 제시된 3가지 항목 중 어떤 항목을 검토하는 것이 가장 수월한가?

[정답]

1. A, G, H
위 3국가는 직접 선택지에 제시된 항목이 아니므로 B~F를 위주로 판단한다.

2. 연강수량
국가명을 중심으로 왼편에 연강수량 수치만 제시되어 있으므로 이를 검토하는 것이 수월하다.

실력 UP 포인트
문제 풀이 후 확인하기

1. 다음 중 <보고서>에서 가장 먼저 검토해야 할 내용은 무엇인가?
   ① 첫째
   ② 둘째
   ③ 셋째
   ④ 넷째

2. 다음 중 <보고서>에서 가장 후순위로 검토해야 할 내용은 무엇인가?
   ① 첫째
   ② 둘째
   ③ 셋째
   ④ 넷째

[정답]

1. ①
   첫째는 단순 대소비교를 하는 내용이므로 간단하게 판단할 수 있다.

2. ④
   넷째는 3% 비중을 묻고 있으므로 풀이 시 시간이 오래 걸리는 내용이다.

05. 다음 <표>는 1990년대 이후 A~E도시의 시기별 및 자본금액별 창업 건수에 관한 자료이고, <보고서>는 A~E 중 한 도시의 창업 건수에 관한 설명이다. 이를 근거로 판단할 때, <보고서>의 내용에 부합하는 도시는?

22 7급공채 가 05

〈표〉 A~E도시의 시기별 및 자본금액별 창업 건수

(단위: 건)

시기	1990년대		2000년대		2010년대		2020년 이후	
도시 \ 자본금액	1천만 원 미만	1천만 원 이상	1천만 원 미만	1천만 원 이상	1천만 원 미만	1천만 원 이상	1천만 원 미만	1천만 원 이상
A	198	11	206	32	461	26	788	101
B	46	0	101	5	233	4	458	16
C	12	2	19	17	16	17	76	14
D	27	3	73	34	101	24	225	27
E	4	0	25	0	53	3	246	7

〈보고서〉

이 도시의 시기별 및 자본금액별 창업 건수는 다음과 같은 특징이 있다. 첫째, 1990년대 이후 모든 시기에서 자본금액 1천만 원 미만 창업 건수가 자본금액 1천만 원 이상 창업 건수보다 많다. 둘째, 자본금액 1천만 원 미만 창업 건수와 1천만 원 이상 창업 건수의 차이는 2010년대가 2000년대의 2배 이상이다. 셋째, 2020년 이후 전체 창업 건수는 1990년대 전체 창업 건수의 10배 이상이다. 넷째, 2020년 이후 전체 창업 건수 중 자본금액 1천만 원 이상 창업 건수의 비중은 3% 이상이다.

① A
② B
③ C
④ D
⑤ E

06. 다음 <표>는 도지사 선거 후보자 A와 B의 TV 토론회 전후 '가'~'마'지역 유권자의 지지율에 대한 자료이고, <보고서>는 이 중 한 지역의 지지율 변화를 분석한 자료이다. <보고서>의 내용에 해당하는 지역을 '가'~'마' 중에서 고르면? 22 7급공채 가 16

〈표〉 도지사 선거 후보자 TV 토론회 전후 지지율

(단위: %)

시기 / 지역 \ 후보자	TV 토론회 전		TV 토론회 후	
	A	B	A	B
가	38	52	50	46
나	28	40	39	41
다	31	59	37	36
라	35	49	31	57
마	29	36	43	41

※ 1) 도지사 선거 후보자는 A와 B뿐임.
2) 응답자는 '후보자 A 지지', '후보자 B 지지', '지지 후보자 없음' 중 하나만 응답하고, 무응답은 없음.

〈보고서〉

도지사 선거 후보자 TV 토론회를 진행하기 전과 후에 실시한 이 지역의 여론조사 결과, 도지사 후보자 지지율 변화는 다음과 같다. TV 토론회 전에는 B후보자에 대한 지지율이 A후보자보다 10%p 이상 높게 집계되어 B후보자가 선거에 유리한 것으로 보였으나, TV 토론회 후에는 지지율 양상에 변화가 있는 것으로 분석된다.

TV 토론회 후 '지지 후보자 없음'으로 응답한 비율이 줄어 TV 토론회가 그동안 어떤 후보자에 투표할지 고민하던 유권자의 선택에 영향을 미친 것으로 판단된다. 또한, A후보자에 대한 지지율 증가폭이 B후보자보다 큰 것으로 나타나 TV 토론회를 통해 A후보자의 강점이 더 잘 드러났던 것으로 분석된다. 그러나 TV 토론회 후 두 후보자 간 지지율 차이가 3%p 이내에 불과하여 이 지역에서 선거의 결과는 예측하기 어렵다.

① 가
② 나
③ 다
④ 라
⑤ 마

문제 풀이 후 확인하기

실력 UP 포인트

1. 후보자 A와 B의 지지율을 합하면 100% 이상인가?

2. TV 토론회 전에 비해 TV 토론회 후 지지율이 감소한 지역의 수는 후보자 A와 B 중 누가 더 많은가?

[정답]

1. 아니다.
각주 2)에서 '후보자 A 지지', '후보자 B 지지', '지지 후보자 없음' 중 하나만 응답하고, 무응답은 없다고 하였으므로 A 지지율+B 지지율+지지 후보자 없음=100%이다.

2. 후보자 B
A 지지율은 '라' 지역에서 감소하였고 B 지지율은 '가'와 '다' 지역에서 감소하였다. 따라서 TV 토론회 전에 비해 TV 토론회 후 지지율이 감소한 지역의 수는 후보자 A가 1개, 후보자 B가 2개로 후보자 B가 더 많다.

문제 풀이 후 확인하기

실력 UP 포인트

1. 첫 번째 <정보> 중 <표>에 제시된 업종이 포함된 내용이 있는가?

2. 두 번째 <정보> 중 <표>에 제시된 업종이 포함된 내용이 있는가?

[정답]

1. 첫 번째 정보에 '출판' 업종이 포함되어 있다.
따라서 이를 제외한 '연구개발'과 '전문서비스'를 판단한다.

2. 두 번째 정보에 '자동차' 업종이 포함되어 있다.
따라서 이를 제외한 '전자부품'만 판단한다.

07. 다음은 2023년 '갑'국 주요 10개 업종의 특허출원 현황에 관한 자료이다. 이를 근거로 A~C에 해당하는 업종을 바르게 연결한 것은?

24 7급공채 사 08

〈표〉 주요 10개 업종의 기업규모별 특허출원건수 및 특허출원기업 수

(단위: 건, 개)

구분 업종	기업규모별 특허출원건수			특허출원 기업 수
	대기업	중견기업	중소기업	
A	25,234	1,575	4,730	1,725
전기장비	6,611	501	3,265	1,282
기계	1,314	1,870	5,833	2,360
출판	204	345	8,041	2,550
자동차	5,460	1,606	1,116	617
화학제품	2,978	917	2,026	995
의료	52	533	2,855	1,019
B	18	115	3,223	1,154
건축	113	167	2,129	910
C	29	7	596	370

※ 기업규모는 '대기업', '중견기업', '중소기업'으로만 구분됨.

〈정 보〉

○ '중소기업' 특허출원건수가 해당 업종 전체 기업 특허출원건수의 90% 이상인 업종은 '연구개발', '전문서비스', '출판'이다.
○ '대기업' 특허출원건수가 '중견기업'과 '중소기업' 특허출원건수 합의 2배 이상인 업종은 '전자부품', '자동차'이다.
○ 특허출원기업당 특허출원건수는 '연구개발'이 '전문서비스'보다 많다.

	A	B	C
①	연구개발	전자부품	전문서비스
②	전자부품	연구개발	전문서비스
③	전자부품	전문서비스	연구개발
④	전문서비스	연구개발	전자부품
⑤	전문서비스	전자부품	연구개발

08. 다음 <표>는 A~D지역의 면적, 동 수 및 인구 현황에 관한 자료이다. <표>와 <조건>을 근거로 A~D에 해당하는 지역을 바르게 나열한 것은? 22 5급공채 나 24

〈표〉 A~D지역의 면적, 동 수 및 인구 현황

(단위: km^2, %, 개, 명)

구분 \ 지역	면적	구성비				동 수		행정동 평균 인구
		주거	상업	공업	녹지	행정동	법정동	
A	24.5	35.0	20.0	10.0	35.0	16	30	9,175
B	15.0	65.0	35.0	0.0	0.0	19	19	7,550
C	27.0	40.0	2.0	3.0	55.0	14	13	16,302
D	21.5	30.0	3.0	45.0	22.0	11	12	14,230

※ 1) 각 지역은 용도에 따라 주거, 상업, 공업, 녹지로만 구성됨.
2) 지역을 동으로 구분하는 방법에는 행정동 기준과 법정동 기준이 있음. 예를 들어, A지역의 동 수는 행정동 기준으로 16개이지만 법정동 기준으로 30개임.

〈조 건〉

- ㅇ 인구가 15만 명 미만인 지역은 '행복'과 '건강'이다.
- ㅇ 주거 면적당 인구가 가장 많은 지역은 '사랑'이다.
- ㅇ 행정동 평균 인구보다 법정동 평균 인구가 많은 지역은 '우정'이다.
- ㅇ 법정동 평균 인구는 '우정' 지역이 '행복' 지역의 3배 이상이다.

	A	B	C	D
①	건강	행복	사랑	우정
②	건강	행복	우정	사랑
③	사랑	행복	건강	우정
④	행복	건강	사랑	우정
⑤	행복	건강	우정	사랑

정답·해설 p.286

문제 풀이 후 확인하기

실력 UP 포인트

1. 인구는 어떻게 도출해야 하는가?

2. 행정동 평균 인구와 법정동 평균 인구가 동일한 지역이 있는가?

[정답]

1. 행정동 평균 인구가 주어졌으므로 이를 행정동의 수에 곱하면 된다.
2. 있다.
B의 행정동의 수와 법정동의 수가 19개로 동일하다.

유형 5 빈칸형

유형 소개

'빈칸형'은 제시된 자료 중 일부 항목이 빈칸으로 나타나고, 이 누락된 수치를 직접 또는 간접적으로 파악하여 선택지나 <보기>의 내용이 올바른지 판단하는 유형이다.

유형 특징

이 유형은 <표>나 <그림>의 항목 또는 수치에 1개 이상의 빈칸이 괄호 형태로 제시되며, 발문 상으로는 다른 유형과 비교하여 특별한 점이 없다. 선택지나 <보기>는 빈칸에 해당하는 정보를 직접적으로 도출하거나 간접적으로 가늠하여 판단하는 내용으로 구성된다.

출제 경향

- '빈칸형'은 2025년 7급 공채 PSAT에서 25문제 중 3문제가 출제되었고, 2024년에는 2문제, 2023년에는 7문제, 2022년에는 3문제, 2021년에는 5문제, 2020년 모의평가에서는 6문제가 출제되었다.
- 빈칸이 1~2개 제시되는 경우 난도가 높지 않지만, 빈칸이 5개 이상 제시되는 경우 문제 풀이에 소요되는 시간이 길어지므로 난도가 높아질 수 있다. 2022년 7급 공채 PSAT에서는 빈칸의 세부 수치를 채워야 답을 도출할 수 있는 시간이 많이 걸리는 문제가 다수 출제되었다.

문제풀이 핵심 전략

STEP 1 | 빈칸의 개수를 대략적으로 체크한 후 빈칸과 관련된 선택지나 <보기>가 무엇인지 확인한다.

√ 선택지나 <보기> 중 빈칸을 고려하지 않아도 판단이 가능한 내용이 있다면 해당 선택지나 <보기>를 먼저 풀이한다.

STEP 2 | 나머지 선택지나 <보기>가 빈칸의 수치를 직접적으로 도출해야 하는 것인지, 아니면 직접 도출하지 않고도 간접적으로 비교할 수 있는 것인지 체크한다.

√ 빈칸의 개수가 적거나 계산이 간단한 경우에는 자료의 빈칸을 먼저 채운 후 선택지나 <보기>를 풀이한다.

√ 빈칸의 개수가 많거나 계산이 복잡한 경우에는 빈칸과 관련된 선택지나 <보기> 중 간접적으로 비교할 수 있는 것을 먼저 풀이하고, 직접적으로 수치를 도출해야 하는 것은 후순위로 풀이한다.

김용훈쌤의 응급처방

자료의 빈칸을 모두 도출해야 하는 경우

· 빈칸의 수치를 모두 계산해서 채워넣은 후 문제를 풀면, 풀이 시간이 오래 소요되므로 당장 풀이하지 않고 넘어가는 것도 방법이다. 그러나 만약 선택지나 <보기>에서 구체적인 수치를 제시하고 있는 경우에는 이를 직접 빈칸에 대입하여 확인하면 문제 풀이 시간을 보다 단축할 수 있다.

문제풀이 핵심 전략 적용

기출 예제

다음 <표>는 2017~2022년 '갑'시 공공한옥시설의 유형별 현황에 관한 자료이다. 이에 대한 <보기>의 설명 중 옳은 것만을 모두 고르면? 24 7급공채 사 16

〈표〉 2017~2022년 '갑'시 공공한옥시설의 유형별 현황

(단위: 개소)

유형 \ 연도	2017	2018	2019	2020	2021	2022
문화전시시설	8	8	10	11	12	12
전통공예시설	14	14	11	10	(　)	9
주민이용시설	3	3	5	6	8	8
주거체험시설	0	0	1	3	4	(　)
한옥숙박시설	2	2	(　)	0	0	0
전체	27	27	28	30	34	34

※ 공공한옥시설의 유형은 '문화전시시설', '전통공예시설', '주민이용시설', '주거체험시설', '한옥숙박시설'로만 구분됨.

〈보 기〉

ㄱ. '전통공예시설'과 '한옥숙박시설'의 전년 대비 증감 방향은 매년 같다.

ㄴ. 전체 공공한옥시설 중 '문화전시시설'의 비율은 매년 20% 이상이다.

ㄷ. 2020년 대비 2022년 공공한옥시설의 유형별 증가율은 '주거체험시설'이 '주민이용시설'의 2배이다.

ㄹ. '한옥숙박시설'이 '주거체험시설'보다 많은 해는 2017년과 2018년뿐이다.

① ㄱ, ㄴ

② ㄴ, ㄷ

③ ㄴ, ㄹ

④ ㄱ, ㄷ, ㄹ

⑤ ㄴ, ㄷ, ㄹ

STEP 1

빈칸의 수가 3개로 적은 편이다. 이때 빈칸을 직접 고려하지 않아도 판단 가능한 <보기>는 ㄴ이다. 전체 공공한옥시설 중 '문화전시시설'의 비율은 2017년 29.6%, 2018년 29.6%, 2019년 35.7%, 2020년 36.7%, 2021년 35.3%, 2022년 35.3%로 매년 20% 이상이므로 옳은 설명이다. 단 실전에서는 '문화전시시설'의 5배 수치가 전체 이상인지 판단한다.

STEP 2

빈칸의 수가 적고 채우는 시간이 적게 걸리기 때문에 빈칸을 모두 채우고 문제를 풀어도 좋은 선택이 될 수 있다.

ㄱ. 2021년 '전통공예시설'은 10개소이고 2019년 '한옥숙박시설'은 1개소이다. 2022년의 경우 '전통공예시설'은 전년 대비 감소했지만 '한옥숙박시설'은 전년과 동일한 0개소이기에 전년 대비 증감 방향이 매년 같지 않으므로 옳지 않은 설명이다.

ㄷ. 2022년 '주거체험시설'은 5개소이다. 2020년 대비 2022년 공공한옥시설의 유형별 증가율은 '주거체험시설' 2/3 ≒ 66.7%가 '주민이용시설' 2/6 ≒ 33.3%의 2배이므로 옳은 설명이다. 실전에서는 증가율을 분수로 나타내면 2/3과 1/3이므로 2배인지 쉽게 판단 가능하다.

ㄹ. '한옥숙박시설'이 '주거체험시설'보다 많은 해는 2017년(2 > 0)과 2018년(2 > 0)뿐이므로 옳은 설명이다.

따라서 정답은 ⑤이다.

유형공략문제

문제 풀이 후 확인하기

실력 UP 포인트

1. 빈칸을 채우지 않고 판단할 수 있는 선택지가 있는가?

2. 각 사업부의 임원 수는 동일한가?

[정답]

1. 선택지 ②는 빈칸을 채우지 않고 판단 가능하다. 또한 선택지 ⑤ 역시 급여 합계를 활용하면 빈칸을 채우지 않고 판단 가능하다.

2. 그렇지 않다.
   가 사업부는 A 1명, 나 사업부는 B, G 2명, 다 사업부는 C, J 2명, 라 사업부는 D 1명, 마 사업부는 E, F 2명, 바 사업부는 H 1명, 사 사업부는 I 1명이다.

01. 다음 <표>는 2023년 '갑'기업 전체 임원(A~J)의 보수 현황에 관한 자료이다. 이에 대한 설명으로 옳은 것은?

24 5급공채 나 12

〈표〉 '갑'기업 전체 임원의 보수 현황

(단위: 십만 원)

임원	사업부	등기여부	보수총액	급여	상여
A	가	미등기	7,187	2,700	4,487
B	나	등기	6,497	2,408	( )
C	다	등기	4,068	( )	2,000
D	라	미등기	( )	1,130	2,598
E	마	등기	( )	1,933	1,676
F	마	등기	3,069	1,643	1,426
G	나	미등기	3,050	1,633	1,417
H	바	미등기	3,036	1,626	1,410
I	사	등기	3,000	2,000	1,000
J	다	미등기	2,990	2,176	814
합계	-	-	40,234	19,317	20,917

※ 보수총액=급여+상여

① 보수총액이 많은 임원일수록 상여도 많다.

② '마'사업부 임원의 보수총액 합에서 급여 합이 차지하는 비중은 60% 미만이다.

③ 임원 1인당 보수총액이 가장 적은 사업부는 임원 1인당 급여도 가장 적다.

④ 보수총액에서 상여가 차지하는 비중이 가장 큰 임원은 B이다.

⑤ 미등기 임원의 급여 합은 등기 임원의 급여 합보다 많다.

02. 다음 <표>는 2021~2027년 시스템반도체 중 인공지능반도체의 세계 시장규모 전망이다. 이에 대한 <보기>의 설명 중 옳은 것만을 모두 고르면?

21 7급공채 나 08

〈표〉 시스템반도체 중 인공지능반도체의 세계 시장규모 전망

(단위: 억 달러, %)

구분 \ 연도	2021	2022	2023	2024	2025	2026	2027
시스템반도체	2,500	2,310	2,686	2,832	(　　)	3,525	(　　)
인공지능반도체	70	185	325	439	657	927	1,179
비중	2.8	8.0	(　　)	15.5	19.9	26.3	31.3

〈보 기〉

ㄱ. 인공지능반도체 비중은 매년 증가한다.
ㄴ. 2027년 시스템반도체 시장규모는 2021년보다 1,000억 달러 이상 증가한다.
ㄷ. 2022년 대비 2025년의 시장규모 증가율은 인공지능반도체가 시스템반도체의 5배 이상이다.

① ㄷ
② ㄱ, ㄴ
③ ㄱ, ㄷ
④ ㄴ, ㄷ
⑤ ㄱ, ㄴ, ㄷ

문제 풀이 후 확인하기

실력 UP 포인트

1. 빈칸을 구체적으로 도출하지 않아도 되는 <보기>는 무엇인가?

2. 19.9%와 31.3%는 각각 어떤 분수와 근사치를 갖는가?

[정답]

1. ㄱ
ㄴ, ㄷ과 달리 ㄱ은 직접 도출하지 않고도 판단 가능하다.

2. $\frac{1}{5}$, $\frac{1}{3}$
19.9%는 약 20%이므로 $\frac{1}{5}$의 근사치이고 31.3%는 약 33.3%이므로 $\frac{1}{3}$의 근사치이다.

실력 UP 포인트

문제 풀이 후 확인하기

1. <표 1>의 전체 수용률은 2019년과 2020년 중 어느 해가 더 높은가?

2. 빈칸을 직접 묻지 않는 <보기>는 무엇인가?

03. 다음 <표>는 '갑'국 대학 기숙사 수용 및 기숙사비 납부 방식에 관한 자료이다. 이에 대한 <보고서>의 설명 중 옳은 것만을 모두 고르면?

21 7급공채 나 18

〈표 1〉 2019년과 2020년 대학 기숙사 수용 현황

(단위: 명, %)

대학유형 \ 연도 / 구분		2020 수용가능 인원	2020 재학생 수	2020 수용률	2019 수용가능 인원	2019 재학생 수	2019 수용률
전체(196개교)		354,749	1,583,677	22.4	354,167	1,595,436	22.2
설립주체	국공립(40개교)	102,025	381,309	26.8	102,906	385,245	26.7
	사립(156개교)	(　　)	1,202,368	21.0	251,261	1,210,191	20.8
소재지	수도권(73개교)	122,099	672,055	18.2	119,940	676,479	(　　)
	비수도권(123개교)	232,650	911,622	25.5	234,227	918,957	25.5

※ 수용률(%) = $\frac{\text{수용가능 인원}}{\text{재학생 수}} \times 100$

〈표 2〉 2020년 대학 기숙사비 납부 방식 현황

(단위: 개교)

대학유형 \ 납부 방식 / 기숙사 유형		카드납부 가능 직영	카드납부 가능 민자	카드납부 가능 공공	카드납부 가능 합계	현금분할납부 가능 직영	현금분할납부 가능 민자	현금분할납부 가능 공공	현금분할납부 가능 합계
전체(196개교)		27	20	0	47	43	25	9	77
설립주체	국공립(40개교)	20	17	0	37	18	16	0	34
	사립(156개교)	7	3	0	10	25	9	9	43
소재지	수도권(73개교)	3	2	0	5	16	8	4	28
	비수도권(123개교)	24	18	0	42	27	17	5	49

※ 각 대학은 한 가지 유형의 기숙사만 운영함.

〈보고서〉

2020년 대학 기숙사 수용률은 22.4%로, 2019년의 22.2%에 비해 증가하였지만 여전히 20%대 초반에 그쳤다. 대학유형별 기숙사 수용률은 사립대학보다는 국공립대학이 높고, 수도권 대학보다는 비수도권 대학이 높았다. 한편, ㉠2019년 대비 2020년 대학유형별 기숙사 수용률은 국공립대학보다 사립대학이, 비수도권대학보다 수도권대학이 더 큰 폭으로 증가하였다.

2020년 대학 기숙사 수용가능 인원의 변화를 설립주체별로 살펴보면, ㉡국공립대학은 전년 대비 800명 이상 증가하였으나, 사립대학은 전년 대비 1,400명 이상 감소하였다. 소재지별로 살펴보면 수도권 대학의 기숙사 수용가능 인원은 2019년 119,940명에서 2020년 122,099명으로 2,100명 이상 증가하였으나, 비수도권 대학은 2019년 234,227명에서 2020년 232,650명으로 1,500명 이상 감소하였다.

2020년 대학 기숙사비 납부 방식을 살펴보면, ㉢전체 대학 중 기숙사비 카드납부가 가능한 대학은 37.9%에 불과하였다. 이를 기숙사 유형별로 자세히 보면, ㉣카드납부가 가능한 공공기숙사는 없었고, 현금분할납부가 가능한 공공기숙사도 사립대학 9개교뿐이었다.

① ㄱ

② ㄱ, ㄴ

③ ㄱ, ㄹ

④ ㄷ, ㄹ

⑤ ㄴ, ㄷ, ㄹ

[정답]

1. 2020년

좌측이 2020년, 우측이 2019년이므로 일반적인 <표>의 연도 순서와 다르다는 점을 체크해야 한다.

2. ㄷ, ㄹ

<표 2>에서 확인할 수 있다.

문제 풀이 후 확인하기

실력 UP 포인트

1. <표>와 <그림>에 공통적으로 제시된 연도 또는 항목은 무엇인가?

2. 빈칸을 묻는 <보기>와 빈칸의 수치를 직접 도출해야 하는 <보기>는 무엇인가?

04. 다음 <표>와 <그림>은 수종별 원목생산량과 원목생산량 구성비에 관한 자료이다. 이에 대한 <보기>의 설명 중 옳은 것만을 모두 고르면?

16 민경채 5 08

〈표〉 2006~2011년 수종별 원목생산량

(단위: 만 m³)

수종 \ 연도	2006	2007	2008	2009	2010	2011
소나무	30.9	25.8	28.1	38.6	77.1	92.2
잣나무	7.2	6.8	5.6	8.3	12.8	( )
전나무	50.4	54.3	50.4	54.0	58.2	56.2
낙엽송	22.7	23.8	37.3	38.7	50.5	63.3
참나무	41.4	47.7	52.5	69.4	76.0	87.7
기타	9.0	11.8	21.7	42.7	97.9	85.7
전체	161.6	170.2	195.6	( )	372.5	( )

〈그림〉 2011년 수종별 원목생산량 구성비

(단위: %)

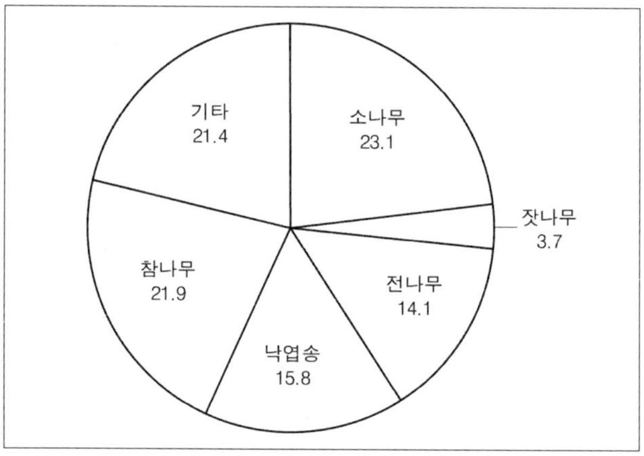

〈보 기〉

ㄱ. '기타'를 제외하고 2006년 대비 2011년 원목생산량 증가율이 가장 큰 수종은 소나무이다.

ㄴ. '기타'를 제외하고 2006~2011년 동안 원목생산량이 매년 증가한 수종은 3개이다.

ㄷ. 2010년 참나무 원목생산량은 2010년 잣나무 원목생산량의 6배 이상이다.

ㄹ. 전체 원목생산량 중 소나무 원목생산량의 비중은 2011년이 2009년보다 크다.

① ㄱ, ㄴ

② ㄱ, ㄷ

③ ㄱ, ㄹ

④ ㄴ, ㄷ

⑤ ㄷ, ㄹ

[정답]

1. 2011년 수종별 원목생산량
<표>는 연도별 수종별 원목생산량이고 <그림>은 이 중 2011년 수종별 원목생산량을 구성비로 나타낸 자료이다.

2. 빈칸을 묻는 <보기>: ㄱ, ㄴ, ㄹ
빈칸의 수치를 직접 도출해야 하는 <보기>: ㄹ

05. 다음 <표>는 소프트웨어 경쟁력 종합점수 산출을 위한 영역별 가중치와 소프트웨어 경쟁력 종합순위 1~10위 국가의 영역별 순위 및 원점수에 관한 자료이다. 이에 대한 설명으로 옳지 않은 것은?

20 7급모의 17

〈표 1〉 소프트웨어 경쟁력 종합점수 산출을 위한 영역별 가중치

영역	환경	인력	혁신	성과	활용
가중치	0.15	0.20	0.25	0.15	0.25

〈표 2〉 소프트웨어 경쟁력 평가대상 국가 중 종합순위 1~10위 국가의 영역별 순위 및 원점수

(단위: 점)

종합순위	종합점수	국가	환경		인력		혁신		성과		활용	
			순위	원점수	순위	원점수	순위	원점수	순위	원점수	순위	원점수
1	72.41	미국	1	67.1	1	89.6	1	78.5	2	54.8	2	66.3
2	47.04	중국	28	20.9	8	35.4	2	66.9	18	11.3	1	73.6
3	41.48	일본	6	50.7	10	34.0	3	44.8	19	10.5	7	57.2
4	( )	호주	5	51.6	6	37.9	7	33.1	22	9.2	3	62.8
5	( )	캐나다	17	37.7	15	29.5	4	42.9	16	13.3	6	57.6
6	38.35	스웨덴	9	42.6	5	38.9	8	28.1	3	26.5	10	52.7
7	38.12	영국	12	40.9	3	46.3	12	20.3	6	23.3	8	56.6
8	( )	프랑스	11	41.9	2	53.6	11	22.5	15	13.8	11	49.3
9	( )	핀란드	10	42.5	14	30.5	10	22.6	4	24.9	4	59.4
10	( )	한국	2	62.9	19	27.5	5	41.5	25	6.7	21	41.1

※ 1) 점수가 높을수록 순위가 높음.
2) 영역점수 = 영역 원점수×영역 가중치
3) 종합점수는 5개 영역점수의 합임.

① 종합순위가 한국보다 낮은 국가 중에 '성과' 영역 원점수가 한국의 8배 이상인 국가가 있다.

② 종합순위 3~10위 국가의 종합점수 합은 320점 이하이다.

③ 소프트웨어 경쟁력 평가대상 국가는 28개국 이상이다.

④ 한국은 5개 영역점수 중 '혁신' 영역점수가 가장 높다.

⑤ 일본의 '활용' 영역 원점수가 중국의 '활용' 영역 원점수로 같아지면 국가별 종합순위는 바뀐다.

문제 풀이 후 확인하기

실력 UP 포인트

1. <표 1>에서 가중치가 동일한 항목이 있는가?

2. '혁신' 영역의 1~10위 국가를 정확하게 파악할 수 있는가?

[정답]

1. 환경=성과, 혁신=활용
환경=성과=0.15로 동일하고, 혁신=활용=0.25로 동일하며 인력만 0.20이다.

2. 정확하게 파악할 수 없다.
영국과 프랑스의 '혁신' 영역 순위는 각각 12위와 11위이므로 '혁신' 영역의 6위와 9위 국가를 파악할 수 없다.

문제 풀이 후 확인하기

실력 UP 포인트

1. '전년 이월'과 '해당 연도 접수'의 합은 어떤 항목과 동일한가?

2. '심판대상'과 '재결'의 차이는 어떤 항목과 동일한가?

06. 다음 <표>는 2016~2020년 '갑'국의 해양사고 심판현황이다. 이에 대한 <보기>의 설명 중 옳은 것만을 모두 고르면?

22 7급공채 가 11

〈표〉 2016~2020년 해양사고 심판현황

(단위: 건)

구분 \ 연도	2016	2017	2018	2019	2020
전년 이월	96	100	( )	71	89
해당 연도 접수	226	223	168	204	252
심판대상	322	( )	258	275	341
재결	222	233	187	186	210

※ '심판대상' 중 '재결'되지 않은 건은 다음 연도로 이월함.

〈보 기〉

ㄱ. '심판대상' 중 '전년 이월'의 비중은 2018년이 2016년보다 높다.

ㄴ. 다음 연도로 이월되는 건수가 가장 많은 연도는 2016년이다.

ㄷ. 2017년 이후 '해당 연도 접수' 건수의 전년 대비 증가율이 가장 높은 연도는 2020년이다.

ㄹ. '재결' 건수가 가장 적은 연도에는 '해당 연도 접수' 건수도 가장 적다.

① ㄱ, ㄴ

② ㄱ, ㄷ

③ ㄴ, ㄷ

④ ㄴ, ㄹ

⑤ ㄷ, ㄹ

[정답]

1. '심판대상'과 동일하다.

2. 다음 연도의 '전년 이월'과 동일하다.

07. 다음 <표>는 A질환 환자의 성별 흡연 및 음주 여부에 관한 자료이다. 이에 대한 <보기>의 설명 중 옳은 것만을 모두 고르면?

22 5급공채 나 03

〈표〉 A질환 환자의 성별 흡연 및 음주 여부

(단위: 명, %)

음주 여부	구분 \ 흡연 여부 \ 성별	남성 흡연	남성 비흡연	여성 흡연	여성 비흡연
음주	인원	600	( )	( )	( )
	비율	30	35	( )	20
비음주	인원	( )	( )	300	450
	비율	10	( )	( )	30

※ 비율(%)은 흡연 및 음주 여부에 따른 남(여)성 환자 수를 전체 남(여)성 환자 수로 나눈 값에 100을 곱한 것임. 예를 들어, 남성 환자 중 흡연과 음주를 모두 하는 비율은 30%임.

〈보 기〉

ㄱ. 흡연 비율은 남성 환자가 여성 환자보다 높다.
ㄴ. 비음주이면서 비흡연인 환자는 남성이 여성보다 많다.
ㄷ. 각 성별에서 음주 환자가 비음주 환자보다 많다.
ㄹ. 전체 환자 중 음주 환자 비중은 전체 환자 중 흡연 환자 비중보다 크다.

① ㄱ, ㄴ
② ㄱ, ㄷ
③ ㄴ, ㄹ
④ ㄷ, ㄹ
⑤ ㄴ, ㄷ, ㄹ

문제 풀이 후 확인하기

실력 UP 포인트

1. 전체 A질환 남성 환자는 몇 명인가? 어떻게 도출해야 하는가?

2. 전체 A질환 여성 환자는 몇 명인가? 어떻게 도출해야 하는가?

[정답]

1. 2,000명이다.
   음주와 흡연을 모두 하는 남성 환자가 600명이고 이는 전체의 30%이므로 이를 토대로 도출할 수 있다.
2. 1,500명이다.
   음주와 흡연을 모두 하지 않는 여성 환자가 450명이고 이는 전체의 30%이므로 이를 토대로 도출할 수 있다.

08. 다음 <표>는 2021년 A시에서 개최된 철인3종경기 기록이다. 이에 대한 <보기>의 설명 중 옳은 것만을 모두 고르면?

22 7급공채 가 20

〈표〉 A시 개최 철인3종경기 기록

(단위: 시간)

종합기록 순위	국적	종합	수영	T1	자전거	T2	달리기
1	러시아	9:22:28	0:48:18	0:02:43	5:04:50	0:02:47	3:23:50
2	브라질	9:34:36	0:57:44	0:02:27	5:02:30	0:01:48	3:30:07
3	대한민국	9:37:41	1:04:14	0:04:08	5:04:21	0:03:05	3:21:53
4	대한민국	9:42:03	1:06:34	0:03:33	5:11:01	0:03:33	3:17:22
5	대한민국	9:43:50	(　)	0:03:20	5:00:33	0:02:14	3:17:24
6	일본	9:44:34	0:52:01	0:03:28	5:25:59	0:02:56	3:20:10
7	러시아	9:45:06	1:08:32	0:03:55	5:07:46	0:03:02	3:21:51
8	독일	9:46:48	1:03:49	0:03:53	4:59:20	0:03:00	(　)
9	영국	(　)	1:07:01	0:03:37	5:07:07	0:03:55	3:26:27
10	중국	9:48:18	1:02:28	0:03:29	5:16:09	0:03:47	3:22:25

※ 1) 기록 '1:01:01'은 1시간 1분 1초를 의미함.
2) 'T1', 'T2'는 각각 '수영'에서 '자전거', '자전거'에서 '달리기'로 전환하는 데 걸리는 시간임.
3) 경기 참가 선수는 10명뿐이고, 기록이 짧을수록 순위가 높음.

〈보 기〉

ㄱ. '수영'기록이 한 시간 이하인 선수는 'T2'기록이 모두 3분 미만이다.
ㄴ. 종합기록 순위 2~10위인 선수 중, 종합기록 순위가 한 단계 더 높은 선수와의 '종합'기록 차이가 1분 미만인 선수는 3명뿐이다.
ㄷ. '달리기'기록 상위 3명의 국적은 모두 대한민국이다.
ㄹ. 종합기록 순위 10위인 선수의 '수영'기록 순위는 '수영'기록과 'T1'기록의 합산 기록 순위와 다르다.

① ㄱ, ㄴ
② ㄱ, ㄷ
③ ㄷ, ㄹ
④ ㄱ, ㄴ, ㄹ
⑤ ㄴ, ㄷ, ㄹ

정답 · 해설 p.288

실력 UP 포인트
문제 풀이 후 확인하기

1. 종합기록 순위 9위인 선수가 10위인 선수에 비해 기록이 짧은 종목은 무엇인가?

2. 종합기록 순위 1~5위 선수 중 '자전거'기록의 순위와 '달리기'기록의 순위가 같은 선수는 몇 명인가?

[정답]

1. '자전거'기록이 9분 2초 더 짧다.
2. 2명이다.
종합기록 순위 1위 선수는 '자전거'와 '달리기'기록이 4위로 동일하고 종합기록 순위 3위 선수는 '자전거'와 '달리기'기록이 3위로 동일하다.

유형 6 각주 판단형

유형 소개

'각주 판단형'은 각주에 문제 풀이에 관한 핵심적인 정보나 계산식 등이 추가로 제시되고, 이를 적용하여 새로운 항목값을 계산·비교하는 유형이다. 즉, 각주의 구조를 선행적으로 판단하여 답을 도출해야 한다.

유형 특징

이 유형은 표나 그래프 등 기본적인 자료가 제시되고, 자료의 하단에 각주 형태로 계산식 및 계산에 대한 정보가 제시된다. 이때 각주에 제시되는 계산식은 자주 접하지 않는 형태로 나타나기도 한다. 각주에서 나타내는 정보는 다음과 같다.

- 국가별 승점 = 3×승리한 경기 수 + 1×무승부 경기 수 + 0×패배한 경기 수
- 단순이동평균은 해당 월 직전 6개월간 판매고의 평균을 말함
- 엥겔계수(%) $= \frac{\text{식료품·비주류음료 소비지출}}{\text{총소비지출}} \times 100$

  슈바베계수(%) $= \frac{\text{주거·수도·광열 소비지출}}{\text{총소비지출}} \times 100$

  계수 차이 = |엥겔계수 − 슈바베계수|

출제 경향

- '각주 판단형'은 2025년 7급 공채 PSAT에서 25문제 중 6문제가 출제되었고, 2024년에는 4문제, 2023년에는 1문제, 2022년에는 4문제, 2021년에는 2문제, 2020년 모의평가에서는 4문제가 출제되었다. 2021년 민간경력자 PSAT에서도 1문제가 출제되었으며, PSAT 시험에서 매년 꾸준히 출제되는 중요 유형이다.
- 분석해야 할 정보의 양이 많지는 않지만 각주의 식을 이해한 후 이를 정리해야 문제에 올바르게 접근할 수 있다. 따라서 각주 판단형은 문제 풀이 시간이 길어 체감 난도가 높은 편이다.

문제풀이 핵심 전략

STEP 1 | 선택지나 <보기>의 키워드와 자료의 각주를 체크한다.

√ 선택지나 <보기>에 구체적인 수치가 제시된 경우, 해당 수치가 각주에 제시된 식에서 어떤 요소에 해당하는지 동그라미나 밑줄 등으로 체크한다.

√ 각주에 여러 개의 식이 제시되는 경우, 각각의 식에 공통적으로 포함된 요소와 차이가 나는 요소를 구분하여 체크하고, 차이가 나는 요소를 중심으로 문제에 접근한다.

STEP 2 | 각주에 제시된 식을 정리한 후, 계산해야 하는 항목을 찾고 문제를 풀이한다.

√ 선택지나 <보기> 중 구체적인 수치가 제시되지 않고 계산이 간단한 것을 먼저 풀이하고, 수치가 구체적이고 계산이 복잡한 것은 후순위로 풀이한다.

√ 이때 각주에 '단', '다만' 등의 표현이 제시된 경우, 문제를 풀이하는 중요한 단서가 될 수 있다.

문제풀이 핵심 전략 적용

기출 예제

다음 <표>는 어느 축구대회 1조에 속한 4개국(A~D)의 최종 성적을 정리한 자료이다. 이에 대한 설명 중 옳지 않은 것은?

12 민경채 인 09

〈표〉 1조의 최종 성적

구분	승	무	패	득점	실점	승점
A국	0	(　　)	2	1	4	1
B국	(　　)	1	(　　)	3	5	(　　)
C국	1	(　　)	1	3	(　　)	(　　)
D국	(　　)	1	0	4	0	(　　)

※ 1) 각 국가는 나머지 세 국가와 한 경기씩 총 세 경기를 하였음.
2) 국가별 승점=3×승리한 경기 수+1×무승부 경기 수+0×패배한 경기 수

① B국의 성적은 1승 1무 1패이다.

② 모든 국가는 각각 1무씩 거두었다.

③ D국은 2승을 거두었다.

④ C국의 실점은 2이다.

⑤ B국이 C국보다 승점이 더 높다.

STEP 1

계산식 및 계산에 대한 정보를 나타내는 각주가 제시되어 있고, 각 선택지의 키워드는 다음과 같다.

① B국, 1승 1무 1패

② 모든 국가, 1무

③ D국, 2승

④ C국, 실점 2

⑤ B국, C국, 승점

이때 각주 1)의 '세 경기', 각주 2)의 '3×', '1×'에 유의한다.

STEP 2

대부분의 선택지가 구체적인 수치를 묻고 있고, <표>의 괄호 안의 수치를 도출해야 하므로 계산이 간단한 선택지 ①, ②, ③, ④를 먼저 풀이한다. 각 국가는 총 세 경기를 했다는 각주 1)에 따르면 각 국의 '승+무+패=3'이므로 A국은 1무 2패, B국은 1승 1무 1패, C국은 1승 1무 1패, D국은 2승 1무가 된다. 이때 한 조의 총 득점과 총 실점의 합은 같아야 하므로 총 실점은 1+3+3+4=11점이고, C국의 실점은 11-4-5=2점이다.

각주 2)를 적용하여 계산해야 하는 선택지 ⑤를 후순위로 풀이하면, '0×패배한 경기 수'는 계산하지 않아도 되므로 각국의 승점은 B국이 3×1+1×1=4점, C국이 3×1+1×1=4점으로 동일하다.

따라서 정답은 ⑤이다.

유형공략문제

실력 UP 포인트

문제 풀이 후 확인하기

1. 미국의 가정용 전기요금과 산업용 전기요금 중 무엇이 더 비싼지 비교할 수 있는가?

2. 실제 전기요금을 도출하지 않고 <그림>의 좌표값만 가지고 비교할 수 있는 <보기>는 무엇인가?

01. 다음 <그림>은 OECD 회원국 중 5개국의 2018년 가정용, 산업용 전기요금 지수를 나타낸 것이다. 이에 대한 <보기>의 설명 중 옳은 것만을 모두 고르면? 20 7급모의 09

〈그림〉 OECD 회원국 중 5개국의 가정용, 산업용 전기요금 지수

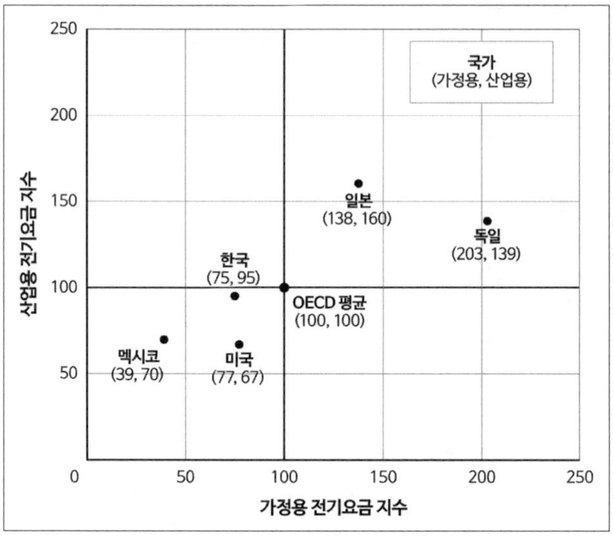

※ 1) OECD 각 국가의 전기요금은 100kWh당 평균 금액($)임.

2) 가정용(산업용) 전기요금 지수 $= \frac{\text{해당 국가의 가정용(산업용) 전기요금}}{\text{OECD 평균 가정용(산업용) 전기요금}} \times 100$

3) 2018년 한국의 가정용, 산업용 전기요금은 100kWh당 각각 $120, $95임.

〈보 기〉

ㄱ. 산업용 전기요금은 일본이 가장 비싸고 가정용 전기요금은 독일이 가장 비싸다.
ㄴ. OECD 평균 전기요금은 가정용이 산업용의 1.5배 이상이다.
ㄷ. 가정용 전기요금이 한국보다 비싼 국가는 산업용 전기요금도 한국보다 비싸다.
ㄹ. 일본은 산업용 전기요금이 가정용 전기요금보다 비싸다.

① ㄱ, ㄴ

② ㄱ, ㄷ

③ ㄴ, ㄹ

④ ㄷ, ㄹ

⑤ ㄱ, ㄴ, ㄹ

[정답]

1. 비교할 수 있다.
   한국의 실제 전기요금을 통해 OECD 평균 전기요금을 도출할 수 있으므로 미국의 전기요금을 비교할 수 있다.
2. ㄱ, ㄷ
   같은 유형의 전기요금끼리 비교하는 <보기>이므로 실제 전기요금을 도출하지 않고 비교할 수 있다.

02. 다음 <표>는 2021~2024년 '갑'국 제조업의 산업군별 재고지수 및 출하지수에 관한 자료이다. 이에 대한 <보기>의 설명 중 옳은 것만을 모두 고르면? 25 7급공채 인 10

<표> 2021~2024년 산업군별 재고지수 및 출하지수

연도	지수 \ 산업군	고위기술 산업군	중고위기술 산업군	중저위기술 산업군	저위기술 산업군
2021	재고지수	102.9	80.0	89.9	91.8
	출하지수	96.2	102.8	116.7	108.5
2022	재고지수	106.6	91.4	93.8	90.0
	출하지수	92.2	107.1	111.6	107.3
2023	재고지수	112.2	98.9	96.4	95.9
	출하지수	93.4	106.0	106.4	104.7
2024	재고지수	95.0	97.7	97.5	94.9
	출하지수	93.8	104.6	105.9	103.7

※ 1) 산업군은 '고위기술산업군', '중고위기술산업군', '중저위기술산업군', '저위기술산업군'으로만 구성됨.
2) 재고(출하)지수는 기준연도 2020년의 재고(출하)량을 100으로 할 때, 해당 연도 재고(출하)량의 상대적인 값임.
3) 연도별 재고율(%) = $\frac{\text{해당 연도의 재고지수}}{\text{해당 연도의 출하지수}} \times 100$

〈보 기〉

ㄱ. 2020년 이후 출하지수의 연도별 증감 방향이 '저위기술산업군'과 동일한 산업군은 '중저위기술산업군'뿐이다.

ㄴ. 기준연도를 2024년으로 변경한다면, 모든 산업군별 재고지수는 매년 각각 100 이상이 된다.

ㄷ. 재고율이 매년 100% 이상인 산업군은 '고위기술산업군'뿐이다.

① ㄱ

② ㄴ

③ ㄱ, ㄷ

④ ㄴ, ㄷ

⑤ ㄱ, ㄴ, ㄷ

문제 풀이 후 확인하기

실력 UP 포인트

1. 재고(출하)지수의 기준연도는 언제인가?

2. 재고율이 100%일 때 재고지수와 출하지수 중 누가 더 큰 값인가?

[정답]

1. 각주 2)에 명시되었듯이 2020년을 기준연도로 한다.

2. 같은 값이다.
재고율이 100%라는 의미는 재고율의 분자와 분모가 동일하다는 의미와 같다.

03. 다음 <표>는 산림경영단지 A~E의 임도 조성 현황에 관한 자료이다. 이 경우 면적이 가장 넓은 산림경영단지는?

20 7급모의 15

〈표〉 산림경영단지 A~E의 임도 조성 현황

(단위: %, km, km/ha)

구분 산림경영단지	작업임도 비율	간선임도 길이	임도 밀도
A	30	70	15
B	20	40	10
C	30	35	20
D	50	20	10
E	40	60	20

※ 1) 임도 길이(km)=작업임도 길이+간선임도 길이

2) 작업임도 비율(%) = $\frac{\text{작업임도 길이}}{\text{임도 길이}} \times 100$

3) 간선임도 비율(%) = $\frac{\text{간선임도 길이}}{\text{임도 길이}} \times 100$

4) 임도 밀도(km/ha) = $\frac{\text{임도 길이}}{\text{산림경영단지 면적}}$

① A

② B

③ C

④ D

⑤ E

실력 UP 포인트

문제 풀이 후 확인하기

1. 발문에서 묻는 산림경영단지 면적은 다음 중 어디에 제시되어 있는가?
   ① 표
   ② 각주 1)
   ③ 각주 2)
   ④ 각주 3)
   ⑤ 각주 4)

2. 작업임도 비율과 간선임도 비율의 합은 얼마인가?

[정답]

1. ⑤
   각주 4)의 임도 밀도를 구성하는 분모에 제시되어 있다.

2. 100%
   각주 1)에서 임도 길이는 작업임도와 간선임도의 합이므로 두 비율의 합은 100%가 된다.

04. 다음 <표>는 제품 A~E의 제조원가에 관한 자료이다. 제품 A~E 중 매출액이 가장 작은 제품은?

22 7급공채 가 21

〈표〉 제품 A~E의 고정원가, 변동원가율, 제조원가율

(단위: 원, %)

제품 \ 구분	고정원가	변동원가율	제조원가율
A	60,000	40	25
B	36,000	60	30
C	33,000	40	30
D	50,000	20	10
E	10,000	50	10

※ 1) 제조원가 = 고정원가 + 변동원가

2) 고정원가율(%) = $\frac{\text{고정원가}}{\text{제조원가}} \times 100$

3) 변동원가율(%) = $\frac{\text{변동원가}}{\text{제조원가}} \times 100$

4) 제조원가율(%) = $\frac{\text{제조원가}}{\text{매출액}} \times 100$

① A

② B

③ C

④ D

⑤ E

문제 풀이 후 확인하기

실력 UP 포인트

1. 발문에서 묻는 매출액은 제시된 자료 및 각주에서 어느 항목을 구성하는 요소인가?

2. 고정원가율과 변동원가율의 합은 얼마인가?

[정답]

1. 각주 4)의 제조원가율 식에서 분모에 해당한다.

2. 100%

제조원가는 고정원가와 변동원가의 합이므로 고정원가율과 변동원가율의 합은 100%이 된다.

실력 UP 포인트

문제 풀이 후 확인하기

1. 발문에서 묻는 이산화탄소 총배출량은 제시된 자료 및 각주에서 어느 항목을 구성하는 요소인가?

2. 총인구를 도출하기 위해 식을 어떻게 구성해야 하는가?

[정답]

1. 각주 2)의 1인당 이산화탄소 배출량 식에서 분모에 해당한다.

2. 총인구는 $\frac{\text{국내총생산}}{\text{1인당 국내총생산}}$ 또는 $\frac{\text{이산화탄소 총배출량}}{\text{1인당 이산화탄소 배출량}}$으로 도출할 수 있다.

05. 다음 <표>는 2021년 국가 A~D의 국내총생산, 1인당 국내총생산, 1인당 이산화탄소 배출량에 관한 자료이다. 이를 근거로 국가 A~D를 이산화탄소 총배출량이 가장 적은 국가부터 순서대로 바르게 나열한 것은?

22 7급공채 가 24

〈표〉 국가별 국내총생산, 1인당 국내총생산, 1인당 이산화탄소 배출량

(단위: 달러, 톤CO_2eq.)

구분 국가	국내총생산	1인당 국내총생산	1인당 이산화탄소 배출량
A	20조 4,941억	62,795	16.6
B	4조 9,709억	39,290	9.1
C	1조 6,194억	31,363	12.4
D	13조 6,082억	9,771	7.0

※ 1) 1인당 국내총생산 = $\frac{\text{국내총생산}}{\text{총인구}}$

2) 1인당 이산화탄소 배출량 = $\frac{\text{이산화탄소 총배출량}}{\text{총인구}}$

① A, C, B, D
② A, D, C, B
③ C, A, D, B
④ C, B, A, D
⑤ D, B, C, A

06. 다음 <표>는 '갑'국의 가맹점 수 기준 상위 5개 편의점 브랜드 현황에 관한 자료이다. 이에 대한 <보기>의 설명 중 옳은 것만을 모두 고르면?

24 7급공채 사 18

〈표〉 가맹점 수 기준 상위 5개 편의점 브랜드 현황

(단위: 개, 천 원/개, 천 원/m^2)

순위	브랜드	가맹점 수	가맹점당 매출액	가맹점 면적당 매출액
1	A	14,737	583,999	26,089
2	B	14,593	603,529	32,543
3	C	10,294	465,042	25,483
4	D	4,082	414,841	12,557
5	E	787	559,684	15,448

※ 가맹점 면적당 매출액(천 원/m^2) = $\frac{\text{해당 브랜드 전체 가맹점 매출액의 합}}{\text{해당 브랜드 전체 가맹점 면적의 합}}$

〈보 기〉

ㄱ. '갑'국의 전체 편의점 가맹점 수가 5만 개라면 편의점 브랜드 수는 최소 14개이다.
ㄴ. A~E 중, 가맹점당 매출액이 가장 큰 브랜드가 전체 가맹점 매출액의 합도 가장 크다.
ㄷ. A~E 중, 해당 브랜드 전체 가맹점 면적의 합이 가장 작은 편의점 브랜드는 E이다.

① ㄱ
② ㄴ
③ ㄷ
④ ㄴ, ㄷ
⑤ ㄱ, ㄴ, ㄷ

정답 · 해설 p.292

문제 풀이 후 확인하기

실력 UP 포인트

1. 각주를 구성하는 가맹점 면적당 매출액 식을 구성하는 요소 중 <표>에 직접 제시되지 않은 항목은 무엇인가?

2. 직접 제시되지 않은 항목 중 <표>에 제시된 항목을 통해 도출할 수 있는 항목이 있는가?

[정답]
1. 분모인 해당 브랜드 전체 가맹점 면적의 합과 분자인 해당 브랜드 전체 가맹점 매출액의 합이다.
2. 분자인 해당 브랜드 전체 가맹점 매출액의 합은 <표>에 제시된 가맹점 수와 가맹점당 매출액의 곱셈으로 도출할 수 있다.

유형 7 조건 판단형

유형 소개

'조건 판단형'은 표 또는 그래프와 함께 박스 형태로 추가적인 규칙이나 계산방식이 제시되었을 때, 이를 자료에 적용하여 문제에서 요구하는 항목을 도출하는 유형이다. 자료해석에서 난도가 가장 높은 유형 중 하나이다.

유형 특징

이 유형은 표나 그래프 등 기본적인 자료 이외에 규칙이나 계산방식이 추가로 제시되며, 추가적인 정보는 <조건>, <평가방식>, <산식> 등의 형태로 제시된다. 익숙한 계산방식이 조건으로 제시되는 경우도 종종 있으나 대부분의 경우 처음 보는 형태의 조건이 제시된다. 대표적인 발문의 형태는 다음과 같다.

- 이 <표>와 <평가점수와 평가등급의 결정방식>에 근거한 설명으로 옳지 않은 것은?
- 이를 근거로 A~D 중 소득세산출액이 가장 많은 사람과 가장 적은 사람을 바르게 나열한 것은?
- 이에 근거하여 기본생산능력이 가장 큰 기업과 세 번째로 큰 기업을 바르게 나열한 것은?
- <조건>에 부합하는 (가), (나), (다)로 가능한 것은?

출제 경향

- '조건 판단형'은 2025년 7급 공채 PSAT에서 25문제 중 2문제가 출제되었고, 2024년에는 2문제, 2023년에는 6문제, 2022년에는 3문제, 2021년에는 3문제, 2020년 모의평가에서는 3문제가 출제되었다. 민간경력자 PSAT에서도 매년 2~3문제가 꾸준히 출제되었다.
- 자료와 함께 추가적인 조건이 제시되어 문제 길이가 비교적 길고, 분석해야 할 정보가 복잡한 편이므로 난도가 높다.

문제풀이 핵심 전략

STEP 1 | 발문, 자료의 제목·단위·각주, 선택지나 <보기>를 확인하여 조건에서 새롭게 제시되는 항목이나 키워드를 체크한다.

√ 발문에서 묻는 것이 무엇인지에 따라 접근방법이 달라지므로 반드시 동그라미나 밑줄 등으로 체크한다.

√ 선택지나 <보기>에 구체적인 수치가 제시되지 않은 경우, 항목 간 대소를 비교하는 선택지나 <보기>를 먼저 해결할 수 있도록 체크한다.

STEP 2 | 조건에 제시된 식을 분석하여 비교 대상에 공통적으로 적용되는 부분과 그렇지 않은 부분을 구분하고, 차이가 나는 부분을 위주로 계산한다.

√ 조건을 통해 여러 항목을 계산하여 비교해야 하는 경우, 일반적으로 공통점보다 차이점 위주로 물어볼 가능성이 높으므로 차이점에 주목한다.

√ 이때 조건에 '단', '다만' 등의 표현이 제시된 경우, 문제를 풀이하는 중요한 단서가 될 수 있다.

김용훈쌤의 응급처방

선택지나 <보기>에 구체적인 수치가 제시되는 경우

조건 판단형은 문제풀이에 평균적으로 2분 이상 소요된다. 따라서 선택지나 <보기>에 구체적인 수치가 제시된다면 이를 역으로 조건의 공식에 직접 대입하여 문제를 해결할 수 있다.

문제풀이 핵심 전략 적용

기출 예제

다음 <표>는 2017~2018년 '갑' 학교 학생식당의 메뉴별 제공횟수 및 만족도에 대한 자료이다. <표>와 <조건>에 근거한 설명으로 옳지 않은 것은? 19 민경채 나 21

〈표〉 메뉴별 제공횟수 및 만족도

(단위: 회, 점)

구분 / 메뉴 \ 연도	제공횟수	만족도	
	2017	2017	2018
A	40	87	75
B	34	71	72
C	45	53	35
D	31	79	79
E	40	62	77
F	60	74	68
G	–	–	73
전체	250	–	–

〈조 건〉

○ 전체 메뉴 제공횟수는 매년 250회로 일정하며, 2018년에는 메뉴 G만 추가되었고, 2019년에는 메뉴 H만 추가되었다.

○ 각 메뉴의 다음 연도 제공횟수는 당해 연도 만족도에 따라 아래와 같이 결정된다.

만족도	다음 연도 제공횟수
0점 이상 50점 미만	당해 연도 제공횟수 대비 100% 감소
50점 이상 60점 미만	당해 연도 제공횟수 대비 20% 감소
60점 이상 70점 미만	당해 연도 제공횟수 대비 10% 감소
70점 이상 80점 미만	당해 연도 제공횟수와 동일
80점 이상 90점 미만	당해 연도 제공횟수 대비 10% 증가
90점 이상 100점 이하	당해 연도 제공횟수 대비 20% 증가

① 메뉴 A~F 중 2017년 대비 2019년 제공횟수가 증가한 메뉴는 1개이다.

② 2018년 메뉴 G의 제공횟수는 9회이다.

③ 2019년 메뉴 H의 제공횟수는 42회이다.

④ 2019년 메뉴 E의 제공횟수는 메뉴 A의 제공횟수보다 많다.

⑤ 메뉴 A~G 중 2018년과 2019년 제공횟수의 차이가 두 번째로 큰 메뉴는 F이다.

STEP 1

발문, 자료의 제목·단위, 선택지를 토대로 메뉴의 만족도를 통해 제공횟수를 판단하는 문제임을 알 수 있다. 대부분의 선택지가 구체적인 값을 요구하고 있으므로 계산 과정에서 공통인 부분을 제외하고 차이가 나는 부분을 찾아 비교한다.

STEP 2

조건에서 만족도가 70점 이상 80점 미만이면 제공횟수가 동일하므로 나머지 만족도에서 제공횟수에 변화가 있는 부분을 위주로 체크하고 비교한다.

연도 / 메뉴 \ 구분	2017			2018			2019
	만족도	제공횟수	변화	만족도	제공횟수	변화	제공횟수
A	87	40	+10% (+4회)	75	44	동일	44
B	71	34	동일	72	34	동일	34
C	53	45	-20% (-9회)	35	36	-100% (-36회)	0
D	79	31	동일	79	31	동일	31
E	62	40	-10% (-4회)	77	36	동일	36
F	74	60	동일	68	60	-10% (-6회)	54
G	-	-	-	73	9	동일	9
H	-	-	-	-	-	+42	42
전체	-	250	-	-	250	-	250

2018년과 2019년에 추가되는 G, H를 제외하면 2017년에 비해 2018년에 변화가 있는 메뉴는 A, C, E뿐이고, 2018년에 비해 2019년에 변화가 있는 메뉴는 C, F뿐이다. 이때 메뉴 A와 E는 2019년에 변화가 없으므로 2019년 메뉴 A와 E의 제공횟수는 사실상 2018년 메뉴 A와 E의 제공횟수를 비교하는 것과 동일하다.

따라서 2019년 메뉴 E의 제공횟수는 36회로 메뉴 A의 제공횟수 44보다 적으므로 정답은 ④이다.

오답 체크

① 메뉴 A~F 중 2017년 대비 2019년 제공횟수가 증가한 메뉴는 4회 증가한 A뿐이므로 옳은 설명이다.

② 2018년 메뉴 G의 제공횟수는 9회이므로 옳은 설명이다.

③ 2019년 메뉴 H의 제공횟수는 42회이므로 옳은 설명이다.

⑤ 메뉴 A~G 중 2018년과 2019년 제공횟수의 차이는 F가 6회로 두 번째로 크므로 옳은 설명이다.

유형공략문제

실력 UP 포인트
문제 풀이 후 확인하기

1. $\frac{\text{마일리지 적용거리}}{800}$는 어떤 항목에 곱해지는 변수인가?

2. 마일리지 적용거리는 갑과 을 중 누가 더 많은가?

[정답]

1. 기본 마일리지+추가 마일리지
출근 1회당 대중교통요금-(기본 마일리지+추가 마일리지) 전체에 곱해지는 것이 아님에 유의한다.

2. 같다.
마일리지 적용거리는 최대 800m까지만 인정하므로 갑과 을이 동일하다.

01. 다음 <그림>과 <조건>은 직장인 '갑'~'병'이 마일리지 혜택이 있는 알뜰교통카드를 사용하여 출근하는 방법 및 교통비에 관한 자료이다. 이에 근거하여 월간 출근 교통비를 많이 지출하는 직장인부터 순서대로 나열하면?

21 7급공채 나 11

〈그림〉 직장인 '갑'~'병'의 출근 방법 및 교통비 관련 정보

직장인	이동거리 A [m]	출근 1회당 대중교통요금 [원]	이동거리 B [m]	월간 출근 횟수 [회]	저소득층 여부
갑	600	3,200	200	15	O
을	500	2,300	500	22	×
병	400	1,800	200	22	O

〈조 건〉

○ 월간 출근 교통비 = {출근 1회당 대중교통요금 − (기본 마일리지 + 추가 마일리지) $\times \left(\frac{\text{마일리지 적용거리}}{800}\right)$} × 월간 출근 횟수

○ 기본 마일리지는 출근 1회당 대중교통요금에 따라 다음과 같이 지급함.

출근 1회당 대중교통요금	2천 원 이하	2천 원 초과 3천 원 이하	3천 원 초과
기본 마일리지 (원)	250	350	450

○ 추가 마일리지는 저소득층에만 다음과 같이 지급함.

출근 1회당 대중교통요금	2천 원 이하	2천 원 초과 3천 원 이하	3천 원 초과
추가 마일리지 (원)	100	150	200

○ 마일리지 적용거리(m)는 출근 1회당 도보·자전거로 이동한 거리의 합이며 최대 800m까지만 인정함.

① 갑, 을, 병
② 갑, 병, 을
③ 을, 갑, 병
④ 을, 병, 갑
⑤ 병, 을, 갑

02. 다음 <조건>과 <표>는 2018~2020년 '가'부서 전체 직원 성과급에 관한 자료이다. 이를 근거로 판단할 때, '가'부서 전체 직원의 2020년 기본 연봉의 합은? 21 7급공채 나 19

〈조 건〉

○ 매년 각 직원의 기본 연봉은 변동 없음.
○ 성과급은 전체 직원에게 각 직원의 성과등급에 따라 매년 1회 지급함.
○ 성과급=기본 연봉×지급비율
○ 성과등급별 지급비율 및 인원 수

구분＼성과등급	S	A	B
지급비율	20%	10%	5%
인원 수	1명	2명	3명

〈표〉 2018~2020년 '가'부서 전체 직원 성과급

(단위: 백만 원)

직원＼연도	2018	2019	2020
갑	12.0	6.0	3.0
을	5.0	20.0	5.0
병	6.0	3.0	6.0
정	6.0	6.0	12.0
무	4.5	4.5	4.5
기	6.0	6.0	12.0

① 430백만 원
② 460백만 원
③ 490백만 원
④ 520백만 원
⑤ 550백만 원

문제 풀이 후 확인하기

실력 UP 포인트

1. 2018~2020년 동안 성과급이 모두 다른 직원은 누구인가?

2. 연도별 성과급이 같은 '정'과 '기'는 기본 연봉이 동일한가?

[정답]

1. 갑
2018년에 12.0백만 원, 2019년에 6.0백만 원, 2020년에 3.0백만 원으로 모두 다르다.

2. 동일하지 않다.
정과 기 중 한 명만 2020년에 S등급을 받게 되므로 기본 연봉이 동일할 수 없다.

실력 UP 포인트

문제 풀이 후 확인하기

1. 운전자 B~E의 반응거리를 모두 구체적으로 도출해야 답을 구할 수 있는가?

2. 제동거리 식을 구성하는 요소 중 운전자별로 모두 공통인 항목은 무엇인가?

03. 다음 <표>는 운전자 A~E의 정지시거 산정을 위해 '갑'시험장에서 측정한 자료이다. <표>와 <정보>에 근거하여 맑은 날과 비 오는 날의 운전자별 정지시거를 바르게 연결한 것은?

22 7급공채 가 18

〈표〉 운전자 A~E의 정지시거 산정을 위한 자료

(단위: m/초, 초, m)

구분 운전자	자동차	운행속력	반응시간	반응거리	마찰계수	
					맑은 날	비 오는 날
A	가	20	2.0	40	0.4	0.1
B	나	20	2.0	( )	0.4	0.2
C	다	20	1.6	( )	0.8	0.4
D	나	20	2.4	( )	0.4	0.2
E	나	20	1.4	( )	0.4	0.2

〈정 보〉

○ 정지시거 = 반응거리 + 제동거리

○ 반응거리 = 운행속력 × 반응시간

○ 제동거리 = $\frac{(\text{운행속력})^2}{2 \times \text{마찰계수} \times g}$

(단, g는 중력가속도이며 10m/초^{2}으로 가정함)

	운전자	맑은 날 정지시거[m]	비 오는 날 정지시거[m]
①	A	120	240
②	B	90	160
③	C	72	82
④	D	98	158
⑤	E	78	128

[정답]

1. 그렇다.
정지시거는 반응거리와 제동거리의 합이고 선택지에서 운전자 B~E의 구체적인 정지시거를 묻고 있으므로 반응거리를 모두 구체적으로 도출해야 한다.

2. 운행속력이 모두 20m/초로 동일하고 중력가속도 역시 10m/초^{2}로 모두 동일하다.

04. 다음은 '갑'국의 특허 출원인 A~E의 IT 분야 등록특허별 피인용 횟수에 관한 자료이다. 이를 근거로 영향력 지수가 가장 큰 출원인과 기술력 지수가 가장 작은 출원인을 바르게 연결한 것은?

23 7급공채 인 12

〈표〉 '갑'국의 특허 출원인 A~E의 IT 분야 등록특허별 피인용 횟수

(단위: 회)

특허 출원인	등록특허	피인용 횟수
A	A1	3
	A2	25
B	B1	1
	B2	3
	B3	20
C	C1	3
	C2	2
	C3	10
	C4	5
	C5	6
D	D1	12
	D2	21
	D3	15
E	E1	6
	E2	56
	E3	4
	E4	12

※ A~E는 IT 분야 외 등록특허가 없음.

〈정 보〉

○ 해당 출원인의 영향력 지수 $=\frac{\text{해당 출원인의 피인용도 지수}}{\text{IT 분야 전체 등록특허의 피인용도 지수}}$

○ 해당 출원인의 기술력 지수 = 해당 출원인의 영향력 지수 × 해당 출원인의 등록특허 수

○ 해당 출원인의 피인용도 지수 $=\frac{\text{해당 출원인의 등록특허 피인용 횟수의 합}}{\text{해당 출원인의 등록특허 수}}$

○ IT 분야 전체 등록특허의 피인용도 지수 $=\frac{\text{IT 분야 전체의 등록특허 피인용 횟수의 합}}{\text{IT 분야 전체의 등록특허 수}}$

	영향력 지수가 가장 큰 출원인	기술력 지수가 가장 작은 출원인
①	A	B
②	D	A
③	D	C
④	E	B
⑤	E	C

문제 풀이 후 확인하기

실력 UP 포인트

1. 영향력 지수를 비교할 때 고려하지 않아도 되는 항목은 무엇인가?

2. 기술력 지수를 비교할 때 고려하지 않아도 되는 항목은 무엇인가?

[정답]

1. IT 분야 전체 등록특허의 피인용도 지수
영향력 지수를 비교할 때 분모에 해당하는 'IT 분야 전체 등록특허의 피인용도 지수'는 공통이므로 이를 고려하지 않아도 된다.

2. 해당 출원인의 등록특허 수
기술력 지수는 영향력 지수와 등록특허 수의 곱으로 구성되고 영향력 지수의 크기는 결국 해당 출원인의 피인용도 지수의 크기로 비교할 수 있으므로 해당 출원인의 피인용도 지수를 구성하는 분모가 해당 출원인의 등록특허 수이기 때문에 서로 상쇄되어 이를 고려하지 않아도 된다.

문제 풀이 후 확인하기

실력 UP 포인트

1. <표>에 제시된 어선 잔존가치와 평년수익액의 각 일의자리에 해당하는 0을 하나씩 지운 다음 <정보>의 감척지원금 식에 대입해서 계산할 수 있는가?

2. 시간이 없을 때 선택지에 배치된 항목의 개수를 고려해서 답을 결정할 수 있는가?

[정답]

1. 할 수 없다.
감척지원금 식의 구조가 합으로 구성되어 있기 때문이다. 0을 하나씩 지우고 계산하려면 선원당 월 통상임금 고시액을 0.5로 변환해서 판단해야 한다.

2. 그럴 수 없다.
조건 판단형 중 수식이 제시된 계산형 문제는 정확하게 판단해서 비교해야 한다.

05. 다음은 2023년 '갑'국의 연근해 어선 감척지원금 산정에 관한 자료이다. 이를 근거로 어선 A~D 중 산정된 감척지원금이 가장 많은 어선과 가장 적은 어선을 바르게 연결한 것은?

24 7급공채 사 04

〈정 보〉

- 감척지원금 = 어선 잔존가치 + (평년수익액 × 3) + (선원 수 × 선원당 월 통상임금 고시액 × 6)
- 선원당 월 통상임금 고시액: 5백만 원/명

〈표〉 감척지원금 신청 어선 현황

(단위: 백만 원, 명)

어선	어선 잔존가치	평년수익액	선원 수
A	170	60	6
B	350	80	8
C	200	150	10
D	50	40	3

	가장 많은 어선	가장 적은 어선
①	A	B
②	A	C
③	B	A
④	B	D
⑤	C	D

정답 · 해설 p.294

실전공략문제

· 권장 제한시간에 따라 시작과 종료 시각을 정한 후, 실제 시험처럼 문제를 풀어보세요.
시 분 ~ 시 분 (총 14문항 / 28분)

01. 다음 <표>는 2024년 '갑'국 원자력발전소 A~D의 발전량에 관한 자료이다. 이를 근거로 A~D를 이용률이 가장 높은 원자력발전소부터 순서대로 바르게 나열한 것은?

25 7급공채 인 05

<표> 2024년 '갑'국 원자력발전소 A~D의 발전량 현황

(단위: GWh)

구분 / 원자력발전소	실제 발전량	최대 발전량
A	4,000	5,000
B	( )	9,000
C	6,000	( )
D	9,000	12,000
합계	26,000	35,000

※ 이용률(%) = $\frac{\text{실제 발전량}}{\text{최대 발전량}} \times 100$

① A, B, C, D

② A, B, D, C

③ A, C, B, D

④ B, A, C, D

⑤ B, A, D, C

02. 다음 <표>는 A~D국의 성별 평균소득과 대학진학률의 격차지수만으로 계산한 '간이 성평등지수'에 관한 자료이다. 이에 대한 <보기>의 설명 중 옳은 것만을 모두 고르면?

18 민경채 가 20

〈표〉 A~D국의 성별 평균소득, 대학진학률 및 '간이 성평등지수'

(단위: 달러, %)

항목 / 국가	평균소득			대학진학률			간이 성평등 지수
	여성	남성	격차지수	여성	남성	격차지수	
A	8,000	16,000	0.50	68	48	1.00	0.75
B	36,000	60,000	0.60	(　　)	80	(　　)	(　　)
C	20,000	25,000	0.80	70	84	0.83	0.82
D	3,500	5,000	0.70	11	15	0.73	0.72

※ 1) 격차지수는 남성 항목값 대비 여성 항목값의 비율로 계산하며, 그 값이 1을 넘으면 1로 함.
2) '간이 성평등지수'는 평균소득 격차지수와 대학진학률 격차지수의 산술 평균임.
3) 격차지수와 '간이 성평등지수'는 소수점 셋째 자리에서 반올림한 값임.

〈보 기〉

ㄱ. A국의 여성 평균소득과 남성 평균소득이 각각 1,000달러씩 증가하면 A국의 '간이 성평등지수'는 0.80 이상이 된다.
ㄴ. B국의 여성 대학진학률이 85%이면 '간이 성평등지수'는 B국이 C국보다 높다.
ㄷ. D국의 여성 대학진학률이 4%p 상승하면 D국의 '간이 성평등지수'는 0.80 이상이 된다.

① ㄱ
② ㄴ
③ ㄷ
④ ㄱ, ㄴ
⑤ ㄱ, ㄷ

03. 다음 <표>는 1936년 A지역의 기상관측 자료이다. 이에 대한 <보기>의 설명 중 옳은 것을 모두 고르면?

13 외교관 인 20

〈표 1〉 월별 기상관측 결과

월 \ 구분	평균습도(%)	평균기온(℃)	강수일수(일)	강수량(mm)
1	67	( )	8	4.5
2	64	−3	7	19.0
3	62	3	6	27.0
4	64	11	14	141.2
5	68	16	9	27.4
6	71	21	10	65.1
7	79	24	14	210.2
8	( )	25	22	668.8
9	73	20	15	252.4
10	71	13	5	10.7
11	70	( )	12	44.5
12	68	−2	9	67.8

〈표 2〉 평균습도와 평균기온의 월수 분포

평균기온(℃) \ 평균습도(%)	65 미만	65 이상 70 미만	70 이상 75 미만	75 이상 80 미만	80 이상	합
−5 미만	0	1	0	0	0	1
−5 이상 0 미만	1	1	0	0	0	2
0 이상 5 미만	1	0	0	0	0	1
5 이상 10 미만	0	0	1	0	0	1
10 이상 15 미만	1	0	1	0	0	2
15 이상 20 미만	0	1	0	0	0	1
20 이상	0	0	2	1	1	4
계	3	3	4	1	1	12

※ 월수는 해당 조건에 부합하는 월 빈도를 의미함.

<보 기>

ㄱ. 평균습도가 가장 높은 월에 강수일수와 강수량도 가장 많다.
ㄴ. 평균기온이 가장 낮은 월에 강수량도 가장 적다.
ㄷ. 11월의 평균기온은 3월보다 높다.
ㄹ. 평균기온이 높은 월일수록 강수일수당 강수량이 많다.
ㅁ. 평균기온이 0℃ 미만인 월의 강수일수의 합은 8월의 강수일수보다 적다.

① ㄱ, ㄴ, ㄷ
② ㄱ, ㄴ, ㄹ
③ ㄱ, ㄷ, ㄹ
④ ㄴ, ㄹ, ㅁ
⑤ ㄷ, ㄹ, ㅁ

04. 다음 <표>는 A~E 마을 주민의 재산상황을 나타낸 자료이다. 이에 대한 <보기>의 설명 중 옳은 것을 모두 고르면?

13 5급공채 인 26

〈표〉 A~E 마을 주민의 재산상황

(단위: 가구, 명, ha, 마리)

마을	가구 수	주민 수	재산유형					
			경지		젖소		돼지	
			면적	가구당 면적	개체 수	가구당 개체 수	개체 수	가구당 개체 수
A	244	1,243	( )	6.61	90	0.37	410	1.68
B	130	572	1,183	9.10	20	0.15	185	1.42
C	58	248	( )	1.95	20	0.34	108	1.86
D	23	111	( )	2.61	12	0.52	46	2.00
E	16	60	( )	2.75	8	0.50	20	1.25
전체	471	2,234	( )	6.40	150	0.32	769	1.63

※ 소수점 아래 셋째 자리에서 반올림한 값임.

〈보 기〉

ㄱ. C 마을의 경지면적은 D 마을과 E 마을 경지면적의 합보다 크다.

ㄴ. 가구당 주민 수가 가장 많은 마을은 가구당 돼지 수도 가장 많다.

ㄷ. A 마을의 젖소 수가 80% 감소한다면, A~E 마을 전체 젖소 수는 A~E 마을 전체 돼지 수의 10% 이하가 된다.

ㄹ. 젖소 1마리당 경지면적과 돼지 1마리당 경지면적은 모두 D 마을이 E 마을보다 좁다.

① ㄱ, ㄴ

② ㄱ, ㄷ

③ ㄱ, ㄹ

④ ㄴ, ㄷ

⑤ ㄷ, ㄹ

05. 다음 <표>는 2016년 1~6월 월말종가기준 A, B사의 주가와 주가지수에 대한 자료이다. 이에 대한 <보기>의 설명 중 옳은 것만을 모두 고르면? 17 5급공채 가 06

〈표〉 A, B사의 주가와 주가지수(2016년 1~6월)

구분		1월	2월	3월	4월	5월	6월
주가(원)	A사	5,000	(　　)	5,700	4,500	3,900	(　　)
	B사	6,000	(　　)	6,300	5,900	6,200	5,400
주가지수		100.00	(　　)	109.09	(　　)	91.82	100.00

※ 1) 주가지수 = $\frac{\text{해당 월 A사의 주가+해당 월 B사의 주가}}{\text{1월 A사의 주가+1월 B사의 주가}} \times 100$

2) 해당 월의 주가 수익률(%) = $\frac{\text{해당 월의 주가}-\text{전월의 주가}}{\text{전월의 주가}} \times 100$

〈보 기〉

ㄱ. 3~6월 중 주가지수가 가장 낮은 달에 A사와 B사의 주가는 모두 전월 대비 하락하였다.

ㄴ. A사의 주가는 6월이 1월보다 높다.

ㄷ. 2월 A사의 주가가 전월 대비 20% 하락하고 B사의 주가는 전월과 동일하면, 2월의 주가지수는 전월 대비 10% 이상 하락한다.

ㄹ. 4~6월 중 A사의 주가 수익률이 가장 낮은 달에 B사의 주가는 전월 대비 하락하였다.

① ㄱ, ㄴ

② ㄱ, ㄷ

③ ㄴ, ㄷ

④ ㄴ, ㄹ

⑤ ㄷ, ㄹ

06. 다음 <표>와 <정보>는 A~J지역의 지역발전 지표에 관한 자료이다. 이를 근거로 '가'~'라'에 들어갈 수 있는 값으로만 나열한 것은? 21 7급공채 나 17

〈표〉 A~J 지역의 지역발전 지표

(단위: %, 개)

지표 / 지역	재정 자립도	시가화 면적 비율	10만 명당 문화시설수	10만 명당 체육시설수	주택 노후화율	주택 보급률	도로 포장률
A	83.8	61.2	4.1	111.1	17.6	105.9	92.0
B	58.5	24.8	3.1	(다)	22.8	93.6	98.3
C	65.7	35.7	3.5	103.4	13.5	91.2	97.4
D	48.3	25.3	4.3	128.0	15.8	96.6	100.0
E	(가)	20.7	3.7	133.8	12.2	100.3	99.0
F	69.5	22.6	4.1	114.0	8.5	91.0	98.1
G	37.1	22.9	7.7	110.2	20.5	103.8	91.7
H	38.7	28.8	7.8	102.5	19.9	(라)	92.5
I	26.1	(나)	6.9	119.2	33.7	102.5	89.6
J	32.6	21.3	7.5	113.0	26.9	106.1	87.9

〈정 보〉

- ㅇ 전체재정자립도가 E보다 높은 지역은 A, C, F임.
- ㅇ 시가화 면적 비율이 가장 낮은 지역은 주택노후화율이 가장 높은 지역임.
- ㅇ 10만 명당 문화시설수가 가장 적은 지역은 10만 명당 체육시설수가 네 번째로 많은 지역임.
- ㅇ 주택보급률이 도로포장률보다 낮은 지역은 B, C, D, F임.

가	나	다	라
① 58.6	20.9	100.9	92.9
② 60.8	19.8	102.4	92.5
③ 63.5	20.1	115.7	92.0
④ 65.2	20.3	117.1	92.6
⑤ 65.8	20.6	118.7	93.7

07. 다음 <정보>와 <표>는 2014년 A~E기업의 기본생산능력과 초과생산량 및 1~3월 생산이력에 관한 자료이다. 이에 근거하여 기본생산능력이 가장 큰 기업과 세 번째로 큰 기업을 바르게 나열한 것은? 15 민경채 인 23

〈정 보〉

- ○ 각 기업의 기본생산능력(개/월)은 변하지 않는다.
- ○ A기업의 기본생산능력은 15,000개/월이고 C기업과 E기업의 기본생산능력은 동일하다.
- ○ B, C, D기업의 경우 2014년 1~3월 동안 초과생산량이 발생하지 않았다.
- ○ E기업의 경우 2014년 3월에 기본생산능력에 해당하는 생산량 이외에 기본생산능력의 20%에 해당하는 초과생산량이 발생하였다.
- ○ 생산 참여기업의 월 생산량=기본생산능력에 해당하는 월 생산량+월 초과생산량

〈표〉 2014년 1~3월 생산이력

구분	1월	2월	3월
생산 참여기업	B, C	B, D	C, E
손실비	0.0	0.5	0.0
총생산량(개)	23,000	17,000	22,000

※ 해당월 총생산량=해당월 '생산 참여기업의 월 생산량'의 합×(1−손실비)

	가장 큰 기업	세 번째로 큰 기업
①	A	B
②	A	D
③	B	D
④	D	A
⑤	D	B

08. 다음 <표>는 지점 A~E의 지점 간 주행 가능한 도로 현황 및 자동차 '갑'과 '을'의 지점 간 이동정보이다. <표>와 <조건>에 근거한 설명으로 옳은 것은? 16 민경채 5 22

〈표 1〉 지점 간 주행 가능한 도로 현황

(단위: km)

출발지점 \ 도착지점	B	C	D	E
A	200	*	*	*
B	−	400	200	*
C	*	−	*	200
D	*	*	−	400

※ 1) *는 출발지점에서 도착지점까지 주행 가능한 도로가 없음을 의미함.
2) 지점 간 주행 가능한 도로는 1개씩만 존재함.

〈표 2〉 자동차 '갑'과 '을'의 지점 간 이동정보

자동차	출발		도착	
	지점	시각	지점	시각
갑	A	10:00	B	( )
	B	( )	C	16:00
을	B	12:00	C	16:00
	C	16:00	E	18:00

※ 최초 출발지점에서 최종 도착지점까지 24시간 이내에 이동함을 가정함.

〈조 건〉

- '갑'은 A→B→C, '을'은 B→C→E로 이동하였다.
- A→B는 A지점에서 출발하여 다른 지점을 경유하지 않고 B지점에 도착하는 이동을 의미한다.
- 이동 시 왔던 길은 되돌아갈 수 없다.
- 평균속력은 출발지점부터 도착지점까지의 이동거리를 소요시간으로 나눈 값이다.
- 자동차의 최고속력은 200km/h이다.

① '갑'은 B지점에서 13:00 이전에 출발하였다.

② '갑'이 B지점에서 1시간 이상 머물렀다면 A→B 또는 B→C 구간에서 속력이 120km/h 이상인 적이 있다.

③ '을'의 경우, B→C 구간의 평균속력보다 C→E 구간의 평균속력이 빠르다.

④ B→C 구간의 평균속력은 '갑'이 '을'보다 빠르다.

⑤ B→C→E 구간보다 B→D→E 구간의 거리가 더 짧다.

09. 다음 <표>는 '갑'국의 8개국 대상 해외직구 반입동향을 나타낸 자료이다. 다음 <조건>의 설명에 근거하여 <표>의 A~D에 해당하는 국가를 바르게 나열한 것은? 15 민경채 인 08

〈표〉 '갑'국의 8개국 대상 해외직구 반입동향

(단위: 건, 천 달러)

연도	반입방법 / 국가	목록통관		EDI 수입		전체	
		건수	금액	건수	금액	건수	금액
2013	미국	3,254,813	305,070	5,149,901	474,807	8,404,714	779,877
	중국	119,930	6,162	1,179,373	102,315	1,299,303	108,477
	독일	71,687	3,104	418,403	37,780	490,090	40,884
	영국	82,584	4,893	123,001	24,806	205,585	29,699
	프랑스	172,448	6,385	118,721	20,646	291,169	27,031
	일본	53,055	2,755	138,034	21,028	191,089	23,783
	뉴질랜드	161	4	90,330	4,082	90,491	4,086
	호주	215	14	28,176	2,521	28,391	2,535
2014	미국	5,659,107	526,546	5,753,634	595,206	11,412,741	1,121,752
	(A)	170,683	7,798	1,526,315	156,352	1,696,998	164,150
	독일	170,475	7,662	668,993	72,509	839,468	80,171
	프랑스	231,857	8,483	336,371	47,456	568,228	55,939
	(B)	149,473	7,874	215,602	35,326	365,075	43,200
	(C)	87,396	5,429	131,993	36,963	219,389	42,392
	뉴질랜드	504	16	108,282	5,283	108,786	5,299
	(D)	2,089	92	46,330	3,772	48,419	3,864

〈조 건〉

○ 2014년 중국 대상 해외직구 반입 전체 금액은 같은 해 독일 대상 해외직구 반입 전체 금액의 2배 이상이다.
○ 2014년 영국과 호주 대상 EDI 수입 건수 합은 같은 해 뉴질랜드 대상 EDI 수입 건수의 2배보다 작다.
○ 2014년 호주 대상 해외직구 반입 전체 금액은 2013년 호주 대상 해외직구 반입 전체 금액의 10배 미만이다.
○ 2014년 일본 대상 목록통관 금액은 2013년 일본 대상 목록통관 금액의 2배 이상이다.

	A	B	C	D
①	중국	일본	영국	호주
②	중국	일본	호주	영국
③	중국	영국	일본	호주
④	일본	영국	중국	호주
⑤	일본	중국	호주	영국

10. 다음 <표>는 2022년과 2023년 A 국의 중고차 수출량에 관한 자료이다. <표>와 <조건>을 근거로 판단할 때, 2023년 A 국의 중고차 수출량 기준 상위 10개 수출대상국 중 '갑'국에 해당하는 국가는?

25 7급공채 인 16

〈표〉 2023년 A 국의 중고차 수출량 기준 상위 10개 수출대상국으로의 2022년과 2023년 중고차 수출량

(단위: 대)

순위	수출대상국 \ 연도	2023	2022
1	리비아	150,087	54,826
2	이집트	58,534	37,197
3	튀르키예	48,501	21,689
4	요르단	30,865	40,762
5	키르기스스탄	30,734	13,741
6	아제르바이잔	17,584	7,675
7	아랍에미리트연합	16,777	7,137
8	타지키스탄	15,758	12,000
9	알바니아	13,752	1,811
10	몽골	10,735	5,491
A 국 전체		502,028	303,416

〈조 건〉

○ 2023년 A 국 전체 중고차 수출량에서 '갑'국으로의 중고차 수출량이 차지하는 비중은 10% 이하이다.

○ A 국 전체 중고차 수출량에서 '갑'국으로의 중고차 수출량이 차지하는 비중은 2023년이 2022년보다 크다.

○ 2021년 대비 2022년 A 국에서 '갑'국으로의 중고차 수출량 증가율이 20%라면, 2021년 A 국에서 '갑'국으로의 중고차 수출량은 12,000대 이상이다.

① 리비아

② 요르단

③ 키르기스스탄

④ 타지키스탄

⑤ 튀르키예

11. 다음 <표>는 '갑'시 공공정책 홍보사업에 입찰한 A~F홍보업체의 온라인 홍보매체 운영현황에 관한 자료이다. 이를 근거로 A~F홍보업체 중 <선정방식>에 따라 홍보업체를 고르면?

23 7급공채 인 04

〈표〉 A~F홍보업체의 온라인 홍보매체 운영현황

(단위: 만 명)

구분 / 홍보업체	미디어채널 구독자 수	SNS 팔로워 수	공공정책 홍보경력
A	90	50	유
B	180	0	무
C	50	80	유
D	80	60	무
E	100	40	무
F	60	45	유

〈선정방식〉

- ○ 공공정책 홍보경력이 있는 홍보업체 중 인지도가 가장 높은 1곳과 공공정책 홍보경력이 없는 홍보업체 중 인지도가 가장 높은 1곳을 각각 선정함.
- ○ 홍보업체 인지도=(미디어채널 구독자 수×0.4)+(SNS 팔로워 수×0.6)

① A, D

② A, E

③ B, C

④ B, F

⑤ C, D

12. 다음 <표>는 2022학년도 '갑'대학교 졸업생의 취업 및 진학 현황에 관한 자료이다. 이에 대한 설명으로 옳지 않은 것은?

24 7급공채 사 12

〈표〉 2022학년도 '갑'대학교 졸업생의 취업 및 진학 현황

(단위: 명, %)

구분 계열	졸업생 수	취업자 수	취업률	진학자 수	진학률
A	800	500	( )	60	7.5
B	700	400	57.1	50	7.1
C	500	200	40.0	40	( )
전체	2,000	1,100	55.0	150	7.5

※ 1) 취업률(%) $= \frac{\text{취업자 수}}{\text{졸업생 수}} \times 100$

2) 진학률(%) $= \frac{\text{진학자 수}}{\text{졸업생 수}} \times 100$

3) 진로 미결정 비율(%) = 100 − (취업률 + 진학률)

① 취업률은 A계열이 B계열보다 높다.

② 진로 미결정 비율은 B계열이 C계열보다 낮다.

③ 진학자 수만 계열별로 20%씩 증가한다면, 전체의 진학률은 10% 이상이 된다.

④ 취업자 수만 계열별로 10%씩 증가한다면, 전체의 취업률은 60% 이상이 된다.

⑤ 진학률은 A~C계열 중 C계열이 가장 높다.

13. 다음 <표>는 2022년 '갑'국에서 방영된 드라마 시청점유율 순위에 관한 자료이다. 이에 대한 <보기>의 설명 중 옳은 것만을 모두 고르면? 24 5급공채 나 30

〈표〉 드라마 시청점유율 순위

(단위: %, 분)

순위	드라마	장르	시청점유율	1인당 시청시간	제작사
1	장수왕	사극	39.15	151	정림
2	하늘정원의 비밀	추리	11.10	54	신사제작
3	화성의 빛	SF	9.90	52	신사제작
4	기습	사극	4.20	78	폭풍
5	아이스	로맨스	3.60	89	퍼시픽
6	아프로디테	로맨스	2.90	45	신사제작
7	구름의 언덕	로맨스	2.50	34	퍼시픽
8	나만의 오렌지	로맨스	2.40	30	퍼시픽
9	함께 달리자	로맨스	2.30	26	폭풍
10	메피스토	액션	1.90	37	폭풍
⋮	⋮	⋮	⋮	⋮	⋮

※ 1) 시청점유율(%) = $\frac{\text{전체 시청자의 해당 드라마 시청시간 총합}}{\text{전체 시청자의 드라마 시청시간 총합}} \times 100$

2) 1인당 시청시간(분) = $\frac{\text{전체 시청자의 해당 드라마 시청시간 총합}}{\text{해당 드라마 시청자 수}}$

〈보 기〉

ㄱ. 장르가 '액션'인 드라마 시청점유율의 평균은 2% 이하이다.
ㄴ. 제작사가 '퍼시픽'인 드라마의 시청점유율 총합은 제작사가 '폭풍'인 드라마의 시청점유율 총합보다 높다.
ㄷ. 드라마 수는 21개 이상이다.
ㄹ. 5위 드라마의 시청자 수는 8위 드라마의 시청자 수보다 적다.

① ㄱ, ㄴ
② ㄱ, ㄷ
③ ㄴ, ㄷ
④ ㄴ, ㄹ
⑤ ㄱ, ㄷ, ㄹ

1 자료비교 | 2 자료판단 | 3 자료검토·변환 | 4 자료이해 | 기출 엄선 모의고사

해커스PSAT 7급 PSAT 기본서 자료해석

14. 다음 <표>와 <정보>는 '갑'회사의 승진후보자별 2021~2023년 근무성적점수 및 승진대상자 선정에 관한 자료이다. 이에 대한 <보기>의 설명 중 옳은 것만을 모두 고르면?

24 5급공채 나 16

〈표 1〉 승진후보자별 2021~2023년 근무성적점수

(단위: 점)

승진후보자 \ 연도	2023	2022	2021
정숙	85	65	65
윤호	70	85	75
찬희	75	75	65
상용	80	60	65

〈표 2〉 평가방법별 2021~2023년 가중치

평가방법 \ 연도	2023	2022	2021
A	0.5	0.3	0.2
B	0.6	0.4	0.0
C	1.0	0.0	0.0

※ 평가방법별 가중치 합은 1.0임.

〈정 보〉

○ 평정점수는 2021~2023년 근무성적점수에 해당연도의 가중치를 곱한 값의 합임.
○ 평정점수가 가장 높은 승진후보자만 승진대상자로 선정함.

〈보 기〉

ㄱ. 모든 승진후보자의 평정점수는 평가방법 A를 적용할 때보다 평가방법 B를 적용할 때가 더 높다.
ㄴ. 평가방법 A를 적용할 때와 평가방법 C를 적용할 때의 승진대상자는 같다.
ㄷ. '상용'의 2023년 근무성적점수만 90점으로 변경된다면, 평가방법 A~C 중 어떤 평가방법을 적용하더라도 '상용'이 승진대상자가 된다.

① ㄱ

② ㄷ

③ ㄱ, ㄴ

④ ㄱ, ㄷ

⑤ ㄴ, ㄷ

정답 · 해설 p.296

해커스PSAT **7급 PSAT 기본서** 자료해석

PSAT 교육 1위, 해커스PSAT **psat.Hackers.com**

3 자료검토·변환

출제경향분석

1 자료검토·변환이란?

자료검토·변환은 자료와 함께 보고서를 제시하고 보고서의 내용을 토대로 사용된 자료 및 추가로 이용한 자료를 확인할 수 있는지, 자료로 제시된 표를 그래프로 올바르게 변환할 수 있는지를 평가하기 위한 유형이다.

2 세부 출제 유형

자료검토·변환은 발문에 따라 ① 보고서 검토·확인형, ② 표-차트 변환형 총 2가지 세부 유형으로 출제된다.

보고서 검토·확인형	보고서 작성을 위해 추가로 필요한 자료가 있는지 검토하거나 보고서 작성 시 사용된 자료가 있는지 표나 그림을 통해 확인하는 유형
표-차트 변환형	1~3개 내외로 주어진 표를 그래프로 변환하였을 때 올바르지 않게 변환한 그래프를 찾아내는 유형

3 출제 경향

1. 자료검토·변환은 2025년 7급 공채 PSAT에서 25문제 중 2문제가 출제되었다. 2024년에 4문제, 2023년에 2문제, 2022년에 1문제, 2021년에 2문제, 2020년 모의평가에 2문제가 출제되었다. 2025년에는 추필자(추가로 필요한 자료를 찾는 능력)와 표차변(표-차트 변환형)이 출제되지 않았다는 점이 특징이다.

2. 자료검토·변환 중 보고서 검토·확인형은 자료해석 전체 유형을 통틀어서 가장 난도가 낮다. 반면 표-차트 변환형은 자료해석에서 난도가 높은 유형 중 하나이다. 따라서 보고서 검토·확인형은 반드시 맞히도록 대비하고, 표-차트 변환형은 시간을 고려하여 전략적으로 접근할 수 있어야 한다.

4 대비 전략

보고서의 전반적인 내용을 이해하기보다는 제시된 보고서와 선택지나 <보기>에서 제시되는 자료가 서로 매칭되는지를 중점적으로 검토하는 연습이 필요하다.

1. 보고서를 해석하기 위해 자료의 제목, 선택지나 <보기>에서 요구하는 항목을 키워드로 체크하여 이를 중심으로 흐름을 연결하는 연습을 한다.
2. 제시된 자료를 토대로 보고서를 작성할 때 추가로 필요한 자료인지 판단하기 위해 자료가 보고서에서 도출될 가능성이 있는지를 중점적으로 검토하는 연습을 한다.
3. 제시된 자료를 토대로 보고서를 작성할 때 보고서에서 사용된 자료가 있는지를 판단하기 위해 선택지나 <보기>의 키워드를 중심으로 보고서의 내용과 매칭하는 연습을 한다.
4. 표를 그래프로 변환하는 문제의 경우 문제 풀이에 시간 소요가 크므로 실전에서는 후순위로 풀이하되, 학습할 때는 판단이 용이한 선택지나 <보기>를 먼저 풀이하는 연습을 한다.

유형 8 보고서 검토·확인형

유형 소개

'보고서 검토·확인형'은 보고서를 작성하기 위해 추가로 필요한 자료가 있는지 검토하거나 보고서 작성 시 사용된 자료가 있는지 표나 그래프를 통해 확인하는 유형이다.

유형 특징

이 유형은 보고서만 제시되거나 1~2개 내외의 자료와 보고서가 함께 제시된다. 이때 보고서의 형태로 많은 양의 내용이 제시되지만, 구체적인 수치를 도출하는 것이 아니라, 자료의 내용과 선택지나 <보기>의 키워드를 확인하여 추가로 필요한 자료가 무엇인지, 사용된 자료가 무엇인지 등을 판단한다는 특징이 있다. 대표적인 발문의 형태는 다음과 같다.

- 제시된 <표> 이외에 추가로 이용한 자료를 <보기>에서 모두 고르면?
- 다음 중 <보고서>의 작성에 사용되지 않은 자료는?
- <보고서>의 내용을 작성하는 데 직접적인 근거로 활용되지 않은 자료는?
- <보고서>를 작성하는 데 활용되지 않은 자료는?

출제 경향

- '보고서 검토·확인형'은 2025년 7급 공채 PSAT에서 25문제 중 2문제가 출제되었고, 2024년에는 3문제, 2023년과 2022년, 2021년에는 1문제, 2020년 모의평가에서도 1문제가 출제되었다. 5급 공채나 민간경력자 PSAT에서도 꾸준히 1~3문제가 출제되고 있다.
- 제시되는 자료의 양과 보고서의 정보량에 비해 난도가 높지 않아 '하' 또는 '중'의 난도를 보인다.

문제풀이 핵심 전략

STEP 1 | 제시된 자료의 제목과 선택지나 <보기>의 키워드를 체크한다.

√ 자료의 제목과 선택지나 <보기>에서 유사한 키워드가 제시되는 경우 공통적인 부분을 제외하고 차이가 나는 부분에 동그라미나 밑줄 등으로 표시한다.

√ 자료의 제목과 선택지나 <보기>에서 시점을 언급하는 키워드는 반드시 시작 시점과 종료 시점을 체크한다.

STEP 2 | 선택지나 <보기>의 키워드가 보고서에 포함되어 있는지 확인한다.

√ 추가로 필요한 자료를 찾는 문제의 경우, 제시된 자료의 내용이 보고서에 포함되지 않아 도출될 가능성이 없는 내용 또는 보고서에 처음 등장한 내용이 선택지나 <보기>의 키워드로 제시되어 있는지 확인한다.

√ 보고서 작성 시 사용된 자료가 있는지 표나 그래프를 통해 파악하는 문제의 경우, 선택지나 <보기>의 키워드가 보고서에 포함되어 있는지 확인한다.

김용훈쌤의 응급처방

추가로 필요한 자료를 파악하기 어려운 경우

· 제시된 자료와 보고서에서 추가로 필요한 자료를 파악하기 어려운 경우, 제시된 자료는 제외하고 보고서의 내용만 활용하여 선택지나 <보기>의 키워드와 비교하면서 답을 도출할 수 있다.

문제풀이 핵심 전략 적용

기출 예제

윤 사무관은 <표>를 비롯한 몇 가지 자료를 이용하여 세계 에너지 수요에 관한 <보고서>를 작성하였다. 제시된 <표> 이외에 추가로 이용한 자료를 <보기>에서 모두 고르면?

11 민경채 경 19

〈표〉 세계 에너지 수요 현황 및 전망

(단위: QBtu, %)

지역 \ 연도		현황 1990	현황 2000	현황 2010	전망 2015	전망 2025	전망 2035	연평균 증가율 (2015 ~2035)
OECD	북미	101	120	121	126	138	149	0.9
	유럽	70	81	81	84	89	92	0.5
	아시아/오세아니아	27	37	38	39	43	45	0.8
		198	238	240	249	270	286	0.7
비OECD	유럽	67	50	51	55	63	69	1.3
	아시아/오세아니아	58	122	133	163	222	277	3.5
	아프리카	10	14	14	17	21	24	2.1
	중남미	15	23	23	28	33	38	1.8
		150	209	221	263	339	408	2.8
전체		348	447	461	512	609	694	1.8

〈보고서〉

전 세계 에너지 수요는 2010년 461QBtu(Quadrillion British thermal units)에서 2035년 694QBtu로 50% 이상 증가할 것으로 전망된다. 이 기간 동안 국제 유가와 천연가스 가격 상승이 예측되어 장기적으로 에너지 수요를 다소 둔화시키는 요인으로 작용하겠으나, 비OECD 국가들의 높은 경제성장률과 인구증가율로 인해 세계 에너지 수요 증가율은 높은 수준을 유지할 것이다.

OECD 국가들의 에너지 수요는 2015~2035년 기간 중 연평균 0.7%씩 증가할 것으로 전망되어 2035년에는 2010년 수준에 비해 19.2% 늘어날 것으로 예상된다. 반면, 같은 기간 비OECD 국가들의 에너지 수요는 연평균 2.8%씩 증가하여 2035년에는 2010년 수준에 비해 84.6%나 늘어날 것으로 예상된다.

비OECD 국가들 중에서도 중국과 인도의 경제성장률이 가장 높게 전망되고 있으며, 두 국가의 2035년 에너지 수요는 2010년 수준보다 두 배 이상으로 증가하여 전 세계 에너지 수요의 25%를 점유할 것으로 예측되고 있다. 한편 전 세계에서 미국의 에너지 수요가 차지하는 비중은 2010년 22%에서 2035년 17%로 줄어들 것으로 보인다.

〈보 기〉

ㄱ. 1990~2035년 국제 유가와 천연가스 가격 현황 및 전망
ㄴ. 1990~2035년 국가별 경제성장률 현황 및 전망
ㄷ. 1990~2035년 국가별 인구증가율 현황 및 전망
ㄹ. 1990~2035년 국가별 에너지 생산 현황 및 전망

① ㄱ, ㄴ

② ㄱ, ㄹ

③ ㄷ, ㄹ

④ ㄱ, ㄴ, ㄷ

⑤ ㄴ, ㄷ, ㄹ

STEP 1

제시된 자료의 제목과 각 <보기>의 키워드를 체크한다. 자료의 제목은 '세계 에너지 수요 현황 및 전망'이고, <보기>의 키워드는 '국제 유가와 천연가스 가격', '국가별 경제성장률'과 '국가별 인구증가율', '국가별 에너지 생산'이다. 자료의 제목과 차이가 있는 부분을 키워드로 체크하여 <보고서>를 검토한다.

STEP 2

<보기>에서 체크한 키워드와 <보고서>의 내용을 비교한다. 이때 <표>에 제시되지 않아 <보고서>의 내용이 도출될 가능성이 없거나 <보고서>에 처음 등장한 내용이 있는지 검토하여 추가로 이용한 자료를 파악한다.

ㄱ. <보고서>의 첫 번째 단락에서 이 기간 동안 국제 유가와 천연가스 가격 상승이 예측되어 장기적으로 에너지 수요를 다소 둔화시키는 요인으로 작용한다고 했으므로 '1990~2035년 국제 유가와 천연가스 가격 현황 및 전망'은 제시된 <표> 이외에 추가로 이용한 자료이다.

ㄴ, ㄷ. <보고서>의 첫 번째 단락에서 비OECD 국가들의 높은 경제성장률과 인구증가율로 인해 세계 에너지 수요 증가율은 높은 수준을 유지할 것이라고 했으므로 '1990~2035년 국가별 경제성장률 현황 및 전망'과 '1990~2035년 국가별 인구증가율 현황 및 전망'은 제시된 <표> 이외에 추가로 이용한 자료이다.

나머지 <보기>를 살펴보면 다음과 같다.

ㄹ. '1990~2035년 국가별 에너지 생산 현황 및 전망'은 제시된 <보고서>에서 제시되지 않은 내용이므로 <표> 이외에 추가로 이용한 자료가 아니다.

따라서 정답은 ④이다.

유형공략문제

문제 풀이 후 확인하기

실력 UP 포인트

1. <표 1>과 <표 2>의 제목에서 차이가 있는 키워드는 무엇인가?

2. <표 2>에서 2005년 1~3위인 세무서는 2006~2010년에도 3위 이내인가?

01. 다음 <표>를 이용하여 <보고서>를 작성하였다. 제시된 <표> 이외에 <보고서>를 작성하기 위해 추가로 필요한 자료만을 <보기>에서 모두 고르면? 13 민경채 인 20

〈표 1〉 연도별 세수 상위 세무서

(단위: 억 원)

구분	1위		2위		3위	
	세무서	세수	세무서	세수	세무서	세수
2005년	남대문	70,314	울산	70,017	영등포	62,982
2006년	남대문	83,158	영등포	74,291	울산	62,414
2007년	남대문	105,637	영등포	104,562	울산	70,281
2008년	남대문	107,933	영등포	88,417	울산	70,332
2009년	남대문	104,169	영등포	86,193	울산	64,911

〈표 2〉 연도별 세수 하위 세무서

(단위: 억 원)

구분	1위		2위		3위	
	세무서	세수	세무서	세수	세무서	세수
2005년	영주	346	영덕	354	홍성	369
2006년	영주	343	영덕	385	홍성	477
2007년	영주	194	영덕	416	거창	549
2008년	영주	13	해남	136	영덕	429
2009년	해남	166	영덕	508	홍성	540

<보고서>

2009년 세수 1위 세무서는 10조 4,169억 원(국세청 세입의 약 7%)을 거두어들인 남대문세무서이다. 한편, 2위와 3위는 각각 영등포세무서(8조 6,193억 원), 울산세무서(6조 4,911억 원)로 2006년 이후 순위변동이 없었다.

2009년 세수 최하위 세무서는 해남세무서(166억 원)로 남대문세무서 세수 규모의 0.2%에도 못 미치는 수준인 것으로 나타났다. 서울지역에서는 도봉세무서의 세수 규모가 2,862억 원으로 가장 적은 것으로 나타났다.

국세청 세입은 1966년 국세청 개청 당시 700억 원에서 2009년 154조 3,305억 원으로 약 2,200배 증가하였으며, 전국 세무서 수는 1966년 77개에서 1997년 136개로 증가하였다가 2009년 107개로 감소하였다.

<보 기>

ㄱ. 1966~2009년 연도별 국세청 세입액
ㄴ. 2009년 국세청 세입총액의 세원별 구성비
ㄷ. 2009년 서울 소재 세무서별 세수 규모
ㄹ. 1966~2009년 연도별 전국 세무서 수

① ㄱ, ㄴ
② ㄱ, ㄹ
③ ㄴ, ㄷ
④ ㄱ, ㄷ, ㄹ
⑤ ㄴ, ㄷ, ㄹ

[정답]

1. <표 1>: 상위
<표 2>: 하위
2. 그렇지 않다.
2005년 하위 1~3위인 세무서는 영주, 영덕, 홍성이지만 2007년 상위 1~3위인 세무서는 영주, 영덕, 거창이다.

문제 풀이 후 확인하기

실력 UP 포인트

1. <보고서>는 총 몇 개의 단락으로 구성되어 있는가?

2. 우리나라와 다른 국가를 비교하는 내용이 담긴 단락은 무엇인가?

02. 다음 <보고서>는 자동차 오염물질 및 배출가스 관리여건에 관한 것이다. <보고서>를 작성하는 데 활용되지 않은 자료는?

14 민경채 A 16

〈보고서〉

우리나라는 국토면적에 비해 자동차 수가 많아 자동차 배기오염물질 관리에 많은 어려움이 있다. 국내 자동차 등록대수는 매년 꾸준히 증가하여 2008년 1,732만 대를 넘어섰다. 운송수단별 수송분담률에서도 자동차가 차지하는 비중은 2008년 75% 이상이다. 한편 2008년 자동차 1대당 인구는 2.9명으로 미국에 비해 2배 이상이다.

국내 자동차 등록현황을 사용 연료별로 살펴보면 휘발유 차량이 가장 많고 다음으로 경유, LPG 차량 순이다. 최근 국내 휘발유 가격대비 경유 가격이 상승하였다. 그 여파로 국내에서 경유 차량의 신규 등록이 휘발유 차량에 비해 줄어드는 추세를 보이고 있다. 이런 추세는 OECD 선진국에서 경유 차량이 일반화되는 현상과 대비된다.

자동차 등록대수의 빠른 증가는 대기오염은 물론이고 지구온난화를 야기하는 자동차 배기가스 배출량에 큰 영향을 미치고 있다. 2007년 기준으로 국내 대기오염물질 배출량 중 자동차 배기가스가 차지하는 비중은 일산화탄소(CO) 67.5%, 질소산화물(NO_x) 41.7%, 미세먼지(PM_{10}) 23.5%이다. 특히 질소산화물은 태양광선에 의해 광화학반응을 일으켜 오존을 발생시키고 호흡기질환 등을 유발하므로 이에 대한 저감 대책이 필요하다.

① 연도별 국내 자동차 등록현황

(단위: 천 대)

연도	2002	2003	2004	2005	2006	2007	2008
등록대수	14,586	14,934	15,397	15,895	16,428	16,794	17,325

② 2007년 국내 주요 대기오염물질 배출량

(단위: 천 톤/년)

구분	배출량	자동차 배기가스(비중)
일산화탄소(CO)	809	546(67.5%)
질소산화물(NO_x)	1,188	495(41.7%)
이산화황(SO_2)	403	1(0.2%)
미세먼지(PM_{10})	98	23(23.5%)
휘발성유기화합물(VOC_s)	875	95(10.9%)
암모니아(NH_3)	309	10(3.2%)
계	3,682	1,170(31.8%)

③ 2008년 국내 운송수단별 수송분담률

(단위: 백만 명, %)

구분	자동차	지하철	철도	항공	해운	합
수송인구	9,798	2,142	1,020	16	14	12,990
수송분담률	75.4	16.5	7.9	0.1	0.1	100.0

④ 2008년 OECD 국가의 자동차 연료별 상대가격

(휘발유 기준)

구분	휘발유	경유	LPG
OECD 회원국 전체	100	86	45
OECD 선진국	100	85	42
OECD 비선진국	100	87	54
OECD 산유국	100	86	50
OECD 비산유국	100	85	31

⑤ 2008년 국가별 자동차 1대당 인구

(단위: 명)

국가	한국	일본	미국	독일	프랑스
자동차 1대당 인구	2.9	1.7	1.2	1.9	1.7

[정답]

1. 3개
2. 첫 번째 단락과 두 번째 단락
   첫 번째 단락에서는 우리나라와 미국을 비교하는 내용이 제시되어 있고, 두 번째 단락에서는 국내의 경유 차량과 OECD 선진국 경유 차량을 비교하는 내용이 제시되어 있다.

실력 UP 포인트
문제 풀이 후 확인하기

1. <보고서>는 총 몇 개의 단락으로 구성되어 있는가?

2. 선택지 중 같은 단락의 내용으로 파악할 수 있는 선택지는 무엇인가?

03. 다음은 2011~2014년 주택건설 인허가 실적에 대한 <보고서>이다. <보고서>의 내용을 작성하는 데 직접적인 근거로 활용되지 않은 자료는?

15 민경채 인 21

〈보고서〉

○ 2014년 주택건설 인허가 실적은 전국 51.5만 호(수도권 24.2만 호, 지방 27.3만 호)로 2013년(44.1만 호) 대비 16.8% 증가하였다. 이는 당초 계획(37.4만 호)에 비하여 증가한 것이지만, 2014년의 인허가 실적은 2011년 55.0만 호, 2012년 58.6만 호, 2013년 44.1만 호 등 3년평균(2011~2013년, 52.6만 호)에 미치지 못하였다.

○ 2014년 아파트의 인허가 실적(34.8만 호)은 2013년 대비 24.7% 증가하였다. 아파트 외 주택의 인허가 실적(16.7만 호)은 2013년 대비 3.1% 증가하였으나, 2013년부터 도시형생활주택 인허가 실적이 감소하면서 3년평균(2011~2013년, 18.9만 호) 대비 11.6% 감소하였다.

○ 2014년 공공부문의 인허가 실적(6.3만 호)은 일부 분양물량의 수급 조절에 따라 2013년 대비 21.3% 감소하였으며, 3년평균(2011~2013년, 10.2만 호) 대비로는 38.2% 감소하였다. 민간부문(45.2만 호)은 2013년 대비 25.2% 증가하였으며, 3년평균(2011~2013년, 42.4만 호) 대비 6.6% 증가하였다.

○ 2014년의 소형(60m² 이하), 중형(60m² 초과 85m² 이하), 대형(85m² 초과) 주택건설 인허가 실적은 2013년 대비 각각 1.2%, 36.4%, 4.9% 증가하였고, 2014년 85m² 이하 주택건설 인허가 실적의 비중은 2014년 전체 주택건설 인허가 실적의 약 83.5%이었다.

① 지역별 주택건설 인허가 실적 및 증감률

(단위: 만 호, %)

구분	2013년	3년평균 (2011~2013)	2014년		
				전년대비 증감률	3년평균 대비 증감률
전국	44.1	52.6	51.5	16.8	−2.1
수도권	19.3	24.5	24.2	25.4	−1.2
지방	24.8	28.1	27.3	10.1	−2.8

② 2011~2013년 지역별 주택건설 인허가 실적

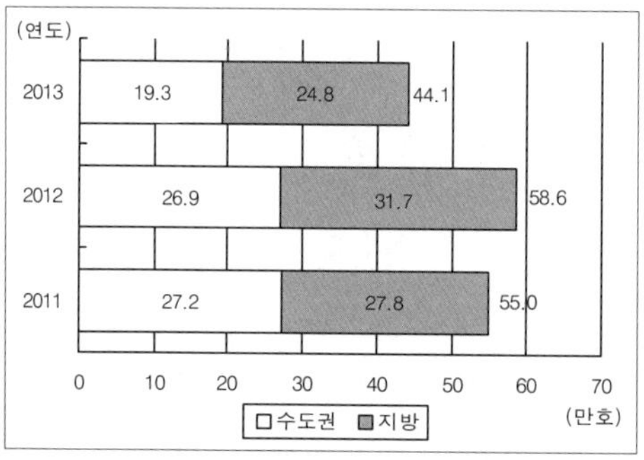

③ 공공임대주택 공급 실적 및 증감률

(단위: 만 호, %)

구분	2013년	3년평균 (2011~2013)	2014년		
				전년대비 증감률	3년평균 대비 증감률
영구·국민	2.7	2.3	2.6	−3.7	13.0
공공	3.1	2.9	3.6	16.1	24.1
매입·전세	3.8	3.4	3.4	−10.5	0.0

④ 유형별 주택건설 인허가 실적 및 증감률

(단위: 만 호, %)

구분	2013년	3년평균 (2011~2013)	2014년		
				전년대비 증감률	3년평균 대비 증감률
아파트	27.9	33.7	34.8	24.7	3.3
아파트 외	16.2	18.9	16.7	3.1	−11.6

⑤ 건설 주체별·규모별 주택건설 인허가 실적 및 증감률

(단위: 만 호, %)

구분		2013년	3년평균 (2011~2013)	2014년		
					전년대비 증감률	3년평균 대비 증감률
건설주체	공공부문	8.0	10.2	6.3	−21.3	−38.2
	민간부문	36.1	42.4	45.2	25.2	6.6
규모	$60m^2$ 이하	17.3	21.3	17.5	1.2	−17.8
	$60m^2$ 초과 $85m^2$ 이하	18.7	21.7	25.5	36.4	17.5
	$85m^2$ 초과	8.1	9.6	8.5	4.9	−11.5

[정답]

1. 4개

2. ①, ②

첫 번째 단락의 내용으로 ①, ②의 내용을 파악할 수 있다.

문제 풀이 후 확인하기

실력 UP 포인트

1. <표>에 제시된 연도는 무엇인가?

2. <표>에서 지역별 안전체험관 규모별 현황을 파악할 수 있는가?

04. 다음 <표>와 <보고서>는 2019년 전국 안전체험관과 생활안전에 관한 자료이다. 제시된 <표> 이외에 <보고서>를 작성하기 위해 추가로 이용한 자료만을 <보기>에서 모두 고르면?

21 7급공채 나 01

〈표〉 2019년 전국 안전체험관 규모별 현황

(단위: 개소)

전체	대형		중형		소형
	일반	특성화	일반	특성화	
473	25	7	5	2	434

〈보고서〉

2019년 생활안전 통계에 따르면 전국 473개소의 안전체험관이 운영 중인 것으로 확인되었다. 전국 안전체험관을 규모별로 살펴보면, 대형이 32개소, 중형이 7개소, 소형이 434개소였다. 이 중 대형 안전체험관은 서울이 가장 많고 경북, 충남이 그 뒤를 이었다.

전국 안전사고 사망자 수는 2015년 이후 매년 감소하다가 2018년에는 증가하였다. 교통사고 사망자 수는 2015년 이후 매년 줄어들었고, 특히 2018년에 전년 대비 11.2% 감소하였다.

2019년 분야별 지역안전지수 1등급 지역을 살펴보면 교통사고 분야는 서울, 경기, 화재 분야는 광주, 생활안전 분야는 경기, 부산으로 나타났다.

<보 기>

ㄱ. 연도별 전국 교통사고 사망자 수

(단위: 명)

연도	2015	2016	2017	2018
사망자 수	4,380	4,019	3,973	3,529

ㄴ. 분야별 지역안전지수 4년 연속(2015~2018년) 1등급, 5등급 지역(시·도)

분야 / 등급	교통사고	화재	범죄	생활안전	자살
1등급	서울, 경기	–	세종	경기	경기
5등급	전남	세종	제주	제주	부산

ㄷ. 연도별 전국 안전사고 사망자 수

(단위: 명)

연도	2015	2016	2017	2018
사망자 수	31,582	30,944	29,545	31,111

ㄹ. 2018년 지역별 안전체험관 수

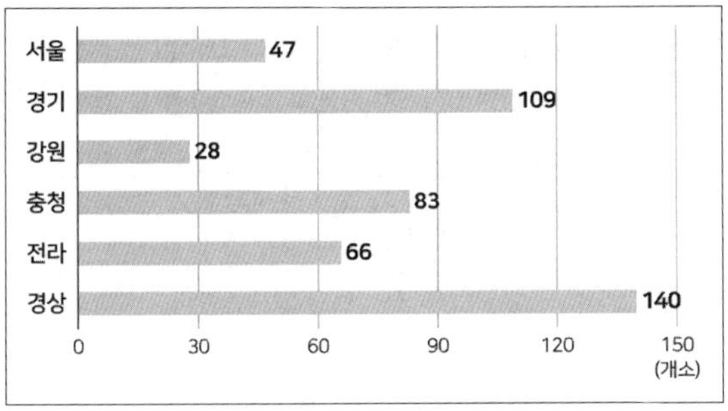

① ㄱ, ㄴ

② ㄱ, ㄷ

③ ㄴ, ㄹ

④ ㄱ, ㄷ, ㄹ

⑤ ㄴ, ㄷ, ㄹ

정답 · 해설 p.302

[정답]

1. 2019년이다.

2. 그렇지 않다.
   전국 단위의 안전체험관 규모별 현황만 제시되어 있으므로 지역별 현황은 파악할 수 없다.

유형 9 표-차트 변환형

유형 소개

'표-차트 변환형'은 표가 1~3개 내외로 제시되고, 제시된 자료를 그래프로 나타내었을 때 옳지 않게 변환한 자료를 판단하는 유형이다.

유형 특징

이 유형은 선택지나 <보기>에서 그래프가 제시되기 때문에 전반적으로 많은 분량이 제시된다. 선택지나 <보기>는 막대 그래프, 꺾은선 그래프, 원 그래프 형태의 실수 자료 또는 비율 자료가 제시된다. 이때 표의 내용을 비율로 재구성한 선택지나 <보기>가 많다면 계산에 많은 시간이 소요된다. 대표적인 발문의 형태는 다음과 같다.

- 이에 근거하여 정리한 것 중 옳지 않은 것은?
- 이 <표>를 이용하여 작성한 그래프로 옳지 않은 것은?
- 이를 이용하여 작성한 그래프로 옳지 않은 것은?

출제 경향

- '표-차트 변환형'은 2025년 7급 공채 PSAT에서 출제되지는 않았지만, 2024년에는 1문제, 2023년에도 1문제가 출제되었다. 2022년에는 출제되지 않았지만, 2021년과 2020년 모의평가에서는 각각 1문제가 출제되었다.
- 표를 토대로 변환한 그래프의 정보가 일치하는지 비교하는 문제이므로 자료해석에서 가장 난도가 높다. 특히 주어진 표를 비율 그래프로 변환한 자료가 많을수록 난도가 높아질 수 있다.

문제풀이 핵심 전략

STEP 1 | 제시된 표의 제목·단위와 선택지나 <보기>에서 제시되는 그래프의 제목·단위를 비교한다.

√ 제시된 표가 실수 자료이고, 선택지나 <보기>의 그래프 단위가 '%'라면 표를 재구성한 비율 자료임을 확인한다.

√ 제시된 표가 비율 자료이고, 선택지나 <보기>의 그래프 단위가 '%'라면 표의 수치를 그대로 나타낸 자료일 확률이 높다.

STEP 2 | 제시된 표의 단위와 그래프의 단위가 동일한 선택지나 <보기>부터 풀이하고, 제시된 표의 수치를 재구성한 자료 중 계산이 많은 선택지나 <보기>를 후순위로 풀이한다.

√ 표의 단위와 그래프의 단위가 동일한 선택지나 <보기> 중 표의 수치를 그대로 나타내거나 단순 합 또는 차를 표시하여 단순 계산이 필요한 그래프를 먼저 풀이한다.

√ 비율을 재구성한 비율 자료 또는 계산이 복잡한 선택지나 <보기> 중에서는 수치 파악이 쉬운 선택지나 <보기>를 먼저 풀이한다.

김용훈쌤의 응급처방

표-차트 변환형에서 제시되는 자료가 많은 경우

· 파악해야 할 자료가 많아 문제 풀이에 시간이 오래 소요될 경우에는 오히려 비율을 재구성한 선택지나 <보기>를 먼저 검토한다면 확률적으로 정답을 빠르게 도출할 수 있다.

문제풀이 핵심 전략 적용

기출 예제

다음 <표>는 성별에 따른 2008년도 국가별 암 발생률에 대한 자료이다. 이에 근거하여 정리한 것 중 옳지 않은 것은?

11 민경채 경 03

〈표 1〉 국가별 암 발생률(남자)

(단위: 명)

한국		일본		미국		영국	
위	63.8	위	46.8	전립선	83.8	전립선	62.1
폐	46.9	대장	41.7	폐	49.5	폐	41.6
대장	45.9	폐	38.7	대장	34.1	대장	36.2
간	38.9	전립선	22.7	방광	21.1	방광	13.0
전립선	23.0	간	17.6	림프종	16.3	림프종	12.0
기타	95.7	기타	79.8	기타	130.2	기타	115.9
계	314.2	계	247.3	계	335.0	계	280.8

※ 암 발생률: 특정기간 동안 해당 집단의 인구 10만 명당 새롭게 발생한 암 환자 수

〈표 2〉 국가별 암 발생률(여자)

(단위: 명)

한국		일본		미국		영국	
갑상선	68.6	유방	42.7	유방	76.0	유방	87.9
유방	36.8	대장	22.8	폐	36.2	대장	23.7
위	24.9	위	18.2	대장	25.0	폐	23.5
대장	24.7	폐	13.3	자궁 체부	16.5	난소	12.8
폐	13.9	자궁 경부	9.8	갑상선	15.1	자궁 체부	11.1
기타	72.7	기타	60.8	기타	105.6	기타	90.5
계	241.6	계	167.6	계	274.4	계	249.5

① 성별에 따른 국가별 암 발생률의 계

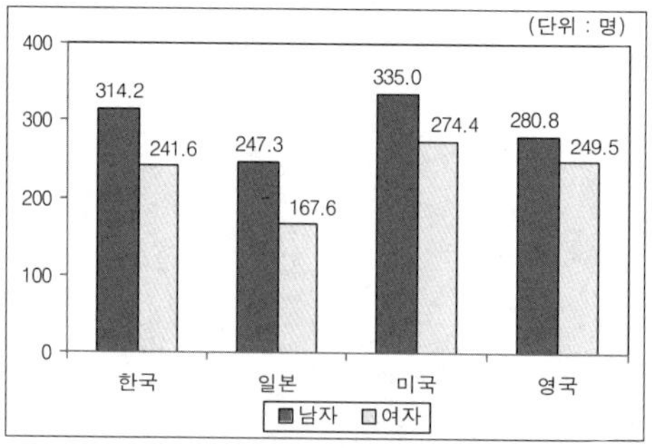

② 국가별 여성 유방암 발생자 수

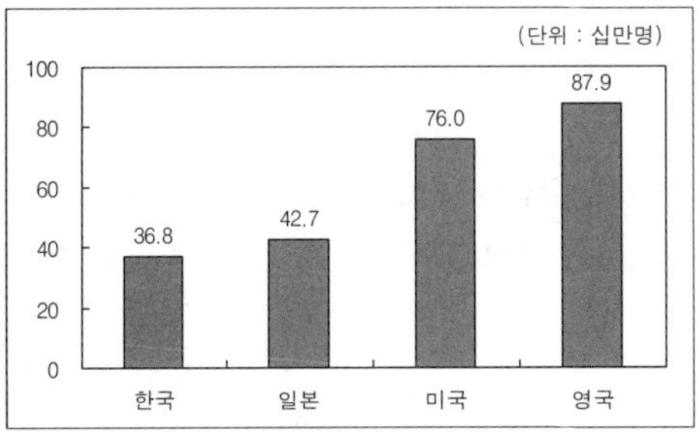

③ 한국의 성별 암 발생률

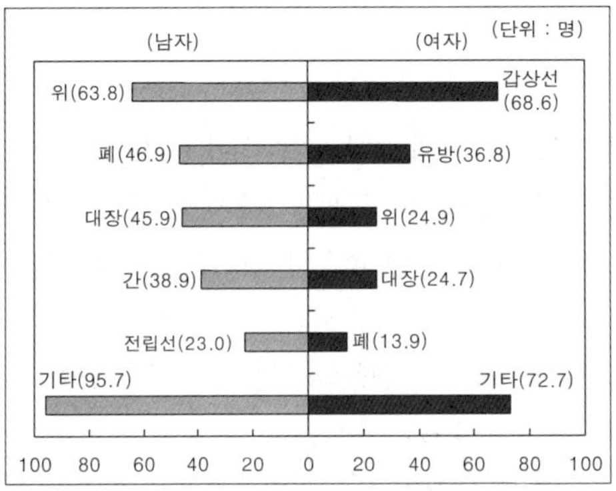

④ 한국과 일본의 암 발생률(남자)

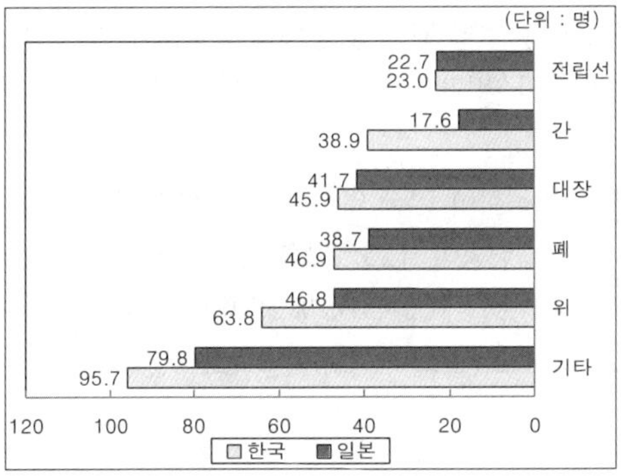

⑤ 한국 여성의 암 발생률의 구성비

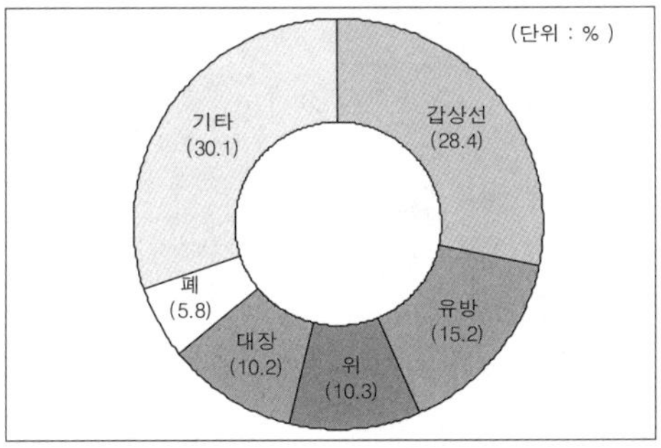

STEP 1

<표>의 제목·단위와 <보기>에 제시된 각 자료의 제목·단위를 체크하여 비교한다. <표>의 제목과 단위는 암 발생률, '명'이고, 이는 ①, ③, ④와 동일하다. 반면 ②, ⑤의 제목과 단위는 각각 발생자 수와 '십만 명', 구성비와 '%'로 <표>와 다르다.

STEP 2

①, ③, ④는 모두 <표>의 수치가 그대로 적용된 선택지이므로 먼저 확인한다.

① <표 1>과 <표 2>의 성별에 따른 국가별 암 발생률의 계와 그래프의 수치가 동일하므로 옳다.

③ <표 1>과 <표 2>의 한국의 성별 암 발생률의 항목별 수치와 그래프의 수치가 동일하므로 옳다.

④ <표 1>과 <표 2>의 한국과 일본의 남자 암 발생률의 항목별 수치와 그래프의 수치가 동일하므로 옳다.

다음으로 ②와 ⑤ 중 한국 여자의 암 발생률 합계인 241.6명을 활용하여 암의 종류별 구성비를 재구성한 ⑤는 계산 소요가 크므로 ②를 확인한 후 마지막으로 검토한다.

② <표 2>는 암 발생률 현황을 제시하고 있고, 그래프는 '국가별 여성 유방암 발생자 수'를 제시하고 있다. 이때 각주에서 암 발생률은 '특정기간 동안 해당 집단의 인구 10만 명당 새롭게 발생한 암 환자 수'라고 정의하고 있으므로 제시된 자료만으로는 암 발생자 수를 판단할 수 없음을 알 수 있다. 또한 그래프의 단위는 '십만 명'으로 <표 2>의 단위인 '명'과 다르나 <표 2>의 수치를 그대로 사용하고 있으므로 옳지 않다.

⑤ <표 2>의 한국 여성의 암 발생률의 수치를 활용하여 한국 여성의 암 발생률의 구성비를 구하면 갑상선이 (68.6/241.6)×100≒28.4%, 유방이 (36.8/241.6)×100≒15.2%, 위가 (24.9/241.6)×100≒10.3%, 대장이 (24.7/241.6)×100≒10.2%, 폐가 (13.9/241.6)×100≒5.8%, 기타가 (72.7/241.6)×100≒30.1%로 그래프의 수치와 동일하므로 옳다.

따라서 정답은 ②이다.

유형공략문제

문제 풀이 후 확인하기

실력 UP 포인트

1. <표>의 단위와 동일한 선택지는 몇 개인가?

2. ⑤의 항목이 제시되는 순서와 <표>의 항목이 제시되는 순서는 동일한가?

01. 다음 <표>는 2007~2009년 방송사 A~D의 방송심의규정 위반에 따른 제재 현황을 나타낸 것이다. 이 <표>를 이용하여 작성한 그래프로 옳지 않은 것은? 12 민경채 인 11

〈표〉 방송사별 제재 건수

(단위: 건)

연도 / 제재 / 방송사	2007		2008		2009	
	법정제재	권고	법정제재	권고	법정제재	권고
A	21	1	12	36	5	15
B	25	3	13	29	20	20
C	12	1	8	25	14	20
D	32	1	14	30	24	34
전체	90	6	47	120	63	89

※ 제재는 법정제재와 권고로 구분됨.

① 방송사별 법정제재 건수 변화

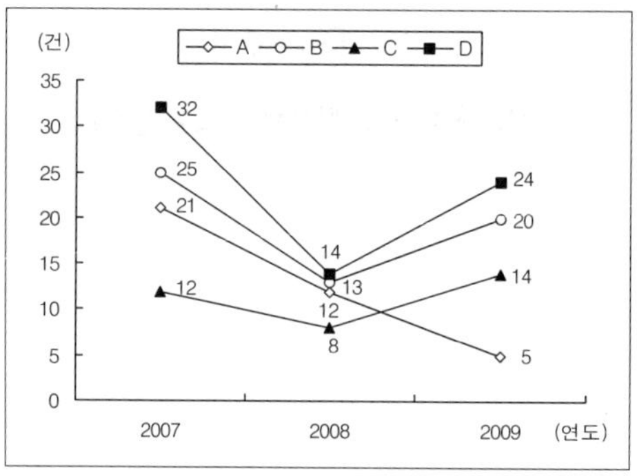

② 연도별 방송사 전체의 법정제재 및 권고 건수

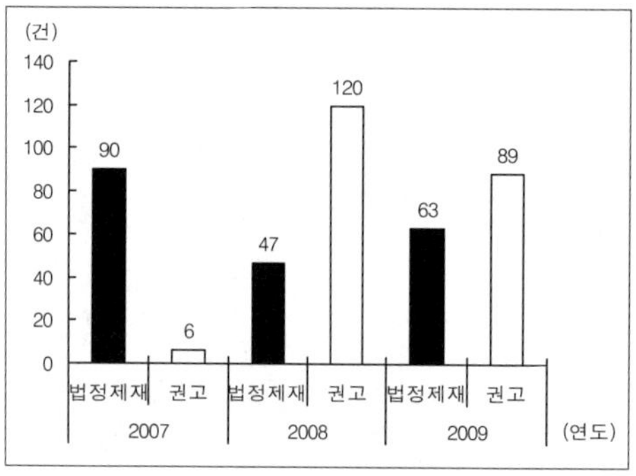

③ 2007년 법정제재 건수의 방송사별 구성비

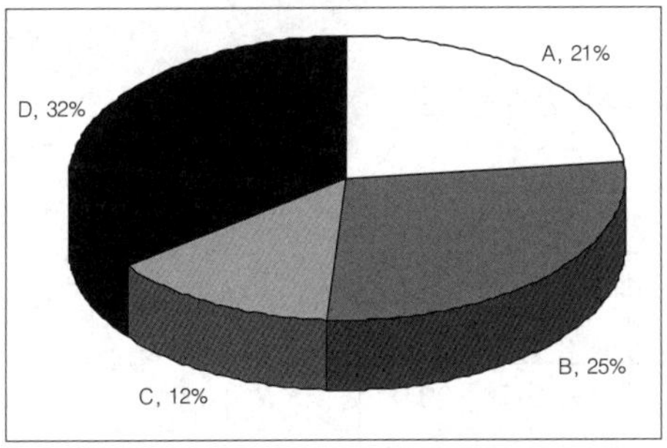

④ 2008년 방송사별 법정제재 및 권고 건수

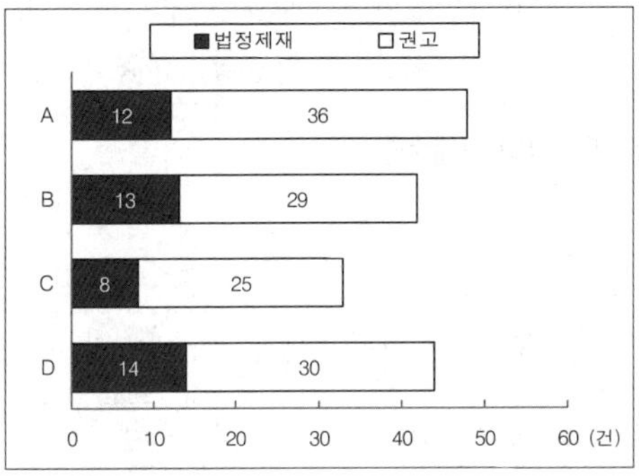

⑤ 2008년과 2009년 방송사별 권고 건수

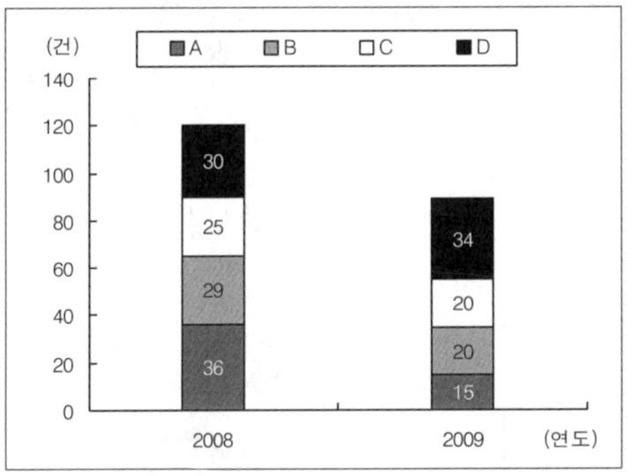

[정답]

1. 4개

①, ②, ④, ⑤의 단위가 '건'으로 <표>의 단위와 동일하다.

2. 동일하지 않다.

<표>는 방송사 항목 순서가 위에서부터 아래로 A, B, C, D 순서지만 ⑤는 아래에서부터 위로 A, B, C, D 순서이다.

문제 풀이 후 확인하기

실력 UP 포인트

1. <표 1>에 제시된 흡연율은 실수인가, 비율인가?

2. 선택지 중 흡연율 또는 기대수명을 성별로 분류하지 않은 선택지는 무엇인가?

02. 다음 <표>는 4개 국가의 여성과 남성의 흡연율과 기대수명에 대한 자료이다. 이를 이용하여 작성한 그래프로 옳지 않은 것은? 13 민경채 인 22

〈표 1〉 여성과 남성의 흡연율

(단위: %)

연도 / 성별 / 국가	1980		1990		2000		2010	
	여성	남성	여성	남성	여성	남성	여성	남성
덴마크	44.0	57.0	42.0	47.0	29.0	33.5	20.0	20.0
일본	14.4	54.3	9.7	53.1	11.5	47.4	8.4	32.2
영국	37.0	42.0	30.0	31.0	26.0	28.0	20.7	22.3
미국	29.3	37.4	22.8	28.4	17.3	21.2	13.6	16.7

〈표 2〉 여성과 남성의 기대수명

(단위: 세)

연도 / 성별 / 국가	1980		1990		2000		2010	
	여성	남성	여성	남성	여성	남성	여성	남성
덴마크	77.3	71.2	77.8	72.0	79.2	74.5	81.4	77.2
일본	78.8	73.3	81.9	75.9	84.6	77.7	86.4	79.6
영국	76.2	70.2	78.5	72.9	80.3	75.5	82.6	78.6
미국	77.4	70.0	78.8	71.8	79.3	74.1	81.1	76.2

① 국가별 여성의 흡연율

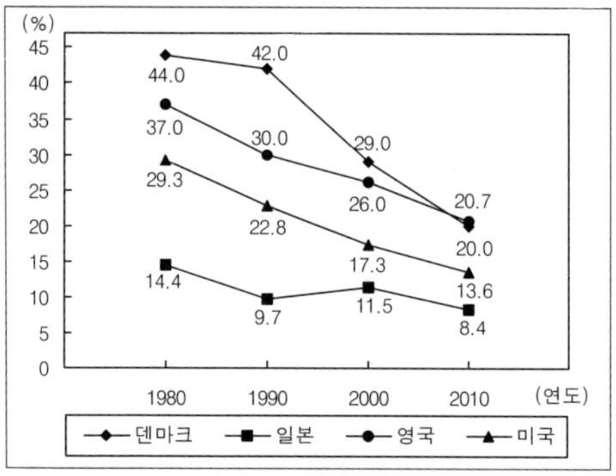

② 국가별 여성과 남성의 흡연율 차이

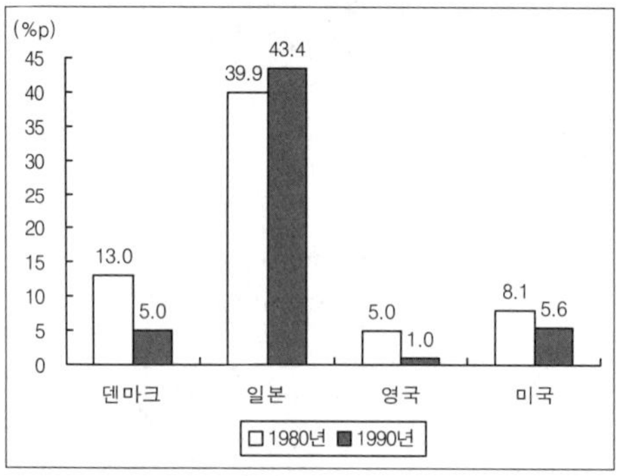

③ 국가별 흡연율

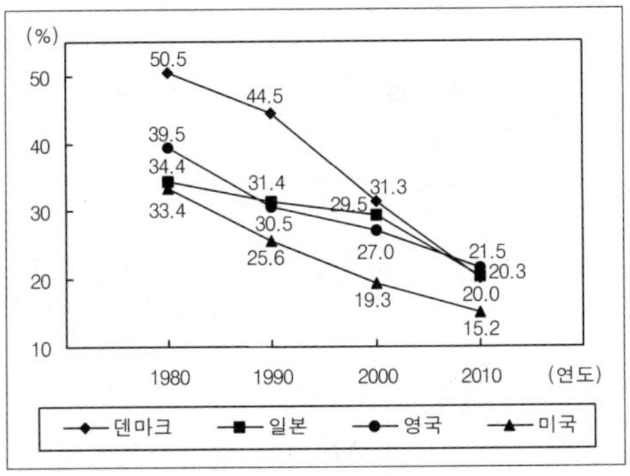

④ 국가별 여성과 남성의 기대수명 차이

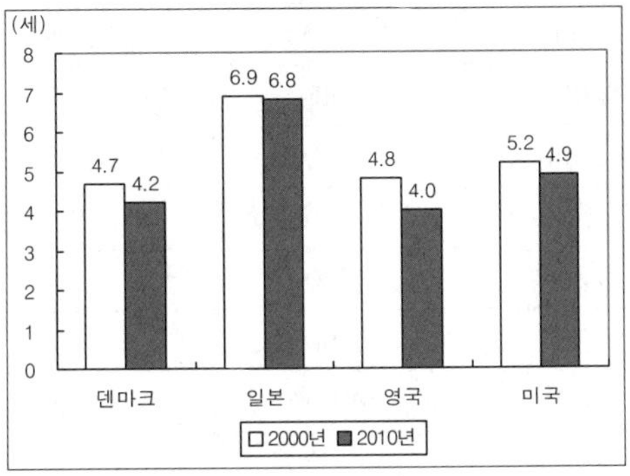

⑤ 일본 남성과 미국 남성의 흡연율과 기대수명

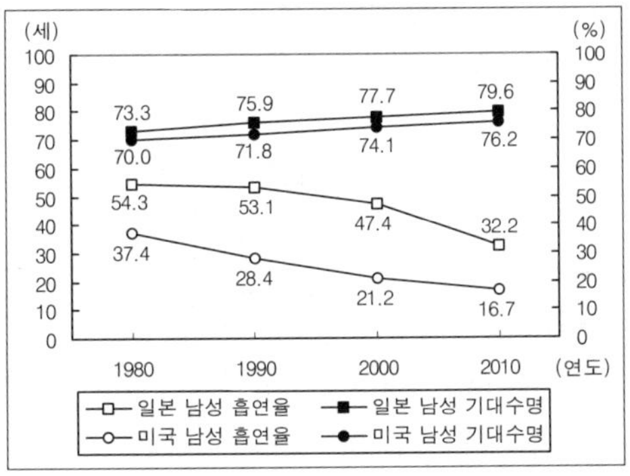

[정답]

1. 비율
   단위가 '%'이며, 흡연자가 인구에서 차지하는 비율을 나타낸 것이다.

2. ③
   ③은 '국가별 흡연율'에 대한 그래프로 성별을 구분하지 않고 나타낸 자료이다.

문제 풀이 후 확인하기

실력 UP 포인트

1. <표>에 제시된 조사단위의 단위는 무엇인가?

2. 가장 후순위로 풀이할 선택지는 무엇인가?

03. 다음 <표>는 농산물 도매시장의 품목별 조사단위당 가격에 대한 자료이다. 이를 이용하여 작성한 그래프로 옳지 않은 것은?

14 민경채 A 04

〈표〉 품목별 조사단위당 가격

(단위: kg, 원)

구분	품목	조사단위	조사단위당 가격		
			금일	전일	전년 평균
곡물	쌀	20	52,500	52,500	47,500
	찹쌀	60	180,000	180,000	250,000
	검정쌀	30	120,000	120,000	106,500
	콩	60	624,000	624,000	660,000
	참깨	30	129,000	129,000	127,500
채소	오이	10	23,600	24,400	20,800
	부추	10	68,100	65,500	41,900
	토마토	10	34,100	33,100	20,800
	배추	10	9,500	9,200	6,200
	무	15	8,500	8,500	6,500
	고추	10	43,300	44,800	31,300

① 쌀, 찹쌀, 검정쌀의 조사단위당 가격

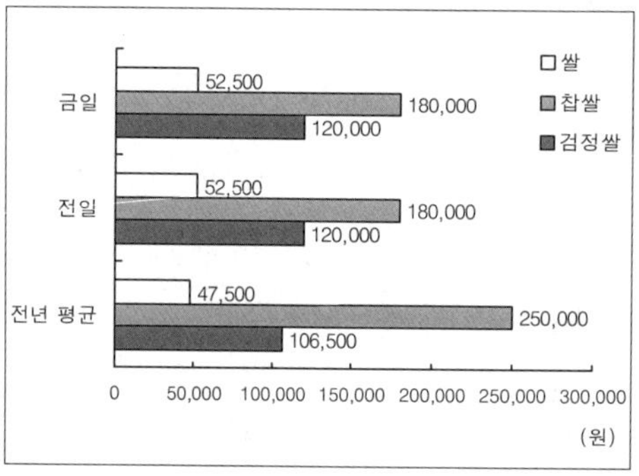

② 채소의 조사단위당 전일가격 대비 금일가격 등락액

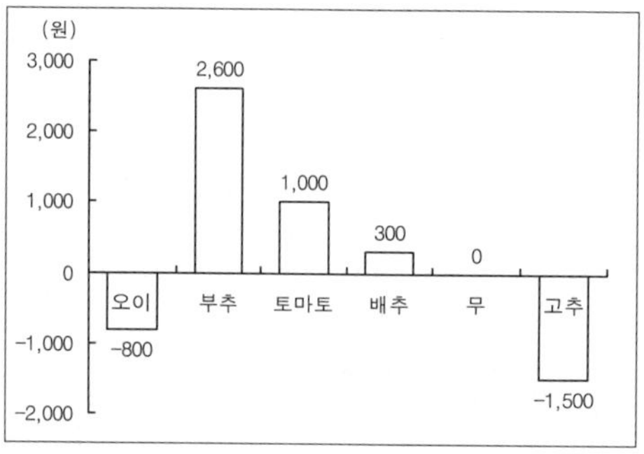

③ 채소 1kg당 금일가격

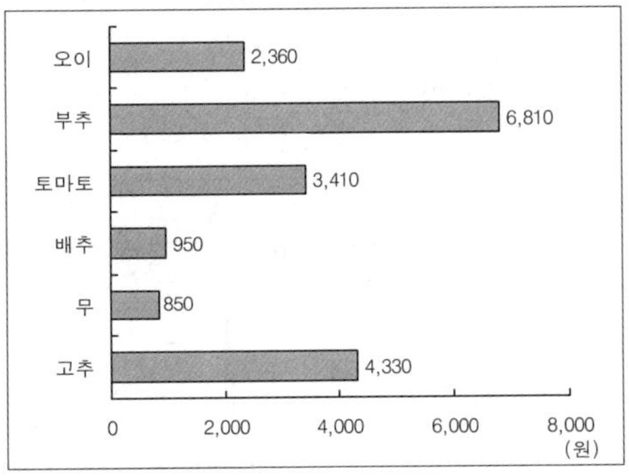

④ 곡물 1kg당 금일가격

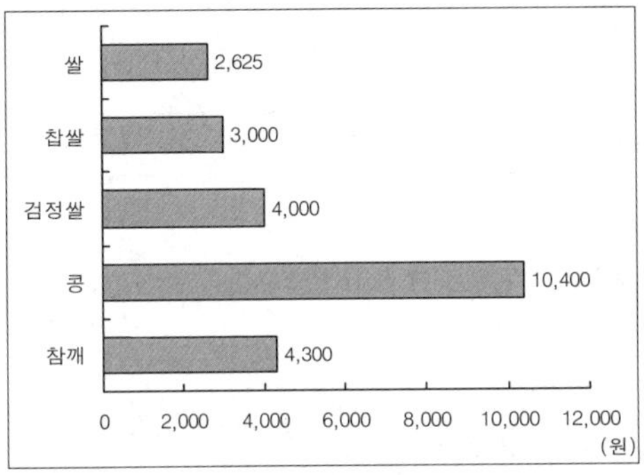

⑤ 채소의 조사단위당 전년 평균가격 대비 금일가격 비율

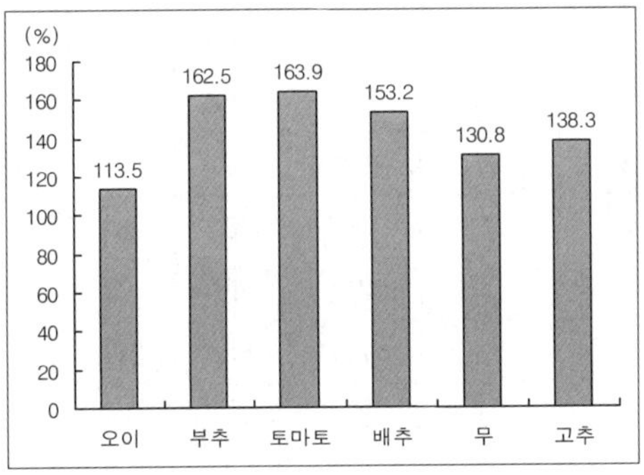

[정답]

1. kg

2. ⑤

⑤는 '채소의 조사단위당 전년 평균가격 대비 금일가격 비율'을 묻고 있어 계산 소요가 크므로 후순위로 풀이한다.

문제 풀이 후 확인하기

실력 UP 포인트

1. 표의 수치만 확인하여 쉽게 판단할 수 있는 선택지는 무엇인가?

2. 기혼여성 중 경제활동인구는 어떻게 도출해야 하는가?

04. 다음 <표>는 25~54세 기혼 비취업여성 현황과 기혼여성의 경력단절 사유에 관한 자료이다. 이를 이용하여 작성한 그래프로 옳지 않은 것은?

15 5급공채 인 11

〈표 1〉 연령대별 기혼 비취업여성 현황

(단위: 천 명)

연령대	기혼여성	기혼 비취업여성		
			실업자	비경제활동 인구
25~29세	570	306	11	295
30~34세	1,403	763	20	743
35~39세	1,818	862	23	839
40~44세	1,989	687	28	659
45~49세	2,010	673	25	648
50~54세	1,983	727	20	707
계	9,773	4,018	127	3,891

※ 기혼여성은 취업여성과 비취업여성으로 분류됨.

〈표 2〉 기혼 경력단절여성의 경력단절 사유 분포

(단위: 천 명)

연령대	개인·가족 관련 이유					육아	가사	합
		결혼	임신·출산	자녀교육	기타			
25~29세	179	85	68	1	25	58	9	246
30~34세	430	220	137	10	63	189	21	640
35~39세	457	224	107	29	97	168	55	680
40~44세	339	149	38	24	128	71	74	484
45~49세	322	113	14	12	183	32	80	434
50~54세	323	88	10	7	218	20	78	421
계	2,050	879	374	83	714	538	317	2,905

※ 1) 기혼 경력단절여성은 기혼 비취업여성 중에서 개인·가족 관련 이유, 육아, 가사 등의 이유로 인해 직장을 그만 둔 상태에 있는 여성임.
2) 경력단절 사유에 복수로 응답한 경우는 없음.

① 연령대별 기혼여성 중 경제활동인구

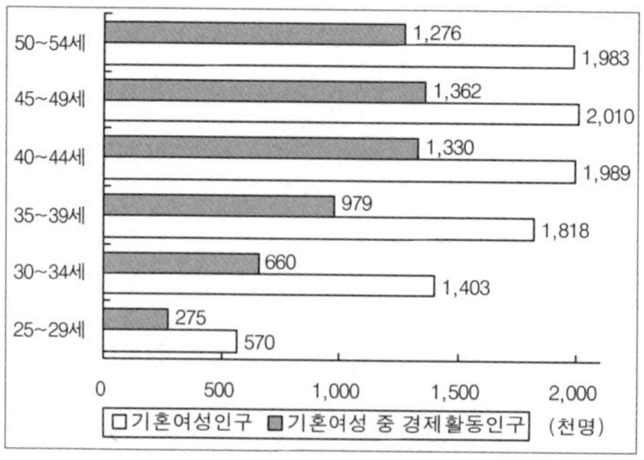

※ 경제활동인구 = 취업자 + 실업자

② 연령대별 기혼여성 중 비취업여성과 경력단절여성

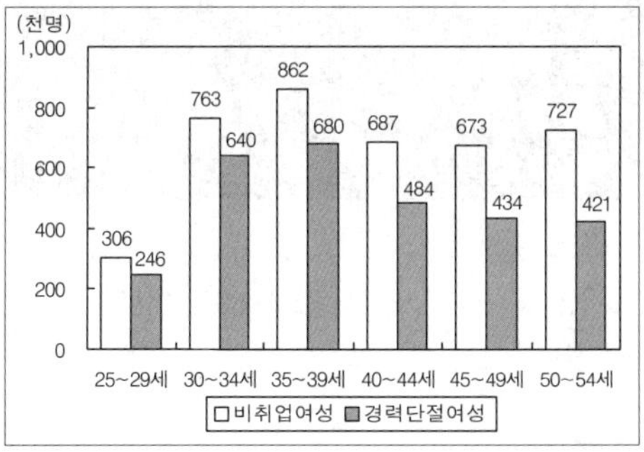

③ 25~54세 기혼 취업여성의 연령대 구성비

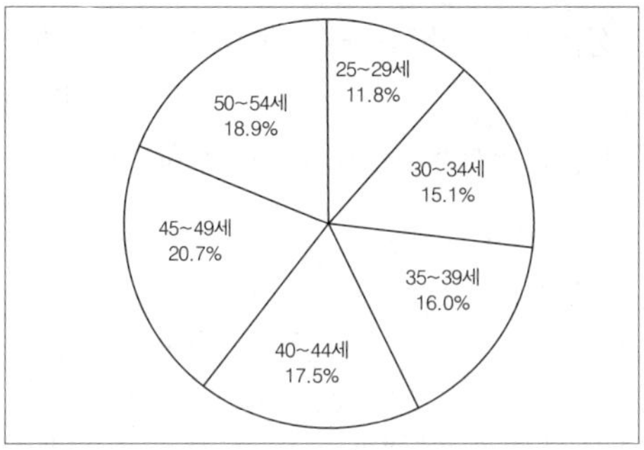

④ 30~39세 기혼 경력단절여성의 경력단절 사유 분포

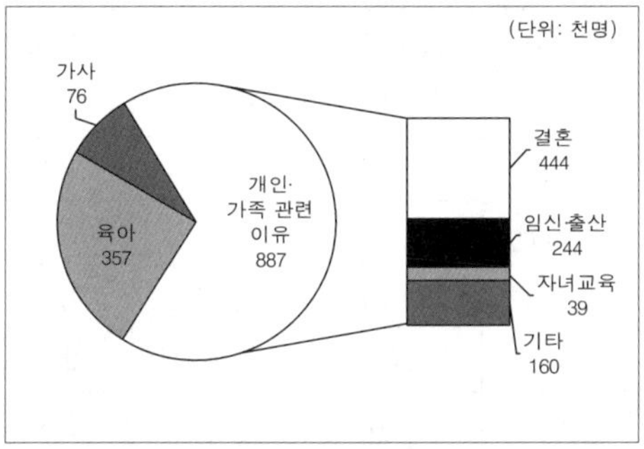

⑤ 25~54세 기혼 경력단절여성의 연령대 구성비

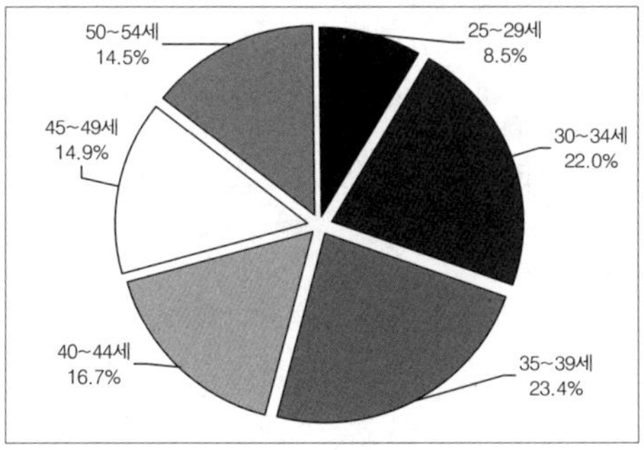

정답·해설 p.303

[정답]

1. ②, ④
   표의 수치를 직접 확인하거나 수치를 더해 어렵지 않게 확인할 수 있다.
2. 기혼여성과 비경제활동인구의 차이로 도출한다.

실전공략문제

· 권장 제한시간에 따라 시작과 종료 시각을 정한 후, 실제 시험처럼 문제를 풀어보세요.
  시 분 ~ 시 분 (총 9문항 / 18분)

01. 다음 <표>와 <그림>을 이용하여 환경 R&D 예산 현황에 관한 <보고서>를 작성하였다. 제시된 <표>와 <그림> 이외에 <보고서> 작성을 위하여 추가로 필요한 자료만을 <보기>에서 모두 고르면? 17 민경채 나 21

〈표〉 대한민국 정부 부처 전체 및 주요 부처별 환경 R&D 예산 현황

(단위: 억 원)

연도 \ 구분	정부 부처 전체	A부처	B부처	C부처	D부처	E부처
2002	61,417	14,338	18,431	1,734	1,189	1,049
2003	65,154	16,170	17,510	1,963	1,318	1,074
2004	70,827	19,851	25,730	1,949	1,544	1,301
2005	77,996	24,484	28,550	2,856	1,663	1,365
2006	89,096	27,245	31,584	3,934	1,877	1,469
2007	97,629	30,838	32,350	4,277	1,805	1,663
2008	108,423	34,970	35,927	4,730	2,265	1,840
2009	123,437	39,117	41,053	5,603	2,773	1,969
2010	137,014	43,871	44,385	5,750	3,085	2,142
2011	148,902	47,497	45,269	6,161	3,371	2,355

〈그림〉 2009년 OECD 주요 국가별 전체 예산 중 환경 R&D 예산의 비중

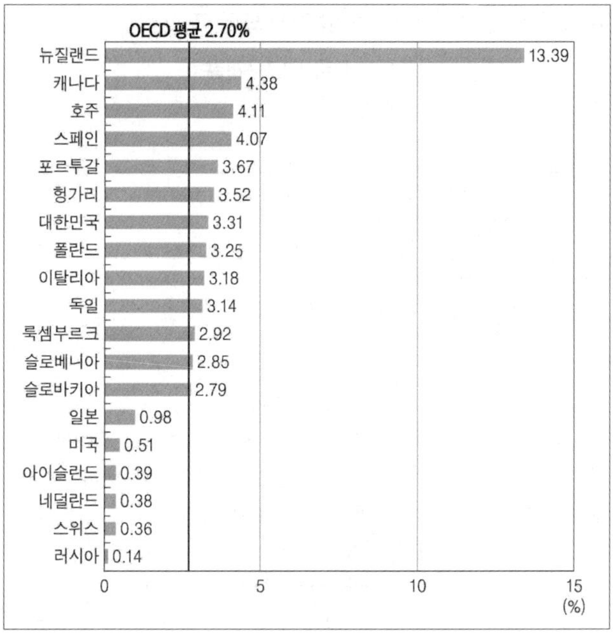

〈보고서〉

○ 환경에 대한 중요성이 강조됨에 따라 미국의 환경 R&D 예산은 2002년부터 2011년까지 증가 추세에 있음.
○ 대한민국의 2009년 전체 예산 중 환경 R&D 예산의 비중은 3.31%로 OECD 평균 2.70%에 비해 0.61%p 큼.
○ 미국의 2009년 전체 예산 중 환경 R&D 예산의 비중은 OECD 평균보다 작았지만, 2010년에는 환경 R&D 예산이 2009년 대비 30% 이상 증가하여 전체 예산 중 환경 R&D 예산의 비중이 커짐.
○ 2011년 대한민국 정부 부처 전체의 환경 R&D 예산은 약 14.9조 원 규모로 2002년 이후 연평균 10% 이상의 증가율을 보이고 있음.
○ 2011년 대한민국 E부처의 환경 R&D 예산은 정부 부처 전체 환경 R&D 예산의 1.6% 수준으로 정부 부처 중 8위에 해당함.

〈보 기〉

ㄱ. 2002년부터 2011년까지 미국의 전체 예산 및 환경 R&D 예산
ㄴ. 2002년부터 2011년까지 뉴질랜드의 부처별, 분야별 R&D 예산
ㄷ. 2011년 대한민국 모든 정부 부처의 부처별 환경 R&D 예산
ㄹ. 2010년 대한민국 모든 정부 부처 산하기관의 전체 R&D 예산

① ㄱ, ㄴ

② ㄱ, ㄷ

③ ㄴ, ㄹ

④ ㄱ, ㄷ, ㄹ

⑤ ㄴ, ㄷ, ㄹ

02. 다음 <표>는 A~D국의 연구개발비에 대한 자료이다. 다음 <보고서>를 작성하기 위해 <표> 이외에 추가로 필요한 자료만을 <보기>에서 모두 고르면? 18 민경채 가 22

〈표〉 A~D국의 연구개발비

연도	구분 \ 국가	A	B	C	D
2016	연구개발비(억 달러)	605	4,569	1,709	1,064
	GDP 대비(%)	4.29	2.73	3.47	2.85
2015	민간연구개발비: 정부연구개발비	24:76	35:65	25:75	30:70

※ 연구개발비 = 정부연구개발비 + 민간연구개발비

〈보고서〉

A~D국 모두 2015년에 비하여 2016년 연구개발비가 증가하였지만, A국은 약 3% 증가에 불과하여 A~D국 평균 증가율인 6% 수준에도 미치지 못했다. 특히, 2016년에 A국은 정부연구개발비 대비 민간연구개발비 비율이 가장 작다. 이는 2014~2016년 동안, A국 민간연구개발에 대한 정부의 지원금액이 매년 감소한 데 따른 것으로 분석된다.

〈보 기〉

ㄱ. 2013~2015년 A~D국 전년대비 GDP 증가율
ㄴ. 2015~2016년 연도별 A~D국 민간연구개발비
ㄷ. 2013~2016년 연도별 A국 민간연구개발에 대한 정부의 지원금액
ㄹ. 2014~2015년 A~D국 전년대비 연구개발비 증가율

① ㄱ, ㄴ
② ㄱ, ㄹ
③ ㄴ, ㄷ
④ ㄴ, ㄹ
⑤ ㄷ, ㄹ

03. 다음 <표>는 2013년 '갑'국의 수도권 집중 현황에 관한 자료이다. <보고서>의 내용 중 <표>의 자료에서 도출할 수 있는 것은? 14 민경채 A 07

〈표〉 수도권 집중 현황

구분		전국(A)	수도권(B)	$\frac{B}{A}\times100$(%)
인구 및 주택	인구(천 명)	50,034	24,472	48.9
	주택 수(천 호)	17,672	8,173	46.2
산업	지역 총 생산액(십억 원)	856,192	408,592	47.7
	제조업체 수(개)	119,181	67,799	56.9
	서비스업체 수(개)	765,817	370,015	48.3
금융	금융예금액(십억 원)	592,721	407,361	68.7
	금융대출액(십억 원)	699,430	469,374	67.1
기능	4년제 대학 수(개)	175	68	38.9
	공공기관 수(개)	409	345	84.4
	의료기관 수(개)	54,728	26,999	49.3

〈보고서〉

- 전국 대비 수도권 인구 비중은 48.9%이다. ㉠ 수도권 인구밀도는 전국 인구밀도의 2배 이상이고, ㉡ 수도권 1인당 주택면적은 전국 1인당 주택면적보다 작다.
- 산업측면에서 ㉢ 수도권 제조업과 서비스업 생산액이 전국 제조업과 서비스업 생산액에서 차지하는 비중은 각각 50% 이상이다.
- 수도권 금융예금액은 전국 금융예금액의 65% 이상을 차지하고, ㉣ 수도권 1인당 금융대출액은 전국 1인당 금융대출액보다 많다.
- 전국 대비 수도권의 의료기관 수 비중은 49.3%이고 공공기관 수 비중은 84.4%이다. ㉤ 4년제 대학 재학생 수는 수도권이 비수도권보다 적다.

① ㄱ

② ㄴ

③ ㄷ

④ ㄹ

⑤ ㅁ

04. 다음 <보고서>는 2016년 A시의 생활체육 참여실태에 관한 것이다. <보고서>의 내용을 작성하는 데 직접적인 근거로 활용되지 않은 자료는? 17 민경채 나 03

〈보고서〉

2016년에 A시 시민을 대상으로 생활체육 참여실태에 대해 조사한 결과 생활체육을 '전혀 하지 않음'이라고 응답한 비율은 51.8%로 나타났다. 반면, 주 4회 이상 생활체육에 참여한다고 응답한 비율은 28.6%이었다.

생활체육에 참여하지 않는 이유에 대해서는 '시설부족'이라고 응답한 비율이 30.3%로 가장 높아 공공체육시설을 확충하는 정책이 필요할 것으로 보인다. 2016년 A시의 공공체육시설은 총 388개소로 B시, C시의 공공체육시설 수의 50%에도 미치지 못하는 수준이다. 그러나 A시는 초등학교 운동장을 개방하여 간이운동장으로 활용할 계획이므로 향후 체육시설에 대한 접근성이 더 높아질 것으로 기대된다.

한편, 2016년 A시 생활체육지도자를 자치구별로 살펴보면, 동구 16명, 서구 17명, 남구 16명, 북구 18명, 중구 18명으로 고르게 분포된 것처럼 보인다. 그러나 2016년 북구의 인구가 445,489명, 동구의 인구가 103,016명임을 고려할 때 생활체육지도자 일인당 인구수는 북구가 24,749명으로 동구 6,439명에 비해 현저히 많아 지역 편중 현상이 존재한다. 따라서 자치구 인구 분포를 고려한 생활체육지도자 양성 전략이 필요해 보인다.

① 연도별 A시 시민의 생활체육 미참여 이유 조사결과

(단위: %)

이유 연도	시설 부족	정보 부재	지도자 부재	동반자 부재	흥미 부족	기타
2012	25.0	20.8	14.3	8.2	9.5	22.1
2013	30.7	18.6	16.4	12.8	9.2	12.3
2014	28.1	17.2	15.1	11.6	11.0	17.0
2015	31.5	18.0	17.2	10.9	12.1	10.3
2016	30.3	15.2	16.0	10.0	10.4	18.1

② 2016년 A시 시민의 생활체육 참여 빈도 조사결과

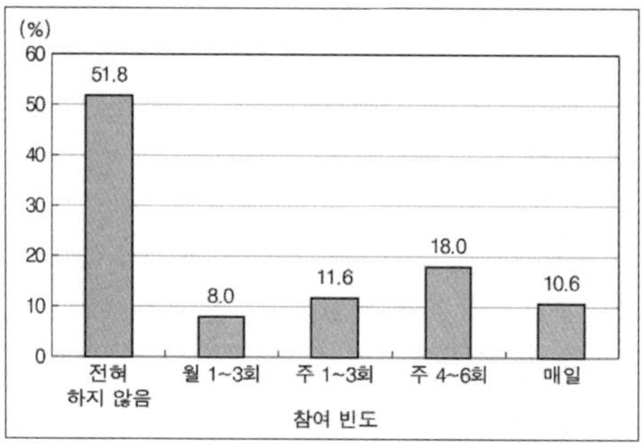

③ 2016년 A시의 자치구·성별 인구

(단위: 명)

성별 \ 자치구	동구	서구	남구	북구	중구	합
남자	51,584	155,104	104,891	221,433	197,204	730,216
여자	51,432	160,172	111,363	224,056	195,671	742,694
계	103,016	315,276	216,254	445,489	392,875	1,472,910

④ 2016년 도시별 공공체육시설 현황

(단위: 개소)

구분 \ 도시	A시	B시	C시	D시	E시
육상 경기장	2	3	3	19	2
간이운동장	313	2,354	751	382	685
체육관	16	112	24	15	16
수영장	9	86	15	4	11
빙상장	1	3	1	1	0
기타	47	193	95	50	59
계	388	2,751	889	471	773

⑤ 2016년 생활체육지도자의 도시별 분포

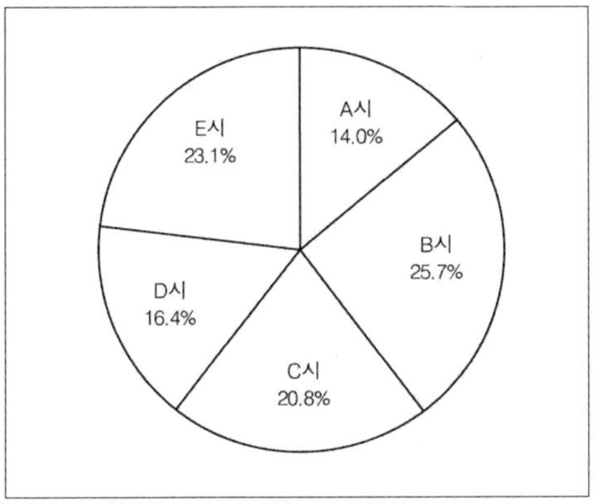

05. 다음 <표>는 2013년 수도권 3개 지역의 지역 간 화물 유동량에 대한 자료이다. 이를 이용하여 작성한 그림으로 옳지 않은 것은? 14 민경채 A 18

〈표〉 2013년 수도권 3개 지역 간 화물 유동량

(단위: 백만 톤)

출발 지역 \ 도착 지역	서울	인천	경기	합
서울	59.6	8.5	0.6	68.7
인천	30.3	55.3	0.7	86.3
경기	78.4	23.0	3.2	104.6
계	168.3	86.8	4.5	-

※ 수도권 외부와의 화물 이동은 고려하지 않음.

① 수도권 출발 지역별 경기 도착 화물 유동량

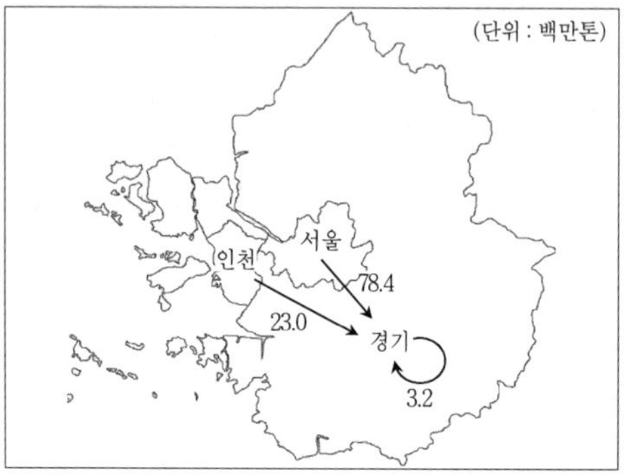

② 수도권 3개 지역별 도착 화물 유동량

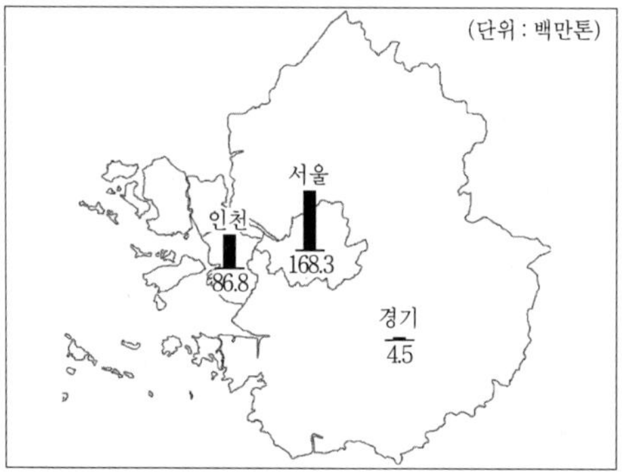

③ 수도권 3개 지역의 상호 간 화물 유동량

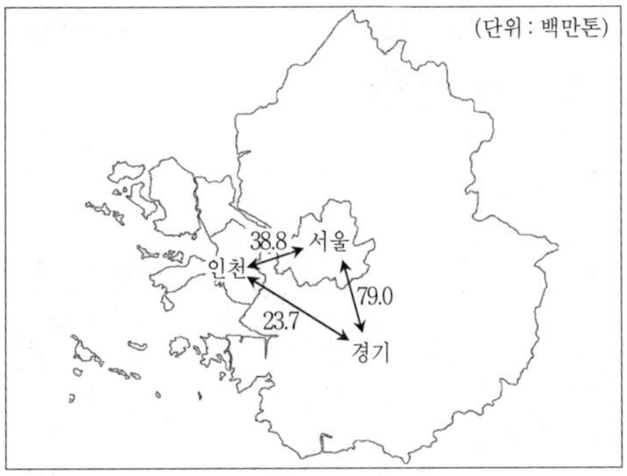

※ '상호 간 화물 유동량'은 두 지역 간 출발 화물 유동량과 도착 화물 유동량의 합임

④ 수도권 3개 지역별 출발 화물 유동량

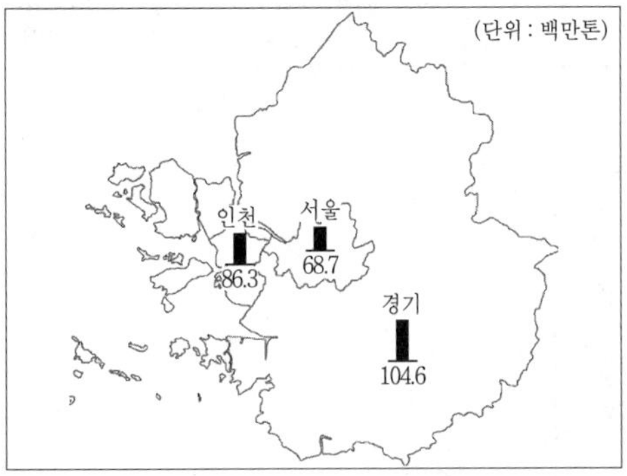

⑤ 인천 도착 화물 유동량의 수도권 출발 지역별 비중

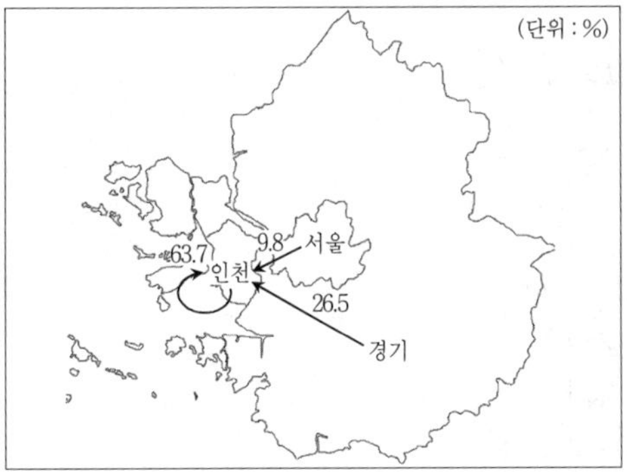

06. 다음 <표>는 2009~2014년 건설공사 공종별 수주액 현황을 나타낸 것이다. 이를 이용하여 작성한 그래프로 옳지 않은 것은? 15 민경채 인 17

〈표〉 건설공사 공종별 수주액 현황

(단위: 조 원, %)

연도 \ 구분	전체	전년대비 증감률	토목	전년대비 증감률	건축	전년대비 증감률	주거용	비주거용
2009	118.7	−1.1	54.1	31.2	64.6	−18.1	39.1	25.5
2010	103.2	−13.1	41.4	−23.5	61.8	−4.3	31.6	30.2
2011	110.7	7.3	38.8	−6.3	71.9	16.3	38.7	33.2
2012	99.8	−9.8	34.0	−12.4	65.8	−8.5	34.3	31.5
2013	90.4	−9.4	29.9	−12.1	60.5	−8.1	29.3	31.2
2014	107.4	18.8	32.7	9.4	74.7	23.5	41.1	33.6

① 건축 공종의 수주액

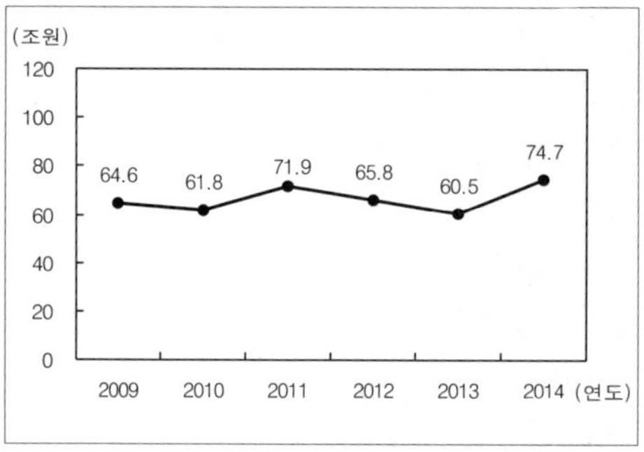

② 토목 공종의 수주액 및 전년대비 증감률

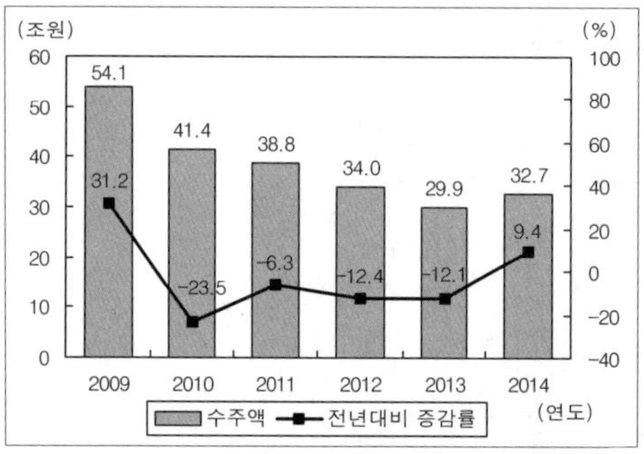

③ 건설공사 전체 수주액의 공종별 구성비

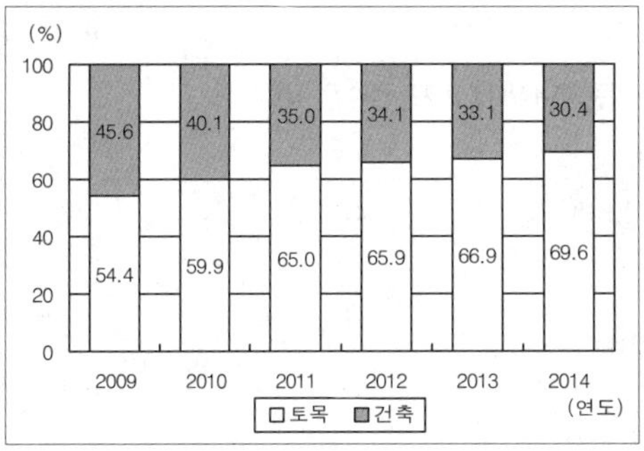

④ 건축 공종 중 주거용 및 비주거용 수주액

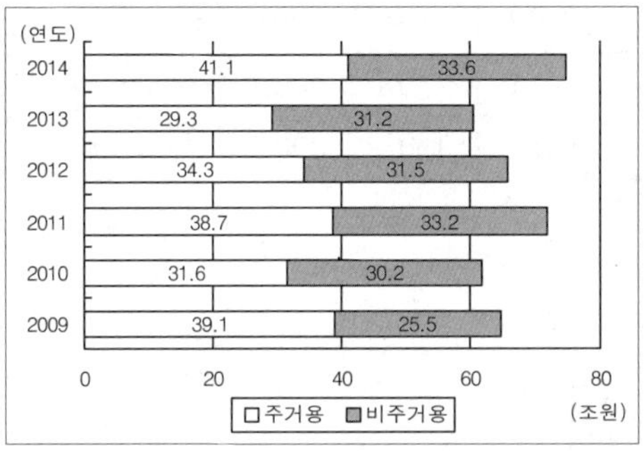

⑤ 건설공사 전체 및 건축 공종 수주액의 전년대비 증감률

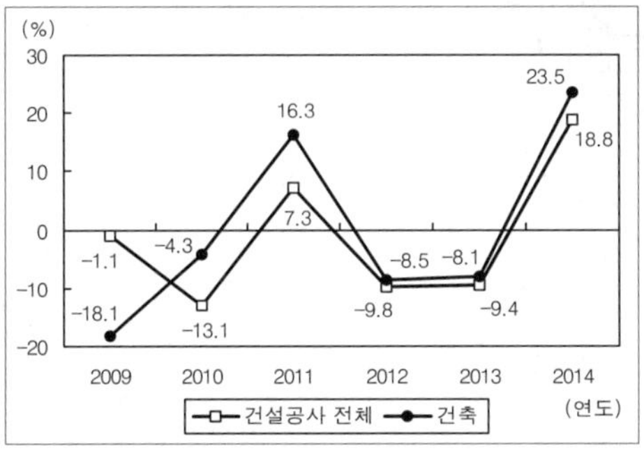

07. 다음 <표>는 2013~2016년 기관별 R&D 과제 건수와 비율에 관한 자료이다. <표>를 이용하여 작성한 그래프로 옳지 않은 것은? 17 민경채 나 15

〈표〉 2013~2016년 기관별 R&D 과제 건수와 비율

(단위: 건, %)

기관 \ 연도·구분	2013 과제 건수	2013 비율	2014 과제 건수	2014 비율	2015 과제 건수	2015 비율	2016 과제 건수	2016 비율
기업	31	13.5	80	9.4	93	7.6	91	8.5
대학	47	20.4	423	49.7	626	51.4	526	49.3
정부	141	61.3	330	38.8	486	39.9	419	39.2
기타	11	4.8	18	2.1	13	1.1	32	3.0
전체	230	100.0	851	100.0	1,218	100.0	1,068	100.0

① 연도별 기업 및 대학 R&D 과제 건수

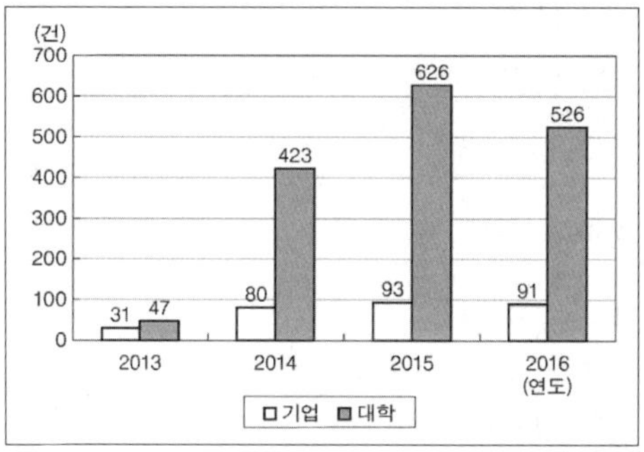

② 연도별 정부 및 전체 R&D 과제 건수

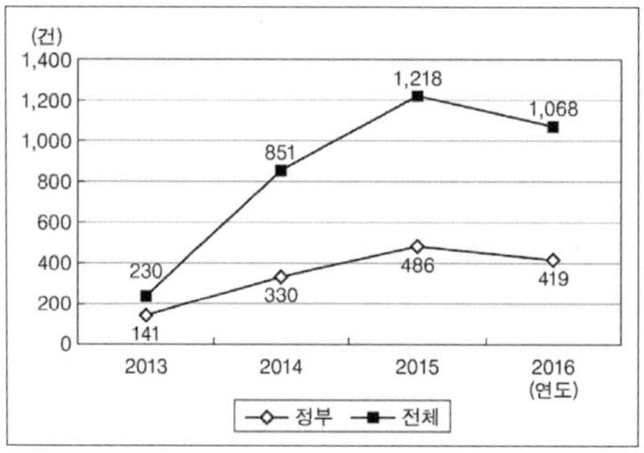

③ 2016년 기관별 R&D 과제 건수 구성비

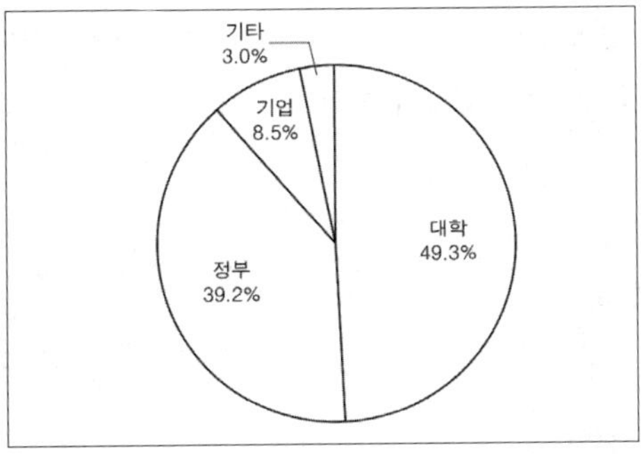

④ 전체 R&D 과제 건수의 전년대비 증가율(2014~2016년)

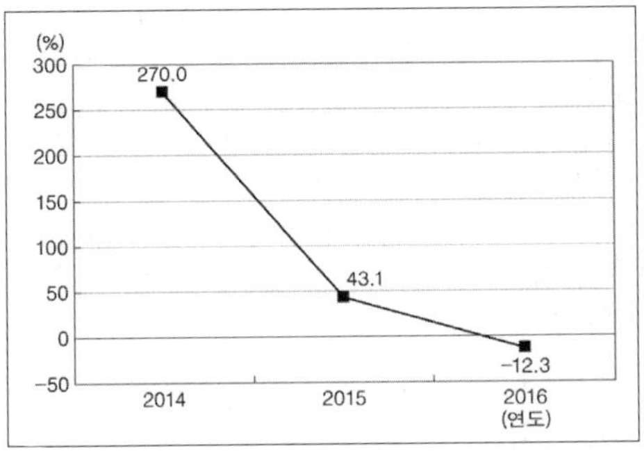

⑤ 연도별 기업 및 정부 R&D 과제 건수의 전년대비 증가율(2014~2016년)

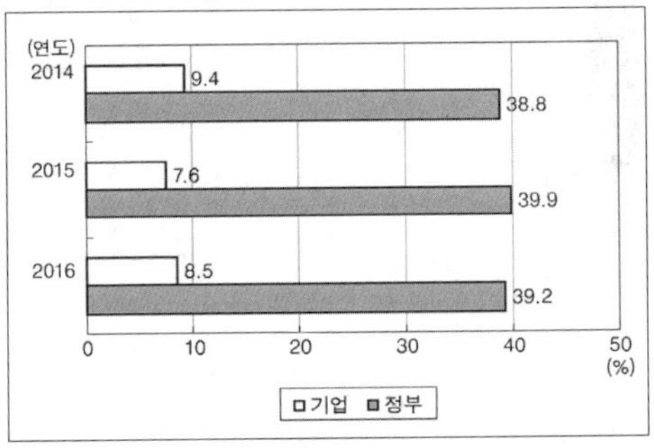

08. 다음 <표>는 2016년과 2017년 A~F항공사의 공급석 및 탑승객 수를 나타낸 자료이다. <표>를 이용하여 작성한 그래프로 옳지 않은 것은? 18 민경채 가 03

〈표〉 항공사별 공급석 및 탑승객 수

(단위: 만 개, 만 명)

구분 / 항공사 \ 연도	공급석 수		탑승객 수	
	2016	2017	2016	2017
A	260	360	220	300
B	20	110	10	70
C	240	300	210	250
D	490	660	410	580
E	450	570	380	480
F	250	390	200	320
전체	1,710	2,390	1,430	2,000

① 연도별 A~F항공사 전체의 공급석 및 탑승객 수

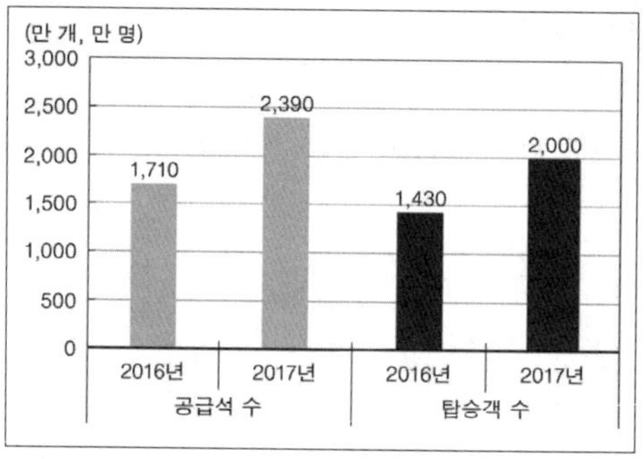

② 항공사별 탑승객 수

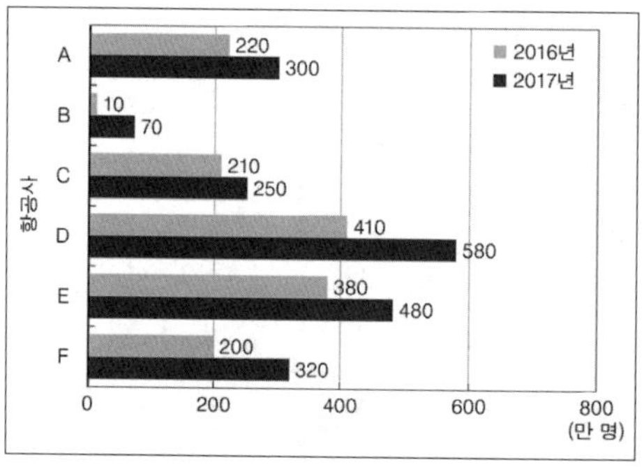

③ 2017년 탑승객 수의 항공사별 구성비

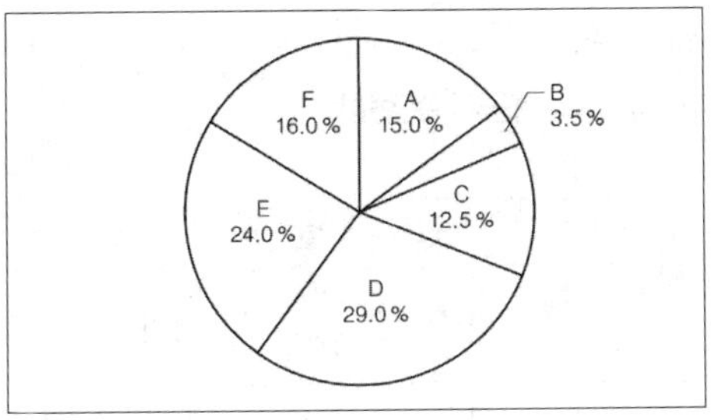

④ 2016년 대비 2017년 항공사별 공급석 수 증가량

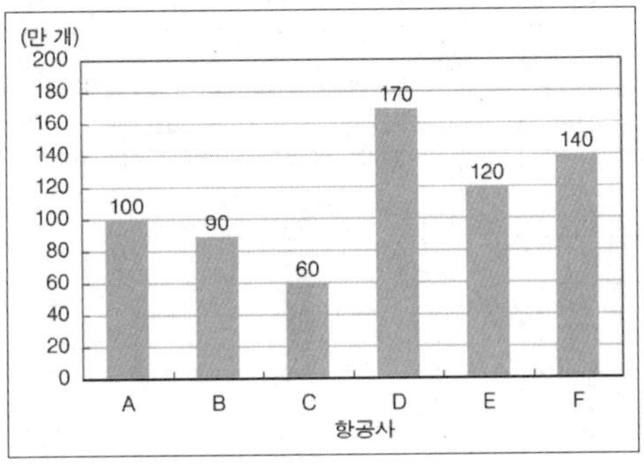

⑤ 2017년 항공사별 잔여석 수

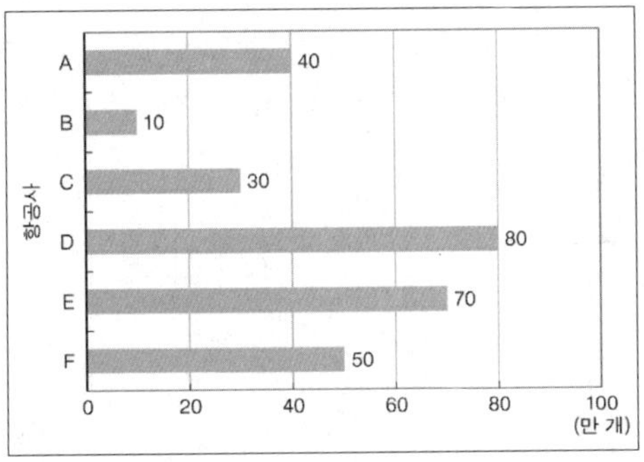

※ 잔여석 수=공급석 수-탑승객 수

09. 다음 <표>는 '갑'국 국회의원의 SNS(소셜네트워크서비스) 이용자 수 현황에 대한 자료이다. 이를 이용하여 작성한 그래프로 옳지 않은 것은? 14 5급공채 A 27

〈표〉 '갑'국 국회의원의 SNS 이용자 수 현황

(단위: 명)

구분	정당	당선 횟수별				당선 유형별		성별	
		초선	2선	3선	4선 이상	지역구	비례대표	남자	여자
여당	A	82	29	22	12	126	19	123	22
야당	B	29	25	13	6	59	14	59	14
	C	7	3	1	1	7	5	10	2
합계		118	57	36	19	192	38	192	38

① 국회의원의 여야별 SNS 이용자 수

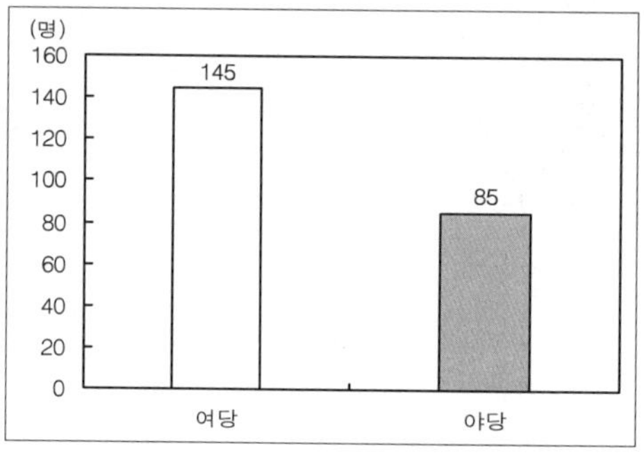

② 남녀 국회의원의 여야별 SNS 이용자 구성비

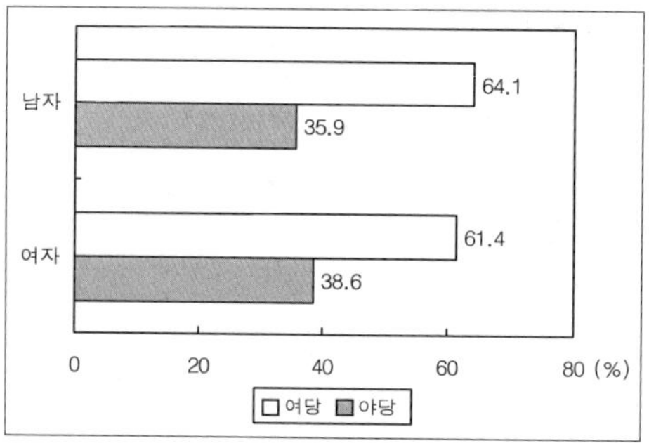

※ 소수점 아래 둘째 자리에서 반올림함.

③ 여당 국회의원의 당선 유형별 SNS 이용자 구성비

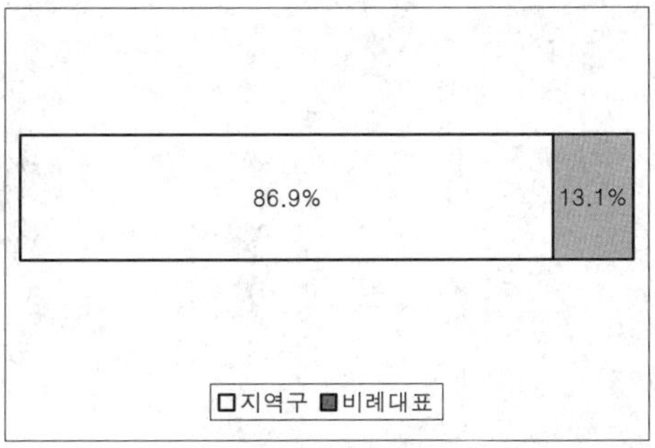

※ 소수점 아래 둘째 자리에서 반올림함.

④ 야당 국회의원의 당선 횟수별 SNS 이용자 구성비

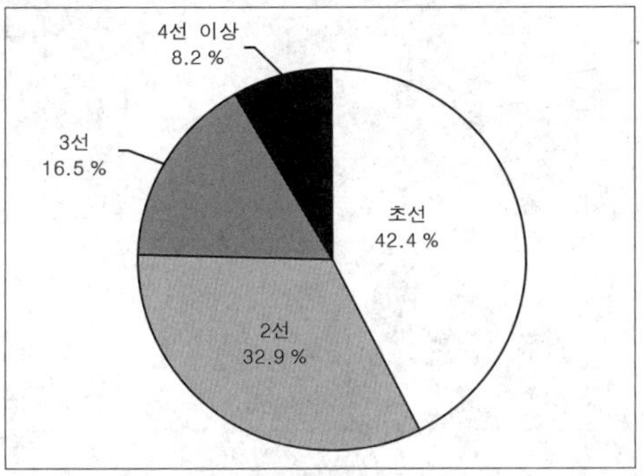

※ 소수점 아래 둘째 자리에서 반올림함.

⑤ 2선 이상 국회의원의 정당별 SNS 이용자 수

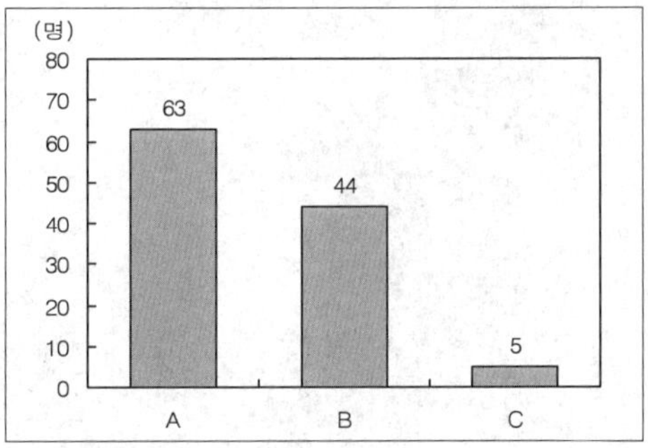

정답 · 해설 p.304

해커스PSAT **7급 PSAT 기본서** 자료해석

4 자료이해

출제경향분석

1 자료이해란?

자료이해는 제시된 자료와 조건에 평균 개념, 반대해석, 최소여집합을 적용하거나 분산·물방울 차트의 특성을 활용하여 정보를 올바르게 추론할 수 있는지를 평가하기 위한 유형이다.

2 세부 출제 유형

자료이해는 자료와 선택지 또는 <보기>의 내용에 따라 ① 평균 개념형, ② 분산·물방울형, ③ 최소여집합형 총 3가지 유형으로 출제된다.

평균 개념형	자료 또는 선택지나 <보기>에 평균의 개념이 제시되고, 산술평균, 가중평균의 수치를 파악하거나 비교하여 선택지나 <보기>가 올바른지 판단하는 유형
분산·물방울형	가로축과 세로축에 제시된 항목 간의 상관관계를 파악하여 선택지나 <보기>의 내용이 올바른지 판단하는 유형
최소여집합형	합계가 동일한 두 가지 이상의 자료가 제시되고, 최소여집합을 활용하여 자료의 공통적인 속성을 모두 만족하는 항목의 수를 판단하는 유형

3 출제 경향

1. 자료이해는 2025년 7급 공채 PSAT에서 25문제 중 2문제가 출제되었고, 2024년에는 3문제, 2023년에 1문제, 2022년에 2문제, 2021년에 2문제, 2020년 모의평가에 1문제가 출제되었다. 또한 2021년 민간경력자 PSAT에서도 2문제가 출제되었다. 다만, 평균 개념과 최소여집합 등을 문제의 일부에라도 적용하여 풀이할 수 있는 문제를 포함하면 출제 비중은 더 높다. 7급 공채 PSAT에서 출제 비중이 높지는 않지만 7급 공채 PSAT와 유사한 5급 공채나 민간경력자 PSAT에서 반복적으로 출제되는 중요 유형이다.

2. 이론적인 부분을 학습한 후 문제를 해결해야 하는 경우가 많으므로 난도를 상·중·하로 나눌 때 '중' 또는 '상' 정도로 출제된다.

4 대비 전략

다양한 자료와 선택지 또는 <보기>의 내용을 빠르게 이해하고, 문제풀이에 필요한 이론을 적용하는 능력을 기르는 것이 필요하다.

1. 문제풀이에 필요한 이론적인 부분을 학습하기 위해 각 유형에서 제시되는 기초적인 이론을 숙지하고 반복하여 기억한다.
2. 분산·물방울형 차트가 제시되는 경우 제시된 항목의 의미와 항목 간 상관관계를 빠르게 파악하는 연습을 한다.
3. 두 가지 이상의 자료에서 한 항목이 공통적인 속성을 모두 만족하는 경우, 항목의 최솟값과 최댓값을 가정하여 해당 항목의 범위를 파악하는 연습을 한다.

유형 10 평균 개념형

유형 소개

'평균 개념형'은 일반 단순평균인 산술평균과 가중치를 적용한 가중평균에 관한 원리를 활용하여 선택지나 <보기>가 올바른지 판단하는 유형이다.

유형 특징

이 유형은 자료 또는 선택지나 <보기>에서 평균과 관련된 내용이 제시된다. 자료 또는 선택지나 <보기>에서 대부분 산술평균에 관한 내용이 제시되지만 종종 가중치를 고려해야 하는 가중평균에 관한 내용이 제시되기도 한다. 대표적인 선택지나 <보기>의 내용은 다음과 같다.

- 학급의 체육점수 산술평균은 전체 학생이 받은 체육점수 중 최고점과 최저점을 제외하고 구한 산술평균과 다르다.
- 31~35세 응답자의 1인당 평균 방문횟수는 2회 미만이다.
- 6대 과제의 추진 필요성 점수 평균은 3.70점 이상이다.
- 삶의 만족도가 한국보다 낮은 국가들의 장시간근로자비율의 산술평균은 이탈리아의 장시간근로자비율보다 높다.

출제 경향

- '평균 개념형'은 2025년 7급 공채 PSAT에서 출제되지는 않았지만, 2024년에 2문제가 출제되었고, 2023년과 2022년에는 출제되지 않았다. 2021년에 이를 이용하는 문제가 2문제 출제되었고, 2020년 모의평가에는 1문제가 출제되었다.
- 직접적으로 평균 개념이 주어지는 선택지나 <보기>가 포함된 문제라면 난도가 '중' 정도이지만 간접적으로 문제의 구조를 통해 평균을 판단해야 하는 경우, 난도가 높아질 가능성이 있다.

문제풀이 핵심 전략

STEP 1 | 선택지나 <보기>에서 평균의 원리를 묻는 경우, 산술평균인지 가중평균인지 체크한다.

√ 추가적인 설명 없이 '평균' 자체만 언급하는 경우, 산술평균으로 체크한다.

√ 가중치가 직접 제시되거나 남녀 인원, 소금물의 양 등 수치의 기준이 서로 다른 경우, 가중평균으로 체크한다.

STEP 2 | 선택지나 <보기>의 내용이 평균을 적용하여 단순 비교를 묻는지 구체적인 평균 수치를 묻는지 구분한 후 풀이한다.

√ 선택지나 <보기>가 평균의 단순 비교를 요구하는 경우, 평균의 구체적인 수치를 구하지 않고 수치의 총합으로 비교하거나 편차의 합은 0이라는 원리를 활용하여 대략적으로 비교한다.

√ 선택지나 <보기>가 구체적인 평균의 수치를 묻는 경우, 가평균 또는 편차의 합은 0이라는 원리를 활용하여 평균 수치를 파악한다.

김용훈쌤의 응급처방

평균의 특성

· 평균과 각 항목의 편차 합은 0이다. 따라서 선택지나 <보기>에 제시된 평균과 편차의 합이 (+)인 경우에는 실제 평균은 제시된 평균보다 높고, 선택지나 <보기>에 제시된 평균과 편차의 합이 (−)인 경우에는 실제 평균은 제시된 평균보다 낮다고 판단할 수 있다.

· 산술평균이든 가중평균이든 평균이라면 평균값은 제시된 항목의 수치 범위 내(최소~최대 사이)에 존재한다.

가평균의 개념

· 평균 근처에 있다고 생각되는 숫자를 임의로 지정한 평균값으로, 임의로 지정한 가평균으로 편차를 구하여 모두 합산한 다음 항목의 개수로 나눈 후 가평균과 더하면 실제 평균이 도출된다.

· $평균 = 가평균 + \frac{편차의\ 합}{관찰값의\ 개수}$

가중평균의 활용법

· 가중평균은 중요도나 영향 정도에 해당하는 가중치를 곱하여 구한 평균값으로, 관찰값(실수)이 A, B이고 항목의 가중치(비율)가 a, b인 경우, A와 B의 비는 각 관찰값과 가중평균 차의 비와 반비례한다.

· A : B=(b−가중평균) : (가중평균−a)

문제풀이 핵심 전략 적용

기출 예제

다음 <표>는 어느 학급 전체 학생 55명의 체육점수 분포이다. 이에 대한 <보기>의 설명 중 옳은 것을 모두 고르면? 12 민경채 인 12

〈표〉 체육점수 분포

점수(점)	1	2	3	4	5	6	7	8	9	10
학생 수(명)	1	0	5	10	23	10	5	0	1	0

※ 점수는 1점 단위로 1~10점까지 주어짐.

〈보 기〉

ㄱ. 전체 학생을 체육점수가 낮은 학생부터 나열하면 중앙에 위치한 학생의 점수는 5점이다.
ㄴ. 4~6점을 받은 학생 수는 전체 학생 수의 86% 이상이다.
ㄷ. 학급의 체육점수 산술평균은 전체 학생이 받은 체육점수 중 최고점과 최저점을 제외하고 구한 산술평균과 다르다.
ㄹ. 학급에서 가장 많은 학생이 받은 체육점수는 5점이다.

① ㄱ

② ㄴ

③ ㄱ, ㄹ

④ ㄴ, ㄷ

⑤ ㄱ, ㄷ, ㄹ

STEP 1

<보기> 중 ㄷ에서 산술평균을 묻고 있으므로 산술평균을 활용해야 함을 알 수 있다.

STEP 2

ㄷ에서 산술평균을 단순 비교하고 있으므로 편차의 합이 0이라는 원리를 활용하여 비교한다.

ㄷ. 평균의 편차의 합은 0이므로 가평균을 5로 설정하여 정리하면 아래와 같다.

점수(점)	1	3	4	5	6	7	9
평균과의 편차	−4	−2	−1	0	+1	+2	+4
학생 수(명)	1	5	10	23	10	5	1

편차의 합이 (4−4)+(2−2)+(1−1)=0이므로 학급의 체육점수 산술평균은 5점임을 알 수 있다. 이때 전체 학생이 받은 체육점수 중 최고점과 최저점을 제외하고 구한 산술평균 역시 5점으로 동일하므로 옳지 않은 설명이다.

나머지 <보기>를 살펴보면 다음과 같다.

ㄱ. 5점을 기준으로 5점 미만인 학생 수의 합과 5점 초과인 학생 수의 합이 같으므로 옳은 설명이다.

ㄴ. 4~6점을 받은 학생 수는 10+23+10=43명이고, 전체 학생 수에서 차지하는 비중은 (43/55)×100≒78.2%로 86% 미만이므로 옳지 않은 설명이다.

ㄹ. 학급에서 가장 많은 학생이 받은 체육점수는 학급에서 23명이 받은 5점이므로 옳은 설명이다.

따라서 정답은 ③이다.

유형공략문제

실력 UP 포인트
문제 풀이 후 확인하기

1. 평균 개념을 묻고 있는 선택지는 무엇인가?

2. 응답자의 1인당 평균 방문횟수를 도출하기 위한 식은 무엇인가?

[정답]

1. ③
   선택지에서 평균 방문횟수를 묻고 있으므로 산술평균을 적용함을 알 수 있다.
2. 응답자의 1인당 평균 방문횟수
   $= \frac{\text{전체 방문횟수}}{\text{응답자의 수}}$

01. 다음 <표>는 지난 1개월간 패밀리레스토랑 방문경험이 있는 20~35세 여성 113명을 대상으로 연령대별 방문횟수와 직업을 조사한 자료이다. 이에 대한 설명으로 옳은 것은?

14 민경채 A 13

〈표 1〉 응답자의 연령대별 방문횟수 조사결과

(단위: 명)

방문횟수 \ 연령대	20~25세	26~30세	31~35세	합
1회	19	12	3	34
2~3회	27	32	4	63
4~5회	6	5	2	13
6회 이상	1	2	0	3
계	53	51	9	113

〈표 2〉 응답자의 직업 조사결과

(단위: 명)

직업	응답자
학생	49
회사원	43
공무원	2
전문직	7
자영업	9
가정주부	3
계	113

※ 복수응답과 무응답은 없음.

① 전체 응답자 중 20~25세 응답자가 차지하는 비율은 50% 이상이다.
② 26~30세 응답자 중 4회 이상 방문한 응답자 비율은 15% 미만이다.
③ 31~35세 응답자의 1인당 평균 방문횟수는 2회 미만이다.
④ 전체 응답자 중 직업이 학생 또는 공무원인 응답자 비율은 50% 이상이다.
⑤ 전체 응답자 중 20~25세인 전문직 응답자 비율은 5% 미만이다.

02. 다음 <그림>은 보육 관련 6대 과제별 성과 점수 및 추진 필요성 점수를 나타낸 것이다. 이에 대한 <보기>의 설명 중 옳은 것만을 모두 고르면? 15 민경채 인 01

〈그림 1〉 보육 관련 6대 과제별 성과 점수

(단위: 점)

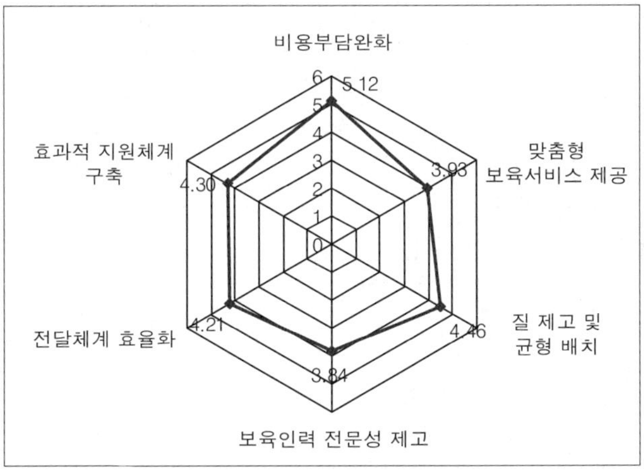

〈그림 2〉 보육 관련 6대 과제별 추진 필요성 점수

(단위: 점)

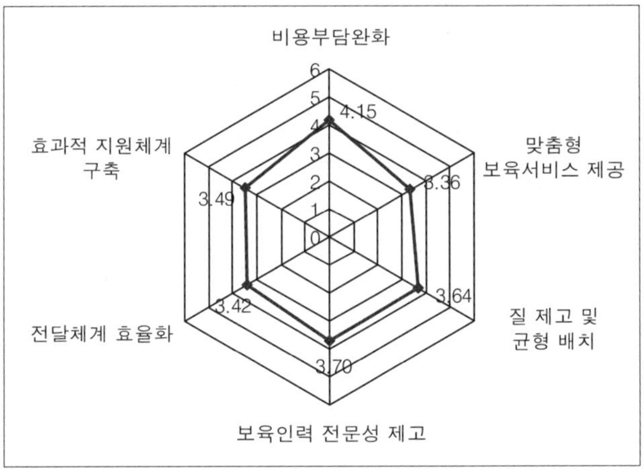

〈보 기〉

ㄱ. 성과 점수가 가장 높은 과제와 가장 낮은 과제의 점수 차이는 1.00점보다 크다.

ㄴ. 성과 점수와 추진 필요성 점수의 차이가 가장 작은 과제는 '보육인력 전문성 제고' 과제이다.

ㄷ. 6대 과제의 추진 필요성 점수 평균은 3.70점 이상이다.

① ㄴ

② ㄱ, ㄴ

③ ㄱ, ㄷ

④ ㄴ, ㄷ

⑤ ㄱ, ㄴ, ㄷ

문제 풀이 후 확인하기

실력 UP 포인트

1. 6대 과제별 추진 필요성 점수의 평균을 비교할 때 구체적으로 항목을 모두 더해 평균을 도출해야 하는가?

2. <그림 1>과 <그림 2>의 선분으로 이루어진 면적 중 어떤 <그림>의 면적이 더 넓은가?

[정답]

1. 그렇지 않다.
   항목 간 수치를 비교하여 판단할 수 있다. ㄷ에서 구체적 수치를 도출하는 것처럼 보이지만 가평균을 이용하여 비교할 수 있다.

2. <그림 1>

문제 풀이 후 확인하기

실력 UP 포인트

1. <조건>에서 언급하는 간편식 중 표에 직접 수치가 나타난 항목은 무엇인가?

2. 빈칸의 숫자를 구체적으로 검토하지 않은 상황에서 <조건>만 고려해도 확실히 답이 될 수 없는 선택지는 무엇인가?

[정답]

1. A
따라서 첫 번째 <조건>부터 검토해야 한다.

2. ②, ③
B와 D의 판매량은 같고, E의 판매량은 D보다 23개 적으므로 B와 E의 판매량 차이는 23이어야 한다. 따라서 ②, ③은 답이 될 수 없다.

03. 다음 <표>는 2019년 10월 첫 주 '갑' 편의점의 간편식 A~F의 판매량에 관한 자료이다. <표>와 <조건>을 이용하여 간편식 B, E의 판매량을 바르게 나열한 것은? 20 7급모의 02

〈표〉 간편식 A~F의 판매량

(단위: 개)

간편식	A	B	C	D	E	F	평균
판매량	95	( )	( )	( )	( )	43	70

〈조 건〉

- ○ A와 C의 판매량은 같다.
- ○ B와 D의 판매량은 같다.
- ○ E의 판매량은 D보다 23개 적다.

	B	E
①	70	47
②	70	57
③	83	47
④	83	60
⑤	85	62

04. 다음 <그림>은 2023년 A~C구 공사 건수 및 평균 공사비를 나타낸 자료이다. 이를 근거로 계산한 2023년 A~C구 전체 공사의 평균 공사비는? 24 7급공채 사 02

〈그림〉 2023년 A~C구 공사 건수 및 평균 공사비

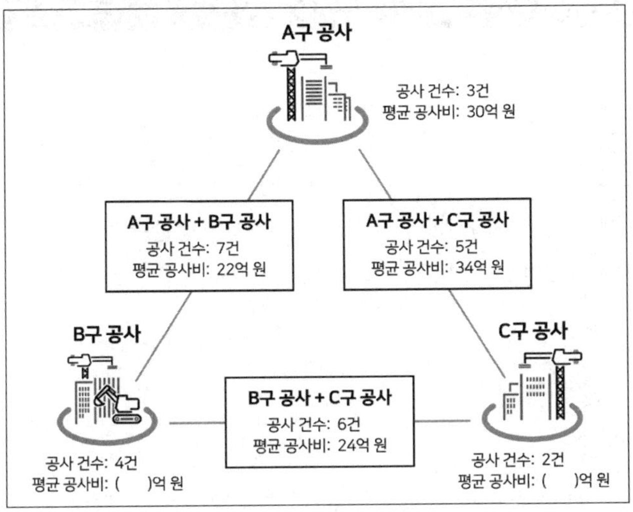

① 26억 원

② 27억 원

③ 28억 원

④ 29억 원

⑤ 30억 원

정답 · 해설 p.308

문제 풀이 후 확인하기

실력 UP 포인트

1. B구 공사와 C구 공사의 평균 공사비를 도출해야 A~C 전체 공사의 평균 공사비를 구할 수 있는가?

2. 구체적으로 도출하지 않고 <그림>만 가지고 판단한다면 A~C 전체 공사의 평균 공사비 최솟값과 최댓값은 얼마인가?

[정답]

1. 그렇지 않다.
   네모 박스 처리된 2개 구의 조합 정보를 가지고 도출 가능하다.
2. 평균 공사비는 최소 22억 원 이상 최대 34억 원 이하이다. 따라서 평균의 범위를 감안한다면 선택지의 수치는 모두 정답 후보가 된다.

유형 11 분산·물방울형

유형 소개

'분산·물방울형'은 가로축과 세로축에 제시된 항목 간의 상관관계를 파악하여 선택지나 <보기>의 내용이 올바른지 판단하는 유형이다.

유형 특징

이 유형은 두 가지 이상의 항목의 수치를 나타낸 그래프가 자료로 제시되고, 선택지나 <보기>는 그래프에 나타난 항목 간의 대소 비교, 상대적 비율의 크기, 합과 차이 등의 관계를 묻는 내용으로 구성된다. 주로 출제되는 포인트는 다음과 같다.

- 수출액(X)과 수입액(Y)이 가장 큰 항목
- 무역규모(X+Y)가 가장 큰 항목과 가장 작은 항목
- 수출액(X) 대비 수입액(Y)의 비율이 가장 높은 항목
- 무역수지가 흑자(X-Y)인 값이 가장 큰 항목과 적자(Y-X)인 값이 가장 큰 항목

출제 경향

- '분산·물방울형'은 2025년 7급 공채 PSAT에서 25문제 중 1문제가 출제되었고, 2024년에 1문제, 2023년에는 2문제, 2022년에는 1문제가 출제되었다. 2021년 7급 공채 PSAT에서는 출제되지 않았으나 2021년 민간경력자 PSAT에서는 1문제가 출제되었다. 5급 공채나 민간경력자 PSAT에서 반복적으로 출제되고 있는 유형인 점을 고려하면 중요도가 매우 높다.
- '분산·물방울형'은 선택지의 패턴이 정형화되어 있다. 따라서 그래프에 제시된 항목 간 비율이나 합, 차를 파악하는 방식을 숙지한다면, 체감 난도는 평이하거나 쉬운 편이다.

문제풀이 핵심 전략

STEP 1 | 그래프의 X축과 Y축, 원이 나타내는 항목이 무엇인지 체크하고, 분산형 차트라면 Y=X인 보조선을 그린다.

√ 그래프의 X축과 Y축에 나타나는 항목이 2가지라면 분산형 차트이고, X축과 Y축 항목 외에 평면의 원으로 항목(Z)이 나타난다면 물방울 차트임을 체크한다.

√ Y=X인 보조선을 그리면 대소 비교 등의 관계 파악이 수월하다.

STEP 2 | X축 또는 Y축 항목과 관련된 선택지나 <보기>를 먼저 풀이하고, 항목 간 관계를 통해 분수 비교 등을 활용하는 선택지나 <보기>를 후순위로 풀이한다.

√ X축 대비 Y축의 비율을 묻는 선택지나 <보기>는 원점과 각 점의 기울기를 통해 그래프 상에서 바로 비교가 가능하므로 먼저 풀이한다.

√ 분수 비교나 곱셈 비교 등을 활용하여 항목 간의 관계를 비교하는 선택지나 <보기>는 계산이 필요하므로 후순위로 풀이한다.

김용훈쌤의 응급처방

분산형·물방울 차트 빈출 포인트

· **X값과 Y값의 대소 비교**: 그래프에 Y=X인 선을 그렸을 때, 항목 값이 해당 선 위쪽에 위치하면 X<Y이고, 선 아래쪽에 위치하면 X>Y이다.

· **X값과 Y값의 상대적 비율 크기**: 그래프의 기울기가 클수록 X에 대한 Y의 비율은 커지고, Y에 대한 X의 비율은 작아진다. 문제에서는 주로 그래프의 기울기 자체를 묻지만 기울기의 역수를 묻기도 하므로 그래프의 축이 나타내는 항목을 정확하게 정리해 두어야 한다.

· **X값과 Y값의 합**: X+Y=k일 때, X+Y가 가장 크려면 Y=−X+k의 그래프에서 Y축 절편인 k가 가장 커야 한다. 따라서 특정 항목의 점을 지나는 기울기가 −1인 그래프를 그렸을 때, 해당 그래프의 Y절편이 원점에서 가장 멀리 떨어진 항목이 X+Y 값이 가장 크다.

· **X값과 Y값의 차**: Y−X 값은 그래프에 Y=X인 선을 그렸을 때, 각 항목의 점에서 이 보조선까지 수직(Y축과 평행인 방향)으로 연결한 거리와 동일하다. 따라서 각 항목에서 보조선까지의 거리가 멀수록 Y−X 값도 크다.

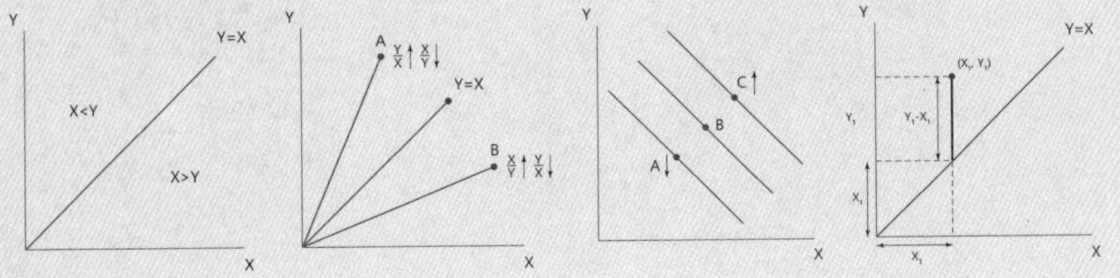

문제풀이 핵심 전략 적용

기출 예제

다음 <그림>은 2000~2009년 A국의 수출입액 현황을 나타낸 자료이다. 이에 대한 설명으로 옳지 않은 것은?

14 5급공채 A 30

〈그림〉 A국의 수출입액 현황 (2000~2009년)

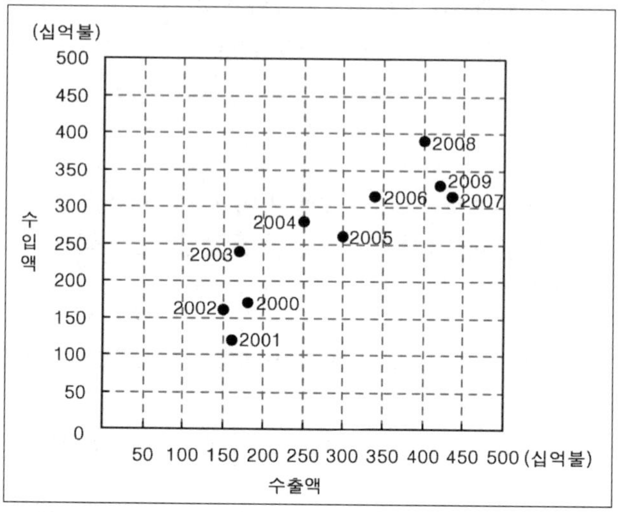

※ 1) 무역규모=수출액+수입액
2) 무역수지=수출액-수입액

① 무역규모가 가장 큰 해는 2008년이고, 가장 작은 해는 2001년이다.

② 수출액 대비 수입액의 비율이 가장 높은 해는 2003년이다.

③ 무역수지 적자폭이 가장 큰 해는 2003년이며, 흑자폭이 가장 큰 해는 2007년이다.

④ 2001년 이후 전년대비 무역규모가 감소한 해는 수출액도 감소하였다.

⑤ 수출액이 가장 큰 해는 2007년이고, 수입액이 가장 큰 해는 2008년이다.

STEP 1

<그림>은 X축 항목이 수출액, Y축 항목이 수입액으로 두 항목 간의 관계를 나타내고 있으므로 분산형 그래프임을 알 수 있다. 또한 각주를 체크하여 무역규모=X+Y, 무역수지=X-Y임을 확인한다.

STEP 2

제시된 선택지는 모두 계산이 필요하지 않으므로 X축 또는 Y축 항목과 관련된 선택지 중 가장 비교가 간단한 ④, ⑤를 먼저 확인한다.

④ 2009년에는 2008년에 비해 무역규모가 감소했지만 수출액은 증가했으므로 옳지 않은 설명이다.

⑤ 수출액은 2007년이 가장 크고, 수입액은 2008년이 가장 크므로 옳은 설명이다.

따라서 정답은 ④이다.

오답 체크

① 무역규모를 k라고 하면 $y=-x+k$이므로 기울기가 -1인 직선을 평행이동시켰을 때 원점에서 가장 멀리 떨어진 점의 k가 가장 크게 된다. 따라서 원점에서 가장 먼 2008년이 무역규모가 가장 크고, 가장 가까운 2001년이 무역규모가 가장 작으므로 옳은 설명이다.

② 수출액 대비 수입액의 비율은 X축 대비 Y축으로 원점으로부터 각 점까지의 기울기와 동일하고, 원점과 각 연도의 점을 잇는 선분의 기울기가 가장 큰 해인 2003년이 수출액 대비 수입액 비율이 가장 높으므로 옳은 설명이다.

③ '수출액=수입액'인 보조선을 그린 후, 보조선의 우하방에 위치한 점 중 보조선까지의 직선거리가 가장 큰 2007년이 흑자폭이 가장 크고, 보조선의 좌상방에 위치한 점 중 보조선까지의 거리가 가장 큰 2008년이 적자폭이 가장 크므로 옳은 설명이다.

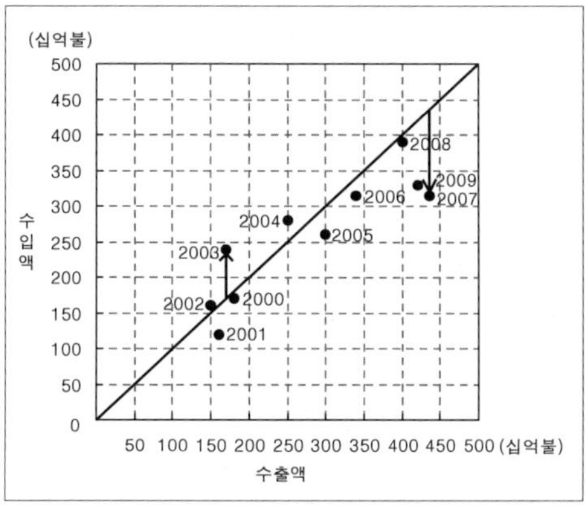

유형공략문제

문제 풀이 후 확인하기

실력 UP 포인트

1. 총자산, 당기순이익, 직원수 3가지 항목이 모두 가장 적은 은행은 어디인가?

2. 총자산과 당기순이익이 가장 많은 은행은 어디인가?

[정답]

1. 한국씨티은행
2. 총자산은 국민은행이 가장 많고, 당기순이익은 우리은행이 가장 많다.

01. 다음 <그림>은 국내 7개 시중은행의 경영통계(총자산, 당기순이익, 직원수)를 나타낸 그림이다. 이에 대한 <보기>의 설명으로 옳은 것을 모두 고르면? 11 민경채 경 09

〈그림〉 국내 7개 시중은행의 경영통계

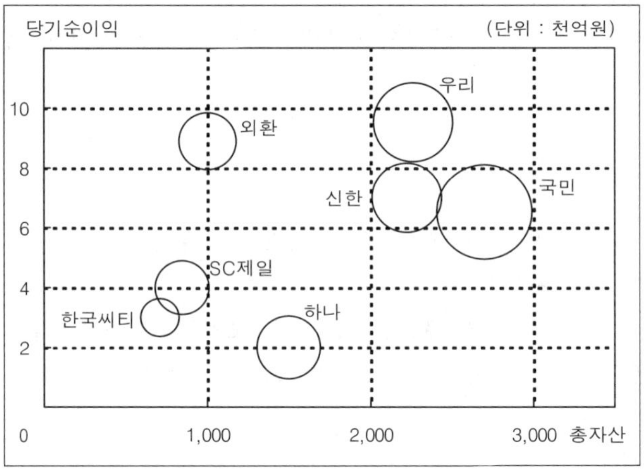

※ 1) 원의 면적은 직원수와 정비례함.
2) 직원수는 한국씨티은행(3,000명)이 가장 적고, 국민은행(18,000명)이 가장 많음.
3) 각 원의 중심 좌표는 총자산(X축)과 당기순이익(Y축)을 각각 나타냄.

〈보 기〉

ㄱ. 직원 1인당 총자산은 한국씨티은행이 국민은행보다 많다.

ㄴ. 총자산순이익률=$\frac{\text{당기순이익}}{\text{총자산}}$이 가장 낮은 은행은 하나은행이고, 가장 높은 은행은 외환은행이다.

ㄷ. 직원 1인당 당기순이익은 신한은행이 외환은행보다 많다.

ㄹ. 당기순이익이 가장 많은 은행은 우리은행이고, 가장 적은 은행은 한국씨티은행이다.

① ㄱ, ㄴ

② ㄱ, ㄹ

③ ㄴ, ㄷ

④ ㄷ, ㄹ

⑤ ㄱ, ㄴ, ㄹ

02. 다음 <그림>은 2011년 어느 회사에서 판매한 전체 10가지 제품유형(A~J)의 수요예측치와 실제수요의 관계를 나타낸 자료이다. 이에 대한 설명 중 옳은 것은? 12 민경채 인 14

〈그림〉 제품유형별 수요예측치와 실제수요

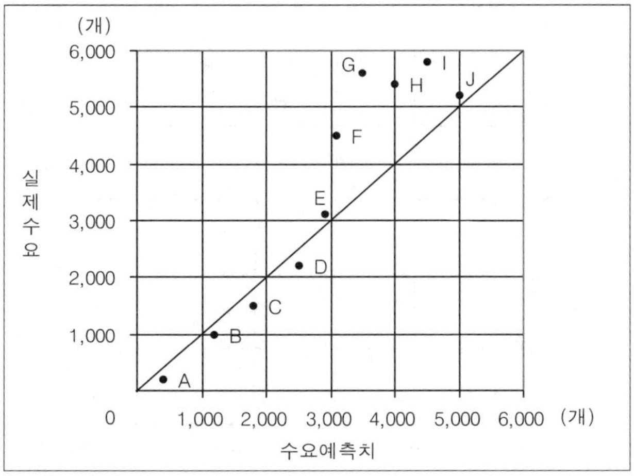

※ 수요예측 오차=|수요예측치−실제수요|

① 수요예측 오차가 가장 작은 제품유형은 G이다.

② 실제수요가 큰 제품유형일수록 수요예측 오차가 작다.

③ 수요예측치가 가장 큰 제품유형은 실제수요도 가장 크다.

④ 실제수요가 3,000개를 초과한 제품유형 수는 전체 제품유형수의 50% 이하이다.

⑤ 실제수요가 3,000개 이하인 제품유형은 각각 수요예측치가 실제수요보다 크다.

문제 풀이 후 확인하기

실력 UP 포인트

1. Y=X 보조선이 의미하는 것은 무엇인가?

2. 가장 마지막으로 풀이해야 하는 선택지는 무엇인가?

[정답]

1. 수요예측치=실제수요

2. ②

실제수요가 큰 유형과 수요예측 오차가 작은 유형의 경향성을 10가지 제품 모두 확인해야 한다.

실력 UP 포인트

문제 풀이 후 확인하기

1. 시장가격이 이론가격보다 더 큰 달은 몇 개인가?

2. 시장가격과 이론가격의 차이가 가장 큰 달은 몇 월인가?

[정답]

1. 4개
   보조선을 기준으로 좌상방에 위치한 점들이다.
2. 4월
   |X-Y|로 판단할 수 있다.

03. 다음 <그림>은 1~7월 동안 A사 주식의 이론가격과 시장가격의 관계에 대한 자료이다. 이에 대한 <보기>의 설명 중 옳은 것만을 모두 고르면? 13 민경채 인 24

〈그림〉 A사 주식의 이론가격과 시장가격의 관계

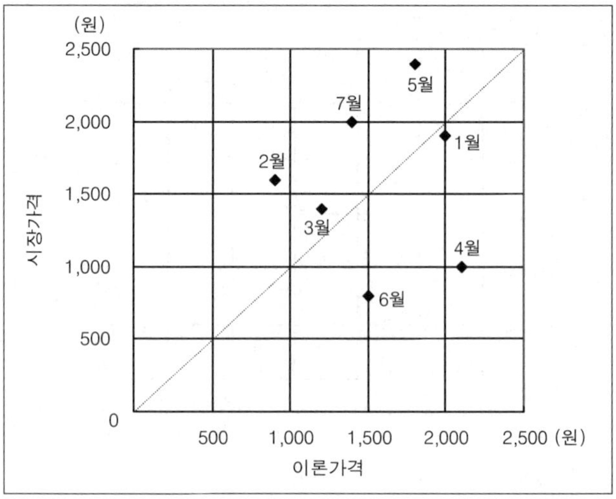

※ 해당 월 가격 괴리율(%) = $\frac{\text{해당 월 시장가격} - \text{해당 월 이론가격}}{\text{해당 월 이론가격}} \times 100$

〈보 기〉

ㄱ. 가격 괴리율이 0% 이상인 달은 4개이다.
ㄴ. 전월대비 이론가격이 증가한 달은 3월, 4월, 7월이다.
ㄷ. 전월대비 가격 괴리율이 증가한 달은 3개 이상이다.
ㄹ. 전월대비 시장가격이 가장 큰 폭으로 증가한 달은 6월이다.

① ㄱ, ㄴ

② ㄱ, ㄷ

③ ㄷ, ㄹ

④ ㄱ, ㄴ, ㄹ

⑤ ㄴ, ㄷ, ㄹ

04. 다음 <그림>과 <표>는 2000~2009년 A기업과 주요 5개 기업의 택배평균단가와 A기업 택배물량에 대한 자료이다. 이에 대한 설명으로 옳은 것은? 16 5급공채 4 10

〈그림〉 A기업과 주요 5개 기업의 택배평균단가

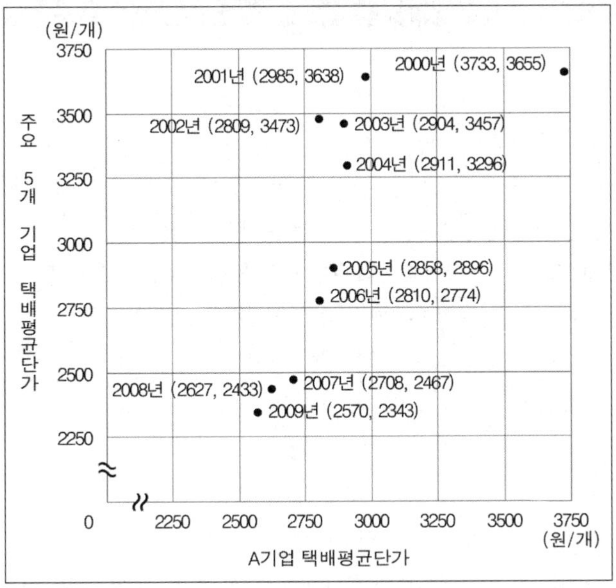

※ 1) 택배평균단가(원/개)= $\frac{\text{택배매출액}}{\text{택배물량}}$

2) A기업택배평균단가 비교지수= $\frac{\text{A기업 택배평균단가}}{\text{주요 5개 기업 택배평균단가}} \times 100$

3) 주요 5개 기업에 A기업은 포함되지 않음.

4) (,) 안의 수치는 각각 A기업 택배평균단가, 주요 5개 기업 택배평균단가를 의미함.

〈표〉 A기업 택배물량

(단위: 천 개)

연도	2000	2001	2002	2003	2004	2005	2006	2007	2008	2009
택배 물량	2,709	12,710	22,127	25,613	35,016	49,595	68,496	83,336	99,417	111,035

① 2000~2009년 동안 A기업 택배평균단가 비교지수가 가장 작은 해는 2002년이다.

② 2007~2009년 동안 A기업 택배매출액은 매년 상승하여 2009년에는 3,000억 원 이상이다.

③ 2000~2009년 동안 주요 5개 기업의 택배평균단가보다 A기업 택배평균단가가 높았던 해는 낮았던 해보다 더 많다.

④ 2003~2006년 동안 전년대비 A기업 택배물량 증가율이 가장 높았던 해는 2006년이다.

⑤ 2000~2009년 동안 A기업 택배평균단가가 가장 높은 해는 2000년이고, 주요 5개 기업 택배평균단가가 가장 높은 해는 2001년이다.

정답 · 해설 p.309

문제 풀이 후 확인하기

실력 UP 포인트

1. 원점과 평면의 연도별 점을 잇는 기울기는 무엇을 의미하는가?

2. 가로축과 세로축 모두 그래프 상에 0부터 2250까지는 생략되어 있는데, 이 경우에도 원점과 각 점을 잇는 기울기로 X 대비 Y의 비율을 판단할 수 있는가?

[정답]

1. A기업 택배평균단가 대비 주요 5개 기업 택배평균단가의 비율
각주 2)의 A기업 택배평균단가 비교지수의 역수이기도 하다.

2. 판단할 수 있다.
가로축과 세로축 모두 한칸이 250으로 간격이 일정하며 0~2250까지는 동일한 비율로 생략했기 때문에 기울기를 판단할 수 있다.

유형 12 최소여집합형

유형 소개

'최소여집합형'은 자료의 합계는 동일하나 기준은 2가지 이상인 자료가 제시되고, 선택지나 <보기>에서 자료의 공통적인 속성을 모두 만족하는 항목의 수를 물어볼 때, 최소여집합을 활용하여 선택지나 <보기>의 내용이 올바른지 판단하는 유형이다.

유형 특징

이 유형은 동일한 전체 항목이 2가지 이상의 기준으로 분류되어 전체 합계가 동일하지만 기준은 여러 개인 자료가 제시된다. 또한 선택지나 <보기>에 '~중에는', '반드시', '적어도(최소한)'라는 표현이 나타난다. 대표적인 선택지나 <보기>의 내용은 다음과 같다.

- 음사 출신자가 반드시 있다.
- 적어도 24명 이상이 문과 출신이다.
- 적어도 일부는 보드용으로 이용되었다.
- '운영불합리'인 경우는 126건 이상이다.

출제 경향

- '최소여집합형'은 2025년 7급 공채 PSAT에서 25문제 중 1문제가 출제되었고, 2024년에는 출제되지 않았으나, 2023년과 2022년에서 각각 1문제가 출제되었다. 5급 공채 PSAT에서는 자주 출제되는 대표적인 유형 중 하나이고, 민간경력자 PSAT에서도 빈번하게 출제되었던 중요 유형이다.
- 관련 이론을 숙지해야 해결할 수 있는 유형이므로 난도는 '중' 이상으로 출제된다.

문제풀이 핵심 전략

STEP 1 | 제시된 자료들의 합계가 모두 동일한지 확인한 후, 합계 수치가 몇인지, 각각의 자료가 무엇을 기준으로 분류되었는지 체크한다.

√ 실수 자료가 제시된 경우에는 합계가 동일한지 확인하고, 비율 자료가 제시된 경우에는 수치의 전체 합이 100%인지 확인한다.

√ 자료의 전체 항목이 동일한 경우에만 최소여집합을 활용할 수 있으므로 합계의 기준과 방향을 정확히 파악한다.

STEP 2 | '~중에는', '반드시', '적어도' 등의 표현이 있는 선택지나 <보기>를 찾고, 키워드 '중'을 기준으로 앞에 언급된 항목을 A, 뒤에 언급된 항목을 B로 설정하여 비교한다.

√ A에 해당하는 부분이 'B를 제외한 나머지'보다 큰지 비교하고, 'B를 제외한 나머지'가 모두 A라면 A에서 'B를 제외한 나머지'의 차이는 반드시 B에 해당함을 적용하여 항목의 수를 파악한다.

김용훈쌤의 응급처방

최소여집합의 적용이 가능한 경우

· 선택지에 '반드시', '적어도', '최소한' 등의 표현이 사용된 경우

· 동일한 전체 항목이 2가지 기준으로 다르게 분류되어 특정 값이 첫 번째 기준으로는 A 항목에 포함되고, 두 번째 기준으로는 B 항목에 포함되는 부분이 존재하는 경우

최소여집합의 판단 방법

· A에 해당하는 부분이 'B를 제외한 나머지'보다 큰 경우에는 $A-B^C>0$ 또는 $A>B^C$인지 확인한다.

· 'B를 제외한 나머지'에 해당하는 부분이 모두 A라고 가정하면 그 차이, 즉 $A-B^C$ 만큼은 반드시 B에 해당한다.($A-B^C$=반드시 B에 해당하는 수치)

· 사실상 $U=A+A^C=B+B^C$(U는 전체)일 때, 다음 식은 모두 동일하다.
$(A-B^C>0)=(B-A^C>0)=(A+B-U>0)$

문제풀이 핵심 전략 적용

기출 예제

다음 <표>는 조선시대 함평 현감의 재임기간 및 출신에 대한 자료이다. 이에 대한 설명으로 옳지 않은 것은?

09 5급공채 위 11

〈표 1〉 함평 현감의 재임기간별 인원

(단위: 명)

재임기간	인원
1개월 미만	2
1개월 이상~3개월 미만	8
3개월 이상~6개월 미만	19
6개월 이상~1년 미만	50
1년 이상~1년 6개월 미만	30
1년 6개월 이상~2년 미만	21
2년 이상~3년 미만	22
3년 이상~4년 미만	14
4년 이상	5
계	171

〈표 2〉 함평 현감의 출신별 인원

(단위: 명)

구분	문과	무과	음사(陰仕)	합
인원	84	50	37	171

① 함평 현감 중 재임기간이 1년 미만인 현감의 비율은 전체의 50% 이하이다.

② 재임기간이 6개월 이상인 함평 현감 중에는 문과 출신자가 가장 많다.

③ 함평 현감의 출신별 통계를 보면 음사 출신자는 전체의 20%를 초과한다.

④ 재임기간이 3년 미만인 함평 현감 중에는 음사 출신자가 반드시 있다.

⑤ 재임기간이 1년 6개월 미만인 함평 현감 중 적어도 24명 이상이 문과 출신이다.

STEP 1

<표 1>과 <표 2>에서 인원의 합계가 동일하므로 합계 인원과 각 자료의 분류 기준인 재임기간, 출신에 체크한다.

STEP 2

'~중에는', '반드시', '적어도'라는 표현이 사용된 ②, ④, ⑤를 먼저 풀이한다. 이때 키워드 '중'을 기준으로 앞에 언급된 항목을 A, 뒤에 언급된 항목을 B로 나누어 식으로 도출한다. ②에서 재임기간이 6개월 이상인 함평 현감 중에는 문과 출신자가 있다고 했고, ④에서 재임기간이 3년 미만인 함평 현감 중에는 음사 출신자가 반드시 있다고 했고, ⑤에서 재임기간이 1년 6개월 미만인 함평 현감 중 24명 이상이 문과 출신이라고 했으므로 재임 기간에 따른 인원 수를 A, 음사 또는 문과 출신자를 B로 한다.

② 재임기간이 6개월 이상인 함평 현감은 142명, 무과와 음사의 합이 87명으로 무과와 음사 출신자 모두 재임기간이 6개월 이상이라도 142-87=55명은 적어도 문과 출신자이므로 문과 출신자가 가장 많다.

④ 재임기간이 3년 미만인 함평 현감은 2+8+19+50+30+21+22=152명이고, 음사 출신을 제외한 문과와 무과 출신의 합이 171-37=134명이므로 152-134=18명 이상은 음사 출신이다.

⑤ 재임기간이 1년 6개월 미만인 함평 현감은 2+8+19+50+30=109명이고, 문과 출신을 제외한 무과와 음사 출신의 합은 87명이다. 따라서 무과와 음사 출신 모두 재임기간이 1년 6개월 미만이라도 적어도 109-87=22명 이상이 문과 출신이다.

나머지 선택지를 살펴보면 다음과 같다.

① 재임기간이 1년 미만인 현감은 전체의 (79/171)×100≒46.2%로 50% 이하이다.

③ 음사 출신자 37명은 전체 171명의 (37/171)×100≒21.6%이므로 20%를 초과한다.

따라서 정답은 ⑤이다.

유형공략문제

실력 UP 포인트
문제 풀이 후 확인하기

1. 가장 후순위로 접근해야 할 <보기>는 무엇인가?

2. 최소여집합을 적용하는 <보기>는 무엇인가?

01. 다음 <표>는 2001~2005년 국방부의 감사 횟수 및 감사실적을 처분 종류별, 업무 종류별, 결함 원인별로 나타낸 자료이다. 이에 대한 <보기>의 설명 중 옳은 것을 모두 고르면?

12 5급공채 인 21

〈표 1〉 처분 종류별 감사실적 건수

(단위: 건)

연도	감사 횟수	감사 실적	처분 종류						
			징계	경고	시정	주의	개선	통보	권고
2001	43	1,039	25	52	231	137	124	271	199
2002	42	936	15	65	197	203	106	179	171
2003	36	702	19	54	140	152	57	200	80
2004	38	560	10	62	112	99	56	168	53
2005	35	520	9	39	107	92	55	171	47

〈표 2〉 업무 종류별 감사실적 건수

(단위: 건)

연도	감사 실적	업무 종류							
		행정 일반	인사	정훈 교육	의무	군수 시설	방위 산업	예산 국고금	기타
2001	1,039	419	63	3	27	424	54	0	49
2002	936	217	43	9	29	448	60	64	66
2003	702	192	35	2	3	195	101	132	42
2004	560	164	10	9	6	162	56	122	31
2005	520	167	0	3	2	194	72	60	22

〈표 3〉 결함 원인별 감사실적 건수

(단위: 건)

연도	감사 실적	결함 원인				
		제도 결함	관계규정 이해부족	감독 소홀	운영 불합리	기타
2001	1,039	36	15	52	739	197
2002	936	17	72	70	686	91
2003	702	12	143	72	407	68
2004	560	21	64	45	385	45
2005	520	18	21	8	452	21

〈보 기〉

ㄱ. 감사 횟수당 '감사실적' 건수는 매년 감소했다.
ㄴ. 2005년 '군수시설' 업무 감사에서 결함 원인이 '운영불합리'인 경우는 126건 이상이다.
ㄷ. 2002~2005년 동안 전년대비 증감방향이 '감사실적' 건수의 전년대비 증감방향과 동일한 처분 종류는 세 가지이다.
ㄹ. 2005년 결함원인이 '운영불합리'인 건수의 당해년도 '감사실적' 건수 대비 비중은 2001년 처분 종류가 '시정'인 건수의 당해년도 '감사실적' 건수 대비 비중보다 작다.

① ㄱ, ㄴ

② ㄱ, ㄷ

③ ㄴ, ㄷ

④ ㄷ, ㄹ

⑤ ㄴ, ㄷ, ㄹ

[정답]

1. ㄱ

감사 횟수 대비 감사실적의 분수 비교로 계산이 다소 복잡하다.

2. ㄴ

업무 종류인 '군수시설'(A) 중 결함 원인이 '운영불합리'(B)인 경우를 묻고 있다.

문제 풀이 후 확인하기
실력 UP 포인트

1. 수확 벌채, 숲가꾸기 벌채, 피해목 벌채로 얻은 원목의 합은 얼마인가?

2. 최소여집합을 적용하는 선택지는 무엇인가?

02. 다음 <그림>은 2011년 국내 원목 벌채와 이용의 흐름에 대한 자료이다. 이에 대한 설명으로 옳은 것은?

13 민경채 인 18

〈그림〉 2011년 국내 원목 벌채와 이용의 흐름

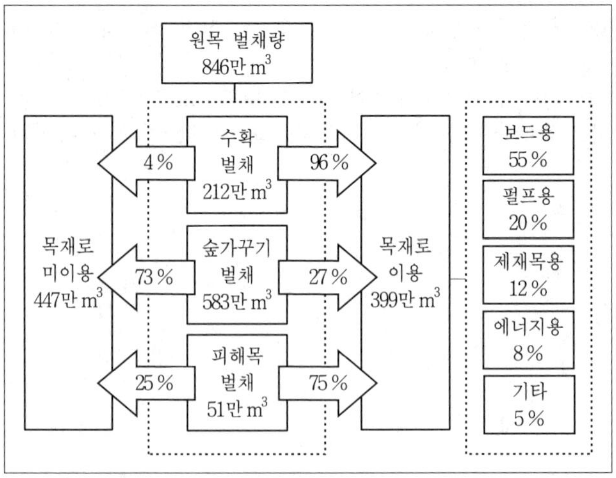

① 원목 벌채량 중 목재로 이용된 양이 목재로 미이용된 양보다 많았다.

② '숲가꾸기 벌채'로 얻은 원목이 목재로 이용된 원목에서 차지하는 비율이 가장 높았다.

③ 보드용으로 이용된 원목의 양은 200만 m^3보다 적었다.

④ '수확 벌채'로 얻은 원목 중 적어도 일부는 보드용으로 이용되었다.

⑤ '피해목 벌채'로 얻은 원목 중 목재로 미이용된 양은 10만 m^3보다 적었다.

[정답]

1. 846만 m^3

2. ④
원목(A) '중' 보드용(B)으로 이용된 구조를 묻고 있다.

03. 다음 <표>는 A지역의 저수지 현황에 대한 자료이다. 이에 대한 <보기>의 설명 중 옳은 것만을 모두 고르면?

16 민경채 5 23

〈표 1〉 관리기관별 저수지 현황

(단위: 개소, 천 m^3, ha)

관리기관 \ 구분	저수지 수	총 저수용량	총 수혜면적
농어촌공사	996	598,954	69,912
자치단체	2,230	108,658	29,371
전체	3,226	707,612	99,283

〈표 2〉 저수용량별 저수지 수

(단위: 개소)

저수용량 (m^3)	10만 미만	10만 이상 50만 미만	50만 이상 100만 미만	100만 이상 500만 미만	500만 이상 1,000만 미만	1,000만 이상	합
저수지 수	2,668	360	100	88	3	7	3,226

〈표 3〉 제방높이별 저수지 수

(단위: 개소)

제방높이 (m)	10 미만	10 이상 20 미만	20 이상 30 미만	30 이상 40 미만	40 이상	합
저수지 수	2,566	533	99	20	8	3,226

〈보 기〉

ㄱ. 관리기관이 자치단체이고 제방높이가 '10 미만'인 저수지 수는 1,600개소 이상이다.
ㄴ. 저수용량이 '10만 미만'인 저수지 수는 전체 저수지 수의 80% 이상이다.
ㄷ. 관리기관이 농어촌공사인 저수지의 개소당 수혜면적은 관리기관이 자치단체인 저수지의 개소당 수혜면적의 5배 이상이다.
ㄹ. 저수용량이 '50만 이상 100만 미만'인 저수지의 저수용량 합은 전체 저수지 총 저수용량의 5% 이상이다.

① ㄴ, ㄷ

② ㄷ, ㄹ

③ ㄱ, ㄴ, ㄷ

④ ㄱ, ㄴ, ㄹ

⑤ ㄴ, ㄷ, ㄹ

문제 풀이 후 확인하기

실력 UP 포인트

1. <표> 3개에서 공통적으로 제시된 항목은 무엇인가?

2. 최소여집합을 적용하는 선택지는 무엇인가?

[정답]

1. 저수지 수

2. ㄱ

자치단체(A) 이면서 동시에 제방높이가 '10 미만'(B)인 저수지의 수를 묻고 있다.

문제 풀이 후 확인하기

실력 UP 포인트

1. 최소여집합을 적용하는 선택지는 무엇인가?

2. 가장 후순위로 풀이할 선택지는 무엇인가?

04. 다음 <표>는 2011년과 2012년 친환경인증 농산물의 생산 현황에 관한 자료이다. 이에 대한 설명으로 옳지 않은 것은?

15 5급공채 인 18

<표> 종류별, 지역별 친환경인증 농산물 생산 현황

(단위: 톤)

구분		2012년				2011년
		합	인증형태			
			유기 농산물	무농약 농산물	저농약 농산물	
종류	곡류	343,380	54,025	269,280	20,075	371,055
	과실류	341,054	9,116	26,850	305,088	457,794
	채소류	585,004	74,750	351,340	158,914	753,524
	서류	41,782	9,023	30,157	2,602	59,407
	특용작물	163,762	6,782	155,434	1,546	190,069
	기타	23,253	14,560	8,452	241	20,392
	계	1,498,235	168,256	841,513	488,466	1,852,241
지역	서울	1,746	106	1,544	96	1,938
	부산	4,040	48	1,501	2,491	6,913
	대구	13,835	749	3,285	9,801	13,852
	인천	7,663	1,093	6,488	82	7,282
	광주	5,946	144	3,947	1,855	7,474
	대전	1,521	195	855	471	1,550
	울산	10,859	408	5,142	5,309	13,792
	세종	1,377	198	826	353	0
	경기도	109,294	13,891	71,521	23,882	126,209
	강원도	83,584	17,097	52,810	13,677	68,300
	충청도	159,495	29,506	64,327	65,662	207,753
	전라도	611,468	43,330	443,921	124,217	922,641
	경상도	467,259	52,567	176,491	238,201	457,598
	제주도	20,148	8,924	8,855	2,369	16,939
	계	1,498,235	168,256	841,513	488,466	1,852,241

① 2012년 친환경인증 농산물 종류 중 전년대비 생산 감소량이 세 번째로 큰 농산물은 곡류이다.

② 2012년 친환경인증 농산물의 종류별 생산량에서 무농약 농산물 생산량이 차지하는 비중은 서류가 곡류보다 크다.

③ 2012년 전라도와 경상도에서 생산된 친환경인증 채소류 생산량의 합은 적어도 16만 톤 이상이다.

④ 2012년 각 지역 내에서 인증형태별 생산량 순위가 서울과 같은 지역은 인천과 강원도뿐이다.

⑤ 2012년 친환경인증 농산물의 생산량이 전년대비 30% 이상 감소한 지역은 총 2곳이다.

정답 · 해설 p.311

[정답]

1. ③
전라도+경상도(A) 중 채소류(B)를 묻고 있다.

2. ⑤
감소율이 30% 이상인 지역을 하나씩 검토해야 한다.

실전공략문제

· 권장 제한시간에 따라 시작과 종료 시각을 정한 후, 실제 시험처럼 문제를 풀어보세요.
　　시　　분　　~　　시　　분 (총 8문항 / 16분)

01. 다음 <표>는 통신사 '갑', '을', '병'의 스마트폰 소매가격 및 평가점수 자료이다. 이에 대한 <보기>의 설명 중 옳은 것만을 모두 고르면?

18 민경채 가 02

〈표〉 통신사별 스마트폰의 소매가격 및 평가점수

(단위: 달러, 점)

통신사	스마트폰	소매가격	평가항목					종합품질점수
			화질	내비게이션	멀티미디어	배터리수명	통화성능	
갑	A	150	3	3	3	3	1	13
	B	200	2	2	3	1	2	(　)
	C	200	3	3	3	1	1	(　)
을	D	180	3	3	3	2	1	(　)
	E	100	2	3	3	2	1	11
	F	70	2	1	3	2	1	(　)
병	G	200	3	3	3	2	2	(　)
	H	50	3	2	3	2	1	(　)
	I	150	3	2	2	3	2	12

※ 스마트폰의 '종합품질점수'는 해당 스마트폰의 평가항목별 평가점수의 합임.

〈보 기〉

ㄱ. 소매가격이 200달러인 스마트폰 중 '종합품질점수'가 가장 높은 스마트폰은 C이다.
ㄴ. 소매가격이 가장 낮은 스마트폰은 '종합품질점수'도 가장 낮다.
ㄷ. 통신사 각각에 대해서 해당 통신사 스마트폰의 '통화성능' 평가점수의 평균을 계산하여 통신사별로 비교하면 '병'이 가장 높다.
ㄹ. 평가항목 각각에 대해서 스마트폰 A~I 평가점수의 합을 계산하여 평가항목별로 비교하면 '멀티미디어'가 가장 높다.

① ㄱ

② ㄷ

③ ㄱ, ㄴ

④ ㄴ, ㄹ

⑤ ㄷ, ㄹ

02. 다음 <표>는 A~E 면접관이 '갑'~'정' 응시자에게 부여한 면접 점수이다. 이에 대한 <보기>의 설명 중 옳은 것만을 모두 고르면? 18 민경채 가 18

〈표〉 '갑'~'정' 응시자의 면접 점수

(단위: 점)

면접관 \ 응시자	갑	을	병	정	범위
A	7	8	8	6	2
B	4	6	8	10	( )
C	5	9	8	8	( )
D	6	10	9	7	4
E	9	7	6	5	4
중앙값	( )	( )	8	( )	-
교정점수	( )	8	( )	7	-

※ 1) 범위: 해당 면접관이 각 응시자에게 부여한 면접 점수 중 최댓값에서 최솟값을 뺀 값
2) 중앙값: 해당 응시자가 A~E 면접관에게 받은 모든 면접 점수를 크기순으로 나열할 때 한가운데 값
3) 교정점수: 해당 응시자가 A~E 면접관에게 받은 모든 면접 점수 중 최댓값과 최솟값을 제외한 면접 점수의 산술 평균값

〈보 기〉

ㄱ. 면접관 중 범위가 가장 큰 면접관은 B이다.
ㄴ. 응시자 중 중앙값이 가장 작은 응시자는 '정'이다.
ㄷ. 교정점수는 '병'이 '갑'보다 크다.

① ㄱ
② ㄴ
③ ㄱ, ㄷ
④ ㄴ, ㄷ
⑤ ㄱ, ㄴ, ㄷ

03. 다음 <표 1>은 창의경진대회에 참가한 팀 A, B, C의 '팀 인원수' 및 '팀 평균점수'이며, <표 2>는 <표 1>에 기초하여 '팀 연합 인원수' 및 '팀 연합 평균점수'를 각각 산출한 자료이다. (가)와 (나)에 들어갈 값을 바르게 나열한 것은? 18 민경채 가 24

〈표 1〉 팀 인원수 및 팀 평균점수

(단위: 명, 점)

팀	A	B	C
인원수	( )	( )	( )
평균점수	40.0	60.0	90.0

※ 1) 각 참가자는 A, B, C팀 중 하나의 팀에만 속하고, 개인별로 점수를 획득함.

2) 팀 평균점수 = $\frac{\text{해당 팀 참가자 개인별 점수의 합}}{\text{해당 팀 참가자 인원수}}$

〈표 2〉 팀 연합 인원수 및 팀 연합 평균점수

(단위: 명, 점)

팀 연합	A+B	B+C	C+A
인원수	80	120	(가)
평균점수	52.5	77.5	(나)

※ 1) A+B는 A팀과 B팀, B+C는 B팀과 C팀, C+A는 C팀과 A팀의 인원을 합친 팀 연합임.

2) 팀 연합 평균점수 = $\frac{\text{해당 팀 연합 참가자 개인별 점수의 합}}{\text{해당 팀 연합 참가자 인원수}}$

	(가)	(나)
①	90	72.5
②	90	75.0
③	100	72.5
④	100	75.0
⑤	110	72.5

04. 다음 <그림>은 국가 A~H의 GDP와 에너지사용량에 관한 자료이다. 이에 대한 설명으로 옳지 않은 것은? 16 민경채 5 04

〈그림〉 국가 A~H의 GDP와 에너지사용량

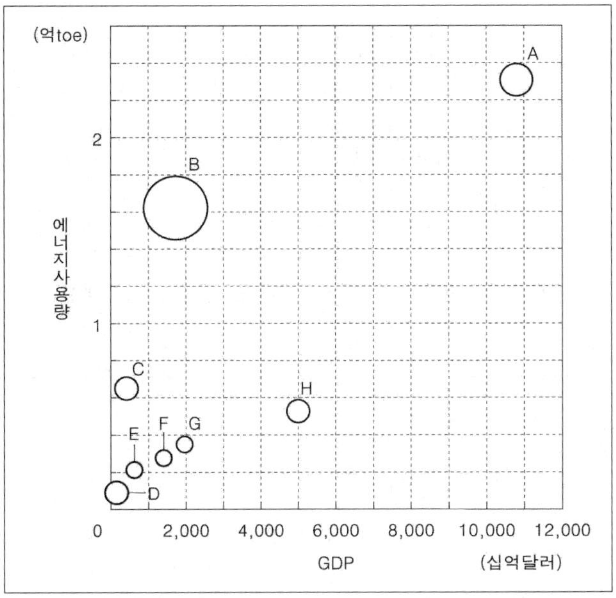

※ 1) 원의 면적은 각 국가 인구수에 정비례함.
2) 각 원의 중심좌표는 각 국가의 GDP와 에너지사용량을 나타냄.

① 에너지사용량이 가장 많은 국가는 A국이고 가장 적은 국가는 D국이다.

② 1인당 에너지사용량은 C국이 D국보다 많다.

③ GDP가 가장 낮은 국가는 D국이고 가장 높은 국가는 A국이다.

④ 1인당 GDP는 H국이 B국보다 높다.

⑤ 에너지사용량 대비 GDP는 A국이 B국보다 낮다.

1 자료비교
2 자료판단
3 자료검토·변환
4 자료이해
기출 엄선 모의고사

05. 다음 <표>는 A국 전체 근로자의 회사 규모 및 근로자 직급별 출퇴근 소요시간 분포와 유연근무제도 유형별 활용률에 관한 자료이다. 이에 대한 설명으로 옳은 것은? 16 5급공채 4 13

〈표 1〉 회사 규모 및 근로자 직급별 출퇴근 소요시간 분포

(단위: %)

규모 및 직급 \ 출퇴근 소요시간		30분 이하	30분 초과 60분 이하	60분 초과 90분 이하	90분 초과 120분 이하	120분 초과 150분 이하	150분 초과 180분 이하	180분 초과	전체
규모	중소기업	12.2	34.6	16.2	17.4	8.4	8.5	2.7	100.0
	중견기업	22.8	35.7	16.8	16.3	3.1	3.4	1.9	100.0
	대기업	21.0	37.7	15.3	15.6	4.7	4.3	1.4	100.0
직급	대리급 이하	20.5	37.3	15.4	13.8	5.0	5.3	2.6	100.0
	과장급	16.9	31.6	16.7	19.9	5.6	7.7	1.7	100.0
	차장급 이상	12.6	36.3	18.3	19.3	7.3	4.2	1.9	100.0

〈표 2〉 회사 규모 및 근로자 직급별 유연근무제도 유형별 활용률

(단위: %)

규모 및 직급 \ 유연근무제도 유형		재택근무제	원격근무제	탄력근무제	시차출퇴근제
규모	중소기업	10.4	54.4	15.6	41.7
	중견기업	29.8	11.5	39.5	32.0
	대기업	8.6	23.5	19.9	27.0
직급	대리급 이하	0.7	32.0	23.6	29.0
	과장급	30.2	16.3	27.7	28.7
	차장급 이상	14.2	26.4	25.1	33.2

① 출퇴근 소요시간이 60분 이하인 근로자 수는 출퇴근 소요시간이 60분 초과인 근로자 수보다 모든 직급에서 많다.

② 출퇴근 소요시간이 90분 초과인 대리급 이하 근로자 비율은 탄력근무제를 활용하는 대리급 이하 근로자 비율보다 낮다.

③ 출퇴근 소요시간이 120분 이하인 과장급 근로자 중에는 원격근무제를 활용하는 근로자가 있다.

④ 원격근무제를 활용하는 중소기업 근로자 수는 탄력근무제와 시차출퇴근제 중 하나 이상을 활용하는 중소기업 근로자 수보다 적다.

⑤ 출퇴근 소요시간이 60분 이하인 차장급 이상 근로자 수는 원격근무제와 탄력근무제 중 하나 이상을 활용하는 차장급 이상 근로자 수보다 적다.

06. 다음 <표>는 A회사의 연도별 임직원 현황에 관한 자료이다. 이에 대한 <보기>의 설명 중 옳은 것만을 모두 고르면? 16 5급공채 4 28

〈표〉 A회사의 연도별 임직원 현황

(단위: 명)

구분		2013	2014	2015
국적	한국	9,566	10,197	9,070
	중국	2,636	3,748	4,853
	일본	1,615	2,353	2,749
	대만	1,333	1,585	2,032
	기타	97	115	153
	계	15,247	17,998	18,857
고용형태	정규직	14,173	16,007	17,341
	비정규직	1,074	1,991	1,516
	계	15,247	17,998	18,857
연령	20대 이하	8,914	8,933	10,947
	30대	5,181	7,113	6,210
	40대 이상	1,152	1,952	1,700
	계	15,247	17,998	18,857
직급	사원	12,365	14,800	15,504
	간부	2,801	3,109	3,255
	임원	81	89	98
	계	15,247	17,998	18,857

〈보 기〉

ㄱ. 매년 일본, 대만 및 기타 국적 임직원 수의 합은 중국 국적 임직원 수보다 많다.
ㄴ. 매년 전체 임직원 중 20대 이하 임직원이 차지하는 비중은 50% 이상이다.
ㄷ. 2014년과 2015년에 전년대비 임직원 수가 가장 많이 증가한 국적은 모두 중국이다.
ㄹ. 국적이 한국이면서 고용형태가 정규직이고 직급이 사원인 임직원은 2014년에 5,000명 이상이다.

① ㄱ, ㄴ
② ㄱ, ㄷ
③ ㄴ, ㄹ
④ ㄱ, ㄷ, ㄹ
⑤ ㄴ, ㄷ, ㄹ

1 자료비교 2 자료판단 3 자료검토·변환 4 자료이해 기출 엄선 모의고사

07. 다음 <그림>은 A산림경영구의 벌채 예정 수종 현황에 대한 자료이다. 이에 대한 <보기>의 설명 중 옳은 것만을 모두 고르면?

15 5급공채 인 37

〈그림〉 A산림경영구의 벌채 예정 수종 현황

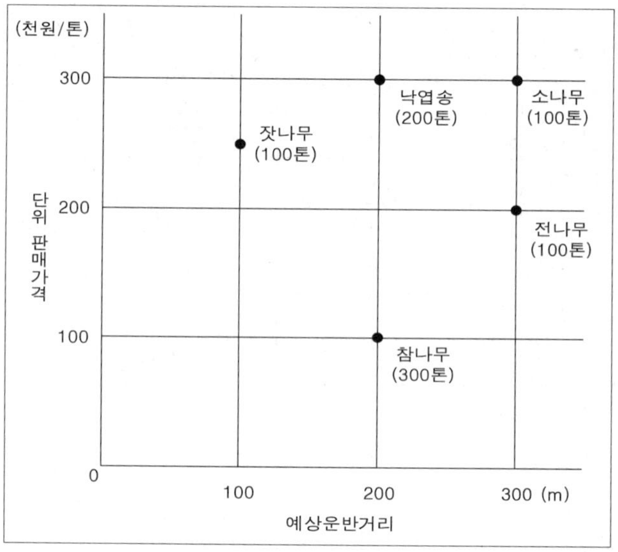

※ (　)안의 숫자는 벌채예정량을 나타냄.

〈수종별 벌채 가능 판단 기준〉

- ○ 예상이익금이 0원을 초과하면 벌채 가능하다.
- ○ 예상이익금(천 원) = 벌채예정량(톤) × 단위 판매가격(천 원/톤) − 예상운반비(천 원)
- ○ 예상운반비(천 원) = 벌채예정량(톤) × 예상운반거리(m) × 운반비 단가(천 원/(톤·m))
- ○ 운반비 단가는 1천 원/(톤·m)이다.

〈보 기〉

ㄱ. 벌채 가능한 수종은 잣나무, 낙엽송뿐이다.
ㄴ. 소나무의 경우 벌채예정량이 2배가 되면 벌채 가능하다.
ㄷ. 운반비 단가가 2천 원/(톤·m)이라면 벌채 가능한 수종은 잣나무뿐이다.
ㄹ. 전나무의 경우 단위 판매가격이 30만 원/톤을 초과하면 벌채 가능하다.

① ㄱ, ㄴ

② ㄱ, ㄷ

③ ㄴ, ㄹ

④ ㄷ, ㄹ

⑤ ㄱ, ㄷ, ㄹ

08. 다음 <표>는 '갑' 박물관 이용자를 대상으로 12개 평가항목에 대해 항목별 중요도와 만족도를 조사한 결과이다. 이를 바탕으로 평가항목을 <그림>과 같이 4가지 영역으로 분류할 때, 이에 대한 설명으로 옳은 것은? 19 7급예시 01

〈표〉 평가항목별 중요도와 만족도 조사결과

(단위: 점)

평가항목 \ 구분	중요도	만족도
홈페이지	4.45	4.51
안내 직원	( )	4.23
안내 자료	4.39	4.13
안내 시설물	4.32	4.42
전시공간 규모	4.33	4.19
전시공간 환경	4.46	4.38
전시물 수	4.68	4.74
전시물 다양성	4.59	4.43
전시물 설명문	4.34	4.44
기획 프로그램	4.12	4.41
휴게 시설	4.18	4.39
교통 및 주차	4.29	4.17
평균	4.35	4.37

〈그림〉 중요도와 만족도에 따른 평가항목 영역 분류

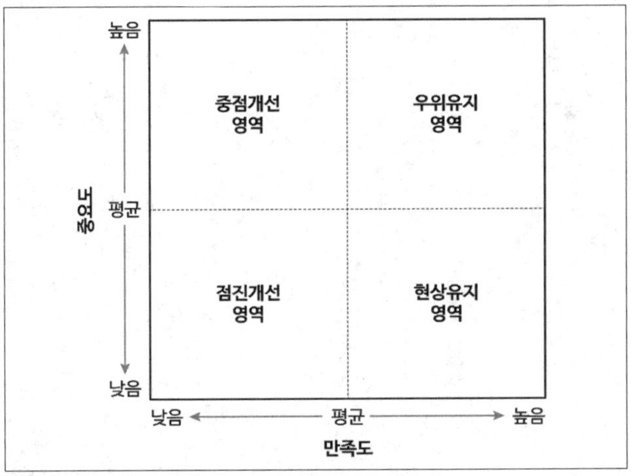

① '안내 직원'의 중요도는 중요도 평균보다 높다.

② '교통 및 주차'는 '현상유지 영역'으로 분류된다.

③ '점진개선 영역'으로 분류되는 항목은 2개이다.

④ '우위유지 영역'으로 분류되는 항목의 수는 '현상유지 영역'으로 분류되는 항목의 수와 같다.

⑤ '중점개선 영역'으로 분류된 항목은 없다.

정답·해설 p.313

해커스PSAT **7급 PSAT 기본서** 자료해석

PSAT 교육 1위, 해커스PSAT **psat.Hackers.com**

기출 엄선 모의고사

문제 풀이 시작과 종료 시각을 정하여 실전처럼 모의고사를 모두 푼 뒤, 실제로 문제 풀이에 소요된 시간과 맞힌 문항 수를 기록하여 자신의 실력을 점검해 보시기 바랍니다. 본 모의고사는 자료해석 문제만으로 구성된 시험으로 실제 시험에서는 자료해석과 다른 영역이 함께 출제됩니다.

자료해석

- 풀이 시간: _____분/60분
- 맞힌 문항 수: _____문항/25문항

01. 다음 <표>는 2006년부터 2010년까지 정부지원 직업훈련 현황에 대한 자료이다. 이에 대한 <보기>의 설명 중 옳은 것을 모두 고르면? 11 민경채 경 04

〈표〉 연도별 정부지원 직업훈련 현황

(단위: 천 명, 억 원)

구분	연도	2006	2007	2008	2009	2010
훈련인원	실업자	102	117	113	153	304
	재직자	2,914	3,576	4,007	4,949	4,243
	계	3,016	3,693	4,120	5,102	4,547
훈련지원금	실업자	3,236	3,638	3,402	4,659	4,362
	재직자	3,361	4,075	4,741	5,597	4,669
	계	6,597	7,713	8,143	10,256	9,031

〈보 기〉

ㄱ. 실업자 훈련인원과 실업자 훈련지원금의 연도별 증감방향은 서로 일치한다.
ㄴ. 훈련지원금 총액은 2009년에 1조 원을 넘어 최고치를 기록하였다.
ㄷ. 2006년 대비 2010년 실업자 훈련인원의 증가율은 실업자 훈련지원금 증가율의 7배 이상이다.
ㄹ. 훈련인원은 매년 실업자가 재직자보다 적었다.
ㅁ. 1인당 훈련지원금은 매년 실업자가 재직자보다 많았다.

① ㄱ, ㄴ, ㄷ

② ㄱ, ㄷ, ㄹ

③ ㄱ, ㄹ, ㅁ

④ ㄴ, ㄷ, ㅁ

⑤ ㄴ, ㄹ, ㅁ

02. 다음 <표>는 양성평등정책에 대한 의견을 성별 및 연령별로 정리한 자료이다. 이에 대한 <보기>의 설명 중 옳은 것을 모두 고르면? 11 민경채 경 07

〈표〉 양성평등정책에 대한 성별 및 연령별 의견

(단위: 명)

구분	30세 미만		30세 이상	
	여성	남성	여성	남성
찬성	90	78	60	48
반대	10	22	40	52
계	100	100	100	100

〈보 기〉

ㄱ. 30세 미만 여성이 30세 이상 여성보다 양성평등정책에 찬성하는 비율이 높다.
ㄴ. 30세 이상 여성이 30세 이상 남성보다 양성평등정책에 찬성하는 비율이 높다.
ㄷ. 양성평등정책에 찬성하는 비율의 성별 차이는 연령별 차이보다 크다.
ㄹ. 남성의 절반 이상이 양성평등정책에 찬성하고 있다.

① ㄱ, ㄷ

② ㄴ, ㄹ

③ ㄱ, ㄴ, ㄷ

④ ㄱ, ㄴ, ㄹ

⑤ ㄴ, ㄷ, ㄹ

03. 다음 <표>는 국내 입지별 지식산업센터 수에 대한 자료이다. 이에 대한 설명 중 옳지 않은 것은?

11 민경채 경 11

〈표〉 국내 입지별 지식산업센터 수

(단위: 개)

지역 \ 구분		개별입지	계획입지	합
서울		54	73	127
6대 광역시	부산	3	6	9
	대구	2	2	4
	인천	7	11	( )
	광주	0	2	2
	대전	( )	4	6
	울산	1	0	1
경기		100	( )	133
강원		1	0	1
충북		0	0	0
충남		0	1	1
전북		0	1	1
전남		1	1	2
경북		2	0	2
경남		2	15	( )
제주		0	0	0
전국 합계		175	149	324

※ 지식산업센터가 조성된 입지는 개별입지와 계획입지로 구분됨.

① 국내 지식산업센터는 60% 이상이 개별입지에 조성되어 있다.

② 수도권(서울, 인천, 경기)의 지식산업센터 수는 전국 합계의 80%가 넘는다.

③ 경기지역의 지식산업센터는 계획입지보다 개별입지에 많이 조성되어 있다.

④ 동남권(부산, 울산, 경남)의 지식산업센터 수는 대경권(대구, 경북)의 4배 이상이다.

⑤ 6대 광역시 중 계획입지에 조성된 지식산업센터 수가 개별입지에 조성된 지식산업센터 수보다 적은 지역은 울산광역시뿐이다.

04. 다음 <그림>은 2006~2010년 동남권의 양파와 마늘 재배면적 및 생산량 추이를 나타낸 것이고, <표>는 2010년, 2011년 동남권의 양파와 마늘 재배면적의 지역별 분포를 나타낸 것이다. 이에 대한 설명으로 옳은 것은? 13 민경채 인 07

〈그림〉 동남권의 양파와 마늘 재배면적 및 생산량 추이

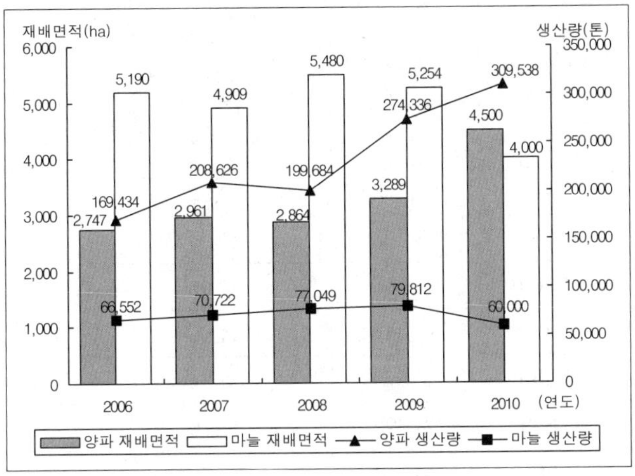

〈표〉 동남권의 양파와 마늘 재배면적의 지역별 분포

(단위: ha)

재배작물	지역	연도	
		2010	2011
양파	부산	56	40
	울산	( )	( )
	경남	4,100	4,900
	소계	( )	5,100
마늘	부산	24	29
	울산	42	66
	경남	3,934	4,905
	소계	4,000	5,000

※ 동남권은 부산, 울산, 경남으로만 구성됨.

① 2006~2010년 동안 동남권의 마늘 생산량은 매년 증가하였다.

② 2006~2010년 동안 동남권의 단위 재배면적당 양파 생산량은 매년 증가하였다.

③ 2011년 울산의 양파 재배면적은 전년에 비해 증가하였다.

④ 2006~2011년 동안 동남권의 마늘 재배면적은 양파 재배면적보다 매년 크다.

⑤ 2011년 동남권의 단위 재배면적당 마늘 생산량이 2010년과 동일하다면 2011년 동남권의 마늘 생산량은 75,000톤이다.

05. 다음 <표>는 2001~2012년 '갑'국 식품산업 매출액 및 생산액 추이에 대한 자료이다. 이에 대한 <보기>의 설명 중 옳은 것만을 모두 고르면? 14 민경채 A 09

〈표〉 '갑'국 식품산업 매출액 및 생산액 추이

(단위: 십억 원, %)

구분 연도	식품산업 매출액	식품산업 생산액	제조업 생산액 대비 식품산업 생산액 비중	GDP 대비 식품산업 생산액 비중
2001	30,781	27,685	17.98	4.25
2002	36,388	35,388	21.17	4.91
2003	23,909	21,046	11.96	2.74
2004	33,181	30,045	14.60	3.63
2005	33,335	29,579	13.84	3.42
2006	35,699	32,695	14.80	3.60
2007	37,366	33,148	13.89	3.40
2008	39,299	36,650	14.30	3.57
2009	44,441	40,408	15.16	3.79
2010	38,791	34,548	10.82	2.94
2011	44,448	40,318	11.58	3.26
2012	47,328	43,478	12.22	3.42

〈보 기〉

ㄱ. 2012년 제조업 생산액은 2001년 제조업 생산액의 4배 이상이다.
ㄴ. 2005년 이후 식품산업 매출액의 전년대비 증가율이 가장 큰 해는 2009년이다.
ㄷ. GDP 대비 제조업 생산액 비중은 2012년이 2007년보다 크다.
ㄹ. 2008년 '갑'국 GDP는 1,000조 원 이상이다.

① ㄱ, ㄴ

② ㄱ, ㄷ

③ ㄱ, ㄹ

④ ㄴ, ㄹ

⑤ ㄷ, ㄹ

06. 다음 <그림>은 2013년 전국 지역별, 월별 영상회의 개최실적에 관한 자료이다. 이에 대한 설명으로 옳지 않은 것은? 14 민경채 A 14

〈그림 1〉 전국 지역별 영상회의 개최건수

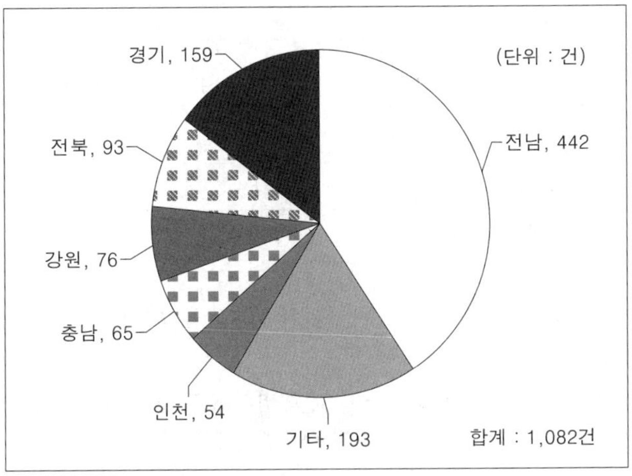

〈그림 2〉 전국 월별 영상회의 개최건수

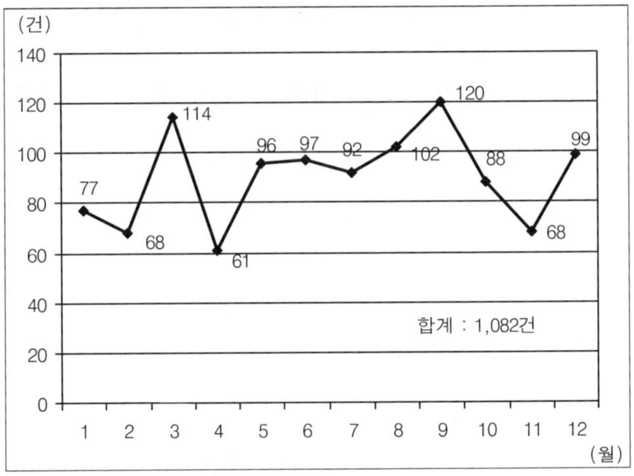

① 전국 월별 영상회의 개최건수의 전월대비 증가율은 5월이 가장 높다.

② 전국 월별 영상회의 개최건수를 분기별로 비교하면 3/4분기에 가장 많다.

③ 영상회의 개최건수가 가장 많은 지역은 전남이다.

④ 인천과 충남이 모든 영상회의를 9월에 개최했다면 9월에 영상회의를 개최한 지역은 모두 3개이다.

⑤ 강원, 전북, 전남의 영상회의 개최건수의 합은 전국 영상회의 개최건수의 50% 이상이다.

07. 다음 <표>는 '갑'국의 2013년 11월 군인 소속별 1인당 월지급액에 대한 자료이다. 이에 대한 설명으로 옳지 않은 것은? 14 민경채 A 23

〈표〉 2013년 11월 군인 소속별 1인당 월지급액

(단위: 원, %)

구분 \ 소속	육군	해군	공군	해병대
1인당 월지급액	105,000	120,000	125,000	100,000
군인수 비중	30	20	30	20

※ 1) '갑'국 군인의 소속은 육군, 해군, 공군, 해병대로만 구분됨.
2) 2013년 11월, 12월 '갑'국의 소속별 군인수는 변동 없음.

① 2013년 12월에 1인당 월지급액이 모두 동일한 액수만큼 증가한다면, 전월대비 1인당 월지급액 증가율은 해병대가 가장 높다.

② 2013년 12월에 1인당 월지급액이 해군 10%, 해병대 12% 증가한다면, 해군의 전월대비 월지급액 증가분은 해병대의 전월대비 월지급액 증가분과 같다.

③ 2013년 11월 '갑'국 전체 군인의 1인당 월지급액은 115,000원이다.

④ 2013년 11월 육군, 해군, 공군의 월지급액을 모두 합하면 해병대 월지급액의 4배 이상이다.

⑤ 2013년 11월 공군과 해병대의 월지급액 차이는 육군과 해군의 월지급액 차이의 2배 이상이다.

08. 다음 <그림>은 2012~2013년 16개 기업(A~P)의 평균연봉 순위와 평균연봉비에 관한 자료이다. 이에 대한 <보기>의 설명 중 옳은 것만을 모두 고르면? 14 민경채 A 25

〈그림〉 16개 기업 평균연봉 순위와 평균연봉비

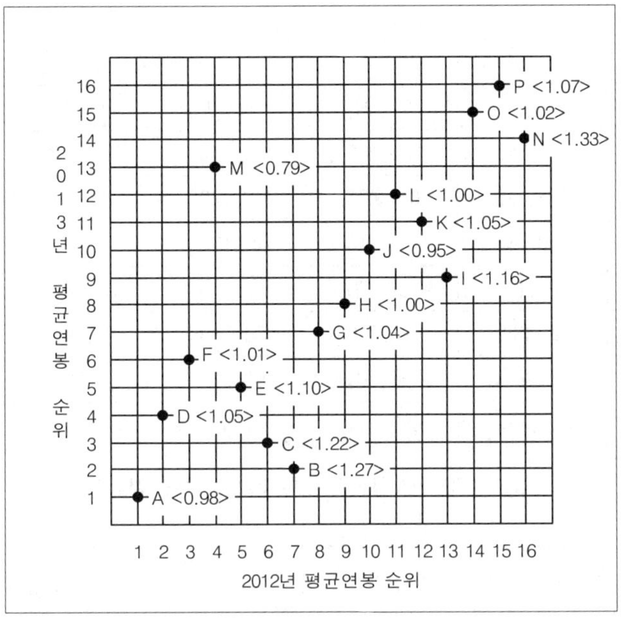

※ 1) < > 안의 수치는 해당 기업의 평균연봉비를 나타냄.

$$평균연봉비=\frac{2013년\ 평균연봉}{2012년\ 평균연봉}$$

2) 점의 좌표는 해당기업의 2012년과 2013년 평균연봉 순위를 의미함.

〈보 기〉

ㄱ. 2012년에 비해 2013년 평균연봉 순위가 상승한 기업은 7개이다.
ㄴ. 2012년 대비 2013년 평균연봉 순위 하락폭이 가장 큰 기업은 평균연봉 감소율도 가장 크다.
ㄷ. 2012년 대비 2013년 평균연봉 순위 상승폭이 가장 큰 기업은 평균연봉 증가율도 가장 크다.
ㄹ. 2012년에 비해 2013년 평균연봉이 감소한 기업은 모두 평균연봉 순위도 하락하였다.
ㅁ. 2012년 평균연봉 순위 10위 이내 기업은 모두 2013년에도 10위 이내에 있다.

① ㄱ, ㄴ

② ㄱ, ㄷ

③ ㄱ, ㄴ, ㅁ

④ ㄴ, ㄷ, ㄹ

⑤ ㄷ, ㄹ, ㅁ

09. 다음 <표>는 2021~2023년 '갑'국 A~F제조사별 비스킷 매출액에 관한 자료이다. 이에 대한 <보기>의 설명 중 옳은 것만을 모두 고르면? 24 5급공채 나 05

〈표 1〉 2021~2023년 제조사별 비스킷 매출액

(단위: 백만 원)

제조사 \ 연도	2021		2022		2023
	상반기	하반기	상반기	하반기	상반기
A	127,540	128,435	132,634	128,913	128,048
B	138,313	132,807	131,728	120,954	119,370
C	129,583	124,145	132,160	126,701	116,864
D	83,774	84,170	85,303	85,266	79,024
E	20,937	28,876	24,699	24,393	21,786
F	95,392	89,461	90,937	107,322	112,410
전체	595,539	587,894	597,461	593,549	577,502

〈표 2〉 2023년 상반기 유통채널별 비스킷 매출액

(단위: 백만 원)

제조사 \ 유통채널	백화점	할인점	체인슈퍼	편의점	독립슈퍼	일반 식품점
A	346	28,314	23,884	26,286	33,363	15,855
B	253	24,106	24,192	21,790	30,945	18,084
C	228	30,407	22,735	21,942	25,126	16,426
D	307	22,534	17,482	9,479	19,260	9,962
E	45	5,462	2,805	8,904	2,990	1,580
F	2,494	39,493	13,958	33,298	14,782	8,385
전체	3,673	150,316	105,056	121,699	126,466	70,292

※ 1) '갑'국의 비스킷 제조사는 A~F만 있음.
2) '갑'국의 비스킷 유통채널은 제시된 6개로만 구분됨.

〈보 기〉

ㄱ. 2021년 상반기 전체 매출액 중 제조사별 매출액 비중이 20% 이상인 제조사의 수는 3개이다.
ㄴ. 2022년 하반기에 전년 동기 대비 매출액 감소율이 가장 큰 제조사는 E이다.
ㄷ. 전년 동기 대비 매출액이 증가한 제조사의 수는 2022년 상반기와 2023년 상반기가 동일하다.
ㄹ. 2023년 상반기의 경우, 각 제조사의 백화점, 할인점, 체인슈퍼 매출액의 합은 해당 제조사 매출액의 50% 미만이다.

① ㄱ, ㄴ

② ㄱ, ㄹ

③ ㄴ, ㄷ

④ ㄷ, ㄹ

⑤ ㄱ, ㄴ, ㄹ

10. 다음 <표>는 A사에서 실시한 철근강도 평가 샘플 수 및 합격률에 관한 자료이다. 이에 대한 설명으로 옳은 것은?

20 7급모의 19

〈표〉 철근강도 평가 샘플 수 및 합격률

(단위: 개, %)

구분 \ 종류		SD400	SD500	SD600	전체
샘플 수		35	( )	25	( )
평가항목별 합격률	항복강도	100.0	95.0	92.0	96.0
	인장강도	100.0	100.0	88.0	( )
최종 합격률		100.0	( )	84.0	( )

※ 1) 평가한 철근 종류는 SD400, SD500, SD600뿐임.
2) 항복강도와 인장강도 평가에서 모두 합격한 샘플만 최종 합격임.
3) 합격률(%)$=\frac{\text{합격한 샘플 수}}{\text{샘플 수}}\times 100$
4) 평가 결과는 합격 또는 불합격임.

① SD500 샘플 수는 50개 이상이다.

② 인장강도 평가에서 합격한 SD600 샘플은 항복강도 평가에서도 모두 합격하였다.

③ 항복강도 평가에서 불합격한 SD500 샘플 수는 4개이다.

④ 최종 불합격한 전체 샘플 수는 5개 이하이다.

⑤ 항복강도 평가에서 불합격한 SD600 샘플 수는 최종 불합격한 SD500 샘플 수와 같다.

11. 다음 <표>는 '갑'국의 주택보급률 및 주거공간 현황에 대한 자료이다. 이에 대한 <보기>의 설명 중 옳은 것만을 모두 고르면? 15 민경채 인 22

〈표〉 '갑'국의 주택보급률 및 주거공간 현황

연도	가구수 (천 가구)	주택보급률 (%)	주거공간	
			가구당(m^2/가구)	1인당(m^2/인)
2000	10,167	72.4	58.5	13.8
2001	11,133	86.0	69.4	17.2
2002	11,928	96.2	78.6	20.2
2003	12,491	105.9	88.2	22.9
2004	12,995	112.9	94.2	24.9

※ 1) 주택보급률(%)$=\frac{\text{주택수}}{\text{가구수}}\times 100$

2) 가구당 주거공간(m^2/가구)$=\frac{\text{주거공간 총면적}}{\text{가구수}}$

3) 1인당 주거공간(m^2/인)$=\frac{\text{주거공간 총면적}}{\text{인구수}}$

〈보 기〉

ㄱ. 주택수는 매년 증가하였다.
ㄴ. 2003년 주택을 두 채 이상 소유한 가구수는 2002년보다 증가하였다.
ㄷ. 2001~2004년 동안 1인당 주거공간의 전년대비 증가율이 가장 큰 해는 2001년이다.
ㄹ. 2004년 주거공간 총면적은 2000년 주거공간 총면적의 2배 이상이다.

① ㄱ, ㄴ

② ㄱ, ㄷ

③ ㄴ, ㄹ

④ ㄱ, ㄷ, ㄹ

⑤ ㄴ, ㄷ, ㄹ

12. 다음은 '갑'국이 구매를 고려 중인 A~E전투기의 제원과 평가방법에 관한 자료이다. 이를 근거로 A~E 중 '갑'국이 구매할 전투기를 고르면? 24 7급공채 사 06

〈표〉 A~E전투기의 평가항목별 제원

(단위: 마하, 개, km, 억 달러)

평가항목 \ 전투기	A	B	C	D	E
최고속력	3.0	1.5	2.5	2.0	2.7
미사일 탑재 수	12	14	9	10	8
항속거리	1,400	800	1,200	1,250	1,500
가격	1.4	0.8	0.9	0.7	1.0
공중급유	가능	가능	불가능	가능	불가능
자체수리	불가능	가능	불가능	가능	가능

〈평가방법〉

○ 평가항목 중 최고속력, 미사일 탑재 수, 항속거리, 가격은 평가항목별로 전투기 간 상대평가를 하여 가장 우수한 전투기부터 5점, 4점, 3점, 2점, 1점 순으로 부여한다.
○ 최고속력은 높을수록, 미사일 탑재 수는 많을수록, 항속거리는 길수록, 가격은 낮을수록 전투기가 우수하다고 평가한다.
○ 평가항목 중 공중급유와 자체수리는 평가항목별로 '가능'이면 1점, '불가능'이면 0점을 부여한다.
○ '갑'국은 평가항목 점수의 합이 가장 큰 전투기를 구매한다. 단, 동점일 경우 그중에서 가격이 가장 낮은 전투기를 구매한다.

① A
② B
③ C
④ D
⑤ E

13. 다음 <표>와 <그림>은 2015년과 2016년 '갑'~'무'국의 경상수지에 관한 자료이다. 이와 <조건>을 이용하여 A~E에 해당하는 국가를 바르게 나열한 것은? 18 5급공채 나 15

〈표〉 국가별 상품수출액과 서비스수출액

(단위: 백만 달러)

국가	항목 \ 연도	2015	2016
A	상품수출액	50	50
	서비스수출액	30	26
B	상품수출액	30	40
	서비스수출액	28	34
C	상품수출액	60	70
	서비스수출액	40	46
D	상품수출액	70	62
	서비스수출액	55	60
E	상품수출액	50	40
	서비스수출액	27	33

〈그림 1〉 국가별 상품수지와 서비스수지

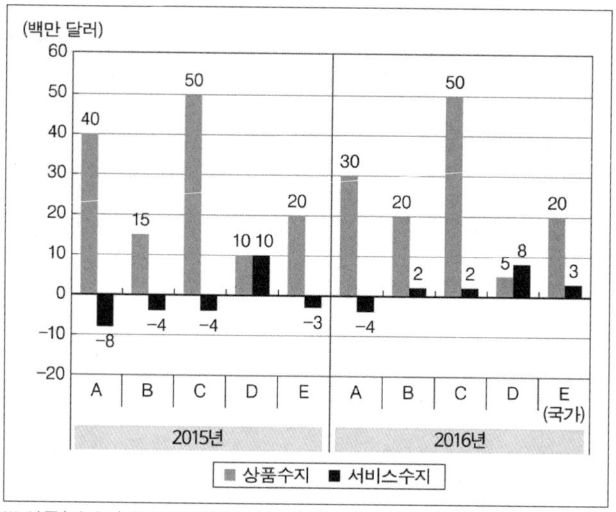

※ 상품(서비스)수지=상품(서비스)수출액-상품(서비스)수입액

〈그림 2〉 국가별 본원소득수지와 이전소득수지

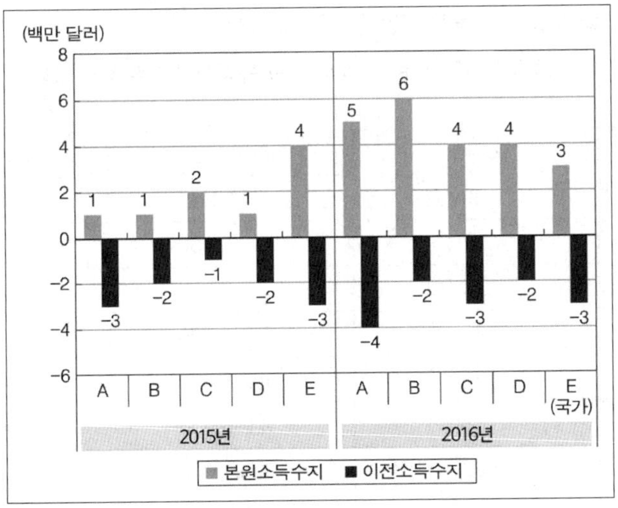

〈조 건〉

- 2015년 대비 2016년의 상품수입액 증가폭이 동일한 국가는 '을'국과 '정'국이다.
- 2015년과 2016년의 서비스수입액이 동일한 국가는 '을'국, '병'국, '무'국이다.
- 2015년 본원소득수지 대비 상품수지 비율은 '병'국이 '무'국의 3배이다.
- 2016년 '갑'국과 '병'국의 이전소득수지는 동일하다.

	A	B	C	D	E
①	을	병	정	갑	무
②	을	무	갑	정	병
③	정	갑	을	무	병
④	정	병	을	갑	무
⑤	무	을	갑	정	병

14. 다음 <표>는 조사년도별 우리나라의 도시수, 도시인구 및 도시화율에 대한 자료이다. 이에 대한 <보기>의 설명 중 옳은 것만을 모두 고르면? 16 민경채 5 10

〈표〉 조사년도별 우리나라의 도시수, 도시인구 및 도시화율

(단위: 개, 명, %)

조사년도	도시수	도시인구	도시화율
1910	12	1,122,412	8.4
1915	7	456,430	2.8
1920	7	508,396	2.9
1925	19	1,058,706	5.7
1930	30	1,605,669	7.9
1935	38	2,163,453	10.1
1940	58	3,998,079	16.9
1944	74	5,067,123	19.6
1949	60	4,595,061	23.9
1955	65	6,320,823	29.4
1960	89	12,303,103	35.4
1966	111	15,385,382	42.4
1970	114	20,857,782	49.8
1975	141	24,792,199	58.3
1980	136	29,634,297	66.2
1985	150	34,527,278	73.3
1990	149	39,710,959	79.5
1995	135	39,882,316	82.6
2000	138	38,784,556	84.0
2005	151	41,017,759	86.7
2010	156	42,564,502	87.6

※ 1) 도시화율(%)= $\frac{\text{도시인구}}{\text{전체인구}} \times 100$

2) 평균도시인구= $\frac{\text{도시인구}}{\text{도시수}}$

〈보 기〉

ㄱ. 1949~2010년 동안 직전 조사년도에 비해 도시수가 증가한 조사년도에는 직전 조사년도에 비해 도시화율도 모두 증가한다.

ㄴ. 1949~2010년 동안 직전 조사년도 대비 도시인구 증가폭이 가장 큰 조사년도에는 직전 조사년도 대비 도시화율 증가폭도 가장 크다.

ㄷ. 전체인구가 처음으로 4천만 명을 초과한 조사년도는 1970년이다.

ㄹ. 조사년도 1955년의 평균도시인구는 10만 명 이상이다.

① ㄱ, ㄴ ② ㄱ, ㄷ ③ ㄴ, ㄷ

④ ㄴ, ㄹ ⑤ ㄱ, ㄷ, ㄹ

15. 다음 <표>는 '갑'국의 2020년 농업 생산액 현황 및 2021~2023년의 전년 대비 생산액 변화율 전망치에 관한 자료이다. 이에 대한 <보기>의 설명 중 옳은 것만을 모두 고르면?

21 7급공채 나 13

〈표〉 농업 생산액 현황 및 변화율 전망치

(단위: 십억 원, %)

구분		2020년 생산액	전년 대비 생산액 변화율 전망치		
			2021년	2022년	2023년
농업		50,052	0.77	0.02	1.38
재배업		30,270	1.50	−0.42	0.60
축산업		19,782	−0.34	0.70	2.57
	소	5,668	3.11	0.53	3.51
	돼지	7,119	−3.91	0.20	1.79
	닭	2,259	1.20	−2.10	2.82
	달걀	1,278	5.48	3.78	3.93
	우유	2,131	0.52	1.12	0.88
	오리	1,327	−5.58	5.27	3.34

※ 축산업은 소, 돼지, 닭, 달걀, 우유, 오리의 6개 세부항목으로만 구성됨.

〈보 기〉

ㄱ. 2021년 '오리' 생산액 전망치는 1.2조 원 이상이다.
ㄴ. 2021년 '돼지' 생산액 전망치는 같은 해 '농업' 생산액 전망치의 15% 이상이다.
ㄷ. '축산업' 중 전년 대비 생산액 변화율 전망치가 2022년보다 2023년이 낮은 세부항목은 2개이다.
ㄹ. 2020년 생산액 대비 2022년 생산액 전망치의 증감폭은 '재배업'이 '축산업'보다 크다.

① ㄱ, ㄴ
② ㄱ, ㄷ
③ ㄴ, ㄹ
④ ㄱ, ㄷ, ㄹ
⑤ ㄴ, ㄷ, ㄹ

16. 다음 <표>는 동일한 산업에 속한 기업 중 '갑', '을', '병', '정', '무'의 경영현황과 소유구조에 관한 자료이다. <표>와 <정보>의 내용을 근거로 자산대비 매출액 비율이 가장 작은 기업과 가장 큰 기업을 바르게 나열한 것은? 14 5급공채 A 16

〈표〉 경영현황

(단위: 억 원)

기업	자기자본	자산	매출액	순이익
A	500	1,200	1,200	48
B	400	600	800	80
C	1,200	2,400	1,800	72
D	600	1,200	1,000	36
E	200	800	1,400	28
산업 평균	650	1,500	1,100	60

〈정 보〉

- '병'의 매출액은 산업 평균 매출액보다 크다.
- '갑'의 자산은 '무'의 자산의 70% 미만이다.
- '정'은 매출액 순위와 순이익 순위가 동일하다.
- 자기자본과 산업 평균 자기자본의 차이가 가장 작은 기업은 '을'이다.

	가장 작은 기업	가장 큰 기업
①	을	병
②	정	갑
③	정	병
④	무	을
⑤	무	병

17. 다음 <표>는 대학생 1,000명을 대상으로 성형수술에 대해 설문조사한 결과이다. 이에 대한 설명으로 옳은 것은? 12 5급공채 인 39

〈표 1〉 성형수술 희망 응답자의 성별 비율

(단위: %)

남성	여성	전체
30.0	37.5	33.0

※ 설문조사 대상자 중 미응답자는 없음.

〈표 2〉 희망 성형수술 유형별 비율

(단위: %)

성형수술 유형 \ 성별	남성	여성
코 성형	40	44
눈 성형	50	62
치아교정	25	30
피부 레이저 시술	25	30
지방흡입	15	22
기타	5	10

※ 성형수술을 희망하는 사람만 희망 성형수술 유형에 대해 응답하였음(복수응답 가능).

① 성형수술을 희망하는 여성응답자 수가 성형수술을 희망하는 남성응답자 수보다 많다.

② 설문조사에 참여한 여성응답자 수가 남성응답자 수보다 많다.

③ 치아교정을 희망하는 응답자는 피부 레이저 시술도 희망한다.

④ 코 성형을 희망하는 남성응답자 수가 코 성형을 희망하는 여성응답자 수보다 많다.

⑤ 치아교정을 희망하는 여성응답자 수가 피부 레이저 시술을 희망하는 남성응답자 수보다 많다.

18. 다음 <표>는 조선시대 지역별·시기별 시장 수에 관한 자료이다. 이에 대한 <보기>의 설명 중 옳은 것만을 모두 고르면? 14 5급공채 A 24

〈표〉 조선시대 지역별·시기별 시장 수

(단위: 개)

지역 \ 시기	읍 수	1770년	1809년	1830년	1908년
경기도	34	101	102	93	102
충청도	53	157	157	158	162
전라도	53	216	214	188	216
경상도	71	276	276	268	283
황해도	23	82	82	109	82
평안도	42	134	134	143	134
강원도	26	68	68	51	68
함경도	14	28	28	42	28
전국	316	1,062	1,061	1,052	1,075

※ 읍 수는 시기에 따라 변동이 없고, 시장은 읍에만 있다고 가정함.

〈보 기〉

ㄱ. 1770년 대비 1908년의 시장 수 증가율이 가장 큰 지역은 경상도이다.

ㄴ. 각 지역별로 시장 수를 살펴보면 3개 이상의 시기에서 시장 수가 같은 지역은 4곳이다.

ㄷ. 시기별 시장 수 하위 5개 지역의 시장 수 합은 해당 시기 전체 시장 수의 50% 미만이다.

ㄹ. 1830년 각 지역의 읍당 시장 수를 살펴보면 함경도의 읍당 시장 수는 다섯 번째로 많다.

① ㄱ, ㄹ

② ㄴ, ㄷ

③ ㄴ, ㄹ

④ ㄱ, ㄴ, ㄷ

⑤ ㄴ, ㄷ, ㄹ

19. 다음 <표>는 임진왜란 전기·후기 전투 횟수에 관한 자료이다. 이에 대한 설명으로 옳지 않은 것은?

18 5급공채 나 23

〈표〉 임진왜란 전기·후기 전투 횟수

(단위: 회)

구분 \ 시기		전기		후기		합계
		1592년	1593년	1597년	1598년	
전체 전투		70	17	10	8	105
공격 주체	조선측 공격	43	15	2	8	68
	일본측 공격	27	2	8	0	37
전투 결과	조선측 승리	40	14	5	6	65
	일본측 승리	30	3	5	2	40
조선의 전투인력 구성	관군 단독전	19	8	5	6	38
	의병 단독전	9	1	0	0	10
	관군·의병 연합전	42	8	5	2	57

① 전체 전투 대비 일본측 공격 비율은 임진왜란 전기에 비해 임진왜란 후기가 낮다.

② 조선측 공격이 일본측 공격보다 많았던 해에는 항상 조선측 승리가 일본측 승리보다 많았다.

③ 전체 전투 대비 관군 단독전 비율은 1598년이 1592년의 2배 이상이다.

④ 1592년 조선이 관군·의병 연합전으로 거둔 승리는 그 해 조선측 승리의 30% 이상이다.

⑤ 1598년에는 관군 단독전 중 조선측 승리인 경우가 있다.

20. 다음 <규칙>은 참가자 A, B 두 사람의 게임에서 승점부여방식과 상금획득방식에 대한 설명이며, <표>는 <규칙>에 따른 게임 참가자의 승점과 획득상금을 정리한 결과의 일부이다. 이에 대한 <보기>의 설명 중 옳은 것을 모두 고르면? 13 외교관 인 30

〈규 칙〉

가. 게임은 총 7회차로 구성되며 매회차 상금은 다음과 같다.

(단위: 만 원)

회차	1	2	3	4	5	6	7
상금	10	15	20	25	30	35	40

나. 승점부여방식: 게임 참가자는 매회차 게임에서 승리할 경우 +1점, 패배할 경우 −1점, 무승부일 경우 0점을 부여 받는다.

다. 상금획득방식: 매회차 게임에서 승자가 해당 상금을 획득한다. 단, 무승부일 경우 상금은 다음 회차 게임의 상금에 누적되며, 다음 회차 게임의 승자가 누적 상금을 모두 가져간다. 예를 들어 1회차 게임이 무승부일 경우 2회차 게임 승자의 획득상금은 25만 원이 된다.

〈표〉 참가자 A, B의 승점 및 획득상금

(단위: 만 원, 점)

게임회차		1	2	3	4	5	6	7	합
상금		10	15	20	25	30	35	40	( )
승점	A	1	( )	( )	( )	1	0	−1	1
	B	−1	( )	( )	( )	−1	0	1	−1
획득상금	A	10	( )	( )	25	( )	0	0	( )
	B	0	( )	( )	( )	( )	0	75	110

〈보 기〉

ㄱ. 전체 게임 중 무승부 게임은 한 번이다.

ㄴ. A의 획득상금의 합은 65만 원이다.

ㄷ. 3회차 게임의 승자는 B이다.

ㄹ. A의 승리 횟수는 총 3회이다.

① ㄱ, ㄴ

② ㄴ, ㄷ

③ ㄷ, ㄹ

④ ㄱ, ㄴ, ㄷ

⑤ ㄴ, ㄷ, ㄹ

21. 다음 <표>는 A제품을 생산·판매하는 '갑'사의 1~3주차 A제품 주문량 및 B부품 구매량에 관한 자료이다. <조건>에 근거하여 매주 토요일 판매완료 후 남게 되는 A제품의 재고량을 주차별로 바르게 나열한 것은? 17 5급공채 가 27

〈표〉 A제품 주문량 및 B부품 구매량

(단위: 개)

구분 \ 주	1주차	2주차	3주차
A제품 주문량	0	200	450
B부품 구매량	500	900	1,100

※ 1) 1주차 시작 전 A제품과 B부품의 재고는 없음.
2) 한 주의 시작은 월요일임.

〈조 건〉

- A제품은 매주 월요일부터 금요일까지 생산하고, A제품 1개 생산 시 B부품만 2개가 사용된다.
- B부품은 매주 일요일에 일괄구매하고, 그 다음 주 A제품 생산에 남김없이 모두 사용된다.
- 생산된 A제품은 매주 토요일에 해당주차 주문량만큼 즉시 판매되고, 남은 A제품은 이후 판매하기 위한 재고로 보유한다.

	1주차	2주차	3주차
①	0	50	0
②	0	50	50
③	50	50	50
④	250	0	0
⑤	250	50	50

22. 다음 <표>를 이용하여 국가별 초등학교 교직원 수 현황에 관한 <보고서>를 작성하였다. <보고서>를 작성하기 위해 추가로 이용한 자료를 <보기>에서 모두 고르면? 09 5급공채 위 06

〈표〉 2005년 국가별 초등학생 1,000명당 교직원 수

(단위: 명)

구분	교사		전문 학생 지원직	행정관리직		기능직	전체 교직원
	학급 교사	보조 교사 및 조교		행정직	관리직		
미국	64.5	13.6	8.9	3.8	10.4	22.8	124.0
일본	60.2	0.0	5.3	5.4	4.9	6.3	82.1
핀란드	70.1	5.5	2.0	2.4	8.2	14.1	102.3
프랑스	70.2	0.0	24.6	7.2	4.1	14.0	120.1
한국	43.8	0.6	1.2	2.6	3.8	11.4	63.4
OECD 평균	72.8	4.3	6.4	5.3	7.3	17.9	114.0

〈보고서〉

2005년 국가별 초등학교 교직원 수 현황을 비교한 결과 한국은 조사대상 5개국 중 초등학생 1,000명당 학급교사, 전문 학생지원직, 관리직의 교직원 수가 가장 적은 것으로 나타났다. 초등학생 1,000명당 보조교사 및 조교 수가 한국보다 적은 국가는 일본과 프랑스였다. 프랑스는 OECD 회원 국가 중 초등학생 1,000명당 전문 학생지원직을 가장 많이 고용하고 있는 것으로 나타났다. 조사대상 5개국 중 미국은 초등학생 1,000명당 기능직 직원이 가장 많았다. 2005년 한국의 초등학생 1,000명당 전체 교직원 수는 2004년에 비해 20.3% 증가했지만, OECD회원 국가 중 가장 적었다.

〈보 기〉

ㄱ. 2004년 한국의 초등학생 1,000명당 전체 교직원 수
ㄴ. 2005년 전체 OECD 회원국의 국가별 초등학생 1,000명당 전체 교직원 수
ㄷ. 2005년 전체 OECD 회원국의 국가별 초등학생 1,000명당 학급 교사 수
ㄹ. 2005년 전체 OECD 회원국의 국가별 초등학생 1,000명당 전문 학생지원직 교직원 수

① ㄱ, ㄴ

② ㄱ, ㄹ

③ ㄱ, ㄴ, ㄷ

④ ㄱ, ㄴ, ㄹ

⑤ ㄴ, ㄷ, ㄹ

23. 다음 <표>는 통근 소요시간에 따른 5개 지역(A~E) 통근자 수의 분포를 나타낸 자료이다. 이에 대한 <보기>의 설명 중 옳은 것만을 모두 고르면? 15 5급공채 인 26

〈표〉 통근 소요시간에 따른 지역별 통근자 수 분포

(단위: %)

소요시간 / 지역	30분 미만	30분 이상 1시간 미만	1시간 이상 1시간 30분 미만	1시간 30분 이상 3시간 미만	합
A	30.6	40.5	22.0	6.9	100.0
B	40.6	32.8	17.4	9.2	100.0
C	48.3	38.8	9.7	3.2	100.0
D	67.7	26.3	4.4	1.6	100.0
E	47.2	34.0	13.4	5.4	100.0

※ 각 지역 통근자는 해당 지역에 거주하는 통근자를 의미함.

〈보 기〉

ㄱ. 통근 소요시간이 1시간 미만인 통근자 수는 A~E지역 전체 통근자 수의 70% 이상이다.
ㄴ. A~E지역 중 통근 소요시간이 1시간 이상인 통근자의 수가 가장 많은 지역은 A이다.
ㄷ. E지역 통근자의 평균 통근 소요시간은 22분 이상이다.
ㄹ. 통근 소요시간이 30분 이상인 통근자 수 대비 30분 이상 1시간 미만인 통근자 수의 비율이 가장 높은 지역은 C이다.

① ㄱ, ㄴ
② ㄱ, ㄷ
③ ㄱ, ㄹ
④ ㄴ, ㄷ
⑤ ㄷ, ㄹ

1 자료비교 2 자료판단 3 자료검토·변환 4 자료이해 기출 엄선 모의고사

해커스PSAT 7급 PSAT 기본서 자료해석

※ 다음 <표>는 2019~2023년 '갑'국의 과일 생산 현황에 관한 자료이다. 다음 물음에 답하시오. [24~25]

〈표 1〉 연도별 과일 생산액

(단위: 십억 원)

과일 \ 연도	2019	2020	2021	2022	2023
전체	2,529	2,843	4,100	4,159	4,453
6대 과일	2,401	2,697	3,810	3,777	3,858
사과	497	467	802	1,448	1,100
감귤	634	811	931	637	990
복숭아	185	200	410	456	601
포도	514	496	793	586	693
배	387	339	550	426	276
단감	184	384	324	224	198
기타	128	146	290	382	595

〈표 2〉 연도별 6대 과일 재배면적과 생산량

(단위: 천 ha, 천 톤)

6대 과일	구분 \ 연도	2019	2020	2021	2022	2023
사과	재배면적	29.1	26.9	31.0	31.6	31.6
	생산량	489	368	460	583	422
감귤	재배면적	26.8	21.5	21.1	21.3	21.1
	생산량	563	638	615	640	668
복숭아	재배면적	13.9	15.0	13.9	16.7	20.5
	생산량	170	224	135	154	173
포도	재배면적	29.2	22.1	17.6	15.4	13.2
	생산량	476	381	257	224	136
배	재배면적	26.2	21.7	16.2	12.7	9.1
	생산량	324	443	308	261	133
단감	재배면적	23.8	17.2	15.2	11.8	8.4
	생산량	227	236	154	158	88
합계	재배면적	149.0	124.4	115.0	109.5	103.9
	생산량	2,249	2,290	1,929	2,020	1,620

24. 위 <표>에 대한 <보기>의 설명 중 옳은 것만을 모두 고르면? 24 5급공채 나 28

〈보 기〉

ㄱ. 2022년 재배면적당 생산액은 복숭아가 감귤보다 많다.

ㄴ. 6대 과일 중 2021년 생산량의 전년 대비 증감률이 가장 큰 과일은 복숭아이다.

ㄷ. 6대 과일 생산액의 합에서 배의 생산액이 차지하는 비중이 10% 이상인 연도는 4개이다.

① ㄱ　② ㄴ　③ ㄷ

④ ㄱ, ㄴ　⑤ ㄴ, ㄷ

25. 위 <표>를 이용하여 작성한 <보기>의 자료 중 옳은 것만을 모두 고르면?

24 5급공채 나 29

〈보 기〉

ㄱ. 연도별 사과 재배면적당 생산량

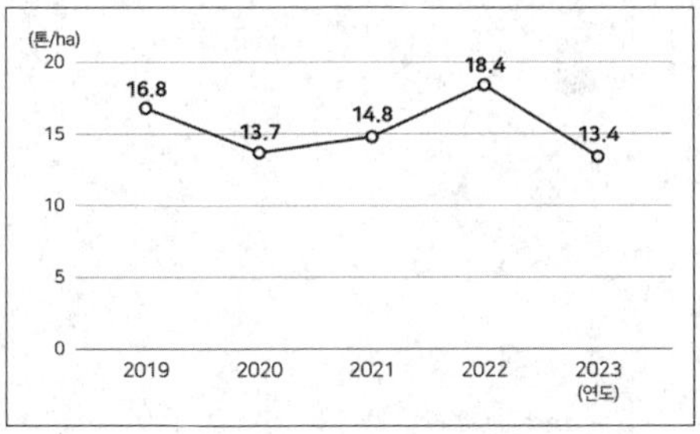

ㄴ. 연도별 감귤, 복숭아, 배 생산량

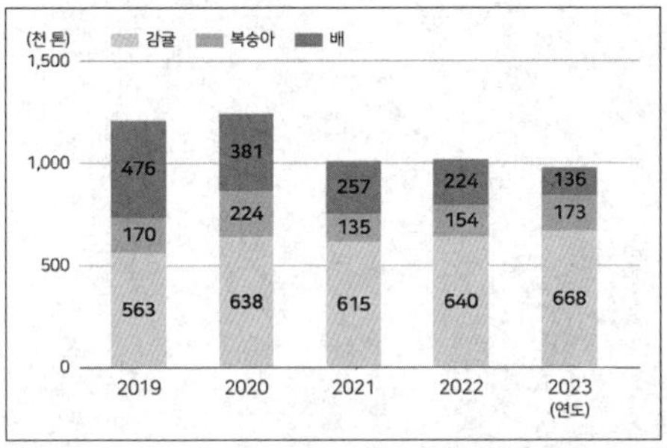

ㄷ. 2022년 전체 과일 생산액 중 과일별 생산액 비중

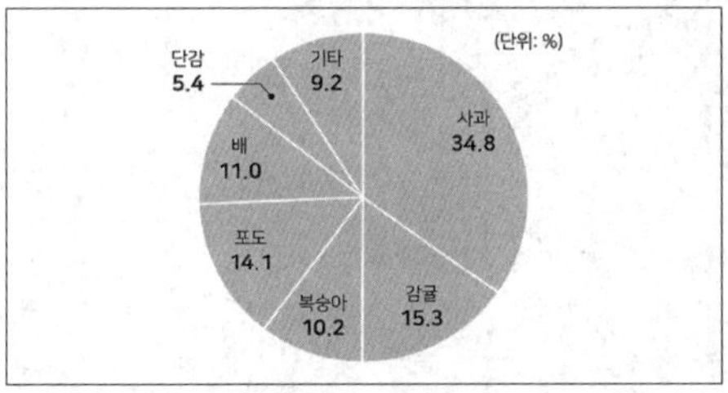

ㄹ. 연도별 포도와 단감의 재배면적

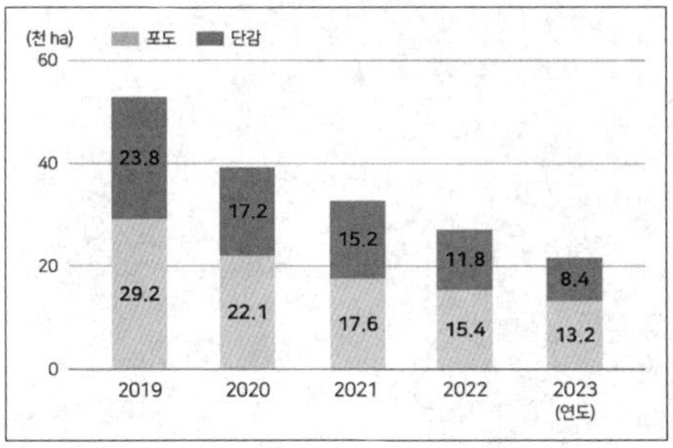

① ㄱ, ㄴ
② ㄱ, ㄹ
③ ㄴ, ㄷ
④ ㄴ, ㄹ
⑤ ㄷ, ㄹ

정답 · 해설 p.318

해커스PSAT **7급 PSAT 기본서** 자료해석

정답 · 해설

1 자료비교

유형 1 | 곱셈 비교형

p.26

01	02	03	04	05
③	④	②	①	④
06	07	08		
③	③	③		

01 곱셈 비교형

정답 ③

난이도 ★★★☆☆

핵심포인트

<표>는 전체 가구수와 인구수, <그림>은 가구 구성비이므로 양반, 상민, 노비 유형별로 실제 가구수를 묻는다면 곱셈 비교로 판단한다.

정답 체크

ㄴ. 1765년 상민가구 수는 7,210×0.57=4,109.7호이고 1804년 양반가구 수는 8,670×0.53=4595.1호이다. 따라서 1765년 상민가구 수는 1804년 양반가구 수보다 적으므로 옳은 설명이다.

ㄹ. 1729년 대비 1765년에 상민가구 구성비는 59.0%에서 57.0%로 감소하였고, 상민가구 수는 1,480×0.59=873.2호에서 7,210×0.57=4109.7호로 증가하였다. 따라서 옳은 설명이다.

오답 체크

ㄱ. 1804년 대비 1867년의 가구당 인구수는 68,930/8,670≒8.0명/호에서 144,140/27,360≒5.3명/호로 감소하였으므로 옳지 않은 설명이다.

ㄷ. 노비가구 수는 1765년이 7,210×0.02=144.2호, 1804년이 8,670×0.01=86.7호, 1867년 27,360×0.005=136.8호이므로 옳지 않은 설명이다.

빠른 문제 풀이 Tip

ㄱ. 분모인 가구수는 8,670과 27,360이 3배 정도 차이가 나지만 분자인 인구수는 68,930과 144,140이 2배 정도 차이가 난다. 즉 분모가 분자보다 배수의 차이가 더 크므로 분수의 수치는 작아졌음을 알 수 있다.

ㄴ. 가구수는 1804년 8,670이 1765년 7,210보다 1,460호 더 많으므로 증가율은 약 20% 정도이다. 구성비는 1765년 상민이 57.0%로 1804년 양반 53.0%보다 4%p 더 많으므로 증가율은 10% 미만이다. 따라서 구성비의 증가율이 가구수의 증가율보다 작으므로 1765년 상민가구 수는 1804년 양반가구 수보다 적음을 알 수 있다.

ㄷ. 노비가구 구성비의 배수 관계는 1867년이 0.5, 1804년이 1.0, 1765년이 2.0으로 2배씩 딱 떨어진다. 1804년 가구수 8,670호는 1765년 가구수 7,210호의 2배 미만이고, 1867년 가구수 27,360호는 1804년 가구수 8,670호의 2배 이상이므로 노비가구 수는 1804년이 3개 연도 중 가장 적음을 알 수 있다.

ㄹ. 1729년과 1765년 상민가구 구성비는 거의 차이가 없지만, 가구수는 4배 이상 차이가 난다. 따라서 상민가구 수는 증가하였음을 알 수 있다.

02 곱셈 비교형

정답 ④

난이도 ★★☆☆☆

핵심포인트

각주를 통해 연간 관중 수=관중수용률×연간 경기장 수용규모임을 도출할 수 있다.

정답 체크

2009년 배구의 연간 관중 수는 4,843×0.304≒1,472천 명이고, 핸드볼의 연간 관중 수는 2,756×0.438≒1,207천 명이다. 따라서 2009년 연간 관중 수는 배구가 핸드볼보다 많으므로 옳은 설명이다.

오답 체크

① 축구의 연간 관중 수는 2008년이 40,574×0.287≒11,645천 명, 2009년이 37,865×0.29≒10,981천 명이다. 따라서 2009년 축구의 연간 관중 수는 2008년에 비해 감소하였으므로 옳지 않은 설명이다.

② 2011년 관중수용률은 농구가 야구보다 더 낮으므로 옳지 않은 설명이다.

③ 관중수용률이 매년 증가한 종목은 야구와 축구 2개이므로 옳지 않은 설명이다.

⑤ 2007~2011년 동안 연간 경기장 수용규모의 전년대비 증감 방향을 묻고 있으므로 2006~2011년 추세를 비교해야 한다. 농구의 연간 경기장 수용규모는 2007년에 전년대비 증가하는 반면 핸드볼의 경우에는 감소하고 있으므로 동일하지 않다. 따라서 옳지 않은 설명이다.

> **빠른 문제 풀이 Tip**
>
> ① 29.0은 28.7보다 1% 더 높은 수치이지만 40,574는 37,865보다 5%이상 큰 수치이다. 따라서 40,574×28.7이 37,865×29.0보다 크다고 판단할 수 있다.
>
> ④ 2009년 연간 관중 수를 유효숫자로 나타내면 배구는 484×304이고 핸드볼은 276×438이다. 276보다 304가 더 크고 438보다 484가 더 크므로 증가율을 비교하지 않아도 배구가 핸드볼보다 많다고 판단할 수 있다.

03 곱셈 비교형 　　정답 ②

> **난이도** ★★★☆☆
>
> **핵심포인트**
>
> <표>는 재생에너지 생산량 비율만 주어진 자료이므로 <그림>에서 제시된 연도별 생산량을 토대로 에너지원별 생산량을 곱셈 비교로 도출한다.

정답 체크

ㄱ. 2012~2018년 재생에너지 생산량은 2012년부터 136.4%, 56.5%, 11.2%, 26.2%, 12.5%, 24.4%, 21.4% 증가하여 매년 전년대비 10% 이상 증가하였다.

ㄷ. 태양광을 에너지원으로 하는 재생에너지 생산량은 2016년 4.9, 2017년 5.5, 2018년 6.0으로 매년 증가하였다.

오답 체크

ㄴ. 2016년에는 수력보다 태양광의 비율이 더 높지만 2017년과 2018년에는 수력이 태양광보다 비율이 더 높다. 따라서 2016~2018년 에너지원별 재생에너지 생산량 비율의 순위는 매년 동일하지 않다.

ㄹ. 수력을 에너지원으로 하는 재생에너지 생산량은 2018년 10.3이 2016년 4.6의 3배 이상이 되지 못한다.

> **빠른 문제 풀이 Tip**
>
> ㄷ. 곱셈 비교로 판단하면 2016년 45×10.9, 2017년 56×9.8, 2018년 68×8.8이다. 재생에너지 생산량 증가율은 모두 20% 이상이고 태양광 비율의 역방향 증가율은 모두 20% 미만이므로 전자가 후자보다 더 높다.
>
> ㄹ. 45×10.3×3≤55×15.1이 성립하는지 판단한다. 10.3×3은 15.1의 2배 이상이지만 55는 45의 2배 미만이다.

04 곱셈 비교형 　　정답 ①

> **난이도** ★★★★☆
>
> **핵심포인트**
>
> 문제에서 요구하는 것은 '고사한 소나무 수'가 가장 많은 발생지역을 도출하라는 것이므로 곱셈 비교를 통해 수치를 간단히 정리한다.

정답 체크

감염률(%)=$\frac{\text{발생지역의 감염된 소나무 수}}{\text{발생지역의 소나무 수}}$×100과

고사율(%)=$\frac{\text{발생지역의 고사한 소나무 수}}{\text{발생지역의 감염된 소나무 수}}$×100임을 적용하여 구한다.

이에 따라 고사한 소나무 수=감염률×고사율×발생지역의 소나무 수이므로 이를 계산하면 다음과 같다.

- 거제: 0.5×0.5×1,590=397.5천 그루
- 경주: 0.2×0.5×2,981=298.1천 그루
- 제주: 0.8×0.4×1,201=384.32천 그루
- 청도: 0.1×0.7×279=19.53천 그루
- 포항: 0.2×0.6×2,312=277.44천 그루

따라서 고사한 소나무 수가 가장 많은 발생지역은 거제이다.

> **빠른 문제 풀이 Tip**
>
> 곱셈 비교를 통해 어느 지역이 가장 높은지 판단하는 것이므로 유효숫자를 설정하여 판단한다. 거제는 25×159, 경주는 10×298, 제주는 32×120, 청도는 7×28, 포항은 12×231이므로 최종적으로 거제와 제주만 곱셈 비교하면 된다.

05 곱셈 비교형 　　정답 ④

> **난이도** ★★★★☆
>
> **핵심포인트**
>
> <그림 1>과 <그림 2>에서 차이가 나는 부분을 먼저 체크한 후, <그림 1>의 범례에서 제시된 각 비율을 통해서 도출할 수 있는 항목과 <그림 1>과 <그림 2>를 연결하여 도출할 수 있는 항목을 판단한다.

정답 체크

ㄱ. 수입에너지 소비량=총 에너지소비량×총 에너지소비량 중 수입에너지 비율임을 적용하여 구한다. 2005년에 1980년보다 총 에너지소비량 중 수입에너지 비율이 73.5%에서 96.4%로 증가하였고, 총 에너지소비량은 37.2백만 TOE에서 162.4백만 TOE로 4배 이상 증가하였다. 따라서 2005년에 1980년보다 '수입에너지'가 4배 이상 소비되었다고 판단할 수 있으므로 옳은 설명이다.

ㄴ. 총 에너지소비량 중 중동산 원유 비율=총 에너지소비량 중 원유 비율 ×원유 중 중동산 원유 비율임을 적용하여 구한다. '총 에너지소비량' 중 '중동산 원유' 비율은 2002년이 0.50×0.75≒0.38≒38%이고, 2005년이 0.45×0.80=0.36=36%이므로 옳은 설명이다.

ㄹ. '총 에너지소비량' 중 '산업용' 비율은 1990년이 (36.1/72.8)×100≒49.6%, 2005년이 (93.0/162.4)×100≒57.3%로 증가하였고, '총 에너지소비량' 중 '가정용' 비율은 1990년이 (22.0/72.8)×100≒30.2%, 2005년이 (34.8/162.4)×100≒21.4%로 감소하였다. 따라서 옳은 설명이다.

오답 체크

ㄷ. '총 에너지소비량'을 2002년이 100TOE, 2005년이 110TOE라고 가정하면 '원유' 소비량은 2002년이 100×0.5=50TOE, 2005년이 110×0.45=49.5TOE이다. 따라서 만약 2002년 대비 2005년 '총 에너지소비량' 증가율이 10%라면, 같은 기간 동안 '원유' 소비량은 감소하므로 옳지 않은 설명이다.

빠른 문제 풀이 Tip

ㄴ. 원유 중 중동산 원유 비율이 75%에서 80%로 5%p 증가하고, 에너지소비량 중 원유 비율은 45%에서 50%로 5%p 증가하므로 증가폭이 같다. 이러한 경우에는 75보다 숫자가 더 작은 45의 증가율이 더 높다고 판단한다.

ㄹ. 산업용 비율은 $\frac{1}{2}$, 가정용 비율은 $\frac{1}{3}$을 기준으로 판단한다.

06 곱셈 비교형 정답 ③

난이도 ★★★★☆

핵심포인트

4개의 자료가 제시되었으므로 자료 간의 공통점과 차이점을 중심으로 관계를 파악한다. 각주를 통해 <그림 1>과 <그림 2>의 전체 금액은 같음을 알 수 있으며, 자료의 제목을 통해 <그림 3>과 <그림 4>는 <그림 2>를 세분화한 자료임을 알 수 있다.

정답 체크

A 자선단체의 수입액과 지출액은 항상 같으므로 국내사업비 지출액 중 아동복지 지출액 비중은 40×0.45=18%, 해외사업비 지출액 중 교육보호 지출액 비중은 50×0.54=27%이다. 따라서 두 지출액의 합은 A 자선단체 전체 지출액의 18+27=45%이므로 옳은 설명이다.

오답 체크

① A 자선단체의 수입액과 지출액은 항상 같고, 전체 수입액 중 후원금 수입액이 차지하는 비중은 10%, 전체 지출액 중 국내사업비 지출액에서 아동복지 지출액이 차지하는 비중은 40×0.45=18%이다. 따라서 전체 수입액 중 후원금 수입액은 국내사업비 지출액 중 아동복지 지출액보다 적으므로 옳지 않은 설명이다.

② 국내사업비 지출액 중 아동권리지원 지출액 비중은 40×0.27=10.8%이고, 해외사업비 지출액 중 소득증대 지출액 비중은 50×0.2=10%이므로 옳지 않은 설명이다.

④ 해외사업비 지출액 중 식수위생 지출액은 A 자선단체 전체 지출액의 50×0.05=2.5%로 2% 이상이므로 옳지 않은 설명이다.

⑤ A 자선단체 전체 수입액이 6% 증가하고 지역사회복지 지출액을 제외한 다른 모든 지출액이 동일하게 유지된다면, 지출액 구성비는 106%로 증가하고, 운영비 10%와 해외사업비 50%는 유지된다. 이때 국내사업비 중 지역사회복지를 제외한 비율은 40×0.84=33.6%이고, 지역사회복지를 제외한 지출액은 10+50+33.6=93.6%이므로 나머지 106.0-93.6=12.4%는 지역사회복지 지출액이다. 따라서 지역사회복지 지출액은 40×0.16=6.4%의 2배 미만이므로 옳지 않은 설명이다.

07 곱셈 비교형 정답 ③

난이도 ★★★☆☆

핵심포인트

관계도가 제시되었으므로 화살표를 잘 따라가면서 접근해야 한다. 또한 접수건수와 처리비용의 수치를 간소화하여 비교한다.

정답 체크

<표 1>과 <표 2>를 연계하여 처리비용=1일 접수건수×1건당 처리비용임을 적용하여 구한다.

- 접수확인: 54×500=27,000원
- 서류심사: 20×2,000=40,000원
- 직무능력심사: 38×1,000=38,000원
- 학업성적심사: 16×1,500=24,000원
- 합격여부통지: 54×400=21,600원

따라서 처리비용은 서류심사가 가장 많고, 직무능력심사가 두 번째로 많다.

빠른 문제 풀이 Tip

신입, 경력, 인턴의 1일 접수건수를 각각 10, 9, 8로 간단히 정리하면, 업무단계별 1건당 처리비용이 대략 500의 배수이므로 접수확인은 1, 서류심사는 4, 직무능력검사는 2, 학업성적심사는 3, 합격여부통지는 0.8이라고 볼 수 있다. 따라서 접수확인 27×1, 서류심사 10×4, 직무능력검사 19×2, 학업성적심사 8×3, 합격여부통지 27×0.8이므로 가장 큰 것은 서류심사이고 두 번째로 큰 것은 직무능력검사이다.

08 곱셈 비교형 정답 ③

난이도 ★★★☆☆

핵심포인트

<표 2>에서 각 지역별로 1648년이 기준인 지수가 제시되었으므로 비율 자료임을 확인한다. 이때 <표 1>에서 각 지역별로 1648년 인구가 구체적으로 제시되었으므로 지역별 인구와 인구지수를 곱해 연도별 실제 지역 인구를 판단할 수 있음을 유의한다.

정답 체크

ㄴ. 인구 감소율을 묻고 있으므로 <표 2>의 지수 감소율만으로도 판단할 수 있다. 1789년 대비 1837년 평안 지역의 인구지수는 888에서 584로 감소하여 감소율은 {(888-584)/888}×100≒34.2%로 인구 감소율이 가장 크므로 옳은 설명이다.

ㄷ. 1864년 경상 지역의 인구는 1648년의 인구 425천 명의 3.58배인 425×3.58=1521.5천 명으로 가장 많으므로 옳은 설명이다.

오답 체크

ㄱ. 1648년 전라 지역 인구는 432천 명, 강원 지역 인구는 54천 명이고, 1753년 강원의 인구지수는 724이므로 1753년 강원 지역 인구는 1648년 강원 지역 인구인 54천 명의 7.24배가 된다. 따라서 강원 지역 인구는 54×7.24≒391.0천 명으로 1648년 전라 지역 인구보다 적으므로 옳지 않은 설명이다.

ㄹ. 1904년 전체 인구 대비 지역 인구의 비중은 경기와 함경 모두 분모가 전체 인구로 동일하므로 1904년 경기 지역 인구가 함경 지역 인구보다 많은지를 비교한다. 1904년 경기 지역 인구는 1648년 81천 명의 8.31배이고, 1904년 함경 지역 인구는 1648년 69천 명의 10.87배이다. 이에 따라 1904년 경기 지역 인구는 81×8.31≒673.1천 명이고, 함경 지역 인구는 69×10.87≒750.0천 명이다. 따라서 1904년 전체 인구 대비 경기 지역 인구의 비중은 함경 지역 인구의 비중보다 작으므로 옳지 않은 설명이다.

빠른 문제 풀이 Tip

<표 1>에서 인구와 비중을 함께 제시하고 있고, 비중의 기준이 인구이므로 인구보다 수치가 간단한 비중의 수치를 기준으로 지역별 인구를 비교한다.

ㄱ. 지역별 인구를 비중으로 나타내면 1648년 전라 지역 인구는 28.2이고, 1753년 강원의 인구지수는 724이므로 1753년 강원 지역 인구는 1648년 3.5의 7.24배가 된다. 따라서 강원 지역 인구는 3.5×7.24≒25.3으로 1648년 전라 지역 인구인 28.2보다 적음을 알 수 있다.

ㄴ. 감소율이 가장 큰 지역을 묻고 있으므로 증가한 지역은 비교대상에서 제외한다. 즉, 한성과 경기는 제외하고 판단한다.

ㄷ. 1648년 인구는 전라 지역과 경상 지역이 비슷하지만 인구지수는 경상 지역이 전라 지역보다 더 크므로 1864년 인구는 전라보다는 경상이 많음을 알 수 있다. 나머지 지역도 1648년 경상 지역 인구의 관계와 1864년 인구지수의 관계를 바탕으로 빠르게 비교한다.

ㄹ. 지역별 인구를 비중으로 나타내면 1904년 경기 지역 인구는 1648년 5.3의 8.31배이고, 1904년 함경 지역 인구는 1648년 4.5의 10.87배이다. 이때 두 지역의 인구를 곱셈 비교하면 5.3×831과 4.5×1,087로 나타낼 수 있고, 53은 45보다 8만큼 크므로 증가율은 20% 미만이지만 1,087은 831보다 256만큼 크므로 증가율은 30% 이상이다. 따라서 1904년 전체 인구 대비 경기 지역 인구의 비중은 함경 지역 인구의 비중보다 작음을 알 수 있다.

유형 2 | 분수 비교형

p.40

01	02	03	04	05
④	④	①	③	③
06	**07**	**08**	**09**	**10**
⑤	①	②	①	④
11	**12**			
②	④			

01 분수 비교형 정답 ④

난이도 ★★★☆☆

핵심포인트

전체 질병비용에서 각 위험요인이 차지하는 비중의 연도별 변화를 비교할 때 분모인 전체 질병비용의 전년대비 증가율과 분자인 각 위험요인 질병비용의 전년대비 증가율 크기를 비교하여 판단할 수 있다.

정답 체크

'고혈압' 위험요인의 경우 2008년부터 2010년까지 질병비용의 전년대비 증가율은 2008년이 {(62-51)/51}×100≒21.6%, 2009년이 {(84-62)/62}×100≒35.5%, 2010년이 {(101-84)/84}×100≒20.2%이므로 옳은 설명이다.

오답 체크

① 2007~2010년의 '위험요인'별 질병비용의 순위는 흡연-음주-과체중-운동부족-고혈압-영양부족-고콜레스테롤 순으로 동일하지만, 2008년은 흡연-음주-과체중-고혈압-운동부족-영양부족-고콜레스테롤 순이므로 옳지 않은 설명이다.

② 전체 질병비용 대비 '영양부족' 위험요인 질병비용은 2007년이 19/359억 원, 2008년이 35/419억 원, 2009년이 42/554억 원, 2010년이 67/715억 원이다. 분자인 '영양부족' 위험요인 질병비용은 2009년에 전년대비 42-35=7억 원 증가하여 20%의 증가율을 보이는 반면, 분모인 전체 질병비용은 2009년에 전년대비 554-419=135억 원 증가하여 20% 이상의 증가율을 보인다. 따라서 2009년에는 질병비용에서 '영양부족' 위험요인이 차지하는 비율은 전년대비 감소했으므로 옳지 않은 설명이다.

③ 전체 질병비용 대비 '운동부족' 위험요인 질병비용은 2007년이 52/359억 원, 2008년이 56/419억 원, 2009년이 87/554억 원, 2010년이 111/715억 원이다. 분자인 '운동부족' 위험요인 질병비용은 2008년에 전년대비 56-52=4억 원 증가하여 10% 미만의 증가율을 보이는 반면, 분모인 전체 질병비용은 2008년에 전년대비 419-359=60억 원 증가하여 10% 이상의 증가율을 보인다. 따라서 2008년에는 질병비용에서 '운동부족' 위험요인이 차지하는 비율은 전년대비 감소했으므로 옳지 않은 설명이다.

⑤ 질병비용 대비 '과체중' 위험요인 질병비용은 2010년이 117/715억 원이고, 2007년이 65/359억 원으로 2007년에 더 높다. 따라서 연도별 질병비용에서 '과체중' 위험요인이 차지하는 비율이 2010년에 가장 높은 것은 아니므로 옳지 않은 설명이다.

빠른 문제 풀이 Tip

⑤ 질병비용 대비 '과체중' 위험요인 질병비용을 나타내는 분수에서 분모는 2010년 715가 2007년 359의 거의 2배이지만 분자는 2010년 117이 2007년 65의 2배에 미치지 못한다. 즉 '2배'를 기준으로 비교대상이 되는 수치가 이에 미치는지 미치지 못하는지, 얼만큼 미치지 못하는지 비교하는 것도 분수 비교의 한 가지 방법이다. 이에 따르면 분모는 3/359만큼 부족하지만, 분자는 13/65만큼 부족하므로 2007년이 2010년보다 크다.

02 분수 비교형

정답 ④

난이도 ★★★☆☆

핵심포인트

<그림 1>과 <그림 2>에 각각 2가지 항목이 제시되어 있으므로 <보기>에서 묻는 항목을 정확하게 연결하여 분수 비교로 판단한다.

정답 체크

ㄱ. 2007년 도서관 수는 46개로 2006년 40개에 비해 증가했지만, 도서관당 좌석 수는 14.5/0.40≒36.3천 석에서 16.2/0.46≒35.2천 석으로 전년보다 감소했으므로 옳은 설명이다.

ㄴ. 연간이용자 수는 2007년에 7,614천 명으로 가장 적고, 도서관당 연간 이용자 역시 2007년에 7,614/46≒165.5천 명으로 가장 적으므로 옳은 설명이다.

ㄹ. 2009년 장서 수의 전년대비 증가율은 {(4,299-3,891)/3,891}×100≒10.5%, 연간이용자 수의 전년대비 증가율은 {(9,135-9,813)/9,813}×100≒-6.9% 도서관 수의 전년대비 증가율은 {(49-48)/48}×100≒2.1%, 좌석 수의 전년대비 증가율은 {(19.6-18.5)/18.5}×100≒5.9%이다. 따라서 장서 수의 전년대비 증가율이 가장 크므로 옳은 설명이다.

오답 체크

ㄷ. 2008년 도서관 수의 전년대비 증가율은 {(48-46)/46}×100≒4.3%이고, 장서 수의 전년대비 증가율은 {(3,891-3,625)/3,625}×100≒7.3%이다. 따라서 장서 수의 전년대비 증가율이 도서관 수의 전년대비 증가율보다 높으므로 옳지 않은 설명이다.

빠른 문제 풀이 Tip

ㄱ. 도서관당 좌석 수는 2006년에 145/40천 석이고, 2007년에 162/46천 석이므로 분수 비교 중 차이값 비교법을 적용하여 비교한다. 2006년 145/40는 3 이상이고 차이값의 분수는 17/6이므로 3 미만이다. 따라서 2006년이 차이값의 분수보다 크므로 2006년이 2007년보다 크다고 판단할 수 있다.

ㄷ. 자리 수를 맞춰서 비교하면 쉽게 판단할 수 있다.

ㄹ. 장서수의 증가율만 유일하게 10% 이상이다.

03 분수 비교형

정답 ①

난이도 ★★★★★

핵심포인트

자료가 2개 이상 제시되었으므로 제시된 자료의 제목과 단위 등을 통해 자료 간의 관계를 파악한다. 이 문제의 경우 <표 1>에 환율이 제시되었으므로 국가 간 음식가격을 비교할 때 환율을 적용하여 공통의 단위로 변환한다. 단, 동일 국가 내에서의 음식가격 비교는 변환하지 않아도 가능하다는 점에 유의한다.

정답 체크

ㄱ. 원화 120,000원을 각 국가의 환율을 적용하여 변환하면 A국은 100a이므로 5a의 햄버거를 20개, B국은 60b이므로 6b의 햄버거를 10개, C국은 600c이므로 40c의 햄버거를 15개, D국은 120d이므로 10d의 햄버거를 12개 구매할 수 있다. 따라서 원화 120,000원으로 가장 많은 개수의 햄버거를 구매할 수 있는 국가는 A국이므로 옳은 설명이다.

ㄴ. B국에서 치킨 1마리 가격은 9b이고, 이는 삼겹살 3인분 가격인 3b×3=9b와 동일하므로 옳은 설명이다.

오답 체크

ㄷ. C국의 환율은 200원/c이고, 삼겹살 가격은 30c이므로 삼겹살 4인분 가격인 120c를 원화로 환산하면 24,000원이다. A국의 환율은 1,200원/a이고 햄버거 가격은 5a이므로 햄버거 5개 가격인 25a를 원화로 환산하면 30,000원이다. 따라서 동일한 액수의 원화로 구매할 수 없으므로 옳지 않은 설명이다.

ㄹ. D국 화폐 대비 원화 환율이 1,000원/d에서 1,200원/d로 상승하면, D국에서 원화 600,000원의 가치는 600,000/1,000=600d에서 600,000/1,200=500d로 하락한다. 치킨 1마리는 20d이므로 구매할 수 있는 치킨 역시 600/20=30마리에서 500/20=25마리로 감소한다. 따라서 구매할 수 있는 치킨의 마리 수는 {(30−25)/30}×100≒16.7% 감소하므로 옳지 않은 설명이다.

04 분수 비교형 정답 ③

난이도 ★★★☆☆

핵심포인트

<그림>이 2개 제시되고 다른 추가 정보는 제시되지 않았으므로 <그림> 간의 연계성을 파악한다. <그림 1>은 2008년 스마트폰 점유율, <그림 2>는 2008년 스마트폰 판매대수의 전년대비 증가율 자료이므로 2007년 스마트폰 점유율 또는 2007년과 2008년 스마트폰 판매대수의 증감 현황을 묻게 될 것임을 추측할 수 있다.

정답 체크

2008년 스마트폰 점유율을 2008년 스마트폰 판매대수 전년대비 증가 배수로 나누어 2007년 스마트폰 점유율을 구한다. E사의 스마트폰 점유율은 2007년이 4.2/2.1=2.0%, 2008년이 4.2%이고, 전년대비 점유율 증가폭은 4.2−2.0=2.2%p이다. A사의 점유율은 2007년이 41.2/0.8=51.5%, 2008년이 41.2%이고, 전년대비 점유율 감소폭은 51.5−41.2=10.3%p이다. 이에 따라 A사의 점유율 감소폭이 E사의 점유율 증가폭보다 크다. 따라서 2008년 A사의 전년대비 판매대수 감소량은 2008년 E사의 전년대비 판매대수 증가량보다 크므로 옳지 않은 설명이다.

오답 체크

① 2008년 점유율은 A사가 가장 크고, 2008년 A사의 전년대비 증가율은 −20.0%이다. B~E사는 모두 점유율은 A사보다 작고, 전년대비 증가율은 A사보다 크다. 이에 따라 A사의 2007년 점유율은 2008년 점유율인 41.2%보다 높고 B~E사는 모두 2007년 점유율이 2008년 점유율보다 낮음을 알 수 있다. 따라서 A~E사 중 2007년 스마트폰 판매대수가 가장 많은 회사는 A사이므로 옳은 설명이다.

② C사의 2007년 점유율은 10.8/2.4=4.5%이고, E사의 2007년 스마트폰 점유율은 4.2/2.1=2.0%이다. 따라서 2007년 스마트폰 판매대수는 C사가 E사의 두 배 이상이므로 옳은 설명이다.

④ A사를 제외하고 B~E사 중 전년대비 점유율 증가폭은 B사가 19.6/1.8≒11.0%에서 19.6%으로 19.6−11.0≒8.6%p, C사가 10.8/2.4=4.5%에서 10.8%로 10.8−4.5=6.3%p, D사가 4.3/1.1≒3.9%에서 4.3%로 4.3−3.9≒0.4%p, E사가 4.2/2.1=2.0%에서 4.2%로 4.2−2.0=2.2%p이다. 따라서 A~E사 중 2008년에 전년대비 증가율이 가장 많이 증가한 회사는 B사이므로 옳은 설명이다.

⑤ 2007년과 2008년에 A~E사 간 판매대수 기준 스마트폰 점유율이 큰 순서는 모두 A, B, C, D, E로 동일하므로 옳은 설명이다.

빠른 문제 풀이 Tip

선택지에서 모두 구체적인 판매대수를 묻고 있지만 점유율이 각 연도별 판매대수를 기준으로 한 수치이므로 점유율로 크기만 비교한다.

05 분수 비교형 정답 ③

난이도 ★★★★☆

핵심포인트

<표 1> 수치의 자리 수가 많으므로 분수 비교를 묻는 <보기>를 접근할 때 유효숫자를 설정하여 판단한다.

정답 체크

ㄱ. 일반버스와 굴절버스 간의 비용 차이는 차량 감가상각비가 104,106−23,944=80,162원으로 가장 크므로 옳은 설명이다.

ㄴ. 버스 종류별로 1대당 1일 순이익이 30만 원이 안될 경우, 그 차액을 정부가 보전해 주는 정책을 시행할 때 보조금을 많이 받으려면 버스 1대당 1일 승객 요금합과 버스 1대당 1일 총운송비용의 차이가 가장 작아야 한다. 일반버스는 (800×900)−575,077=144,923원, 굴절버스는 (1,000×900)−759,745=140,255원, 저상버스는 (900×900)−609,215=200,785원이다. 따라서 A회사에서 가장 많은 보조금을 받는 버스 종류는 굴절버스이므로 옳은 설명이다.

ㄷ. 총운송비용 대비 가동비가 차지하는 비중은 일반버스가 (439,362/575,077)×100≒76.4% 굴절버스가 (500,391/759,745)×100≒65.9%, 저상버스가 (468,839/609,215)×100≒77.0%이다. 따라서 굴절버스는 다른 버스 종류에 비해 총운송비용에서 가동비가 차지하는 비중이 낮으므로 옳은 설명이다.

오답 체크

ㄹ. 정비비가 각각 10%씩 절감될 때 총운송비용의 감소 비율이 가장 큰 버스 종류를 묻고 있지만 사실상 총운송비용 대비 정비비의 비율이 가장 큰 버스 종류가 어떤 것인지 판단하면 된다. 유효숫자로 정리하면 일반버스는 $\frac{9}{575}$, 굴절버스는 $\frac{45}{760}$, 저상버스는 $\frac{14}{609}$이므로 저상버스보다 굴절버스가 더 크다. 따라서 모든 버스 종류별로 정비비가 각각 10%씩 절감된다면, 총운송비용의 감소 비율이 가장 큰 버스 종류는 저상버스가 아닌 굴절버스이므로 옳지 않은 설명이다.

빠른 문제 풀이 Tip

ㄱ. 운송비용 항목의 값이 8만 원 이하인 항목은 비교 대상에서 제외한다.

ㄷ. 전체비인 $\frac{a}{a+b}$의 대소 비교는 상대비인 $\frac{a}{b}$로 판단 가능하다. 따라서 총운송비용=가동비+보유비이므로 총운송비용에서 가동비가 차지하는 비중의 대소는 보유비 대비 가동비의 비율로 비교가 가능하다. 일반버스는 $\frac{439}{136}$, 굴절버스는 $\frac{500}{259}$, 저상버스는 $\frac{469}{140}$로 유일하게 굴절버스만 2 미만이다.

06 분수 비교형

정답 ⑤

난이도 ★★★★☆

핵심포인트

발문에서 '두 번째로 큰 권역'을 체크하고 문제를 확인한다. 자료의 범례가 모두 비중이지만 비중은 전국을 100으로 했을 때 각 권역이 차지하는 구성비를 나타낸 것이므로 ㄱ, ㄴ, ㄷ을 검토할 때 이를 실수처럼 보고 접근한다.

정답 체크

ㄱ. '면적 대비 총생산액'이므로 $\frac{c}{a}$이다. 선택지에 따르면 두 번째로 큰 권역은 충청권 또는 동남권이므로 수치상 a가 작고 c가 큰 수도권, 충청권, 동남권을 비교하여 면적 대비 총생산액이 큰 권역을 찾는다. 수도권이 $\frac{47.8}{11.8}$로 4 이상이므로 가장 크고, 충청권이 $\frac{11.9}{16.6}$로 1 미만, 동남권이 $\frac{17.1}{12.4}$로 1 이상이므로 동남권이 두 번째로 크다.

ㄴ. '면적 대비 농·임·어업 생산액'이므로 $\frac{d}{a}$이다. 선택지에 따르면 두 번째로 큰 권역은 동남권 또는 호남권이므로 a가 작고, d가 큰 제주권, 동남권, 호남권을 비교하여 큰 권역을 찾는다. 제주권이 $\frac{6.6}{1.8}$으로 3 이상이므로 가장 크고, 동남권이 $\frac{14.9}{12.4}$, 호남권이 $\frac{26.4}{20.7}$이므로 호남권이 두 번째로 크다.

ㄷ. '인구 대비 제조업 생산액'이므로 $\frac{e}{b}$이다. 선택지에 따르면 두 번째로 큰 권역은 대경권 또는 동남권이므로 b가 작고 e가 큰 충청권, 대경권, 동남권을 비교하여 큰 권역을 찾는다. 충청권이 $\frac{17.3}{10.2}$으로 가장 크고, 대경권이 $\frac{14.1}{10.3}$, 동남권이 $\frac{24.6}{15.8}$이므로 동남권이 두 번째로 크다.

빠른 문제 풀이 Tip

ㄴ. 동남권과 호남권을 비교할 때 둘 다 1 이상이므로 1을 초과하는 부분만 두고 판단한다. 1을 초과하는 부분이 동남권은 $\frac{2.5}{12.4}$, 호남권은 $\frac{5.7}{20.7}$이다. 분자는 2배 이상 분모는 2배 미만 차이가 나므로 호남권이 더 크다고 판단할 수 있다.

ㄷ. 충청권은 대략 1.7로 분자가 분모보다 70% 정도 더 많고 대경권은 대략 1.4로 분자가 분모보다 40% 정도 더 많다. 동남권은 분자 24.6이 분모 15.8보다 50% 이상 더 많기 때문에 대경권보다 동남권이 더 크다고 판단할 수 있다.

07 분수 비교형

정답 ①

난이도 ★★☆☆☆

핵심포인트

연도별 전체 사고건수가 동일하고 기준이 원인과 사용처로 다른 2개의 <표>가 제시된 문제이므로 이를 연결하여 정답을 도출한다.

정답 체크

ㄱ. '공급자 취급부주의'는 2015년 23건에서 2019년 29건으로 6건 증가하였고 '시설미비'는 18건에서 24건으로 역시 6건이 증가하였다. 증가폭이 동일하지만 2015년 수치는 '공급자 취급부주의'가 더 크기 때문에 2015년 대비 2019년 사고건수의 증가율은 '공급자 취급부주의'가 '시설미비'보다 작다. 따라서 옳은 설명이다.

ㄴ. '주택'과 '차량'의 연도별 사고건수 증감방향은 증가, 감소, 증가, 증가로 서로 같으므로 옳은 설명이다.

오답 체크

ㄷ. 2016년 사고건수 기준 상위 2가지 원인은 '사용자 취급부주의'와 '시설미비'로, 이 두 원인의 사고건수 합은 61건으로 2016년 전체 사고건수 총합인 120건의 절반 이상이다. 따라서 2016년에는 사고건수 기준 상위 2가지 원인에 의한 사고건수의 합이 나머지 원인에 의한 사고건수의 합보다 많으므로 옳지 않은 설명이다.

ㄹ. 2017년 사고건수 118건 중 '주택' 39건이 차지하는 비중은 39/118로 35%인 35/100보다 작다. 따라서 전체 사고건수에서 '주택'이 차지하는 비중이 매년 35% 이상인 것은 아니므로 옳지 않은 설명이다.

빠른 문제 풀이 Tip

ㄹ. 2017년의 경우 '주택' 사고건수 39건의 3배인 117건은 전체 사고건수인 118건보다 작다. 따라서 전체의 1/3인 33.3%보다도 작음을 알 수 있다.

08 분수 비교형 정답 ②

난이도 ★★★☆☆

핵심포인트

<그림 1>에 GDP 대비 2가지 비율이 주어져 있고 <그림 2>에 GDP가 주어져 있으므로 이를 연계하여 국가채무 및 적자성채무를 도출할 수 있다.

정답 체크

ㄱ. 국가채무는 2014년에 1,323×29.7%≒393조 원이고 2020년에 1,741×36.0%≒626조 원이다. 따라서 2020년의 국가채무인 약 626조 원은 2014년 국가채무인 393조 원의 1.5배인 589.5조 원 이상이므로 옳은 설명이다.

ㄷ. 적자성채무는 2018년에 1,563×18.3%≒286조 원, 2019년에 1,658×20.0%≒332조 원, 2020년에 1,741×20.7%≒360조 원으로 2019년부터 300조 원 이상이므로 옳은 설명이다.

오답 체크

ㄴ. GDP 대비 금융성채무 비율은 (GDP 대비 국가채무 비율)-(GDP 대비 적자성채무 비율)이므로 2019년이 35.7-20.0=15.7%, 2020년이 36.0-20.7=15.3%로 감소하였다. 따라서 매년 증가하는 것은 아니므로 옳지 않은 설명이다.

ㄹ. 금융성채무가 매년 국가채무의 50% 이상이 되려면 적자성채무가 매년 국가채무의 50% 미만이 되어야 한다. 즉 매년 (GDP 대비 적자성채무 비율/GDP 대비 국가채무 비율)이 50% 미만인지 판단하면 되는데, 2020년의 경우 (20.7/36.0)×100=50% 이상이다. 따라서 금융성채무가 매년 국가채무의 50% 이상인 것은 아니므로 옳지 않은 설명이다.

빠른 문제 풀이 Tip

ㄴ. 2019년 대비 2020년 GDP 대비 국가채무 비율은 0.3%p 증가했지만 GDP 대비 적자성채무 비율은 0.7%p 증가하였으므로 이 둘의 차이인 GDP 대비 금융성채무 비율은 감소하였다고 판단할 수 있다.

ㄹ. (GDP 대비 적자성채무 비율×2≦GDP 대비 국가채무 비율)이 매년 성립하는지 판단한다.

09 분수 비교형 정답 ①

난이도 ★★☆☆☆

핵심포인트

연도별 막대그래프 자료이므로 동일한 사료 유형을 판단할 때 막대그래프 색이 동일한 것끼리 비교한다.

정답 체크

ㄱ. 2017~2021년 동안의 특허 출원건수 합은 '식물기원'이 58건, '동물기원'이 42건, '미생물효소'가 40건이고, 이 중 가장 작은 사료 유형은 '미생물효소'이므로 옳은 설명이다.

오답 체크

ㄴ. 특허 출원건수는 2019년에 '식물기원'이 9건, '동물기원'이 11건이고, 연도별 전체 특허 출원건수 대비 각 사료 유형의 특허 출원건수 비율은 '식물기원'이 9/29, '동물기원'이 11/29로 동물기원이 더 높다. 따라서 연도별 전체 특허 출원건수 대비 각 사료 유형의 특허 출원건수 비율은 '식물기원'이 매년 가장 높은 것은 아니므로 옳지 않은 설명이다.

ㄷ. 2021년 특허 출원건수의 전년 대비 증가율은 '식물기원'이 (13/12)×100≒108%, '동물기원'이 (5/10)×100=50%, '미생물효소'가 (9/8)×100=112.5%로 '미생물효소'가 가장 높으므로 옳지 않은 설명이다.

빠른 문제 풀이 Tip

ㄱ. 2019년을 제외하고, 특허 출원건수가 매년 가장 많은 '식물기원'의 합이 사실상 가장 크다고 판단한 후 '동물기원'과 '미생물효소'를 연도별 차이값으로 비교한다. '동물기원-미생물효소' 값은 2017년이 +3, 2018년이 -3, 2019년이 +2, 2020년이 +2, 2021년이 -2이므로 차이값의 합은 +2이다. 따라서 '동물기원'이 '미생물효소'보다 많기 때문에 '미생물효소'의 합이 가장 작음을 알 수 있다.

ㄷ. 2021년 특허 출원건수가 2배 이상 증가한 '식물기원'과 '미생물효소'를 비교할 때, 2배 초과분만 분수식으로 판단하면 '식물기원'은 1/12, '미생물효소'는 1/8이므로 '미생물효소'가 더 높다는 것을 쉽게 판단할 수 있다.

10 분수 비교형 정답 ④

난이도 ★★★☆☆

핵심포인트

구분 항목으로 제시된 연구개발 세액감면액을 중심으로 GDP 대비 비중과 연구개발 총지출액 대비 비중이 주어졌으므로 이를 토대로 GDP나 연구개발 총지출액 크기를 나타내는 식을 구성하여 답을 도출한다.

정답 체크

ㄴ. 연구개발 총지출액은 연구개발 세액감면액을 연구개발 총지출액 대비 연구개발 세액감면액 비율로 나눈 값이므로 A가 7,269,618백만 달러, B가 44,094,737백만 달러, C가 2,581,595백만 달러, D가 4,064,030백만 달러, E가 15,814,010백만 달러이다. 따라서 B국이 가장 크다.

ㄷ. GDP 대비 연구개발 총지출액 비율은 연구개발 총지출액 대비 연구개발 세액감면액 비율을 GDP 대비 연구개발 세액감면액 비율로 나눈 값이므로 A국 4.02%가 B국 2.46%보다 높다.

오답 체크

ㄱ. GDP는 연구개발 세액감면액을 GDP 대비 연구개발 세액감면액 비율로 나눈 값이므로 C는 2,104/0.13≒161,846,154백만 달러이고 E는 6,547/0.13≒503,615,385백만 달러이므로 GDP는 C국이 E국보다 작다.

빠른 문제 풀이 Tip

ㄱ. C와 E의 GDP 대비 연구개발 세액감면액 비율이 0.13%로 같기 때문에 연구개발 세액감면액이 더 큰 E의 GDP가 C보다 더 크다.
ㄴ. B는 연구개발 총지출액 식의 분자에 해당하는 연구개발 세액감면액이 12,567로 가장 크고 분모에 해당하는 연구개발 총지출액 대비 연구개발 세액감면액 비율이 2.85로 가장 작기 때문에 다른 국가에 비해 연구개발 총지출액이 가장 크다.
ㄷ. GDP 대비 연구개발 총지출액 비율은 A가 0.20/4.97, B가 0.07/2.85이므로 이를 정리해서 분수 비교하면 A 20/497이 B 7/285에 비해 분자는 2배 이상, 분모는 2배 미만 증가했기 때문에 A가 B보다 더 크다.

11 분수 비교형 정답 ②

난이도 ★★★☆☆

핵심포인트

선택지 ①을 제외하면 나머지 모든 선택지가 분수 비교를 통해 도출해야 하므로 계산의 정도가 낮은 선택지 위주로 판단하여 답을 도출한다.

정답 체크

'시설용량' 대비 '연간소각실적' 비율은 E가 265.3으로 가장 높다.

오답 체크

① C와 E를 비교하면 '연간소각실적'은 E가 C보다 많지만 '관리인원'은 C가 E보다 많기 때문에 '연간소각실적'이 많은 소각시설일수록 '관리인원'이 많지 않다.

③ '연간소각실적'은 163,785톤인 A가 104,176톤인 D의 1.5배인 156,264 이상이다.

④ C의 '시설용량' 750은 전체 '시설용량' 2,898의 30%인 869.4 이상이 되지 못한다.

⑤ 각주에서 시설용량은 1일 가동 시 소각할 수 있는 최대량이라고 하였으므로 B의 2023년 가동 일수는 12,540/48≒261일 이상이다. 따라서 250일 미만이 아니다.

빠른 문제 풀이 Tip

③ 유효숫자로 판단하면 D는 104이고 1.5배는 104의 절반인 52를 더한 156과 같기 때문에 A인 164와 대소비교를 쉽게 할 수 있다.
④ C가 750이기 때문에 전체의 30% 이상이 되려면 전체가 2,500이하여야 한다.
⑤ 48×250=12×1,000=12,000보다 12,540이 더 크기 때문에 250일 미만이 아님을 알 수 있다.

12 분수 비교형 정답 ④

난이도 ★★☆☆☆

핵심포인트

보기에서 묻는 연도 매칭만 올바르게 하면 특별히 어려운 부분은 없는 평이한 문제이므로 정확한 시각화를 통해 답을 도출한다.

정답 체크

ㄱ. 2018년 교원 1인당 원아수는 13.7명으로 10명 이상이므로 옳은 설명이다.

ㄷ. 원아수는 2017년 44,009명에서 2023년 34,777명으로 약 21% 감소하였다. 따라서 2017년 대비 2023년 원아수는 20% 이상 감소하므로 옳은 설명이다.

오답 체크

ㄴ. 2017년 대비 2018년 유치원 수는 427개에서 430개로 증가한 반면 원아수는 44,009명에서 42,324명으로 감소하였다. 따라서 전년 대비 증감 방향은 유치원수와 원아수가 매년 동일하지 않으므로 옳지 않은 설명이다.

빠른 문제 풀이 Tip

ㄱ. 모든 연도에서 원아수는 교원수의 10배 이상이다.
ㄷ. 유효숫자를 설정하면 2017년은 440, 2023년은 348이고 감소폭은 92이므로 440의 20%인 88보다 크다. 따라서 20% 이상 감소했다고 쉽게 판단 가능하다.

유형 3 | 반대해석형

p.56

01	02	03	04	
⑤	③	④	⑤	

01 반대해석형 정답 ⑤

난이도 ★★★☆☆

핵심포인트

전체=여객+화물인 구성이므로 여객과 화물을 비교하는 <보기>는 모두 반대해석을 활용하여 간단히 풀이할 수 있다.

정답 체크

ㄱ. 화물지수가 1인 항공사는 D, G, H, I 4개이고, 여객지수가 1인 항공사는 E 1개이므로 옳은 설명이다.

ㄴ. B의 여객지수는 501/555≒0.90이고, B의 화물지수는 1-0.90≒0.1이다. 여객지수가 B보다 큰 외국항공사는 E가 1, J가 75/76≒1.0, K가 82/88≒0.93, L이 102/111≒0.91로 총 4개이므로 옳은 설명이다.

ㄹ. 국내항공사 전체의 여객지수는 1,158/1,335≒0.87이고, 외국항공사 전체의 여객지수는 293/395≒0.74로 국내항공사 전체의 여객지수가 더 크므로 옳은 설명이다.

오답 체크

ㄷ. 국내항공사가 취항하는 전체 노선 수 중 A 항공사가 취항하는 노선 수가 차지하는 비중은 (137/225)×100≒60.9%로 65% 미만이므로 옳지 않은 설명이다.

빠른 문제 풀이 Tip

ㄱ. 화물지수가 1인 항공사는 여객지수가 0인 항공사와 동일하고 여객지수가 1인 항공사는 화물지수가 0인 항공사와 동일하다. 따라서 ㄱ은 다음과 같이 바꿔서 볼 수 있다.

'화물지수가 1인 항공사의 수가 여객지수가 1인 항공사의 수보다 많다.'

→ '여객지수가 0인 항공사의 수가 화물지수가 0인 항공사의 수보다 많다.'

→ '여객운항횟수가 0인 항공사의 수가 화물운항횟수가 0인 항공사의 수보다 많다.'

ㄴ. 여객지수가 B보다 큰 외국항공사를 찾는 것보다 화물지수가 B보다 작은 외국항공사를 찾는 편이 더 쉽다.

ㄷ. A의 취항 노선수가 B의 2배 이상인지 판단한다.

02 반대해석형 정답 ③

난이도 ★★★☆☆

핵심포인트

각주에서 공공부담과 민간부담 연구개발비의 관계를 제시하고 있고, 전체 연구개발비가 공공부담과 민간부담 연구개발비의 합이므로 <표>에 직접 제시된 공공부담의 비중을 반대해석하면 민간부담 비중을 판단할 수 있다.

정답 체크

인구$=\frac{\text{연구개발비}}{\text{인구 만명당 연구개발비}}$임을 적용하여 구한다. '갑'국 인구는 2009년에 $\frac{37,929}{7,781}$천만 명, 2010년에 $\frac{43,855}{8,452}$천만 명이다. 이때 분모의 증가폭은 700 미만으로 분모의 증가율은 10% 미만이지만, 분자의 증가폭은 5,000 이상이므로 분자의 증가율은 10% 이상이다. 즉, 분모의 증가율보다 분자의 증가율이 더 큼을 알 수 있다. 따라서 '갑'국 인구는 2009년에 비해 2010년에 증가했으므로 옳은 설명이다.

오답 체크

① 2010년 연구개발비의 공공부담 비중은 2009년에 비해 감소했으므로 옳지 않은 설명이다.

② 인구 만 명당 연구개발비의 전년대비 증가폭은 2010년에 8,452-7,781=671백만 원이지만, 2007년은 6,460-5,662=798백만 원이다. 따라서 2010년이 전년에 비해 인구 만 명당 연구개발비가 가장 많이 증가한 해가 아니므로 옳지 않은 설명이다.

④ 전년대비 연구개발비 증가액은 2009년이 37,929-34,498=3,431십억 원이지만, 2008년이 34,498-31,301=3,197십억 원으로 더 작다. 따라서 2009년이 전년대비 연구개발비 증가액이 가장 작은 해가 아니므로 옳지 않은 설명이다.

⑤ 연구개발비의 전년대비 증가율은 2009년이 9.9%로 가장 작지만 연구개발비의 민간부담 비중은 2006년이 100-24.3=75.7%로 가장 크다. 따라서 연구개발비의 전년대비 증가율이 가장 작은 해와 연구개발비의 민간부담 비중이 가장 큰 해가 같지 않으므로 옳지 않은 설명이다.

빠른 문제 풀이 Tip

⑤ 각주에서 연구개발비 = 공공부담 연구개발비 + 민간부담 연구개발비라고 했으므로 공공부담 비중이 가장 작은 연도를 찾으면 된다. 따라서 공공부담 비중이 24.3%로 가장 작은 2006년이 민간부담 비중은 가장 큼을 알 수 있다.

03 반대해석형

정답 ④

난이도 ★★☆☆☆

핵심포인트

자료의 양이 많기 때문에 전체 연도를 비교하는 <보기>는 후순위로 두고 접근한다. 또한 90%를 판단할 때 반대해석하여 (100-10)%임을 활용한다.

정답 체크

ㄱ. 2004~2013년 강풍 피해금액의 합계는 93+140+69+11+70+2+267+9=661억 원으로 풍랑 피해금액의 합계인 57+331+241+70+3=702억 원보다 작으므로 옳은 설명이다.

ㄴ. 2012년 5개 자연재해 유형 전체 피해금액은 9,620억 원이고, 태풍 피해금액은 8,765억 원이다. 전체 피해금액의 90%는 9,620×0.9=8,658억 원으로 태풍이 차지하는 비중은 90% 이상이므로 옳은 설명이다.

ㄹ. 피해금액이 큰 자연재해 유형부터 순서대로 나열하면 2010년과 2011년의 순서는 모두 호우-태풍-대설-풍랑-강풍 순으로 동일하므로 옳은 설명이다.

오답 체크

ㄷ. 피해금액이 매년 10억 원보다 큰 자연재해 유형은 호우뿐만 아니라 대설도 해당되므로 옳지 않은 설명이다.

빠른 문제 풀이 Tip

ㄱ. 연도별 5개 자연재해 유형 전체의 합은 제시되어 있지만 유형별 합계는 제시되지 않기 때문에 모두 더해서 비교하거나 피해금액이 비슷한 연도끼리 비교해야 한다. 따라서 계산이 많으므로 후순위로 두어 비교한다.

ㄴ. 반대해석을 적용하면 2012년 태풍 피해금액이 2012년 5개 자연재해 유형 전체 피해금액의 90% 이상인지 확인하는 것은 나머지 호우~풍랑의 피해금액 합이 전체의 10% 이하인지 확인하는 것과 같다. 이에 따라 2012년 5개 자연재해 유형 전체 피해금액은 9,620억 원이고 호우+대설+강풍의 합은 962억 원보다 작으므로 전체 중 호우~풍랑의 피해금액 합이 차지하는 비중이 10% 이하임을 알 수 있다. 따라서 전체 중 태풍 피해금액이 차지하는 비중은 90% 이상이다.

04 반대해석형

정답 ⑤

난이도 ★★★☆☆

핵심포인트

전체 중 특정 항목인 A가 35%인지 확인하는 것은 나머지 항목의 합이 65%인지 확인하는 것과 같다. 따라서 계산이 더 쉬운 쪽으로 반대해석을 활용하여 풀이한다.

정답 체크

ㄷ. D지방법원의 출석률은 (57/191)×100≒29.8%로 25% 이상이므로 옳은 설명이다.

ㄹ. A~E지방법원 전체 소환인원에서 A지방법원의 소환인원이 차지하는 비율은 (1,880/4,947)×100≒38.0%로 35% 이상이므로 옳은 설명이다.

오답 체크

ㄱ. 출석의무자 수는 B지방법원이 1,740-495-508=737명으로 A지방법원의 1,880-533-573=774명보다 적으므로 옳지 않은 설명이다.

ㄴ. 실질출석률은 E지방법원이 (115/174)×100≒66.1%로 C지방법원의 (189/343)×100≒55.1%보다 높으므로 옳지 않은 설명이다.

빠른 문제 풀이 Tip

ㄱ. 출석의무자 수의 구체적인 수치를 구하지 않고, 비교하는 항목 간 차이를 통해 확인한다. 소환인원 수는 A가 B보다 140명 더 많고, 송달불능자 수는 A가 B보다 38명이 더 많고, 출석취소통지자 수는 A가 B보다 65명 더 많다. 따라서 출석의무자 수는 A가 B보다 140-38-65=37명 더 많음을 알 수 있다.

ㄴ. 실질출석률의 구체적인 수치를 구하지 않고, 분수 비교를 통해 확인한다. E지방법원과 C지방법원의 분모인 출석의무자 수는 약 2배 차이가 나지만 분자는 2배 이하 차이가 난다. 따라서 E 대비 C의 분모 증가율이 분자 증가율보다 크기 때문에 실질출석률은 E지방법원이 C지방법원보다 높음을 알 수 있다.

ㄷ. 출석률의 구체적인 수치를 구하지 않고, 분수 비교를 통해 확인한다. D지방법원의 출석률은 $\frac{57}{191}$이고, 25%=$\frac{25}{100}$=$\frac{50}{200}$이므로 $\frac{57}{191}$은 $\frac{50}{200}$보다 크다. 따라서 D지방법원의 출석률은 25% 이상임을 알 수 있다.

ㄹ. 소환인원이 차지하는 비율은 100%이므로 A지방법원의 소환인원이 차지하는 비율인 35%를 1/3인 33.3%로 본다면 65%는 2/3인 66.7%로 볼 수 있다. 즉 A~E지방법원 전체 소환인원에서 A지방법원의 소환인원이 차지하는 비율이 35%(33.3%) 이상이 되려면 A~E지방법원 전체 소환인원에서 B~E지방법원 소환인원의 합이 차지하는 비율은 65%(66.7%) 이하가 되어야 한다. 이때 1/3과 2/3 관계이므로 비례식을 통해 A×2≥(B+C+D+E)를 만족하는지 도출할 수 있다. A는 1,880명이고 이의 2배는 3,760명이다. B~E의 합은 약 3,000명이다. 따라서 A~E지방법원 전체 소환인원에서 A지방법원의 소환인원이 차지하는 비율은 35% 이상임을 알 수 있다.

실전공략문제

p.60

01	02	03	04	05
②	①	④	④	④
06	07	08	09	10
⑤	②	④	①	①
11	12	13	14	15
③	①	③	④	①
16	17	18	19	20
③	⑤	③	②	③

01 분수 비교형 　　정답 ②

난이도 ★★☆☆☆

핵심포인트

<표>에 지수가 제시되었으므로 비율 자료임을 파악한다. 따라서 면적별 전세가격 지수는 동일 규모, 동일 도시의 2012년 11월 전세가격을 기준으로 작성된 것이므로 규모가 다르거나 도시가 다른 경우 전세가격을 비교할 수 없다는 점을 유의한다.

정답 체크

ㄱ. 2012년 11월에 비해 2013년 11월에 7개 도시 모두에서 아파트 평균 전세가격이 상승했다는 것은 2013년 11월 전세가격 지수가 100보다 크다는 의미이다. 아파트는 소형, 중형, 대형으로만 구분되고, <표>의 모든 도시의 면적별 전세가격 지수가 100 이상이므로 2012년 11월에 비해 2013년 11월 7개 도시 모두에서 아파트 평균 전세가격이 상승했음을 알 수 있다. 따라서 2012년 11월에 비해 2013년 11월에 7개 도시 모두에서 아파트 평균 전세가격이 상승했으므로 옳은 설명이다.

ㄷ. 전세수급 동향 지수=(부족 응답비율−충분 응답비율)+100임을 적용하여 구한다. 전세수급 동향 지수가 100을 넘는다면 부족 응답비율−충분 응답비율이 0보다 큼을 의미한다. 모든 도시에서 전세수급 동향 지수가 100 이상이므로 각 도시에서 아파트 전세공급 상황에 대해 '부족'이라고 응답한 공인중개사는 '충분'이라고 응답한 공인중개사보다 많음을 알 수 있다. 따라서 각 도시에서 아파트 전세공급 상황에 대해 '부족'이라고 응답한 공인중개사는 '충분'이라고 응답한 공인중개사보다 많으므로 옳은 설명이다.

오답 체크

ㄴ. 대구의 2013년 11월 전세가격 지수가 126.7로 가장 크지만 이를 통해서 알 수 있는 것은 대구의 2012년 11월 평균 전세가격에 비해 상대적으로 2013년 11월 평균 전세가격이 높다는 것뿐이다. 도시별로 실제 평균 전세가격 상승액을 파악하려면 실제 평균 전세가격이 제시되거나 도시 간 전세가격을 비교할 만한 기준이 추가로 제시되어야 한다. 따라서 중형 아파트의 2012년 11월 대비 2013년 11월 평균 전세가격 상승액이 가장 큰 도시가 대구인지 제시된 자료만으로는 알 수 없으므로 옳지 않은 설명이다.

ㄹ. 광주의 전세수급 동향 지수는 101.3으로 '부족' 응답비율−'충분' 응답비율=1.3%p이다. '부족·적당·충분' 간 관계가 주어지지 않은 상황에서 '부족'과 '충분'의 비율 차이만으로는 '부족'이라고 응답한 비율이 60% 이상인지 알 수 없으므로 옳지 않은 설명이다.

빠른 문제 풀이 Tip

지수 자료에서 먼저 비교가 가능한 경우와 가능하지 않은 경우를 구분한다. 즉 '가격 지수' 자체를 비교해야 하는지, 실제 '가격'을 비교해야 하는지를 빠르게 확인한다.

02 분수 비교형 　　정답 ①

난이도 ★★★☆☆

핵심포인트

실수 자료와 비율 자료가 동시에 제시된 문제이므로 자료 간 제목과 항목의 공통점을 파악한다. 이 문제의 경우 <그림 1>과 <그림 2>에 서비스업이라는 공통 항목이 있음을 파악한 후 문제를 풀이한다.

정답 체크

<그림 1>의 외국기업 국내 서비스업 투자건수 비율과 <그림 2>의 외국기업의 국내 서비스업 투자건수를 활용하여 외국기업 국내 투자건수를 도출한다. 외국기업의 국내 투자건수는 2010년이 687/0.687=1,000건, 2009년이 680/0.659≒1,032건으로 외국기업의 국내 투자건수는 2010년이 2009년보다 적으므로 옳은 설명이다.

오답 체크

② 2008년 외국기업의 국내 서비스업에 대한 투자건수가 572건이고, 산업에서 서비스업이 차지하는 비중은 67.8%이다. 이때 농·축·수산·광업의 비중은 5.9%로 서비스업의 10% 미만이므로 외국기업의 농·축·수산·광업에 대한 투자건수도 서비스업 투자건수의 10% 미만임을 알 수 있다. 이에 따라 외국기업의 농·축·수산·광업에 대한 투자건수는 572/10=57.2건 미만이다. 따라서 농·축·수산·광업에 대한 투자건수는 60건 미만이므로 옳지 않은 설명이다.

③ 외국기업 국내 투자건수 중 제조업이 차지하는 비율은 2009년 17.1%에서 2010년 13.6%로 감소했으므로 옳지 않은 설명이다.

④ 외국기업 국내 투자건수 중 각 산업이 차지하는 비율의 순위는 2008년과 2009년에 농·축·수산·광업과 전기·가스·수도·건설업의 순위가 서로 다르므로 옳지 않은 설명이다.

⑤ 2009년 대비 2010년 외국기업의 국내 서비스업 투자건수는 증가하고, 투자금액은 감소했음을 알 수 있다. 따라서 외국기업의 국내 서비스업 투자건당 투자금액은 2009년 대비 2010년에 감소했으므로 옳지 않은 설명이다.

빠른 문제 풀이 Tip

① 자리 수와 단위를 고려하지 않는다면 2010년 외국기업 국내 서비스업 투자건수 비율과 서비스업 투자건수의 수치가 사실상 같기 때문에 비율 1을 기준으로 2009년이 비율 1을 넘는지 비교하면 쉽게 판단할 수 있다.

03 분수 비교형 정답 ④

난이도 ★★★★☆

핵심포인트

자리 수가 4자리 이상인 경우 유효숫자 설정을 통해 간단한 수치로 분수 비교를 한다.

정답 체크

ㄱ. 1936년 소작쟁의 발생 건당 참여인원은 72,453/29,948≒2.4명이다. 그러나 1935년 소작쟁의 발생 건당 참여인원은 59,019/25,834≒2.3명으로 가장 적으므로 옳지 않은 설명이다.

ㄴ. 1932년 이후 소작쟁의 발생건수가 매년 증가한 지역은 경상도, 충청도, 평안도, 함경도 총 4곳이므로 옳지 않은 설명이다.

ㄷ. 전체 소작쟁의 참여인원 중 지주가 차지하는 비중은 1931년이 (1,045/10,282)×100≒10.2%이나, 1932년이 (359/4,686)×100≒7.7%이다. 따라서 1932년에는 전년대비 감소하여 매년 증가하고 있지는 않으므로 옳지 않은 설명이다.

오답 체크

ㄹ. 전국 소작쟁의 발생건수는 1930년 726건에 비해 1936년 29,948건으로 29,948/726≒41.25배 증가하였다. 1930년 대비 1936년 소작쟁의 발생건수의 증가율이 41배 이상인 지역을 살펴보면, 강원도가 4건에서 2,677건으로 600배 이상, 충청도가 139건에서 8,136건으로 50배 이상, 평안도가 5건에서 1,733건으로 300배 이상, 함경도가 0건에서 404건으로 400배 이상, 황해도가 13건에서 947건으로 70배 이상 증가하였다. 따라서 비중이 증가한 지역은 총 5곳이므로 옳은 설명이다.

빠른 문제 풀이 Tip

ㄱ. 유효숫자를 설정하여 비교하면 1935년은 $\frac{59}{26}$, 1936년은 $\frac{72}{30}$이다. 분자인 72는 59에 비해 20% 이상 큰 수치지만 분모인 30은 26에 비해 20% 미만 큰 수치이므로 1935년보다 1936년이 더 크다. 따라서 적어도 1936년이 가장 적은 해는 아니라고 판단할 수 있다.

ㄹ. 1930년 함경도의 발생건수가 0건이므로 1936년 함경도의 발생건수가 1건 이상이라면 전국에서 차지하는 비중은 무조건 증가하게 된다.

04 분수 비교형 정답 ④

난이도 ★★★☆☆

핵심포인트

빈칸이 1개 제시된 자료이므로 빈칸의 내용을 묻는 <보기>를 가장 후순위로 풀이한다. 또한 <표>의 단위와 <보기>의 단위 자리 수가 다른 경우 단위를 통일하여 비교한다.

정답 체크

ㄱ. 보육시설 공급률과 보육시설 이용률은 분모가 영유아 인구수로 같으므로 그 차이는 {(보육시설 정원-보육시설 현원)/영유아 인구수}×100이다. 따라서 A지역의 보육시설 공급률과 보육시설 이용률의 차이는 {(231-196)/512}×100≒6.8%p로 10%p 미만이므로 옳은 설명이다.

ㄴ. 영유아 인구수가 10만 명 이상인 지역 A, B, E, G, I 중 보육시설 공급률이 50% 미만인 지역은 보육시설 공급률이 (231/512)×100≒45.1%인 A와 (71/152)×100≒46.7%인 B로 총 2곳이므로 옳은 설명이다.

ㄹ. C지역의 보육시설 공급률이 50%라고 가정하면, 보육시설 정원은 (50×86)/100=43천 명이고, 보육시설 정원충족률은 (35/43)×100≒81.4%로 80% 이상이므로 옳은 설명이다.

오답 체크

ㄷ. 영유아 인구수가 가장 많은 지역 E의 보육시설 이용률은 (283/726)×100≒39.0%이고, 가장 적은 지역 J의 보육시설 이용률은 (25/35)×100≒71.4%이다. 따라서 E와 J의 보육시설 이용률 차이는 71.4-39.0≒32.4%p로 40%p 미만이므로 옳지 않은 설명이다.

빠른 문제 풀이 Tip

ㄱ. 각주 1)과 2)의 식은 분모가 공통이므로 이 두 가지 식을 비교하는 경우에는 분자끼리만 비교한다.

ㄷ. 분수 변환 비율을 활용하면 계산을 빠르게 할 수 있다. $\frac{1}{7}$은 약 14.2%이므로 $\frac{5}{7}$는 약 100-28.4≒71.6%이다. 따라서 J의 보육시설 이용률은 70%를 조금 넘는 수치임을 알 수 있다.

05 분수 비교형 정답 ④

난이도 ★★★☆☆

핵심포인트

유효숫자를 설정한 후 증가율을 배수로 변환한다. 이후 식을 정리한 다음 분수 비교로 답을 도출한다.

정답 체크

ㄴ. 원두 수입중량 대비 생두 수입중량의 비율은 2008년이 97.8/3.1≒31.5, 2012년이 100.2/5.4≒18.6이므로 <표>와 일치한다.

ㄷ. 생두의 수입단가는 2010년이 $\frac{316.1}{107.2}$천 달러/톤, 2011년이 $\frac{528.1}{116.4}$천 달러/톤, 2012년이 $\frac{365.4}{100.2}$천 달러/톤이다. 2011년 대비 2012년에 분모의 감소율보다 분자의 감소율이 더 크므로 2012년 생두 수입단가는 전년대비 하락하였다. 또한 2011년 생두 수입단가가 2010년 수입단가의 1.5배인 $\frac{316.1}{107.2}$×1.5보다 크므로 2011년에 전년대비 50% 이상 상승하였다. 따라서 <표>와 일치한다.

ㄹ. 2009~2012년 동안 원두 수입금액의 전년대비 증가율은 2009년이 {(42.2-37.1)/37.1}×100≒13.7%, 2010년이 {(55.5-42.2)/42.2}×100≒31.5%, 2011년이 {(90.5-55.5)/55.5}×100≒63.1%, 2012년이 {(109.8-90.5)/90.5}×100≒21.3%로 2011년이 가장 높으므로 <표>와 일치한다.

오답 체크

ㄱ. 커피=생두+원두+커피 조제품이고, 2009년 원두의 수입금액은 전년대비 42.2-37.1=5.1천 달러 증가했지만 생두의 수입금액은 전년대비 252.1-234.0=18.1천 달러 감소, 커피 조제품의 수입금액은 전년대비 42.1-34.6=7.5천 달러 감소하여 원두 수입금액의 증가폭에 비해 생두와 커피 수입금액의 감소폭이 크다. 따라서 커피 수입금액은 감소하였으므로 <표>와 일치하지 않는다.

ㅁ. 커피 조제품 수입단가는 2008년이 $\frac{42.1}{6.3}$천 달러/톤, 2012년이 $\frac{122.4}{8.9}$천 달러/톤이다. 200% 이상 증가했다는 것은 3배 이상 증가했다는 의미이므로 $\frac{42.1}{6.3}\times3<\frac{122.4}{8.9}$인지 비교한다. 2008년 커피 조제품 수입단가의 3배가 2012년 커피 조제품 수입단가보다 크므로 <표>와 일치하지 않는다.

빠른 문제 풀이 Tip

ㄴ. 2008년과 2012년 원두 수입중량 대비 생두 수입중량에서 분자의 증가폭은 2.4, 분모의 증가폭은 2.3으로 거의 같지만 분자에 비해 분모가 상대적으로 훨씬 작은 숫자이므로 분모의 증가율이 크다고 판단할 수 있다.

ㄷ. 2010년 수입단가에서 분자의 316.1을 계산하기 편하도록 좀 더 높은 숫자로 유효숫자를 설정한다. 320으로 유효숫자를 설정하면 320×1.5=480이고, 이는 분자가 10% 이상 증가, 분모가 10% 미만 증가이므로 쉽게 비교할 수 있다.

06 분수 비교형 정답 ⑤

난이도 ★★★☆☆

핵심포인트

<표 1>과 <표 2>의 단위가 다르지만, 2006년 정부부담 장학금 수치가 4,000억 원으로 동일하므로 이를 고려하여 문제를 풀이한다. 특히 선택지에서 묻는 것이 장학금인지 수혜인원인지 정확히 구분하여 문제를 풀이한다.

정답 체크

2006년 F부처의 새터민 장학금은 2005년 60억 원에서 130억 원으로 2배 이상 증가하였다. 전년대비 증가폭이 2배를 초과하는 장학사업은 2005년 80억 원에서 2006년 180억 원으로 증가한 C부처의 보훈장학금뿐이므로 보훈장학금과 새터민 장학금을 비교한다. 장학금의 전년대비 증가율을 공통인 부분을 제외하고 분수만 비교하면, 보훈장학금이 $\frac{100}{80}$, 새터민 장학금이 $\frac{70}{60}$으로 보훈장학금이 더 크다. 따라서 2006년 정부부담 장학금 중 전년대비 증가율이 가장 큰 장학금은 F부처의 새터민 장학금이 아니라 C부처의 보훈장학금이므로 옳지 않은 설명이다.

오답 체크

① 2006년 총등록금 중 정부부담 비율은 (3.4/12.5)×100≒27.2%로 30% 미만이므로 옳은 설명이다.

② 2006년 A부처의 기초생활수급자 장학금과 이공계 장학금을 합친 금액이 총등록금에서 차지하는 비중은 (0.152/12.5)×100≒1.2%로 1% 이상이므로 옳은 설명이다.

③ 2006년 A부처의 장학금은 2,140억 원으로 전체 정부부담 장학금 4,000억 원의 50% 이상이므로 옳은 설명이다. 기초생활수급자, 이공계, 지방대 인문계열 장학금만 합쳐도 2,000억 원을 초과함을 알 수 있다.

④ 2005년 정부부담 장학금 중 장학금 수혜인원이 가장 많은 장학금은 C부처의 군자녀 장학금이 11,000/0.5=22,000명으로 가장 많으므로 옳은 설명이다.

> **빠른 문제 풀이 Tip**
> ④ 2006년 수혜인원과 전년대비 증가율이 주어져 있으므로 일단 2006년 인원이 많은 항목 중 전년대비 증가율이 감소한 것 위주로 비교 대상을 정한다. 사실상 비교 대상은 이공계 1개가 된다.
> ⑤ 2006년의 전년대비 증가율에서 2배를 초과한 나머지 값만 비교하면 F부처의 새터민 장학금이 $\frac{1}{6}$, C부처의 보훈장학금이 $\frac{1}{4}$이다.

07 분수 비교형

정답 ②

난이도 ★★★☆☆

핵심포인트

4가지 자료 모두 공통적으로 매출액과 판매대수가 주어졌으므로 각주 2)를 적용하여 풀이한다.

정답 체크

ㄱ. 시장가격=$\frac{\text{매출액}}{\text{판매대수}}$이므로 <그림 2>와 <그림 3>에서 매출액 점유율이 작을수록, 판매대수 점유율이 클수록 시장가격은 낮다. 도트, 잉크젯, 레이저 프린터 중, 2000년 시장가격이 가장 낮은 종류는 판매대수의 점유율이 매출액의 점유율보다 큰 잉크젯 프린터이므로 옳지 않은 설명이다.

ㄹ. <표>에서 2000년 정부 부문의 프린터 시장가격은 $\frac{122.7}{317{,}593}$백만 달러이고, 교육 부문의 프린터 시장가격은 $\frac{41.0}{190{,}301}$백만 달러이다. 유효숫자를 설정하여 간단히 정리한 후, 정부 부문 $\frac{123}{318}$과 교육 부문의 2배 $\frac{41\times2}{190}$를 비교한다. 123은 82보다 50% 증가한 수치이지만 318은 190보다 50% 이상 증가한 수치이다. 따라서 정부 부문 프린터 시장가격이 교육 부문 프린터 시장가격의 2배 이상이 아니므로 옳지 않은 설명이다.

오답 체크

ㄴ. <그림 1>에서 2001~2005년 동안 시장가격의 분자인 매출액은 매년 동일하고 분모인 판매대수는 매년 증가하므로 프린터 시장가격은 하락하고 있다. 2001년 역시 전년대비 매출액은 1.2십억 달러에서 1.4십억 달러로 (0.2/1.2)×100≒16.7% 증가했으나 판매대수는 3.9백만 대에서 5.2백만 대로 (1.3/3.9)×100≒33.3% 증가하여 시장가격은 전년대비 하락하였다. 따라서 옳은 설명이다.

ㄷ. <그림 2>의 2000년 판매대수 점유율이 계속 유지된다고 하면 2005년의 잉크젯 프린터 판매대수 점유율 역시 59.8%이다. 2000년에 비해 2005년의 전체 판매대수 증가량은 7.8-3.9=3.9백만 대이므로 잉크젯 프린터 판매대수 증가량은 3.9×0.598≒2.33백만 대이다. 따라서 옳은 설명이다.

ㅁ. <표>에서 2000년 판매대수의 전년대비 증가율은 75.1%이고 매출액의 전년대비 증가율은 50.0%이다. 즉, 시장가격의 분모인 판매대수의 증가율이 분자인 매출액의 증가율보다 더 크므로 2000년의 프린터 시장가격은 1999년에 비해 낮다. 따라서 옳은 설명이다.

> **빠른 문제 풀이 Tip**
> ㄴ. $\frac{1}{6}$은 약 16.7%, $\frac{1}{3}$은 약 33.3%이다. 자주 출제되는 분수식의 비율을 기억하고 있으면 문제풀이 시간을 단축할 수 있다.
> ㄷ. 점유율이 약 60%이므로 390×0.6>200이 성립하는지 확인한다.
> ㄹ. 분수 자체의 값으로 비교할 수 있다. $\frac{123}{318}$은 0.4 미만이지만, $\frac{82}{190}$는 0.4 이상이다.

08 분수 비교형

정답 ④

난이도 ★★☆☆☆

핵심포인트

<표 1>과 <표 2>에서 지수가 제시되므로 비율 자료임을 확인한다. 이 문제의 경우 지수의 기준이 동일 기간이므로 다른 기간 간 물가 및 명목임금 비교는 불가능함을 유의한다.

정답 체크

ㄱ. 경성보다 물가가 낮은 도시는 '1910~1914년' 기간에는 대구, 목포, 부산, 신의주, 평양 5곳이고, '1935~1939년' 기간에는 대구, 목포, 부산, 신의주, 원산, 청진, 평양 7곳이므로 옳은 설명이다.

ㄴ. 물가와 명목임금 모두가 기간별 8개 도시 평균보다 매 기간에 걸쳐 높다는 의미는 항상 비교지수가 1.0을 초과한다는 의미와 동일하다. 따라서 물가와 명목임금 모두가 기간별 8개 도시 평균보다 매 기간에 걸쳐 높은 도시는 청진 한 곳뿐이므로 옳은 설명이다.

ㄹ. 동일 기간의 도시간 명목임금 비교는 명목임금 비교지수 크기로 판단할 수 있다. '1920~1924년' 기간의 명목임금 비교지수는 목포가 0.97이고, 신의주 명목임금 비교지수의 1.2배는 0.79×1.2=0.95이다. 따라서 '1920~1924년' 기간의 명목임금은 목포가 신의주의 1.2배 이상이므로 옳은 설명이다.

오답 체크

ㄷ. 명목임금 비교지수는 동일한 기간 8개 도시 평균 명목임금을 기준으로 하고 있으므로 서로 다른 기간끼리 명목임금을 비교할 수 없다. 따라서 '1910~1914년' 기간보다 '1935~1939년' 기간의 명목임금이 경성은 증가했으나 부산은 감소했는지 알 수 없으므로 옳지 않은 설명이다.

빠른 문제 풀이 Tip

ㄱ. 전체가 8개 도시이므로 경성보다 낮은 도시 5곳은 경성보다 높은 도시가 3곳 있는지 반대해석을 하고, 경성보다 낮은 도시 7곳은 경성보다 높은 도시가 1곳이라도 있는지 반대해석을 하면 빠르게 판단할 수 있다.

09 반대해석형

정답 ①

난이도 ★★★☆☆

핵심포인트

상위 5종의 자료만 제시된 순위 자료이므로 상위 5종 전체의 이용률을 통해 6위 이하의 이용률을 도출한 후 전체 항목의 개수를 판단한다.

정답 체크

2013년 10월 스마트폰 기반 웹 브라우저는 상위 5종 전체의 비중이 94.39%이다. 이는 다시 말하면 상위 5종을 제외한 나머지 스마트폰 기반 웹 브라우저가 차지하는 비중의 합이 100.00 - 94.39 = 5.61%라는 의미와 같다. 5위인 인터넷 익스플로러의 이용률이 1.30%이므로 6위 이하는 1.30%보다 더 작아야 한다. 즉 5.61을 1.30으로 나누면 약 4.xx이다. 따라서 상위 5종과 4.xx에 해당하는 5종이 최소한 더 존재하게 된다. 이에 따라 2013년 10월 전체 설문조사 대상 스마트폰 기반 웹 브라우저는 10종 이상이라고 확실하게 판단할 수 있다.

오답 체크

② 2014년 1월 이용률 상위 5종 웹 브라우저 중 PC 기반 이용률 순위와 스마트폰 기반 이용률 순위는 크롬이 3위로 일치한다.

③ PC 기반 이용률 상위 5종 웹 브라우저의 이용률 순위는 2013년 10월, 11월, 2014년 1월의 경우 동일하지만 2013년 12월의 경우 크롬이 파이어폭스보다 더 높다.

④ 스마트폰 기반 이용률 상위 5종 웹 브라우저 중 2013년 10월과 2014년 1월 이용률의 차이가 2%p 이상인 것은 크롬뿐만 아니라 오페라(6.91-4.51 ≥ 2%p)도 해당된다.

⑤ 2013년 10월 스마트폰 기반 이용률 상위 3종 웹 브라우저 이용률의 합은 55.88 + 23.45 + 6.91 = 86.18%로 90% 미만이다.

빠른 문제 풀이 Tip

① 6위 이하의 이용률은 인터넷 익스플로러 1.30보다 더 작아야 하므로 풀이에서 도출한 4.xx 중 4에 해당하는 4가지 종류와 0.xx에 해당하는 1가지가 추가로 더 존재하게 된다. 따라서 상위 5종을 제외하면 5.61%에서 존재할 수 있는 종류수의 최솟값은 5가지(4.xx)가 된다.

⑤ 상위 5종 전체 94.39%에서 4위 크롬 6.85%만 빼도 90%를 넘지 못한다는 것을 쉽게 파악할 수 있다.

10 분수 비교형

정답 ①

난이도 ★★★☆☆

핵심포인트

순위 자료에서 직접 제시되지 않은 항목의 내용을 파악하는 경우, 가장 순위가 낮은 항목을 기준으로 파악한다. 이 문제의 경우 2012년 스페인의 도시폐기물량은 10위인 이탈리아 항목을 기준으로 파악한다.

정답 체크

ㄱ. 도시폐기물량지수 = $\frac{\text{해당년도 해당 국가의 도시폐기물량}}{\text{해당년도 한국의 도시폐기물량}}$임을 적용하여 구한다. 분모에 해당하는 2012년 한국의 도시폐기물량은 동일하므로 2012년 해당 국가의 도시폐기물량지수만 비교한다. 2012년 도시폐기물량지수는 미국이 12.73이고, 일본의 도시폐기물량지수의 4배인 2.53×4=10.12 이상이므로 옳은 설명이다.

ㄷ. 스페인의 도시폐기물량은 2009년에 1,901×1.33≒2,528.3만 톤이고, 2012년에 상위 10위 이내에 포함되지 않았으므로 2012년 10위인 이탈리아의 도시폐기물량지수 1.4를 기준으로 판단하면 1,788×1.40≒2,503.2만 톤 미만임을 알 수 있다. 따라서 2012년 스페인의 도시폐기물량은 2009년에 비해 감소했으므로 옳은 설명이다.

오답 체크

ㄴ. 2011년 한국의 도시폐기물량은 1,786만 톤, 러시아의 도시폐기물량지수는 3.87이다. 2011년 러시아의 도시폐기물량은 1,786×3.87≒6,911.8만 톤으로 8,000만 톤 미만이므로 옳지 않은 설명이다.

ㄹ. 도시폐기물량지수로 비교하면 2009~2011년 동안 영국의 순위는 터키의 순위보다 매년 높았으나 2012년에는 터키의 순위가 영국의 순위보다 더 높다. 따라서 영국의 도시폐기물량이 터키의 도시폐기물량보다 매년 많은 것은 아니므로 옳지 않은 설명이다.

빠른 문제 풀이 Tip

ㄱ. 동일연도 내에서 국가 간 도시폐기물량을 비교할 경우, 지수의 분모인 한국이 공통이므로 국가 간 지수의 비교를 통해 도시폐기물량을 비교한다.

ㄴ. 2011년 한국의 도시폐기물량의 수치를 백의 자리에서 반올림하고, 러시아의 도시폐기물량이 한국의 4배라고 가정하면 1,800×4=7,200으로 8,000 미만임을 알 수 있다.

11 곱셈 비교형

정답 ③

난이도 ★★★★★

핵심포인트

<그림>의 한 칸은 전체의 0.5%를 의미하며, 이륙 50, 비행 35, 착륙 15의 크기를 기준으로 곱셈 비교한다.

정답 체크

ㄱ. 이륙 중에 인적오류로 추락한 항공기 수는 (800×0.5)×0.55=220대, 착륙 중에 원인불명으로 추락한 항공기 수는 (800×0.15)×0.15=18대이다. 따라서 이륙 중에 인적오류로 추락한 항공기 수는 착륙 중에 원인불명으로 추락한 항공기 수의 12배인 18×12=216대 이상이므로 옳은 설명이다.

ㄹ. 기계결함으로 추락한 항공기 수는 50×0.15+35×0.25=8.75+15×0.35=21.5%이다. 따라서 추락사고가 발생한 항공기 수의 20% 이상이다.

오답 체크

ㄴ. 비행 중에 원인불명으로 추락한 항공기 수는 (800×0.35)×0.15=42대, 착륙 중에 기계결함으로 추락한 항공기 수는 (800×0.15)×0.35=42대로 동일하므로 옳지 않은 설명이다.

ㄷ. 비행 중에 인적오류로 추락한 항공기 수는 280×0.4=112대, 이륙 중에 기계결함으로 추락한 항공기 수는 400×0.15=60대이므로 옳지 않은 설명이다.

빠른 문제 풀이 Tip

ㄱ. 곱셈 비교로 판단하면 50×55≥15×15×12이다.
ㄴ. 곱셈 비교로 판단하면 35×15=15×35이다.
ㄷ. 800대 중 56대가 더 많다는 것은 7%가 더 많다는 의미로 접근할 수 있다. 비행 중에 인적오류로 추락한 항공기 수는 35×0.4=14%이고 이륙 중에 기계결함으로 추락한 항공기 수는 50×0.15=7.5%이므로 6.5%p 더 많다.

12 분수 비교형

정답 ①

난이도 ★★★☆☆

핵심포인트

자릿수가 다른 수치끼리 분수 비교를 해야 하는 선택지가 대부분이므로 유효숫자를 설정하여 판단한다.

정답 체크

2023년 식량작물 생산량의 전년 대비 감소율은 A지역 전체 6.8%가 '갑'국 전체 2.8%보다 높다.

오답 체크

② 2019년 대비 2023년 A지역 식량작물의 생산량 증감률은 미곡이 6.5%, 맥류가 25.6%, 잡곡이 2.7%, 두류가 11.1%, 서류가 20.1%로 맥류가 가장 크다.

③ A지역 전체 식량작물 생산 면적 중 미곡이 차지하는 비중은 2019년 62.1%, 2020년 60.4%, 2021년 60.9%, 2022년 60.9%, 2023년 61.7%로 미곡은 매년 A지역 전체 식량작물 생산 면적의 절반 이상을 차지한다.

④ 2023년 A지역 식량작물 중 생산 면적당 생산량은 미곡이 5.0, 맥류가 2.1, 잡곡이 4.9, 두류가 1.8, 서류가 6.4로 서류가 가장 많다.

⑤ A지역 전체 식량작물 생산량과 A지역 전체 식량작물 생산 면적의 전년 대비 증감 방향은 각각 증가, 감소, 증가, 감소로 매년 균일하게 증감을 반복하고 있기 때문에 같다.

빠른 문제 풀이 Tip

① 유효숫자로 판단하면 A지역 전체는 237에서 221로 16 감소하였고 갑국 전체는 446에서 433으로 13 감소하였으므로 감소율의 분자인 증감폭이 더 크고 분모인 2022년 수치가 더 작은 A지역 전체가 갑국 전체보다 높다.
② 맥류를 기준으로 20% 이상인 항목은 서류뿐이므로 서류와 비교하여 판단한다.
③ 미곡의 2배 수치가 A지역 전체 이상인지 판단한다.

13 분수 비교형

정답 ③

난이도 ★★★☆☆

핵심포인트

지수 관련 문제이므로 비교할 수 있는 항목과 비교할 수 없는 항목을 구별한다.

정답 체크

전북의 재정력지수는 2005년에 0.379, 2006년에 0.391, 2007년에 0.408로, 유일하게 3년간 재정력지수가 지속적으로 상승한 지방자치단체이므로 옳은 설명이다.

오답 체크

① '기준재정수요액>기준재정수입액'인 경우 지방교부세를 받게 되므로 결국 재정력지수가 1.0 미만인 경우를 의미한다. 따라서 3년간 재정력지수가 1.0 미만인 적이 없는 지방자치단체는 서울, 경기 2곳이고 인천의 경우 2006년 재정력지수가 0.984로 지방교부세를 받았으므로 옳지 않은 설명이다.

② 3년간 충북은 전남보다 재정력지수가 높았을 뿐, 기준재정수요액이나 기준재정수입액이 구체적으로 주어져 있지 않는 한 충북과 전남 중 어느 곳의 기준재정수입액이 더 많았는지는 판단할 수 없다.

④ 3년간 전남의 재정력지수가 매년 가장 낮지만, 재정력지수가 낮다고 해서 지방교부세를 얼마나 많이 지원받았는지는 판단할 수 없다.

⑤ 3년간 대전과 울산의 기준재정수입액이 매년 서로 동일하다면 재정력지수가 작을수록 기준재정수요액이 많다. 따라서 기준재정수요액은 매년 대전이 울산보다 작으므로 옳지 않은 설명이다.

빠른 문제 풀이 Tip

각주 2)의 재정력지수는 기준재정수요액 대비 기준재정수입액 비율이고 각주 1)에서 '기준재정수요액>기준재정수입액'인 경우, 그 부족분만큼 지방교부세를 받는다고 되어 있다. 하지만 구체적으로 얼마나 받는지는 기준재정수요액과 기준재정수입액 중 적어도 하나의 항목이 주어져야 정확하게 판단할 수 있다.

14 분수 비교형 정답 ④

난이도 ★★★☆☆

핵심포인트

<표>가 3개 이상 등장하는 문제이므로 제단각(제목, 단위, 각주)을 통해 자료 간의 관계를 파악한 다음 <보기>를 검토해 답을 도출한다.

정답 체크

ㄱ. <표 1>에 따라 화물의 단위당 에너지 소비량은 철도가 109.40kcal, 자동차가 1,544.10kcal임을 알 수 있고, <표 2>에 따라 화물의 단위당 CO_2 배출량은 철도가 35.55g, 자동차가 474.87g임을 알 수 있다. 따라서 철도의 에너지 소비량 및 CO_2 배출량은 모두 자동차의 10% 미만이므로 옳은 설명이다.

ㄷ. 철도를 이용하여 여객 500명과 화물 400톤을 1㎞ 수송할 경우 CO_2 배출량은 (26.08×500)+(35.55×400)≒(13+14)≒27㎏이다. 따라서 200㎞ 수송할 경우, CO_2 배출량은 27×200≒5,400㎏으로 5톤을 초과하므로 옳은 설명이다.

ㄹ. 여객수송의 경우, 철도수송 분담률이 20%에서 30%로 증가함에 따라 CO_2 배출비용 절감액이 1,240억 원에서 2,668억 원으로 1,428억 원 증가하였다. 화물수송의 경우, 철도수송 분담률이 20%에서 30%로 증가함에 따라 CO_2 배출비용 절감액이 1,573억 원에서 3,231억 원으로 1,658억 원 증가하였다. 따라서 CO_2 배출비용 절감액의 증가율은 여객수송이 화물수송에 비해 크므로 옳은 설명이다.

오답 체크

ㄴ. <표 3> 에너지 소비비용 절감액과 CO_2 배출비용 절감액은 여객수송의 철도수송 분담률이 15%일 때 10,860억 원이고 화물수송의 철도수송 분담률이 20%일 때 28,033억 원이다. 따라서 에너지 소비비용 절감액과 CO_2 배출비용 절감액의 합은 10,860+28,033=38,893억 원으로 4조 원 미만이므로 옳지 않은 설명이다.

빠른 문제 풀이 Tip

ㄷ. 단위가 g인 경우, 톤으로 환산하게 되면 1톤=1,000㎏=1,000,000g이다. 또한 5톤 초과 여부를 묻고 있으므로 단위당 배출량을 원래 26.08보다 작은 26으로, 35.55보다 작은 35로 계산하면 된다. 즉, 원래보다 작은 26과 35로 계산하였는데도 기준인 5톤을 초과하였으므로 원래 수치는 당연히 5톤을 초과한다고 보면 된다.

ㄹ. 두 경우 모두 기존보다 2배 이상 증가하였으므로 유효숫자를 정하여 2배를 초과하는 부분만 비교하면 여객수송은 $\frac{43}{124}$, 화물수송은 $\frac{9}{157}$로 여객수송이 화물수송보다 크다는 것을 빠르게 비교할 수 있다.

15 분수 비교형 정답 ①

난이도 ★★★☆☆

핵심포인트

전년대비 증감률을 이용하여 2010년 수치 및 2011년 인구를 도출한 후 답을 결정한다.

정답 체크

전년대비 증감률을 적용하여 2010년 의사 수 및 인구 만 명당 의사 수, 그리고 2010년 및 2011년 인구를 정리하면 다음과 같다.

국가	2010년 의사 수(명)	2010년 인구 만 명당 의사 수(명)	2010년 인구(명)	2011년 인구(명)
A	12,749	28.40	4,488,617	4,418,276
B	168,711	17.42	96,821,558	95,134,444
C	27,228	30.54	8,914,883	8,870,968
D	24,722	34.83	7,098,622	7,204,571
E	128,374	32.84	39,095,835	39,484,848
F	106,917	17.93	59,635,650	61,180,000
G	24,958	31.16	8,010,596	8,171,613
H	334,674	56.87	58,846,804	57,619,667

ㄱ. 2010년 의사 수가 가장 많은 국가는 H이고, 2011년 인구 만 명당 의사 수도 H가 60명으로 가장 많으므로 옳은 설명이다.

ㄴ. 위 표에서 알 수 있듯이 2011년 인구는 C가 8,870,968명, D가 7,204,571명, E가 39,484,848명으로 D가 가장 적으므로 옳은 설명이다.

ㄷ. 위 표에서 알 수 있듯이 2010년보다 2011년 인구가 많은 국가는 D, E, F, G로 4개이다. 따라서 옳은 설명이다.

오답 체크

ㄹ. B와 C를 비교하면, 2010년 의사 수는 B가 더 많지만 2010년 인구 만 명당 의사 수는 C가 더 많으므로 옳지 않은 설명이다.

빠른 문제 풀이 Tip

ㄱ. ㄹ. 전년대비 증감률이 대부분 5% 내외로 아주 작기 때문에 2011년 의사 수가 가장 많은 H가 2010년 의사 수도 사실상 가장 많다.

ㄴ. 인구 수$=\frac{\text{의사 수}}{\text{인구 만 명당 의사 수}}$로 비교하면 D가 분모는 가장 크고 분자는 가장 작다.

ㄷ. 인구 수$=\frac{\text{의사 수}}{\text{인구 만 명당 의사 수}}$이므로 분모와 분자의 증감률을 비교하여 분자의 증감률이 더 큰 국가를 찾으면 D, E, F, G이다.

16 분수 비교형 정답 ③

난이도 ★★★☆☆

핵심포인트

처리량을 직접 묻는지 아니면 각주의 식을 바탕으로 한 처리율을 묻는지 판단한 후 처리량을 묻는 <보기>부터 검토하여 답을 도출한다.

정답 체크

ㄷ. 2006년 생활폐기물의 매립률은 $\frac{12,601}{48,844}\times 100 \fallingdotseq 25.8\%$이고, 사업장폐기물의 매립률은 $\frac{24,646}{96,372}\times 100 \fallingdotseq 25.6\%$이므로 옳은 설명이다.

ㅁ. 2007년 생활폐기물과 사업장폐기물의 전체 처리량은 각 세부 유형별로 증가폭의 합이 감소폭에 비해 크므로 각각 전년대비 증가하였음을 알 수 있다. 따라서 옳은 설명이다.

오답 체크

ㄱ. 사업장폐기물의 매립량은 1999년, 2000년, 2003~2006년에 감소하고 있으므로 옳지 않은 설명이다.

ㄴ. 생활폐기물 전체 처리량은 매립량, 소각량, 재활용량의 합으로 구성되는데, 2004년과 2005년을 비교하면 소각량과 재활용량 합의 증가폭보다 매립량의 감소폭이 더 크다. 따라서 2005년에는 2004년에 비해 생활폐기물 전체 처리량이 감소하고 있으므로 옳지 않은 설명이다.

ㄹ. 사업장폐기물의 재활용률은 1998년 $\frac{24,088}{78,182}\times 100 \fallingdotseq 30.8\%$로 40% 미만이지만, 2007년 $\frac{62,394}{110,399}\times 100 \fallingdotseq 56.5\%$이므로 옳지 않은 설명이다.

빠른 문제 풀이 Tip

ㄷ. 매립률이 25% 이상인지 묻고 있으므로 '소각량+재활용량'이 매립량의 3배 미만인지 검토한다.

ㄹ. 40% 미만은 '매립량+소각량'이 재활용량의 1.5배 이상인지 검토한다. 이는 재활용량이 매립량+소각량의 $\frac{2}{3}$ 미만인지 검토하는 것과 동일하다. 60% 이상은 재활용량이 '매립량+소각량'의 1.5배 이상인지 검토한다.

17 반대해석형 정답 ⑤

난이도 ★★☆☆☆

핵심포인트

전체=인문·사회+자연·공학으로 구성되어 있으므로 반대해석이 가능한 <보기>가 있는지 확인한다. 또한 항목 중 수치가 정확하게 나누어 떨어지는 A 대학교 인문·사회를 중심으로 풀이한다. 참고로 A 대학교는 수시와 정시도 각각 1,200명으로 동일하다.

정답 체크

ㄴ. 전체=인문·사회+자연·공학이므로 자연·공학계열 신입생 정원이 전체 신입생 정원의 50%를 초과한다는 의미는 자연·공학>인문·사회라는 의미와 같다. 따라서 자연·공학계열 신입생 정원이 전체 신입생 정원의 50%를 초과하는 대학교는 A, D, F 대학교이므로 옳은 설명이다.

ㄹ. 수시전형으로 선발하는 신입생 정원과 정시전형으로 선발하는 신입생 정원의 차이는 A 대학교가 1,677−1,614=63명으로 가장 작으므로 옳은 설명이다.

오답 체크

ㄱ. 전체 신입생 정원에서 인문·사회 계열 정원의 비율은 B 대학교가 $(2,290/4,123)\times 100 \fallingdotseq 55.5\%$, E 대학교가 $(823/1,331)\times 100 \fallingdotseq 61.8\%$로 B 대학교의 비율이 E 대학교의 비율보다 작으므로 옳지 않은 설명이다.

ㄷ. D 대학교뿐만 아니라 A 대학교 역시 수시전형으로 선발하는 신입생 정원이 정시전형으로 선발하는 신입생 정원보다 많으므로 옳지 않은 설명이다.

빠른 문제 풀이 Tip

ㄱ. 전체 신입생 정원에서 인문·사회 계열 정원의 비율이 가장 높은지 확인하기 위해서 대학별로 자연·공학 대비 인문·사회의 비율을 확인한다. B 대학교의 비율은 $\frac{2,290}{1,833}$이고, E 대학교의 비율은 $\frac{823}{508}$이므로 E 대학교가 B 대학교보다 높음을 쉽게 확인할 수 있다.

ㄹ. A 대학교는 인문·사회의 수시와 정시 전형 신입생 정원이 같으므로 자연·공학의 신입생 정원만 비교한다. 또한 차이가 100명 이내이므로 나머지 대학교의 차이가 100명 이상이 되는지 정도만 확인하면 된다.

18 반대해석형

정답 ③

난이도 ★★★★☆

핵심포인트

전체=국내산+국외산으로 구성되어 있으므로 반대해석이 가능한 <보기>가 있는지 확인한다.

정답 체크

ㄴ. 전체 가정용 의료기기 판매량 903천 개 중 국내산이 차지하는 비중은 (755/903)×100≒83.6%로 80% 이상이므로 옳은 설명이다.

ㄷ. 가정용 의료기기 판매량 상위 5개 품목에 한정하여 보면 국외산 대비 국내산 비율은 개인용 전기자극기가 55/4≒13.8, 부항기가 118/10=11.8, 혈압계가 77/23≒3.3이므로 옳은 설명이다.

오답 체크

ㄱ. 전체 가정용 의료기기 판매량 중 국내산 혈압계가 차지하는 비중은 (77/903)×100≒8.5%로 8% 이상이므로 옳지 않은 설명이다.

ㄹ. 국외산 가정용 의료기기 중에서 6위 이하 품목 중 판매량이 10천 개를 초과하는 품목이 존재할 수도 있어 정확하게 판단할 수 없으므로 옳지 않은 설명이다.

빠른 문제 풀이 Tip

ㄴ. 전체 가정용 의료기기 판매량 중 국내산이 차지하는 비중이 80% 이상이 되려면 전체 가정용 의료기기 판매량 중 국외산이 차지하는 비중은 20% 이하가 되어야 한다. 즉 전체 국내산 가정용 의료기기 판매량이 국외산(144천 개)보다 4배 이상(576천 개) 많아야 한다. 따라서 전체 가정용 의료기기 판매량 중 국내산이 차지하는 비중은 80% 이상이 된다. 한편 전체 가정용 의료기기 판매량이 국외산의 5배 이상인지 검토해도 풀이가 가능하다.

ㄹ. <표>의 판매량 순위는 전체=국내산+국외산 순위이므로 국외산 자체의 판매량 순위는 정확하게 판단할 수 없음을 알 수 있다.

19 분수비교형

정답 ②

난이도 ★★☆☆☆

핵심포인트

각 선지의 (가), (나), (다)에 들어갈 항목 또는 연도는 둘 중 하나인 택1 구조이므로 제시된 자료의 모든 항목 또는 연도를 검토하기보다 선지에 제시된 항목 위주로 판단한다.

정답 체크

(가) 2024년 민간부문과 공공부문 구매실적의 합은 하이브리드차 16,044대, 전기차 19,840대이다. 따라서 가장 큰 차종은 전기차이다.

(나) 전기차 구매실적 대비 수소차 구매실적 비율은 공시대상기업집단이 73/8,771≒0.83, 시내버스운송사업자가 8/399≒2.01이다. 따라서 가장 높은 업종구분은 시내버스운송사업자이다.

(다) 하이브리드차의 공공부문 구매실적은 정책 시행 시작연도인 2019년부터 매년 증가하여 2022년에 3,422대로 최대가 되었다.

빠른 문제 풀이 Tip

(나) 전기차의 수치가 수소차에 비해 크기 때문에 반대해석하여 수소차 대비 전기차 비율이 가장 낮은 업종을 판단한다. 전기차가 수소차의 몇 배 정도인지를 기준으로 판단한다면 시내버스운송사업자는 50배에 미치지 못하지만 공시대상기업집단은 50배를 훨씬 상회한다.

20 분수비교형

정답 ③

난이도 ★★★☆☆

핵심포인트

보고서 전체 내용보다 선지를 구분하여 답을 도출할 근거가 포함된 두 번째 문단의 내용 위주로 판단하여 답을 도출한다.

정답 체크

두 번째 문단 첫 번째 문장에서 '대통령표창'과 '국무총리표창'은 포상분야 및 포상인원이 각각 매년 증가하였다고 했으므로 대통령 표창이 2023년 12개에서 2024년 9개로 감소한 ②번과 2023년과 2024년 모두 9개로 동일한 ④번은 답이 될 수 없다.(선지 ②, ④번 제거)

두 번째 문단 두 번째 문장에서 특히 '국무총리표창'의 포상분야는 2024년이 2022년 대비 20% 이상 증가하였다고 했으므로 2022년 25개에서 2024년 28개로 3개 증가하여 20% 미만 증가한 ①번은 답이 될 수 없다.(선지 ①번 제거)

두 번째 문단 마지막 문장에서 2024년 정부포상을 포상분야 1개당 포상인원이 많은 표창부터 순서대로 나열하면 '장관표창', '국무총리표창', '대통령표창' 순이라고 하였으므로 국무총리표창 141/36≒3.9보다 대통령표창 27/6=4.5가 더 큰 ⑤번은 답이 될 수 없다.(선지 ⑤번 제거)

따라서 정답은 ③번이다.

빠른 문제 풀이 Tip

선지를 구성하는 수치가 모두 다르게 구성된 것은 아니기 때문에 차이가 나는 항목 위주로 판단한다. 예를 들어 두 번째 문장을 판단할 때 ④번과 ⑤번의 수치가 동일하기 때문에 ①번과 ④, ⑤번을 동시에 판단한다.

2 자료판단

유형 4 | 매칭형

p.92

01	02	03	04	05
③	②	②	③	②
06	07	08		
②	②	⑤		

01 매칭형 정답 ③

난이도 ★★☆☆☆

핵심포인트

조건이 4개가 주어지는 일반적인 형태의 문제가 아니므로 3개만 주어진 조건 중 어떤 조건을 먼저 검토해야 하는지 판단하여 답을 도출한다.

정답 체크

첫 번째 조건에서 '강사 만족도'가 '교육환경 만족도'보다 높은 기관은 발명청과 세무청이라고 하였으므로 A 또는 D는 발명청과 세무청이다.(선지 ①번 제거)

세 번째 조건에서 '참여자'는 문화청이 자료청보다 많다고 하였으므로 선지 구조 상 B와 C를 비교하여 참여자가 더 많은 C가 문화청, B가 자료청이 된다.(선지 ②, ④번 제거)

두 번째 조건에서 '내용 만족도'는 자료청 B가 세무청보다 높다고 하였으므로 세무청은 D가 된다.(선지 ⑤번 제거)

따라서 정답은 ③번이다.

02 매칭형 정답 ②

난이도 ★★★☆☆

핵심포인트

<대화>를 순서대로 읽어나가면서 문제를 풀지 말고 A~D를 구분할 수 있는 결정적인 단서부터 접근한다.

정답 체크

- 갑의 첫 번째 <대화>에서 A~D는 대전, 세종, 충북, 충남 중 하나임을 알 수 있다.
- 을의 첫 번째 <대화>에서 4개 지자체 중 세종을 제외한 3개 지자체에서 4월 4일 기준 자가격리자가 전일 기준 자가격리자보다 늘어났다고 했고, 4월 4일 기준 자가격리자가 전일 기준 자가격리자보다 늘어나려면 신규인원에서 해제인원을 뺀 값이 0보다 커야 한다. 신규인원에서 해제인원을 뺀 값은 A가 900+646−560−600>0, B가 70+52−195−33<0, C가 20+15−7−5>0, D가 839+741−704−666>0이므로 B가 세종이다. 이에 따라 선택지 ④가 소거된다.
- 을의 두 번째 <대화>에서 대전, 세종, 충북은 모니터링 요원 대비 자가격리자의 비율이 1.8 이상이라고 했으므로 세종인 B를 제외하고 A, C, D의 값을 구한다. 모니터링 요원 대비 자가격리자의 비율은 C가 (1,147+141)/196≒6.6, D가 (9,263+7,626)/8,898≒1.9로 1.8 이상이므로 1.8 미만인 A는 충남이다. 이에 따라 선택지 ①, ③이 소거된다.
- 갑의 세 번째 <대화>에서 자가격리자 중 외국인이 차지하는 비중이 4개 지자체 가운데 대전이 가장 높다고 했으므로 A, B를 제외하고 C, D의 값을 구한다. 자가격리자 중 외국인이 차지하는 비중은 C가 (141/1,288)×100≒10.9%, D가 (7,626/16,889)×100≒45.2%이므로 대전은 D이다. 이에 따라 선택지 ⑤가 소거된다.

따라서 C에 해당하는 지자체는 충북, D에 해당하는 지자체는 대전이다.

빠른 문제 풀이 Tip

'가장'이라는 키워드가 포함된 갑의 세 번째 <대화>부터 풀이하면 선택지 ①, ③, ⑤가 소거되고, 이후 을의 첫 번째 <대화>를 풀이하면 선택지 ④가 되어 정답을 바로 도출할 수 있다. 이 경우, 을의 두 번째 대화를 분석하지 않아도 되기 때문에 문제풀이 시간을 단축할 수 있다. 갑의 세 번째 <대화>에 따른 계산이 다소 복잡하더라도 수치상 대전은 A 또는 D임을 알 수 있으며, A와 D를 비교할 때 유효숫자를 설정하여 분수 비교의 기법 중 전체비와 상대비를 이용하면 763/926인 D가 780/978인 A보다 크다는 것을 쉽게 판단할 수 있다.

03 매칭형 정답 ②

난이도 ★★★☆☆

핵심포인트

시장지배력지수의 수식이 번분수형태이므로 이 식을 분해하여 표에 주어진 항목으로 전환한 후 답을 도출한다.

정답 체크

- 생산량의 전국 대비 비중이 생산액의 전국 대비 비중보다 큰 수산물은 다시마, 미역, 톳이다.
  → 생산량의 전국 대비 비중이 생산액의 전국 대비 비중보다 큰 A, B, E가 다시마, 미역, 톳 중 하나이다.
- '갑'지역에서 생산량 순위와 생산액 순위가 같은 수산물은 굴, 미역, 톳이다.
  → '갑'지역에서 생산량 순위와 생산액 순위가 같은 수산물은 B(2위), D(4위), E(5위)이고 굴, 미역, 톳 중 하나이다. 이에 따라 선택지 ①, ③, ⑤가 소거된다.
- '시장지배력지수'가 가장 높은 수산물은 톳이다.
  → 선택지 ②와 ④를 비교하면 톳은 B와 E 중 하나이므로 시장지배력지수는 E가 0.98로 B의 약 0.78보다 더 크다. 따라서 톳은 E이므로 정답은 ②이다.

빠른 문제 풀이 Tip

시장지배력지수 식을 정리하면 $\frac{\text{지역 생산량}}{\text{전국 생산량}} \times \frac{\text{지역 생산량}}{\text{전국 생산량}}$이므로 이는 갑 지역 생산량의 전국 대비 비중과 갑 지역 생산액의 전국 대비 비중을 곱해서 도출할 수 있다. 따라서 B는 95.2×82.1이고 E는 99.0×98.6이므로 B보다 E가 더 크다.

04 매칭형 정답 ③

난이도 ★★★★☆
핵심포인트
A~H 중 국가명을 알 수 없는 것을 B~F 중에서 골라내야 하므로 A, G, H를 제외하고 판단해야 한다.

정답 체크

- 두 번째 <조건>에서 '연강수량'이 세계평균보다 많은 국가 중 '1인당 이용가능한 연수자원총량'이 가장 적은 국가는 대한민국이라고 했고, '연강수량'이 세계평균 807mm보다 많은 국가는 A, B, D, G, H이다. 이 중 '1인당 이용가능한 연수자원총량'이 가장 적은 국가는 A이므로 A는 대한민국이다.
- 다섯 번째 <조건>에서 '1인당 이용가능한 연수자원총량'이 6번째로 많은 국가는 프랑스라고 했고, '1인당 이용가능한 연수자원총량'이 많은 국가부터 나열하면 E, G, 러시아, F, 미국, H이므로 H는 프랑스이다.
- 세 번째 <조건>에서 '1인당 연강수총량'이 세계평균의 5배 이상인 국가를 '연강수량'이 많은 국가부터 나열하면 뉴질랜드, 캐나다, 호주라고 했고, '1인당 연강수총량'이 세계평균의 5배인 16,427×5=82,135m^3/인 이상인 국가 중 '연강수량'이 많은 국가부터 나열하면 G, E, F이다. 이에 따라 G는 뉴질랜드, E는 캐나다, F는 호주이고, 선택지 ④, ⑤가 소거된다.
- 첫 번째 <조건>에서 '연강수량'이 세계평균의 2배 이상인 국가는 일본과 뉴질랜드라고 했고, '연강수량'이 세계평균의 2배 807×2=1,614mm 이상인 국가는 B와 G이다. G는 뉴질랜드이므로 B가 일본이 되고, 이에 따라 선택지 ①이 소거된다.
- 네 번째 <조건>에서 '1인당 이용가능한 연수자원총량'이 영국보다 적은 국가 중 '1인당 연강수총량'이 세계평균의 25% 이상인 국가는 중국이라고 했고, '1인당 이용가능한 연수자원총량'이 영국보다 적은 국가는 A, C, D이다. 이 중 '1인당 연강수총량'이 세계평균의 25%인 16,427/4=4,106.75m^3/인 이상인 국가는 C이다. 이에 따라 C는 중국이고, 선택지 ②가 소거된다.

따라서 국가명을 알 수 없는 것은 D이다.

05 매칭형 정답 ②

난이도 ★★☆☆☆
핵심포인트
<보고서>의 내용에 부합하는 도시는 1개뿐이므로 첫째~넷째의 내용에 부합하지 않는 도시를 소거법으로 제거하면서 답을 도출한다.

정답 체크

- 첫째, 1990년대 이후 모든 시기에서 자본금액 1천만 원 미만 창업 건수가 자본금액 1천만 원 이상 창업 건수보다 많다고 하였으므로 2010년대 1천만 원 미만 건수(16건)가 1천만 원 이상 건수(17건)보다 적은 C는 제외한다.
- 둘째, 자본금액 1천만 원 미만 창업 건수와 1천만 원 이상 창업 건수의 차이는 2010년대가 2000년대의 2배 이상이므로 2010년에 그 차이가 77건으로 2000년의 차이인 39건의 2배 미만인 D는 제외한다.
- 셋째, 2020년 이후 전체 창업 건수는 1990년대 전체 창업 건수의 10배 이상이므로, 2020년 이후 889건으로 1990년대 209의 10배 미만인 A와 2020년 이후 247건으로 1990년대 30건의 10배 미만인 D는 제외한다.
- 넷째, 2020년 이후 전체 창업 건수 중 자본금액 1천만 원 이상 창업 건수의 비중은 3% 이상이므로 전체 253건 중 1천만 원 이상이 7건으로 3% 미만인 E는 제외한다.

따라서 <보고서>의 내용에 부합하는 도시는 B이다.

빠른 문제 풀이 Tip

가장 간단한 첫째부터 판단한 다음, 차이가 2배 이상인지 묻는 둘째보다 단순히 10배 이상 차이가 나는지 묻는 셋째를 검토한다면 A와 D를 한 번에 제외할 수 있으므로 둘째를 검토하는 시간을 줄일 수 있다.

06 매칭형

정답 ②

난이도 ★★☆☆☆

핵심포인트

<보고서>의 내용에 부합하는 지역은 1개뿐이므로 부합하지 않는 지역을 소거법으로 제거하면서 답을 도출한다.

정답 체크

- TV 토론회 전에는 B후보자에 대한 지지율이 A후보자보다 10%p 이상 높게 집계되었으므로, 그 차이가 36-29=7%p로 10%p 미만인 '마' 지역은 제외한다.
- TV 토론회 후 '지지 후보자 없음'으로 응답한 비율이 줄었으므로 A 지지율과 B 지지율 합이 늘어야 한다. 따라서 A 지지율과 B 지지율 합이 90%에서 73%로 줄어든 '다'지역은 제외한다.
- A후보자에 대한 지지율 증가폭이 B후보자보다 큰 것으로 나타났으므로 A후보자는 4%p 감소하고 B후보자는 8%p 증가한 '라'지역은 제외한다.
- TV 토론회 후 두 후보자 간 지지율 차이가 3%p 이내에 불과하므로 4%p 차이인 '가'지역은 제외한다.

따라서 보고서의 내용에 해당하는 지역은 '나'이다.

07 매칭형

정답 ②

난이도 ★★☆☆☆

핵심포인트

주요 10개 업종 중 7개는 이미 알려진 업종이므로 이를 이용해서 A~C를 올바르게 매칭하여 답을 도출한다.

정답 체크

- 첫 번째 정보에서 '중소기업' 특허출원건수가 해당 업종 전체 기업 특허출원건수의 90% 이상인 업종은 '연구개발', '전문서비스', '출판'이라고 하였으므로 출판을 제외하면 A는 15.0%, B는 96.0%, C는 94.3%이므로 '연구개발'과 '전문서비스'는 B 또는 C이다. 이에 따라 선택지 ①, ④, ⑤가 소거된다.
- 세 번째 정보에서 특허출원기업당 특허출원건수는 '연구개발'이 '전문서비스'보다 많다고 하였으므로 B와 C를 비교하면 B는 2.9, C는 1.7로 B가 더 많다. 따라서 '연구개발'은 B, '전문서비스'는 C이므로 정답은 ②이다.

08 매칭형

정답 ⑤

난이도 ★★★☆☆

핵심포인트

매칭형 문제이므로 제시된 <조건> 중 간단하게 판단할 수 있는 <조건>부터 순서대로 접근하여 답을 도출한다.

정답 체크

인구가 15만 명 미만인 지역은 146,800명인 A와 143,450명인 B이다. 따라서 '행복'과 '건강'은 A 또는 B 중 하나이다.

- 주거 면적당 인구가 가장 많은 지역은 24,268명인 D이다. 따라서 D가 '사랑'이다.
- C 지역은 행정동 평균 인구인 16,302명보다 법정동 평균 인구가 17,556명으로 더 많은 지역이다. 따라서 C는 '우정'이다.
- '우정' 지역인 C의 법정동 평균 인구는 17,556명이다. 이에 따라 '행복' 지역은 법정동 평균 인구가 약 4,893명인 A이다.

따라서 A는 '행복', B는 '건강', C는 '우정', D는 '사랑'이다.

빠른 문제 풀이 Tip

- '가장'이라는 키워드가 포함된 두 번째 <조건>부터 검토하면 '사랑'을 확정할 수 있지만, 식을 세우는 것이 복잡하기 때문에 주어진 <표>의 수치를 토대로 간단히 판단할 수 있는 세 번째 <조건>부터 검토한다.
- 세 번째 <조건>을 검토할 때, 행정동보다 법정동의 수가 적은 지역을 고르면 된다.
- 네 번째 <조건>을 검토할 때, 법정동 평균 인구의 식 구조는 {(행정동의 수×행정동 평균인구)/법정동의 수}이다.

유형 5 | 빈칸형

p.104

01	02	03	04	05
②	⑤	③	③	⑤
06	07	08		
②	③	①		

01 빈칸형 정답 ②

난이도 ★★★☆☆
핵심포인트
주어진 표는 보수총액이 많은 임원부터 순서대로 정리한 자료이므로 보수총액 크기를 검토할 때 이를 고려하여 판단한다.

정답 체크

'마'사업부 임원의 보수총액 합에서 급여 합이 차지하는 비중은 3,576/6,678≒53.5%로 60% 미만이다.

오답 체크

① C의 보수총액은 4,068십만 원으로 D의 3,728십만 원보다 많지만 상여는 C의 2,000십만 원보다 D의 2,598십만 원이 더 많다. 따라서 보수총액이 많은 임원일수록 상여가 많지는 않다.

③ 임원 1인당 보수총액은 '사'사업부가 3,000십만 원으로 가장 적지만 임원 1인당 급여는 '사'사업부의 2,000십만 원보다 '바'사업부의 1,626십만 원이 더 적다.

④ 보수총액에서 상여가 차지하는 비중은 B가 4,089/6,497≒62.9%이지만 D가 2,598/3,728≒69.7%로 더 높다.

⑤ 미등기 임원의 급여 합은 9,265십만 원으로 등기 임원의 급여 합 10,052십만 원보다 적다.

빠른 문제 풀이 Tip

① D의 보수총액을 구체적으로 더하지 않아도 C의 약 4천십만 원보다 작다는 정도로 판단한다.
② '마'사업부 임원은 E와 F 두 명인데 보수총액 대비 급여 비율은 E가 1,933/3,609≒53.6%이고 F가 1,643/3,069≒53.5%로 둘 다 60% 미만이다. 따라서 두 임원의 합으로 보수총액 대비 급여 비중을 판단하더라도 당연히 60% 미만이 된다.
③ 임원이 1명이면서 보수총액 또는 급여가 적은 사업부를 중심으로 판단한다.
④ 보수총액은 급여와 상여의 합으로 구성되어 있으므로 보수총액에서 상여가 차지하는 비중을 상대비인 급여 대비 상여의 비율로 판단할 수 있다.

02 빈칸형 정답 ⑤

난이도 ★★★☆☆
핵심포인트
빈칸을 정확하게 채우는 것보다 제시된 비중을 활용하여 대략적인 수치를 도출한 다음 <보기>를 판단한다.

정답 체크

ㄱ. 2023년 인공지능반도체 비중은 (325/2,686)×100≒12.1%이므로 매년 증가한다. 따라서 옳은 설명이다.

ㄴ. 2027년 시스템반도체 시장규모는 1,179/0.313≒3,767억 달러이므로 2027년 시스템반도체 시장규모는 2021년보다 1,000억 달러 이상 증가한다. 따라서 옳은 설명이다.

ㄷ. 2025년 시스템반도체의 시장규모는 657/0.199≒3,302억 달러이다. 2022년 대비 2025년의 시장규모 증가율은 인공지능반도체가 {(657−185)/185}×100≒255.1%, 시스템반도체가 {(3,302−2,310)/2,310} ×100≒42.9%이다. 인공지능반도체 시장규모 증가율이 시스템반도체의 5배 이상이므로 옳은 설명이다.

빠른 문제 풀이 Tip

ㄱ. 2023년 인공지능반도체 비중이 10%를 넘지만 15%를 넘지 못한다는 점만 판단하면 구체적으로 빈칸의 수치를 도출하지 않고도 정오를 판단할 수 있다.
ㄴ. 2027년 인공지능반도체 비중이 31.3%이므로 전체의 1/3인 33.3%보다 작다. 이 점을 활용하면, 2027년 시스템반도체 시장규모는 인공지능반도체 시장규모의 3배보다 크므로 1,179×3이 2,500+1,000=3,500 이상인지 비교한다.
ㄷ. 2025년 인공지능반도체 비중이 19.9%로 전체의 1/5인 약 20%이므로 시스템 반도체 시장규모는 인공지능반도체의 약 5배인 657×5≒3,300인지 판단한다.

03 빈칸형 정답 ③

난이도 ★★★☆☆
핵심포인트
빈칸의 수치를 직접 도출해야 판단 가능한 <보기> 대신 빈칸을 직접 묻지 않는 <보기>를 먼저 판단하고, 이후 빈칸을 간접적으로 묻는 <보기>를 검토한다.

정답 체크

ㄱ. 2019년 수도권대학 기숙사의 수용률은 (119,940/676,479)×100≒17.7%이다. 2019년 대비 2020년 대학유형별 기숙사 수용률은 국공립대학이 26.8−26.7=0.1%p, 사립대학이 21.0−20.8=0.2%p 증가하여 사립대학이 더 큰 폭으로 증가하였고, 비수도권대학이 0%p, 수도권대학이 18.2−17.7=0.5%p 증가하여 수도권대학이 더 큰 폭으로 증가하였다. 따라서 옳은 설명이다.

ㄹ. 2020년 대학 기숙사비 카드납부가 가능한 공공기숙사는 0개교이고, 현금분할납부가 가능한 공공기숙사도 사립대학 9개교이므로 옳은 설명이다.

오답 체크

ㄴ. 2020년 사립대학 기숙사 수용가능 인원을 먼저 계산해야 한다. 1,202,368×0.21≒252,497명이다. 2020년 기숙사 수용가능 인원은 국공립대학이 전년대비 102,906-102,025=881명 감소, 사립대학이 252,497-251,261=1,236명 증가했으므로 옳지 않은 설명이다.

ㄷ. 전체 대학 196개교 중 기숙사비 카드납부가 가능한 대학은 47개교로 (47/196)×100≒24.0%이다. 따라서 옳지 않은 설명이다.

빠른 문제 풀이 Tip

ㄱ. 2020년 수도권대학의 수용가능 인원은 전년대비 증가한 반면 재학생 수는 전년대비 감소했으므로 수도권대학의 수용률은 전년대비 증가했음을 알 수 있다. 따라서 수용률의 변화가 없는 비수도권대학보다 수도권대학의 수용률이 더 큰 폭으로 증가했다고 쉽게 판단할 수 있다.

04 빈칸형

정답 ③

난이도 ★★★☆☆

핵심포인트

빈칸의 수치를 직접 묻지 않는 <보기> 위주로 먼저 풀이하고, 구체적으로 수치를 도출해야 비교할 수 있는 <보기>는 가장 후순위로 풀이한다.

정답 체크

ㄱ. 2006년 대비 2011년 소나무 원목생산량은 30.9만 m^3에서 92.2만 m^3로 92.2/30.9≒3배 증가했다. 소나무와 잣나무를 제외한 나머지 수종은 모두 3배 미만 증가했고, 잣나무 역시 만약 3배 이상 증가했다면 2011년 생산량은 21만 m^3 이상이어야 한다. 그러나 <그림>에서 2011년 잣나무 원목생산량 구성비는 3.7%로 소나무 원목생산량 구성비인 23.1%를 넘지 못하므로 실제 잣나무의 원목생산량은 92.2만 m^3의 20%인 92.2×0.2≒18.4만 m^3보다 적다고 판단할 수 있다. 따라서 '기타'를 제외하고 2006년 대비 2011년 원목생산량 증가율이 가장 큰 수종은 소나무이므로 옳은 설명이다.

ㄹ. 전체 원목생산량 중 소나무 원목생산량의 비중은 2009년이 (38.6/251.7)×100≒15.3%, 2011년이 23.1%로 2011년이 2009년보다 크므로 옳은 설명이다.

오답 체크

ㄴ. '기타'를 제외하고 2006~2011년 동안 원목생산량이 매년 증가한 수종은 낙엽송, 참나무 2개이므로 옳지 않은 설명이다.

ㄷ. 2010년 참나무 원목생산량은 76.0만 m^3로 2010년 잣나무 원목생산량 12.8만 m^3의 6배인 12.8×6=76.8만 m^3 미만이므로 옳지 않은 설명이다.

빠른 문제 풀이 Tip

전체 합이 빈칸으로 등장하는 경우 이를 모두 합해야 하는 선택지나 <보기>는 가능한 후순위로 풀이하고, 일부만 묻는 선택지나 <보기>부터 풀이한다.

ㄴ. 2008년에 잣나무 원목생산량은 전년대비 감소했으므로 빈칸을 채우지 않더라도 판단할 수 있다.

05 빈칸형

정답 ⑤

난이도 ★★★★☆

핵심포인트

빈칸의 수치를 직접 채워야 판단 가능한 선택지 대신 빈칸을 직접 묻지 않는 선택지를 먼저 판단하고, 이후 빈칸을 간접적으로 묻는 선택지를 검토한다.

정답 체크

일본의 '활용' 영역 원점수가 중국의 '활용' 영역 원점수로 같아지면 73.6−57.2=16.4점이 상승하게 된다. 이때 '활용' 영역의 가중치가 0.25이므로 일본의 종합점수는 16.4×0.25=4.1점 상승하여 41.48+4.1=45.58점이 된다. 그러나 여전히 중국의 종합점수인 47.04점보다 작으므로 국가별 종합순위는 바뀌지 않는다. 따라서 옳지 않은 설명이다.

오답 체크

① 종합순위 1위인 미국의 '성과' 영역 순위는 2위이고 원점수는 54.8점이다. 이에 따라 '성과' 영역 1위의 원점수는 54.8점보다 높을 것이라는 점을 알 수 있다. 이는 한국의 '성과' 영역 원점수의 8배인 6.7×8=53.6점보다 크다. 따라서 종합순위가 한국보다 낮은 국가 중에 '성과' 영역 원점수가 한국의 8배 이상인 국가가 있으므로 옳은 설명이다.

② 종합점수 3~10위 국가의 종합점수 합은 307.63점으로 320점 이하이므로 옳은 설명이다.

③ 종합순위 2위 중국의 '환경' 영역 순위는 28위이다. 따라서 소프트웨어 경쟁력 평가대상 국가는 적어도 28개국 이상이므로 옳은 설명이다.

④ 가중치가 0.25로 가장 높은 '혁신', '활용' 영역 중 '혁신' 영역 원점수가 더 크고, '혁신' 영역 원점수보다 '환경' 영역 원점수가 더 크므로 '혁신' 영역점수와 '환경' 영역점수를 비교한다. '환경' 영역점수는 62.9×0.15=9.435점이고, '혁신' 영역점수는 41.5×0.25=10.375점으로 '혁신' 영역점수가 더 높으므로 옳은 설명이다.

빠른 문제 풀이 Tip

② 4~5위 종합점수는 3위 종합점수인 41.48점을 넘지 못하고, 8~10위 역시 7위 종합점수인 38.12를 넘지 못하므로 종합순위 4~10위 국가의 종합점수 합은 41.48×3+38.12×4+38.35=315.27점을 넘지 못한다고 판단할 수 있다.

06 빈칸형 정답 ②

난이도 ★★★☆☆
핵심포인트
직접 제시된 연도는 2016~2020년이지만 각주에서 다음 연도 이월 건수를 언급하고 있으므로 2021년의 '전년 이월' 건수를 고려해야 한다.

정답 체크

ㄱ. 2017년의 '심판대상'은 323건이고 2018년의 '전년 이월'은 90건이다. 따라서 '심판대상' 중 '전년 이월'의 비중은 2018년이 (90/258)×100≒34.9%로 2016년의 (96/322)×100≒29.8%보다 높으므로 옳은 설명이다.

ㄷ. 2017년 이후 '해당 연도 접수' 건수가 전년 대비 증가한 연도는 2019년과 2020년이므로 이 두 해를 비교한다. 2019년은 168건에서 204건으로 36건이 증가하였으므로 증가율은 21.4%이고, 2020년은 204건에서 252건으로 48건이 증가하였으므로 증가율은 23.5%이다. 따라서 2017년 이후 '해당 연도 접수' 건수의 전년 대비 증가율이 가장 높은 연도는 2020년이므로 옳은 설명이다.

오답 체크

ㄴ. 다음 연도로 이월되는 건수가 가장 많은 연도는 100건인 2016년이 아니라 131건인 2020년이므로 옳지 않은 설명이다.

ㄹ. '재결' 건수는 2019년이 186건으로 가장 적고, '해당 연도 접수' 건수는 2018년이 168건으로 가장 적으므로 옳지 않은 설명이다.

빠른 문제 풀이 Tip

ㄱ. 분수 비교 시 분모가 분자의 3배를 넘는지 여부로 판단할 수 있다.

ㄷ. 36/168과 48/204를 분수 비교 할 때, 분자는 36에서 48로 $\frac{12}{36}(=\frac{1}{3})$의 증가율을 보이고 분모는 168에서 204로 $\frac{36}{168}(≒\frac{1}{4})$의 증가율을 보이고 있으므로 분자의 증가율이 분모의 증가율보다 높다. 따라서 2020년의 증가율이 더 높음을 알 수 있다.

07 빈칸형 정답 ③

난이도 ★★★☆☆
핵심포인트
흡연과 음주를 모두 하는 남성의 수 및 흡연과 음주를 모두 하지 않는 여성의 수를 도출하고, 이를 토대로 빈칸을 채워 정답을 도출한다.

정답 체크

빈칸을 채우면 다음과 같다.

음주 여부 \ 성별 / 흡연 여부 / 구분		남성		여성	
		흡연	비흡연	흡연	비흡연
음주	인원(명)	600	(700)	(450)	(300)
	비율(%)	30	35	(30)	20
비음주	인원(명)	(200)	(500)	300	450
	비율(%)	10	(25)	(20)	30

ㄴ. 비음주이면서 비흡연인 환자는 남성이 500명으로, 450명인 여성보다 많으므로 옳은 설명이다.

ㄹ. 음주 환자는 2,050명, 흡연 환자는 1,550명으로 전체 환자 중 음주 환자 비중이 전체 환자 중 흡연 환자 비중보다 크므로 옳은 설명이다.

오답 체크

ㄱ. 흡연 비율은 남성 환자가 40%, 여성 환자가 50%이므로 옳지 않은 설명이다.

ㄷ. 여성의 경우 음주 환자와 비음주 환자가 각각 750명으로 동일하므로 옳지 않은 설명이다.

빠른 문제 풀이 Tip

ㄹ. 음주와 흡연을 하는 환자 수가 공통이므로 음주+비흡연인 1,000명과 흡연+비음주인 500명을 비교하면 계산 과정을 줄일 수 있다.

08 빈칸형 정답 ①

난이도 ★★★★☆
핵심포인트
<보기>에서 필요한 빈칸을 먼저 채우거나 빈칸을 채우지 않아도 판단할 수 있는 <보기>부터 검토한다.

정답 체크

ㄱ. '수영'기록이 한 시간 이하인 선수는 종합기록 순위 1, 2, 6위 선수이고 이들의 'T2'기록은 각각 0:02:47, 0:01:48, 0:02:56로 모두 3분 미만이므로 옳은 설명이다.

ㄴ. 종합기록 순위 9위인 선수의 종합기록은 9:48:07이다. 따라서 종합기록 순위 2~10위인 선수 중, 종합기록 순위가 한 단계 더 높은 선수와의 '종합'기록 차이가 1분 미만인 선수는 6위(5위와 44초 차이), 7위(6위와 32초 차이), 10위(9위와 11초 차이)로 3명이므로 옳은 설명이다.

오답 체크

ㄷ. 종합기록 순위 3~5위 선수의 국적이 모두 대한민국이고, 이 중 달리기 3등의 기록은 3:21:53이다. 종합기록 순위 6위와 7위 선수의 '달리기'기록이 이보다 더 짧기 때문에, '달리기'기록 상위 3명의 국적이 모두 대한민국은 아니므로 옳지 않은 설명이다.

ㄹ. '수영'기록 순위는 종합기록 순위 1위가 0:48:13, 종합기록 순위 6위가 0:52:01, 종합기록 순위 2위가 0:57:44이고, 종합기록 순위 10위 선수가 1:02:28로 4위이다. '수영'기록과 'T1'기록의 합산 기록 역시, 종합기록 순위 1위가 0:51:01, 종합기록 순위 6위가 0:55:29, 종합기록 순위 2위가 1:00:11이고, 종합기록 순위 10위 선수가 1:05:57로 4위이므로 동일한 순위이다. 따라서 옳지 않은 설명이다.

빠른 문제 풀이 Tip

ㄱ. 종합기록 순위가 5위인 선수의 '수영'기록을 모르더라도 'T2'기록이 0:02:14로 3분 미만이므로, 계산하지 않고도 정오판단이 가능하다.

유형 6 | 각주 판단형

p.118

01	02	03	04	05
①	③	①	③	④
06				
④				

01 각주 판단형 정답 ①

난이도 ★★★☆☆

핵심포인트

각주에 제시된 한국의 전기요금을 OECD 평균과 비교하여 가정용과 산업용의 100kWh당 평균 요금을 도출해야 한다.

정답 체크

ㄱ. 산업용 전기요금 지수는 일본이 160으로 가장 높고 가정용 전기요금 지수는 독일이 203으로 가장 높으므로 옳은 설명이다.

ㄴ. 가정용(산업용) 전기요금 지수 = $\frac{\text{해당 국가의 가정용(산업용) 전기요금}}{\text{OECD 평균 가정용(산업용) 전기요금}}$ ×100임을 적용하여 구한다. 한국의 가정용, 산업용 전기요금은 100kWh당 각각 \$120, \$95이고 전기요금 지수는 각각 75, 95이므로 OECD 평균은 각각 (120/75)×100=\$160, (95/95)×100=\$100이다. 따라서 OECD 평균 전기요금은 가정용이 산업용 100의 1.5배 이상이므로 옳은 설명이다.

오답 체크

ㄷ. 미국의 경우 가정용 전기요금 지수가 77로 한국의 가정용 전기요금 지수 75보다 높지만 산업용 전기요금 지수는 67로 한국의 산업용 전기요금 지수 95보다 낮다. 따라서 옳지 않은 설명이다.

ㄹ. OECD 평균 가정용 및 산업용 전기요금은 각각 \$160, \$100이므로 일본의 가정용 전기요금은 (138×160)/100=\$220.8, 산업용 전기요금은 (160×100)/100=\$160이다. 따라서 산업용 전기요금은 가정용 전기요금보다 비싸지 않으므로 옳지 않은 설명이다.

빠른 문제 풀이 Tip

동일한 유형의 전기요금 지수끼리 비교하면 실제 전기요금을 도출하지 않고도 비교할 수 있다. 따라서 ㄱ과 ㄷ부터 비교한다.

02 각주 판단형 정답 ③

난이도 ★★☆☆☆

핵심포인트

2020년을 기준으로 한 지수문제이므로 기준점을 토대로 판단하여 답을 도출한다.

정답 체크

ㄱ. 2020년 이후 '저위기술산업군' 출하지수는 매년 감소하고 있다. 따라서 2020년 이후 출하지수의 연도별 증감 방향이 '저위기술산업군'과 동일한 산업군은 '중저위기술산업군'뿐이므로 옳은 설명이다

ㄷ. 재고율이 매년 100% 이상이 되려면 '재고지수≥출하지수' 관계가 성립되어야 하기에 '고위기술산업군'뿐이므로 옳은 설명이다.

오답 체크

ㄴ. 중저위기술산업군의 2023년 재고지수는 96.4로 2024년 재고지수 97.5보다 작기 때문에 기준연도를 2024년으로 변경한다면 2023년 중저위기술산업군의 재고지수는 100보다 작아진다. 따라서 모든 산업군별 재고지수는 매년 각각 100 이상이 되지 않으므로 옳지 않은 설명이다.

빠른 문제 풀이 Tip

ㄱ. 증감방향 판단 시 2020년부터 검토해야 함을 놓치지 않아야 한다.
ㄷ. 고위기술산업군을 제외한 나머지 산업군은 모든 연도에서 재고지수는 100미만, 출하지수는 100이상이다. 따라서 재고율이 100% 미만이 된다.

03 각주 판단형 정답 ①

난이도 ★★★☆☆
핵심포인트
각주가 4개나 제시되었으나, 발문에서 묻는 '산림경영단지 면적'이 항목으로 포함된 각주 4)를 기준으로 식을 정리하면 답을 빠르게 도출할 수 있다.

정답 체크

산림경영단지의 면적을 구해야 하므로 각주 4)를 적용하여 산림경영단지 면적=$\frac{\text{임도 길이}}{\text{임도 밀도}}$임을 도출한다. 이때 임도 길이는 각주 1)에 따라 작업임도 길이+간선임도 길이이고, 각주 2)와 각주 3)을 연결하면 결국 작업임도 비율+간선임도 비율=100%임을 알 수 있다. 이에 따라 임도 길이=$\frac{\text{간선임도 길이}}{100-\text{작업임도 비율}}$×100임을 알 수 있다. 이를 각 산림경영단지에 적용하면 임도 길이는 A가 {70/(100−30)}×100=100km, B가 {40/(100−20)}×100=50km, C가 {35/(100−30)}×100=50km, D가 {20/(100−50)}×100=40km, E가 {60/(100−40)}×100=100km이고, 산림경영단지 면적은 A가 100/15=≒6.7ha, B가 50/10=5ha, C가 50/20=2.5ha, D가 40/10=4ha, E가 100/20=5ha이다.

따라서 면적이 가장 넓은 산림경영단지는 A이다.

04 각주 판단형 정답 ③

난이도 ★★★☆☆
핵심포인트
발문에서 매출액 크기 비교를 묻고 있으므로 매출액 자체를 구하기보다 매출액에 관한 식으로 정리하여 비교한다.

정답 체크

매출액=(제조원가/제조원가율)×100이다. 제조원가율은 <표>에 직접 제시된 항목이므로 제조원가만 도출하면 된다. 제조원가는 (고정원가/고정원가율)×100 또는 (변동원가/변동원가율)×100이고, <표>에 고정원가가 주어졌으므로 변동원가율을 통해 고정원가율을 도출한다. 고정원가율=(100%−변동원가율)이므로 A는 60%, B는 40%, C는 60%, D는 80%, E는 50%이다. 따라서 제조원가는 A가 100,000원, B가 90,000원, C가 55,000원, D가 62,500원, E가 20,000원이다. 마지막으로 제조원가를 제조원가율로 나누면 매출액이 도출되며, A가 400,000원, B가 300,000원, C가 약 183,333원, D가 625,000원, E가 200,000원이므로 매출액이 가장 작은 제품은 C이다.

구분 / 제품	고정원가(원)	변동원가율(%)	고정원가율(%)	제조원가(원)	제조원가율(%)	매출액(원)
A	60,000	40	60	100,000	25	400,000
B	36,000	60	40	90,000	30	300,000
C	33,000	40	60	55,000	30	183,333
D	50,000	20	80	62,500	10	625,000
E	10,000	50	50	20,000	10	200,000

빠른 문제 풀이 Tip

매출액에 관한 식으로 정리하면 매출액={고정원가/(고정원가율×제조원가율)}×10,000이므로, 고정원가율을 먼저 도출한 다음 식을 정리해서 비교한다. 간단하게 유효숫자만 비교하면 A는 60/150, B는 36/120, C는 33/180, D는 50/80, E는 10/50이므로, 유일하게 비율이 20% 미만인 C가 매출액이 가장 작음을 알 수 있다.

05 각주 판단형 정답 ④

난이도 ★★★☆☆
핵심포인트
이산화탄소 총배출량이 가장 적은 국가부터 순서를 정하면 되므로 이산화탄소 총배출량을 구체적으로 구하기보다는 식을 정리하여 비교한다.

정답 체크

이산화탄소 총배출량=1인당 이산화탄소 배출량×총인구이므로, 총인구를 도출하여 <표>에 제시된 1인당 이산화탄소 배출량을 이용해 계산한다. 총인구는 국내총생산/1인당 국내총생산이므로 A는 3.26억 명, B는 1.27억 명, C는 0.52억 명, D는 13.93 억 명이다. 여기에 1인당 이산화탄소 배출량을 곱하면 이산화탄소 총배출량이 도출되고 A는 54.18톤CO_2eq., B는 11.51톤CO_2eq., C는 6.40톤CO_2eq., D는 97.49톤CO_2eq.이다.

따라서 이산화탄소 총배출량이 적은 순서대로 나열하면 C, B, A, D이다.

빠른 문제 풀이 Tip

이산화탄소 총배출량을 중심으로 각주 2)의 식을 정리하면 {(1인당 이산화탄소 배출량×국내총생산)/1인당 국내총생산}이므로 이를 유효숫자 3자리로 정리하면 A는 (205×166)/628, B는 (50×91)/393, C는 (16×124)/314, D는 (136×70)/98이다. 각 분모의 수치를 비슷하게 맞춰서 비교한다.

06 각주 판단형

정답 ④

난이도 ★★★★☆

핵심포인트

순위 자료가 제시되었으므로 주어진 가장 낮은 순위인 5위 브랜드의 E를 기준으로 6위 이하 항목을 판단한다.

정답 체크

ㄴ. A~E 중, 가맹점당 매출액이 가장 큰 브랜드는 B이고 전체 가맹점 매출액의 합 역시 14,593×603,529≒8,807,298,697천 원으로 가장 크다.

ㄷ. 전체 가맹점 면적의 합은 해당 브랜드 전체 가맹점 매출액의 합을 가맹점 면적당 매출액으로 나눠서 비교한다. A~E 중, 해당 브랜드 전체 가맹점 면적의 합은 E가 28,513m²로 가장 작다.

오답 체크

ㄱ. 1~5위 브랜드 가맹점 수 합은 44,493개이고 '갑'국의 전체 편의점 가맹점 수가 5만 개이므로 6위 이하 브랜드 가맹점 수 합은 5,507개이다. 6위 이하 브랜드 가맹점 수는 5위인 E의 787개보다 적기 때문에 5위 크기를 기준으로 6위 이하의 가맹점 수 최솟값을 도출하면 5,507/787≒7.0이므로 '갑'국의 전체 편의점 가맹점 수가 5만 개라면 편의점 브랜드 수는 1~5위 5개와 6위 이하 7개 이상으로 최소 12개이다.

빠른 문제 풀이 Tip

ㄱ. 6위 이하 합 5,507이 787의 9배보다 작기 때문에 최소 14개가 아니라고 판단할 수 있다.

ㄴ. B는 가맹점당 매출액이 가장 많고 가맹점 수는 A 다음인 두 번째로 많기 때문에 A와 곱셈비교를 하면 A는 147×584, B는 146×603이므로 B가 A보다 많다는 것을 쉽게 판단할 수 있다.

ㄷ. 가맹점 수와 가맹점당 매출액을 곱한 다음 이를 가맹점 면적당 매출액으로 나눠서 판단하는 구조지만 E의 가맹점 수가 4위인 D의 20% 미만으로 나머지 브랜드에 차이가 크게 나므로 구체적으로 계산하지 않고 판단 가능하다.

유형 7 | 조건 판단형

p.128

01	02	03	04	05
③	③	⑤	④	⑤

01 조건 판단형

정답 ③

난이도 ★★★★☆

핵심포인트

월간 출근 교통비를 구하는 식이 주어졌으므로 직접 제시된 항목을 체크하여 식을 정리한 다음 답을 도출한다.

정답 체크

월간 출근 교통비는 {출근 1회당 대중교통요금 − (기본 마일리지 + 추가 마일리지) × $\left(\frac{\text{마일리지 적용거리}}{800}\right)$} × 월간 출근 횟수이므로 이에 따라 갑~병의 조건 및 월간 출근 교통비를 정리하면 다음과 같다.

구분	갑	을	병
출근 1회당 대중교통요금(원)	3,200	2,300	1,800
기본 마일리지(원)	450	350	250
추가 마일리지(원)	200	−	100
마일리지 적용거리(m)	800	800	600
월간 출근 횟수(회)	15	22	22
월간 출근 교통비(원)	38,250	42,900	33,825

따라서 교통비가 많은 사람부터 나열하면 을, 갑, 병 순이다.

빠른 문제 풀이 Tip

선택지가 순서 나열형이므로 정확한 수치를 계산하지 말고 식을 정리한 다음 어림수로 빠르게 비교한다.

02 조건 판단형

정답 ③

난이도 ★★★★★

핵심포인트

발문에서 2020년 기본 연봉의 합을 묻고 있지만, <조건>에서 매년 각 직원의 기본 연봉은 변동이 없다고 했으므로 각 직원이 해당 연도에 어떤 등급을 받았는지만 판단한다.

정답 체크

첫 번째 <조건>에서 기본 연봉은 변동이 없다고 했으므로 각 직원의 기본 연봉을 도출한다. 갑은 2018~2020년 동안 매년 성과급이 다르므로 2018년에 S, 2019년에 A, 2020년에 B를 받았음을 알 수 있다. 이때 성과등급 S는 인원 수가 1명이므로 갑 이외에 2018년에 성과등급 S를 받은 직원은 없다. 이에 따라 병의 2018년 성과등급은 A이므로 2020년 성과등급도 A이며, 2019년 성과등급은 B이다. 을은 2018년 대비 2019년에 성과급이 4배 증가했으므로 2019년 성과등급 S를 받은 직원이 을임을 알 수 있다. 무는 성과급이 매년 동일하므로 성과등급은 매년 B이다. 정과 기는 남은 인원 수를 고려하면 B, B, A 또는 A, A, S 중 하나이다.

직원＼연도	2018	2019	2020
갑	12.0 S	6.0 A	3.0 B
을	5.0 B	20.0 S	5.0 B
병	6.0 A	3.0 B	6.0 A
정	6.0 B	6.0 B	12.0 A
무	4.5 B	4.5 B	4.5 B
기	6.0 A	6.0 A	12.0 S

따라서 '가'부서의 직원별 기본 연봉은 갑~기 순서대로 60백만 원, 100백만 원, 60백만 원, 120백만 원, 90백만 원, 60백만 원이므로 2020년 기본 연봉의 합은 490백만 원이다.

빠른 문제 풀이 Tip

A를 기준으로 10배를 하면 기본 연봉이 도출된다.

03 조건 판단형

정답 ⑤

난이도 ★★★☆☆

핵심포인트

<정보>에 주어진 정지시거의 식을 구성하는 항목 중 <표>에 직접 제시된 항목을 중심으로 정리하여 답을 도출한다.

정답 체크

정지시거는 반응거리+제동거리이므로 먼저 반응거리를 도출한다. 반응거리는 운행속력×반응시간이므로 B는 40m, C는 32m, D는 48m, E는 28m이다. 다음으로 제동거리는 운행속력의 제곱값을 마찰계수와 중력가속도의 곱에 2배를 한 값으로 나눈 것이므로 이를 정리하면 0.1은 200, 0.2는 100, 0.4는 50, 0.8은 25이다. 따라서 운전자별 정지시거를 정리하여 표로 나타내면 다음과 같다.

운전자＼구분	맑은 날 정지시거(m)	비 오는 날 정지시거(m)
A	90	240
B	90	140
C	57	82
D	98	148
E	78	128

따라서 맑은 날과 비 오는 날의 운전자별 정지시거를 바르게 연결한 것은 운전자 E-78-128이다.

빠른 문제 풀이 Tip

제동거리의 분모를 구성하는 중력가속도 g가 10m/초^{2}으로 일정하고 이에 2배를 곱하면 20m/초^{2}이다. 운행속력은 모든 운전자가 20m/초이므로 제동거리는 결국 $\frac{\text{운행속력}}{\text{마찰계수}}$으로 정리할 수 있다.

04 조건 판단형

정답 ④

난이도 ★★★☆☆

핵심포인트

<정보>에서 주어진 영향력 지수와 기술력 지수의 식을 정리한 다음 필요한 수치만 가지고 이를 토대로 답을 도출한다.

정답 체크

해당 출원인의 영향력 지수 = $\frac{\text{해당 출원인의 피인용도 지수}}{\text{분야 전체 등록특허의 피인용도 지수}}$이므로

이를 도출하면 $\dfrac{\frac{\text{해당 출원인의 등록특허 피인용 횟수의 합}}{\text{해당 출원인의 등록특허 수}}}{\frac{\text{분야 전체의 등록특허 피인용 횟수의 합}}{\text{분야 전체의 등록특허 수}}}$이 된다.

IT 분야 전체의 등록특허 수는 직접 제시되지 않은 고정된 값이고 IT 분야 전체의 등록특허 피인용 횟수의 합은 204건이므로 해당 출원인의 영향력 지수는 $\frac{\text{해당 출원인의 피인용도 지수}}{\text{분야 전체 등록특허의 피인용도 지수}}$를 204로 나눈 값이다.

결국 해당 출원인의 영향력 지수의 크기는 해당 출원인의 피인용도 지수의 크기로 결정되므로 선택지에서 주어진 항목만 비교하면 A는 14, D는 16, E는 19.5이다. 따라서 영향력 지수가 가장 큰 출원인은 E이다. 이에 따라 선택지 ①, ②, ③은 소거된다.

해당 출원인의 기술력 지수 = 해당 출원인의 영향력 지수 × 해당 출원인의 등록특허 수이므로 이는 해당 출원인의 피인용도 지수 × 해당 출원인의 등록특허 수의 크기로 비교할 수 있다.

선택지상 남은 항목만 비교하면 B는 24, C는 26이므로 가장 작은 출원인은 B가 된다.

따라서 정답은 ④이다.

빠른 문제 풀이 Tip

영향력 지수 판단 시 분모인 IT 분야 전체 등록특허의 피인용도 지수는 모든 특허 출원인이 공통이므로 이를 고려하지 않고 해당 출원인의 피인용도 지수 크기로 비교할 수 있다. 또한 기술력 지수 판단 시 피인용도 지수의 분모가 해당 출원인의 등록특허 수이므로 결국 해당 출원인의 등록특허 피인용 횟수의 합 크기로 비교할 수 있다.

05 조건 판단형

정답 ⑤

난이도 ★★★☆☆

핵심포인트

정보에 주어진 감척지원금 식의 구조를 분석하여 <표>에서 주어진 항목을 연결하여 답을 도출한다.

정답 체크

어선별 감척지원금은 아래와 같다.

- A: 170+(60×3)+(6×5×6)=530백만 원
- B: 350+(80×3)+(8×5×6)=830백만 원
- C: 200+(150×3)+(10×5×6)=950백만 원
- D: 50+(40×3)+(3×5×6)=260백만 원

따라서 산정된 감척지원금이 가장 많은 어선은 'C'이고, 가장 적은 어선은 'D'이다.

빠른 문제 풀이 Tip

<표>의 단위가 백만 원이므로 <정보>의 선원당 월 통상임금 고시액을 계산할 때 5(백만 원)라는 수치로 계산한다. 따라서 선원당 월 통상임금 고시액에 6을 곱하면 30이 되므로 아래 표와 같이 선원 수에 0을 하나씩 붙인 다음 평년 수익액과 더한 값을 3으로 곱해서 어선의 잔존 가치와 더해 비교한다.

어선	어선 잔존가치	평년수익액×3	선원 수×3
A	170	60	60
B	350	80	80
C	200	150	100
D	50	40	30

실전공략문제

p.134

01	02	03	04	05
②	③	①	③	④
06	07	08	09	10
④	⑤	②	①	⑤
11	12	13	14	
③	③	⑤	④	

01 각주판단형

정답 ②

난이도 ★★☆☆☆

핵심포인트

빈칸으로 제시된 B의 실제 발전량과 C의 최대 발전량을 먼저 도출한 후 각주에서 제시된 이용률의 구조를 통해 분수비교하여 답을 도출한다.

정답 체크

빈칸을 채우면 B의 실제 발전량은 7,000, C의 최대 발전량은 9,000이다. 따라서 이용률이 큰 순서부터 나열하면 A가 4,000/5,000=80.0, B가 7,000/9,000≒77.8, D가 9,000/12,000=75.0, C가 6,000/9,000≒66.7이다.

빠른 문제 풀이 Tip

선지가 순서나열형으로 구성되어 있으므로 가장 높은 원자력발전소가 A VS B인지 또는 가장 낮은 원자력발전소가 C VS D인지 우선적으로 선택하여 판단한다. 또한 정확하게 나눠떨어지는 A, D는 80과 75로 구체적 수치를 도출하여 판단하고 근사치인 C는 2/3인 66.7, B는 7/9이므로 1-(7/9)로 반대해석하여 (100-22.2)%로 판단한다.

02 빈칸형

정답 ③

난이도 ★★★☆☆

핵심포인트

빈칸이 3개 제시되고 있으므로 빈칸의 내용을 고려하지 않아도 판단할 수 있는 <보기>를 먼저 풀이한다.

정답 체크

ㄷ. D국의 여성 대학진학률이 4%p 상승하면 11+4=15%가 되어 대학진학률 격차지수는 15/15=1.00이 된다. 이때 D국의 '간이 성평등지수'는 평균소득 격차지수와 대학진학률 격차지수의 산술평균이므로 (0.70+1.00)/2=0.85이다. 따라서 D국의 '간이 성평등지수'는 0.80 이상이므로 옳은 설명이다.

오답 체크

ㄱ. A국의 여성 평균소득과 남성 평균소득이 각각 1,000달러씩 증가하면 A국의 평균소득 격차지수는 9,000/17,000≒0.53이 된다. 따라서 평균소득 격차지수와 대학진학률 격차지수의 산술평균인 A국의 '간이 성평등지수'는 (0.53+1.00)/2≒0.77로 0.80 미만이므로 옳지 않은 설명이다.

ㄴ. B국의 여성 대학진학률이 85%이면 남성보다 여성의 대학진학률이 더 높으므로 대학진학률 격차지수는 1.00이다. '간이 성평등지수'는 B국이 (0.60+1.00)/2=0.80으로 C국의 0.82보다 낮으므로 옳지 않은 설명이다.

빠른 문제 풀이 Tip

ㄱ. A국의 대학진학률 격차지수가 1.00인 상태에서 A국의 '간이 성평등지수'가 0.80 이상이 되려면 평균소득 격차지수가 0.60 이상이 되어야 한다. 즉, 9,000/17,000가 0.6 이상인지 판단한다. 이때 17의 60%는 10.2이므로 9/17는 60% 미만으로 평균소득 격차지수는 0.6 미만임을 알 수 있다.

03 빈칸형 정답 ①

난이도 ★★★☆☆

핵심포인트

<표 2>에서 평균습도와 평균기온의 분포 관계가 주어졌으므로 이를 토대로 <표 1>의 빈칸을 추론하여 답을 도출한다.

정답 체크

ㄱ. 강수일수와 강수량이 가장 많은 달은 8월이다. <표 2>에 따르면 평균습도가 80% 이상이면서 평균기온이 20°C 이상인 달이 하나 있는데, <표 1>에서 8월을 제외하고 평균기온이 20°C 이상인 달은 모두 평균습도가 80% 미만이다. 따라서 8월이 평균습도가 80% 이상으로 가장 높은 달이므로 옳은 설명이다.

ㄴ. 강수량이 가장 적은 달은 1월이다. <표 2>에 따르면 평균기온이 −5°C 미만인 달은 평균습도가 65% 이상 70% 미만이다. <표 1>에서 평균습도가 65% 이상 70% 미만인 5월과 12월의 평균기온은 각각 16°C 와 −2°C이므로 1월의 평균기온이 −5°C 미만임을 알 수 있다. 따라서 옳은 설명이다.

ㄷ. <표 2>에 따르면 평균습도가 70% 이상인 달은 모두 평균기온이 5°C 이상이다. 이에 따라 평균습도가 70%인 11월은 평균기온이 5°C 이상이므로 3월의 기온인 3°C보다는 높다. 따라서 옳은 설명이다.

오답 체크

ㄹ. 평균기온은 4월이 11°C, 5월이 16°C로 5월이 4월보다 높지만, 강수일수당 강수량은 4월이 141.2/14≒10.1mm/일로 10을 초과하고 5월이 27.4/9≒3.0mm/일이다. 따라서 4월이 5월보다 많으므로 옳지 않은 설명이다.

ㅁ. 평균기온이 0°C 미만인 달은 12, 1, 2월이고, 이들의 강수일수 합은 8+7+6=24일이므로 옳지 않은 설명이다.

04 빈칸형 정답 ③

난이도 ★★★☆☆

핵심포인트

빈칸을 직접 채워야 해결할 수 있는 <보기>보다 빈칸을 채우지 않고 판단 가능한 <보기>를 먼저 판단한다.

정답 체크

ㄱ. C 마을의 경지면적은 58×1.95≒113ha, D와 E마을의 경지면적 합은 23×2.61+16×2.75≒104ha이므로 옳은 설명이다.

ㄹ. D 마을의 경지면적은 약 60ha, E 마을의 경지면적은 44ha이다. 젖소 1마리당 경지면적은 D가 60/12≒5ha/마리, E가 44/8=5.5ha/마리로 D가 더 넓고, 돼지 1마리당 경지면적도 D가 60/46≒1.3ha/마리, E가 44/20=2.2ha/마리로 D가 더 넓다. 따라서 옳은 설명이다.

오답 체크

ㄴ. 가구당 돼지 수가 가장 많은 마을은 D이고, 가구당 주민 수가 가장 많은 마을은 가구 수 대비 주민 수가 5 이상인 A이므로 옳지 않은 설명이다.

ㄷ. A 마을의 젖소 수가 80% 감소하면 A~E 마을 전체 젖소 수는 150−90×0.8=78마리이고, 전체 돼지 수의 10%인 76.9마리보다 많으므로 옳지 않은 설명이다.

빠른 문제 풀이 Tip

ㄹ. $\frac{\text{경지면적}}{\text{젖소개체 수}}=\frac{\text{가구당 면적}}{\text{가구당 개체 수}}$이므로 경지면적을 구하지 않고도 $\frac{\text{가구당 면적}}{\text{가구당 개체 수}}$으로 쉽게 분수 비교를 할 수 있다.

05 각주 판단형

정답 ④

난이도 ★★★★☆
핵심포인트
각주 1)의 분모가 1월의 A사 주가와 B사 주가의 합으로 고정되었으므로 분자인 해당 월 A사 주가와 B사 주가의 합으로 주가지수의 크기를 비교한다.

정답 체크

ㄴ. 1월과 6월 주가지수가 100.00으로 동일하므로 1월과 6월 A사와 B사의 주가 합 역시 동일하다. 따라서 A사의 주가는 6월이 11,000−5,400=5,600원으로 1월보다 높으므로 옳은 설명이다.

ㄹ. 4~6월 중 A사의 주가는 6월에 전월 대비 상승하였으므로 제외하고 계산한다. A사의 주가 수익률은 4월이 {(4,500−5,700)/5,700}×100≒−21.1%, 5월이 {(3,900−4,500)/4,500}×100≒−13.3%이므로 A사의 주가 수익률이 가장 낮은 달은 4월이다. 4월에 B사의 주가는 전월 대비 하락하였으므로 옳은 설명이다.

오답 체크

ㄱ. 3~6월 중 주가지수가 가장 낮은 달은 A사와 B사의 주가 합이 가장 낮은 5월이다. 5월 A사의 주가는 전월 대비 하락하였지만 B사의 주가는 전월 대비 상승하였으므로 옳지 않은 설명이다.

ㄷ. 2월 A사의 주가가 전월 대비 20% 하락하면 5,000×0.8=4,000원이고, B사의 주가가 전월과 동일하면 6,000원이므로 2월의 주가지수는 1,000/11,000만큼 하락한다. 따라서 전월 대비 10% 미만 하락하므로 옳지 않은 설명이다.

빠른 문제 풀이 Tip

ㄷ. A사의 주가 하락폭이 주가지수 분모의 10% 이상이 되는지를 비교한다. 5,000원의 20%는 1,000원이고, 11,000의 10%는 1,100원이므로 주가지수는 전월 대비 10% 미만 하락함을 쉽게 비교할 수 있다.

06 매칭형

정답 ④

난이도 ★★★☆☆
핵심포인트
발문에서 정확한 값을 요구하는 것이 아니므로 제시된 <정보>를 토대로 가능하지 않은 수치를 소거하여 정답을 도출한다.

정답 체크

- 첫 번째 <정보>에서 재정자립도가 E보다 높은 지역은 A, C, F라고 했으므로 (가)에 들어갈 수치는 83.8, 65.7, 69.5 중 가장 작은 65.7보다 클 수 없다. 이에 따라서 선택지 ⑤가 소거된다.
- 두 번째 <정보>에서 시가화 면적 비율이 가장 낮은 지역은 주택노후화율이 가장 높은 지역이라고 했고, 주택노후화율이 가장 높은 지역은 I이므로 (나)에 들어갈 수 있는 수치는 I를 제외하고 시가화 면적 비율이 가장 낮은 E의 20.7보다 더 작아야 한다. 이에 따라 선택지 ①이 소거된다.
- 세 번째 <정보>에서 10만 명당 문화시설수가 가장 적은 지역은 10만 명당 체육시설수가 네 번째로 많은 지역이라고 했고, 10만 명당 문화시설수가 가장 적은 지역은 B이이므로 B의 10만 명당 체육시설수가 네 번째로 많아야 한다. 이에 따라 (다)에 들어갈 수 있는 수치는 10만 명당 체육시설수가 세 번째로 많은 I의 119.2보다는 작고 F의 114.0보다는 커야 하므로 선택지 ②가 소거된다.
- 네 번째 <정보>에서 주택보급률이 도로포장률보다 낮은 지역은 B, C, D, F라고 했으므로 (라)에 들어갈 수 있는 수치는 92.5보다 커야 한다.

따라서 '가'~'라'에 들어갈 수 있는 값은 각각 65.2, 20.3, 117.1, 92.6이다.

07 조건 판단형

정답 ⑤

난이도 ★★★★☆
핵심포인트
<표> 이외에 추가로 <정보>가 제시되었으므로 제시된 <정보> 중 변하지 않는 확정적인 <정보>를 체크해서 이를 고정한 후, 변화하는 <정보>를 정리한다.

정답 체크

- 두 번째 <정보>에서 기본생산능력은 A기업이 15,000개/월, C와 E기업은 동일하다고 했고, 네 번째 <정보>에서 E기업은 3월에 20% 초과 생산량이 발생하였다고 했으므로 3월 총생산량 22,000개는 C기업의 기본생산량과 E기업의 기본생산량 1.2배의 합이다. 즉, C와 E기업의 기본생산량을 x라고 하면 x+1.2x=22,000 → x=10,000
  이에 따라 C와 E기업의 기본생산능력은 10,000개/월이다.
- 1월에 B와 C기업이 참여하여 총생산량이 23,000개가 되었고, C기업의 기본생산능력은 10,000개/월이므로 B기업의 기본생산능력은 23,000−10,000=13,000개/월이다.
- 해당월 총생산량=해당월 '생산 참여기업의 월 생산량'의 합×(1−손실비)임을 적용하여 구한다. 2월에 B와 D기업이 참여하여 총생산량은 17,000개가 되었지만 손실비가 0.5이므로 2월 총생산량은 B와 D기업 기본생산능력의 절반에 해당하는 값임을 알 수 있다. 이에 따라 B와 D기업의 2월 생산량의 합은 34,000개이고, B기업의 기본생산능력은 13,000개/월이므로 D기업의 기본생산능력은 34,000−13,000=21,000개/월이다.

따라서 기본생산능력이 가장 큰 기업은 D이고, 세 번째로 큰 기업은 B이다.

빠른 문제 풀이 Tip

A기업의 기본생산능력이 제시되고, C와 E기업의 기본생산능력이 동일하다고 했으므로 C와 E기업에 대한 정보가 함께 있는 두 번째 <정보>부터 확인하면 풀이 시간을 단축할 수 있다.

08 조건 판단형 정답 ②

난이도 ★★★★☆

핵심포인트

<표> 이외에 추가로 <조건>이 제시되었으므로 문제 해결에 필요한 핵심 정보를 파악한다. 이 문제의 경우 '갑'과 '을'은 한 가지 경로로만 이동했다는 점, 그리고 자동차의 최고속력은 200km/h라는 점을 파악한다.

정답 체크

'갑'은 A지점에서 10:00에 출발하여 C지점에 16:00에 도착했으므로 총 소요시간은 6시간이다. 이 중 '갑'이 B지점에서 1시간 이상 머물렀다면 총 이동시간은 5시간 이하가 된다. A→C 구간의 거리가 200+400=600km이므로 이때 평균속력은 600/5=120km/h 이상이다. 따라서 '갑'이 B지점에서 1시간 이상 머물렀다면 A→B 또는 B→C 구간에서 속력이 120km/h 이상인 적이 있으므로 옳은 설명이다.

오답 체크

① '갑'이 B지점에서 13:00 이전에 출발했다면 A→B 구간의 200km를 3시간 미만 걸려 이동한 것이고, B→C 구간의 400km를 3시간 이상 걸려 이동한 것이 된다. 자동차의 최고속력은 200km/h이므로 만약 A→B 구간의 200km를 속력 50km/h로 4시간에 이동하고, B→C 구간의 400km를 최고속력 200km/h로 2시간에 이동했다면 '갑'은 B지점에서 14:00에 출발할 수도 있으므로 옳지 않은 설명이다.

③ '을'의 경우, B→C 구간의 평균속력 400/4=100km/h는 C→E 구간의 평균속력 200/2=100km/h와 동일하므로 옳지 않은 설명이다.

④ B→C 구간 평균속력은 '을'은 400/4=100km/h이지만 '갑'은 B지점 도착시각 및 출발시각을 알 수 없으므로 평균속력 역시 알 수 없다.

⑤ B→C→E 구간은 400+200=600km이고, B→D→E 구간 역시 200+400=600km로 동일하므로 옳지 않은 설명이다.

빠른 문제 풀이 Tip

② 단정적인 표현이 사용된 다른 선택지에 비해 가능성을 묻는 표현이 사용되었다. 이는 제시된 경우가 가능하기만 하면 옳은 선택지가 되는 것이므로 이를 고려하여 예외가 없는지 빠르게 확인한다.

09 매칭형 정답 ①

난이도 ★★★☆☆

핵심포인트

<조건>에서 해외직구 전체를 묻는지, 목록통관을 묻는지 아니면 EDI 수입을 묻는지 정확하게 확인하여 매칭한다.

정답 체크

- 첫 번째 <조건>에서 2014년 중국 대상 해외직구 반입 전체 금액은 같은 해 독일 대상 해외직구 반입 전체 금액 80,171천 달러의 2배인 80,171×2=160,342천 달러 이상이라고 했으므로 A가 중국임을 알 수 있다.
- 두 번째 <조건>에서 2014년 영국과 호주 대상 EDI 수입 건수 합은 같은 해 뉴질랜드 대상 EDI 수입 건수 108,282건의 2배인 108,282×2=216,564건보다 작다고 했으므로 B는 영국 또는 호주가 될 수 없다. 따라서 B는 일본이고, C와 D가 영국 또는 호주임을 알 수 있다.
- 세 번째 <조건>에서 2014년 호주 대상 해외직구 반입 전체 금액은 2013년 호주 대상 해외직구 반입 전체 금액 2,535천 달러의 10배 미만이라고 했으므로 D가 호주임을 알 수 있다.

따라서 A가 중국, B가 일본, C가 영국, D가 호주이다.

빠른 문제 풀이 Tip

<조건>의 검토 순서를 고려하여 <조건>을 확인하는 과정을 최소화한다. 가장 선순위로 첫 번째 <조건>을 확인한다면 네 번째 <조건>을 확인할 필요가 없고, 네 번째 <조건>을 가장 선순위로 확인한다면 첫 번째 <조건>을 확인하지 않아도 정답을 도출할 수 있다.

10 매칭형 정답 ⑤

난이도 ★★★☆☆

핵심포인트

선지에 제시된 5개 국가만 골라내어 소거법으로 답을 도출한다.

정답 체크

첫 번째 조건에서 2023년 A 국 전체 중고차 수출량에서 '갑'국으로의 중고차 수출량이 차지하는 비중은 10% 이하라고 하였으므로 전체 약 50만 중 15만 이상으로 10% 이상의 비중을 차지하는 리비아는 답이 될 수 없다.(선지 ①번 제거)

두 번째 조건에서 A 국 전체 중고차 수출량에서 '갑'국으로의 중고차 수출량이 차지하는 비중은 2023년이 2022년보다 크다고 하였으므로 13.4%에서 6.1%로 감소한 요르단과 4.0%에서 3.1%로 감소한 타지키스탄은 답이 될 수 없다(선지 ②, ④번 제거)

세 번째 조건에서 2021년 대비 2022년 A 국에서 '갑'국으로의 중고차 수출량 증가율이 20%라고 가정할 때 2021년 A 국에서 '갑'국으로의 중고차 수출량은 튀르키예가 21,689/1.2≒18,074대, 키르기스스탄이 13,741/1.2≒11,451대이다. 따라서 2021년 A 국에서 '갑'국으로의 중고차 수출량이 12,000대 이하인 키르기스스탄은 답이 될 수 없다.(선지 ③번 제거)

따라서 정답은 ⑤번이다.

빠른 문제 풀이 Tip

두 번째 조건에서 전체 대비 비중이 2022년 대비 2023년 증가하려면 약 30만에서 약 50만으로 20만 정도 증가하여 66.7%정도 증가한 A 국 전체보다 더 크게 증가해야 한다. 따라서 수출량이 감소한 요르단과 12,000에서 16,000미만으로 4,000미만 증가하여 증가율이 33.3%미만인 타지키스탄은 비중이 감소하였다는 것을 판단할 수 있다.

세 번째 조건을 검토 전 첫 번째와 두 번째 조건을 먼저 검토했다면 선지가 ③, ⑤번 두 개만 남기 때문에 택1 구조로 볼 때 두 국가 중 2022년 수출액이 더 많은 튀르키예가 답이 되어야 한다.

11 조건 판단형 정답 ③

난이도 ★★☆☆☆

핵심포인트

구분 항목별 가중치가 부여된 구조이므로 인지도 값 자체를 도출하는 것보다 가중치를 간소화하여 홍보업체별 인지도 크기를 서로 비교한다.

정답 체크

공공정책 홍보경력이 있는 홍보업체의 인지도를 도출하면 A는 66만 명, C는 68만 명, F는 51만 명이므로 인지도가 가장 높은 C가 선정된다.

공공정책 홍보경력이 없는 홍보업체의 인지도를 도출하면 B는 72만 명, D는 68만 명, E는 64만 명이므로 인지도가 가장 높은 B가 선정된다.

따라서 선정되는 업체는 B, C이므로 정답은 ③이다.

빠른 문제 풀이 Tip

미디어채널 구독자 수의 가중치가 0.4이고 SNS 팔로워 수의 가중치가 0.6이므로 미디어채널 구독자 수:SNS 팔로워 수=2:3으로 가중치를 간단히 한 후 홍보경력 유, 무에 따라 각 그룹별로 최솟값 기준 편차를 도출하여 비교하면 아래와 같다.

· 공공정책 홍보경력이 있는 홍보업체

구분 / 홍보업체	미디어채널 구독자 수(2)	SNS 팔로워 수(3)	편차×가중치 합
A	+40	+5	95
C	0	+35	105
F	+10	0	20

· 공공정책 홍보경력이 없는 홍보업체

구분 / 홍보업체	미디어채널 구독자 수(2)	SNS 팔로워 수(3)	편차×가중치 합
B	+100	0	200
D	0	+60	180
E	+20	+40	160

12 각주 판단형 정답 ③

난이도 ★★★☆☆

핵심포인트

각주에 제시된 2개의 분수식을 구성하는 분모와 분자에 해당하는 구분 항목을 <표>에서 정확하게 확인 후 답을 도출한다.

정답 체크

진학자 수만 계열별로 20%씩 증가한다면 전체 진학자 수는 180명이 되므로 전체의 진학률은 180/2,000=9%로 10% 이상이 되지 못한다.

오답 체크

① 취업률은 A계열이 500/800=62.5%로 B계열 57.1%보다 높다.

② C계열의 진학률은 40/500=8.0%이므로 진로 미결정 비율은 B계열 35.8%가 C계열 52.0%보다 낮다.

④ 취업자 수만 계열별로 10%씩 증가한다면 전체 취업자 수는 1,210명이 되므로 전체의 취업률은 1,210/2,000=60.5%로 60% 이상이 된다.

⑤ C계열의 진학률은 선택지 ②에서 도출한 바와 같이 8.0%이므로 진학률은 A~C계열 중 C계열이 가장 높다.

빠른 문제 풀이 Tip

② '진로 미결정 비율(%)=100-(취업률+진학률)'이므로 진로 미결정 비율이 더 낮다는 것은 취업률과 진학률 합이 더 높다는 것이므로 취업률+진학률은 B계열이 C계열보다 높은지 판단한다.

③, ④ 각 계열별 동일한 비율로 증가한다면 전체 또한 같은 비율로 증가하기 때문에 계열별 비율 증가 변화를 판단하기보다 전체의 비율 증가로 판단한다.

⑤ 전체 진학률이 7.5%이고 A의 진학률은 이와 같은 7.5%, B의 진학률은 이보다 낮은 7.1%이므로 C의 진학률이 무조건 7.5%보다 커야 한다.

13 각주 판단형

정답 ⑤

난이도 ★★★☆☆

핵심포인트

순위자료이므로 직접 제시된 1~10위를 제외한 11위 이하 항목의 수치를 10위 수치 기준으로 판단하여 답을 도출한다.

정답 체크

ㄱ. 1~10위 중 장르가 '액션'인 드라마는 10위 '메피스토' 1개이고 시청점유율은 1.90%이므로 11위 이하에 장르가 '액션'인 드라마가 존재한다고 하더라도 시청점유율은 1.90% 미만이다. 따라서 장르가 '액션'인 드라마 시청점유율의 평균은 2% 이하이다.

ㄷ. 1~10위 드라마의 시청점유율 합은 79.95%이므로 11위 이하 드라마의 시청점유율 합은 20.05%이다. 11위 드라마의 시청점유율이 1.90% 미만이므로 최대 1.90% 크기의 시청점유율을 갖는 드라마가 존재한다고 가정하면 20.05/1.90≒10.5, 즉 11개 이상의 드라마가 존재한다고 판단할 수 있다(10개와 0.5의 시청점유율도 1개로 취급). 따라서 상위 10개의 드라마와 11위 이하 드라마의 최솟값인 11개를 포함하여 전체 드라마 수는 21개 이상이라고 판단할 수 있다.

ㄹ. 시청점유율/1인당 시청시간은 '해당 드라마 시청자 수/전체 시청자의 드라마 시청시간 총합'이고 전체 시청자의 드라마 시청시간 총합은 주어진 수치는 아니지만 일정한 값이므로 시청자 수는 시청점유율/1인당 시청시간의 크기로 판단할 수 있다. 5위 드라마의 시청자 수 크기는 3.60/89≒0.040이고 8위 드라마의 시청자 수 크기는 2.40/30=0.08이므로 전자는 후자보다 적다.

오답 체크

ㄴ. 1~10위 중 제작사가 '퍼시픽'인 드라마의 시청점유율 총합은 8.50이고 제작사가 '폭풍'인 드라마의 시청점유율 총합은 8.40으로 전자가 후자보다 높아 보이지만 11위 이하 드라마 중 시청점유율이 최대 1.90% 미만인 드라마가 존재할 가능성이 있으므로 어느 제작사의 시청점유율 총합이 더 높은지는 판단할 수 없다.

빠른 문제 풀이 Tip

ㄹ. 각주 1)의 식과 2)의 분자가 같은 점을 이용하여 식을 변형한 다음 판단한다.

14 조건 판단형

정답 ④

난이도 ★★★★☆

핵심포인트

가중치가 부여된 일종의 가중평균 문제이므로 이를 활용하여 각 평가방법별 평정점수를 고려한다.

정답 체크

각 평가방법별 가중치를 고려한 평정점수의 합은 아래 표와 같다.

A	2023	2022	2021	합
정숙	42.5	19.5	13	75
윤호	35	25.5	15	75.5
찬희	37.5	22.5	13	73
상용	40	18	13	71
B	2023	2022	2021	합
정숙	51	26	0	77
윤호	42	34	0	76
찬희	45	30	0	75
상용	48	24	0	72
C	2023	2022	2021	합
정숙	85	0	0	85
윤호	70	0	0	70
찬희	75	0	0	75
상용	80	0	0	80

ㄱ. 위 표에서 확인할 수 있듯이 모든 승진후보자의 평정점수는 평가방법 A를 적용할 때보다 평가방법 B를 적용할 때가 더 높다.

ㄷ. '상용'의 2023년 근무성적점수만 90점으로 변경된다면, 상용의 평정점수는 평가방법 A의 경우 76점, B의 경우 78점, C의 경우 90점으로 가장 높다. 따라서 A~C 중 어떤 평가방법을 적용하더라도 '상용'이 승진대상자가 된다.

오답 체크

ㄴ. 평가방법 A를 적용할 때의 승진대상자는 윤호지만 평가방법 C를 적용할 때의 승진대상자는 정숙으로 서로 다르다.

빠른 문제 풀이 Tip

ㄱ. 23:22:21의 가중치는 A가 5:3:2이고 B가 6:4:0이다. 따라서 A의 21 가중치는 2가 각각 1씩 22와 23 가중치로 이동하게 되면 B의 가중치인 6:4:0과 동일해진다. 실제로 해당 보기를 판단할 때 각 승진후보자의 21년 점수보다 22년과 23년 점수의 평균이 더 높은지 확인한다.

ㄴ. 평균개념을 적용하여 A를 판단한다면 먼저 22:21의 가중치를 3:2로 두고 가중평균으로 도출한 값을 토대로 23:(22+21)=5:5의 산술평균을 적용하여 도출할 수도 있다. 정리한 값은 아래와 같다.

A평가방법	23	22+21	합
정숙	85	65	75
윤호	70	81	75.5
찬희	75	71	73
상용	80	62	71

3 자료검토·변환

유형 8 | 보고서 검토·확인형

p.160

01	02	03	04	
④	④	③	②	

01 보고서 검토·확인형 정답 ④

난이도 ★☆☆☆☆

핵심포인트

추가로 필요한 자료를 찾는 문제이므로 <표>에 제시된 연도와 <보기>의 연도를 비교하여 <보고서>를 토대로 필요한 자료를 확인한다.

정답 체크

ㄱ. <보고서>의 세 번째 단락에서 국세청 세입은 1966년 국세청 개청 당시 700억 원에서 2009년 154조 3,305억 원으로 약 2,200배 증가하였다고 했으므로 '1966~2009년 연도별 국세청 세입액'은 <보고서>를 작성하기 위해 추가로 필요한 자료이다.

ㄷ. <보고서>의 두 번째 단락에서 서울지역에서는 도봉세무서의 세수 규모가 2,862억 원으로 가장 적은 것으로 나타났다고 했으므로 '2009년 서울 소재 세무서별 세수 규모'는 <보고서>를 작성하기 위해 추가로 필요한 자료이다.

ㄹ. <보고서>의 세 번째 단락에서 전국 세무서 수는 1966년 77개에서 1997년 136개로 증가하였다가 2009년 107개로 감소하였다고 했으므로 '1966~2009년 연도별 전국 세무서 수'는 <보고서>를 작성하기 위해 추가로 필요한 자료이다.

오답 체크

ㄴ. 2009년 국세청 세입총액의 세원별 구성비에 대한 내용은 <보고서>에 제시되지 않았으므로 '2009년 국세청 세입총액의 세원별 구성비'는 <보고서> 작성을 위해 추가로 필요한 자료가 아니다.

02 보고서 검토·확인형 정답 ④

난이도 ★☆☆☆☆

핵심포인트

<보고서> 작성 시 사용되지 않은 자료를 확인하는 문제는 수치가 정확한지 검토하는 문제가 아니므로 선택지 제목의 키워드를 중심으로 판단한다.

정답 체크

<보고서>의 두 번째 단락에서 국내 휘발유 가격대비 경유 가격이 상승하였다고 했지만, '2008년 OECD 국가의 자동차 연료별 상대가격'에서는 알 수 없는 정보이므로 <보고서>를 작성하는 데 활용되지 않은 자료이다.

오답 체크

① <보고서>의 첫 번째 단락에서 국내 자동차 등록대수는 매년 꾸준히 증가하여 2008년 1,732만 대를 넘어섰다고 했으므로 '연도별 국내 자동차 등록현황'은 <보고서>를 작성하는 데 활용된 자료이다.

② <보고서>의 세 번째 단락에서 2007년 기준으로 국내 대기오염물질 배출량 중 자동차 배기가스가 차지하는 비중을 제시하고 있으므로 '2007년 국내 주요 대기오염물질 배출량'은 <보고서>를 작성하는 데 활용된 자료이다.

③ <보고서>의 첫 번째 단락에서 운송수단별 수송분담률에서도 자동차가 차지하는 비중은 2008년 75% 이상이라고 했으므로 '2008년 국내 운송수단별 수송분담률'은 <보고서>를 작성하는 데 활용된 자료이다.

⑤ <보고서>의 첫 번째 단락에서 우리나라의 2008년 자동차 1대당 인구는 2.9명으로 미국에 비해 2배 이상이라고 했으므로 '2008년 국가별 자동차 1대당 인구'는 <보고서>를 작성하는 데 활용된 자료이다.

03 보고서 검토·확인형 정답 ③

난이도 ★★☆☆☆

핵심포인트

직접적인 근거로 활용되지 않은 자료를 찾는 문제이므로 수치를 직접 계산할 필요가 없다는 점에 주의한다. 또한 <보고서> 하나의 단락에서 두 개 이상의 선택지가 연결될 수 있다는 점을 고려하여 정답을 도출한다.

정답 체크

<보고서>에서 '공공임대주택 공급 실적 및 증감률'에 대한 내용은 제시하고 있지 않으므로 <보고서>의 내용을 작성하는 데 직접적인 근거로 활용된 자료가 아니다.

오답 체크

① <보고서> 첫 번째 단락에서 2014년 수도권과 지방의 주택건설 인허가 실적 및 증가율을 제시하고 있으므로 '지역별 주택건설 인허가 실적 및 증감률'은 <보고서>의 내용을 작성하는 데 직접적인 근거로 활용된 자료이다.

② <보고서> 첫 번째 단락에서 2014년의 인허가 실적은 3년평균(2011~2013년, 52.6만 호)에 미치지 못하였다고 했으므로 '2011~2013년 지역별 주택건설 인허가 실적'은 <보고서>의 내용을 작성하는 데 직접적인 근거로 활용된 자료이다.

④ <보고서>의 두 번째 단락에서 아파트와 아파트 외 주택의 인허가 실적을 제시하고 있으므로 '유형별 주택건설 인허가 실적 및 증감률'은 <보고서>의 내용을 작성하는 데 직접적인 근거로 활용된 자료이다.

⑤ <보고서>의 네 번째 단락에서 규모별로 주택건설 인허가 실적을 제시하고 있으므로 '건설 주체별·규모별 주택건설 인허가 실적 및 증감률'은 <보고서>의 내용을 작성하는 데 직접적인 근거로 활용된 자료이다.

04 보고서 검토·확인형 정답 ②

난이도 ★★★☆☆

핵심포인트

추가로 이용한 자료를 찾는 유형이므로 <보고서> 내용 중 <표>에는 제시되지 않은 내용 위주로 확인한다. 즉, <보기>의 내용 중 <표>를 통해서 알 수 있는 항목은 추가로 필요한 자료가 아니다.

정답 체크

ㄱ. <보고서>의 두 번째 단락 두 번째 문장에서 교통사고 사망자 수는 2015년 이후 매년 줄어들었고, 특히 2018년에 전년 대비 11.2% 감소하였다고 했으므로 '연도별 전국 교통사고 사망자 수'는 <보고서> 작성을 위해 추가로 이용한 자료이다.

ㄷ. <보고서>의 두 번째 단락 첫 번째 문장에서 전국 안전사고 사망자 수는 2015년 이후 매년 감소하다가 2018년에는 증가하였다고 했으므로 '연도별 전국 안전사고 사망자 수'는 <보고서> 작성을 위해 추가로 이용한 자료이다.

오답 체크

ㄴ, ㄹ. 첫 번째 단락과 세 번째 단락에는 2019년의 현황이 제시되고 있으므로 2019년 자료가 아닌 '분야별 지역안전지수 4년 연속(2015~2018년) 1등급, 5등급 지역(시·도)'과 '2018년 지역별 안전체험관 수'는 추가로 이용한 자료가 아니다.

유형 9 | 표-차트 변환형

p.174

01	02	03	04	
③	③	③	③	

01 표-차트 변환형 정답 ③

난이도 ★☆☆☆☆

핵심포인트

<표>를 그래프로 변환하는 문제에서 선택지가 원 그래프로 등장하는 경우, 비중의 합이 100%인지 확인한다.

정답 체크

2007년 전체 방송사별 제재 건수의 총합이 90건이므로 건수 자체가 비율이 될 수 없다. '2007년 법정제재 건수의 방송사별 구성비'는 <표>의 2007년 방송사별 법정제재 건수를 그대로 제시했으므로 <표>를 이용하여 작성한 그래프로 옳지 않다.

빠른 문제 풀이 Tip

<표>에 제시된 수치를 그대로 활용한 ①, ②, ④, ⑤를 먼저 확인하여 소거한다. 또한 <표>에 제시된 수치를 유일하게 재구성한 ③을 먼저 확인하는 것도 다른 풀이 방법이 될 수 있다.

02 표-차트 변환형 정답 ③

난이도 ★★★☆☆

핵심포인트

<표>를 그래프로 변환하는 문제이므로 먼저 <표>를 토대로 도출할 수 없는 선택지가 제시되었는지 판단한다. 이 문제의 경우 <표>에 남성과 여성의 흡연율이 제시되어 있으나 성별 인구 수가 제시되어 있지 않으므로 국가 전체의 흡연율은 파악할 수 없음을 유의한다.

정답 체크

'국가별 흡연율'은 다른 선택지와 달리 성별을 제시하지 않았다. 즉, 국가별 여성과 남성의 인구구성비율을 알아야 국가 전체의 흡연율 판단이 가능하며 제시된 자료만으로는 알 수 없으므로 <표>를 이용하여 작성한 그래프로 옳지 않다.

빠른 문제 풀이 Tip

<표>의 수치를 그대로 제시한 ①, ⑤와 단순계산으로 도출할 수 있는 ②, ④를 먼저 빠르게 검토한 다음 소거한다.

03 표-차트 변환형 정답 ③

난이도 ★★★★☆
핵심포인트
<표>를 그래프로 변환하는 문제 중 일부 항목이 나머지 항목과 다른 경우 이를 중심으로 판단한다. 이 문제의 경우 채소의 조사단위가 무를 제외하고 모두 10kg이라는 점에 유의한다.

정답 체크

<표>에서 무 이외의 모든 채소의 조사단위는 10kg이므로 무를 제외한 채소 1kg당 금일가격은 모두 옳은 수치이다. 그러나 무의 조사단위는 15kg이므로 1kg당 금일가격은 850원이 아닌 8,500/15≒566.7원이다. 따라서 <표>를 이용하여 작성한 그래프로 옳지 않다.

04 표-차트 변환형 정답 ③

난이도 ★★★★☆
핵심포인트
<표>를 그래프로 변환하는 유형이므로 선택지의 키워드와 <표>의 항목을 비교하여 <표>의 수치를 그대로 활용한 선택지부터 빠르게 파악한다.

정답 체크

<표 1>의 각주에 따르면 25~54세 전체 기혼 취업여성=기혼여성-기혼 비취업여성이므로 25~54세 기혼 취업여성은 9,773-4,018=5,755천 명이다. 이때 '25~54세 기혼 취업여성의 연령대 구성비' 그래프에서 25~29세의 비율이 11.8%라고 했으므로, 25~29세 취업여성은 적어도 5,755명의 10%인 570천 명 이상이어야 하지만 <표 1>에 따르면 실제로는 570-306=264천 명이다. 따라서 <표>를 이용하여 작성한 그래프로 옳지 않다.

빠른 문제 풀이 Tip
연령대 간 크기 비교를 통해 판단할 수도 있다. 그래프에서는 40~44세의 비율이 17.5%로 50~54세의 비율 18.9%보다 작지만, <표 1>에 따르면 실제로는 40~44세가 1,989-687=1,302천 명으로 50~54세 1,983-727=1,256천 명보다 많다.

실전공략문제

p.182

01	02	03	04	05
②	③	④	⑤	①
06	07	08	09	
③	⑤	⑤	②	

01 보고서 검토·확인형 정답 ②

난이도 ★★★☆☆
핵심포인트
추가로 필요한 자료를 검토하는 문제이므로 자료에 직접 제시된 항목을 먼저 체크한다. 이 문제의 경우 <표>는 우리나라 5개 부처의 환경 R&D 예산 현황이 연도별로 제시되어 있고, <그림>은 2009년 전체 예산 중 환경 R&D 예산 비중이 주요 국가별로 제시되어 있다.

정답 체크

ㄱ. <보고서>의 첫 번째 단락에서 미국의 환경 R&D 예산은 2002년부터 2011년까지 증가 추세에 있다고 했으므로 '2002년부터 2011년까지 미국의 전체 예산 및 환경 R&D 예산'은 <보고서> 작성을 위해 추가로 필요한 자료이다.

ㄷ. <보고서>의 다섯 번째 단락에서 2011년 대한민국 E부처의 환경 R&D 예산은 정부 부처 중 8위에 해당한다고 했으므로 '2011년 대한민국 모든 정부 부처의 부처별 환경 R&D 예산'은 <보고서> 작성을 위해 추가로 필요한 자료이다.

오답 체크

ㄴ. <보고서>에 뉴질랜드의 R&D 예산은 제시되지 않았으므로 '2002년부터 2011년까지 뉴질랜드의 부처별, 분야별 R&D 예산'은 <보고서> 작성을 위해 추가로 필요한 자료가 아니다.

ㄹ. <보고서>에서 환경 R&D 예산에 관한 내용만을 다루고 있으므로 '2010년 대한민국 모든 정부 부처 산하기관의 전체 R&D 예산'은 <보고서> 작성을 위해 추가로 필요한 자료가 아니다.

빠른 문제 풀이 Tip
<보고서>에 우리나라 5개 부처 이외의 정보가 있으면 대한민국에 관한 자료가 추가로 필요하고, OECD 주요 국가의 2009년 이외의 정보가 있으면 OECD 주요 국가에 관한 자료가 추가로 필요하다.

02 보고서 검토·확인형 정답 ③

난이도 ★★★★☆
핵심포인트
<표>를 통해 도출할 수 없는 자료는 <보고서> 작성 시 추가로 필요한 자료이므로 이를 중심으로 <표>와 <보고서>를 확인한다.

정답 체크

ㄴ. <보고서>의 첫 번째 문장에서 A~D국 모두 2015년에 비하여 2016년 연구개발비가 증가했지만, A국은 약 3% 증가에 불과하여 A~D국 평균 증가율인 6% 수준에도 미치지 못했다고 했고, <표>에는 2016년 연구개발비만 제시되었으므로 '2015~2016년 연도별 A~D국 민간연구개발비'가 추가로 필요한 자료이다.

ㄷ. <보고서>의 네 번째 문장에서 2014~2016년 동안 A국 민간연구개발에 대한 정부의 지원금액이 매년 감소하였다고 했고, <표>에서는 2014~2016년의 정부연구개발 지원금액을 알 수 없으므로 '2013~2016년 연도별 A국 민간연구개발에 대한 정부의 지원금액'이 추가로 필요한 자료이다.

오답 체크

ㄱ. 2013~2015년 A~D국 전년대비 GDP 증가율을 토대로 2015년 대비 2016년 연구개발비가 증가했는지 판단할 수 없으므로 추가로 필요한 자료가 아니다.

ㄹ. 2014~2015년 A~D국 전년대비 연구개발비 증가율을 토대로 2015년 대비 2016년 연구개발비가 증가했는지 판단할 수 없으므로 추가로 필요한 자료가 아니다.

03 보고서 검토·확인형 정답 ④

난이도 ★★☆☆☆
핵심포인트
<보고서> 작성 시 사용된 자료를 찾는 문제이므로 각 선택지에서 <표>를 토대로 항목 간 관계 또는 비율의 분수 구조가 도출되는지 판단한다. 이때 실제 수치를 계산하는 실수를 하지 않도록 주의한다.

정답 체크

전국과 수도권 인구가 제시되어 있고, 전국과 수도권의 금융대출액이 제시되어 있으므로 1인당 금융대출액을 파악하여 비교할 수 있다.

오답 체크

① 수도권과 전국의 인구밀도를 판단하려면 인구뿐만 아니라 면적이 추가로 제시되어야 하므로 <표>의 자료에서 도출할 수 없다.

② 1인당 주택면적을 판단하려면 주택 수뿐만 아니라 주택면적이 추가로 제시되어야 하므로 <표>의 자료에서 도출할 수 없다.

③ 수도권 제조업과 서비스업 생산액의 비중을 판단하려면 제조업 생산액과 서비스업 생산액이 추가로 제시되어야 하므로 <표>의 자료에서 도출할 수 없다.

⑤ 4년제 대학 수뿐만 아니라 4년제 대학 재학생 수가 추가로 제시되어야 하므로 <표>의 자료에서 도출할 수 없다.

빠른 문제 풀이 Tip
<보고서> 네 개의 단락이 각각 <표>의 네 가지 항목과 연결되어 있으므로 <보고서>에 제시되는 부분이 해당 항목에 제시되지 않았다면 도출할 수 없는 항목임을 쉽게 알 수 있다.

04 보고서 검토·확인형 정답 ⑤

난이도 ★★★☆☆
핵심포인트
<보고서> 작성 시 직접 근거로 사용되지 않은 자료를 찾는 문제이므로 수치를 직접 계산할 필요가 없다는 점에 주의한다. 또한 하나의 <보고서> 단락에 두 개 이상의 선택지가 연결되는 점에 유의한다.

정답 체크

<보고서>의 세 번째 단락에서 2016년 A시 생활체육지도자의 자치구별 분포는 알 수 있지만, 2016년 생활체육지도자의 도시별 분포는 알 수 없으므로 <보고서>의 내용을 작성하는 데 직접적인 근거로 활용되지 않은 자료이다.

오답 체크

① <보고서>의 두 번째 단락에서 생활체육에 참여하지 않는 이유에 대해 '시설부족'이라고 응답한 비율이 30.3%라고 했고, '연도별 A시 시민의 생활체육 미참여 이유 조사결과'에서 2016년에 '시설부족'이라고 응답한 비율이 30.3%이므로 <보고서>의 내용을 작성하는 데 직접적인 근거로 활용된 자료이다.

② <보고서>의 첫 번째 단락에서 생활체육 참여실태 조사 결과 '전혀 하지 않음'이라고 응답한 비율이 51.8%, '주 4회 이상'이라고 응답한 비율이 28.6%라고 했고, '2016년 A시 시민의 생활체육 참여 빈도 조사결과'에서 '전혀 하지 않음'이라고 응답한 비율이 51.8%, '주 4회 이상'이라고 응답한 비율이 18.0+10.6=28.6%이므로 <보고서>의 내용을 작성하는 데 직접적인 근거로 활용된 자료이다.

③ <보고서>의 세 번째 단락에서 2016년 북구의 인구가 445,489명, 동구의 인구가 103,016명이라고 했고, '2016년 A 시의 자치구·성별 인구'에서 북구 인구가 445,489명, 동구 인구가 103,016명이므로 <보고서>의 내용을 작성하는 데 직접적인 근거로 활용된 자료이다.

④ <보고서>의 두 번째 단락에서 2016년 A시의 공공체육시설은 총 388개소로 B시, C시의 공공체육시설 수의 50%에도 미치지 못하는 수준이라고 했고, '2016년 도시별 공공체육시설 현황'에서 공공체육시설 수는 A시가 388개소, B시가 2,751개소, C시가 889개소이므로 <보고서>의 내용을 작성하는 데 직접적인 근거로 활용된 자료이다.

빠른 문제 풀이 Tip

선택지의 키워드를 체크하여 <보고서> 내용과 비교한다. <보고서>에 제시되지 않은 키워드를 가진 선택지가 정답일 확률이 높다. 이때 비슷한 단어 등으로 판단에 혼동을 유발하는 함정에 유의한다.

05 표-차트 변환형

정답 ①

난이도 ★★★☆☆

핵심포인트

<표>를 그래프로 잘못 변환한 선택지를 찾는 문제이므로 먼저 <표>에 제시된 수치가 그대로 반영된 선택지의 그래프부터 확인한다. 이 문제의 경우 출발 지역과 도착 지역을 명확히 구분해야 한다.

정답 체크

<표>에서 출발 지역이 인천이고 도착 지역이 경기인 화물 유동량은 0.7백만 톤, 출발 지역이 서울이고 도착 지역이 경기인 화물 유동량은 0.6백만 톤이다. 그림은 경기 출발 수도권 지역별 도착 화물 유동량을 제시하고 있으므로 <표>를 이용하여 작성한 그림으로 옳지 않다.

오답 체크

② <표>의 도착 지역 화물 유동량 '계'를 수도권 3개 지역별로 제시했으므로 <표>를 이용하여 작성한 그림으로 옳다.

③ 각주에 따라 '상호 간 화물 유동량'은 출발지와 도착지 화물 유동량을 합해서 도출해야 한다. 서울과 인천 간 화물 유동량은 8.5+30.3=38.8백만 톤, 인천과 경기 간 화물 유동량은 0.7+23.0=23.7백만 톤, 경기와 서울 간 화물 유동량은 0.6+78.4=79.0백만 톤이므로 <표>를 이용하여 작성한 그림으로 옳다.

④ <표>의 출발 지역 화물 유동량 '합'을 수도권 3개 지역별로 제시했으므로 <표>를 이용하여 작성한 그림으로 옳다.

⑤ 인천 도착 화물 유동량의 수도권 출발 지역별 비중은 서울→인천이 (8.5/86.8)×100≒9.8%, 경기→인천이 (23.0/86.8)×100≒26.5%, 인천→인천이 (55.3/86.8)×100≒63.7%이므로 <표>를 이용하여 작성한 그림으로 옳다.

빠른 문제 풀이 Tip

출발 지역 수치는 세로 방향으로 제시되므로 합계는 맨 오른쪽 열 '합'을 확인해야 하고, 도착 지역 수치는 가로 방향으로 제시되므로 합계는 맨 아래 행 '계'를 확인해야 한다.

06 표-차트 변환형

정답 ③

난이도 ★★☆☆☆

핵심포인트

<표>를 그래프로 잘못 변환한 선택지를 찾는 문제이므로 먼저 <표>에 제시된 수치가 그대로 반영된 선택지의 그래프부터 확인한다.

정답 체크

<표>에서 건축의 수주액이 토목의 수주액보다 매년 크지만, '건설공사 전체 수주액의 공종별 구성비'에는 반대로 제시되어 있으므로 <표>를 이용하여 작성한 그래프로 옳지 않다.

오답 체크

① <표>의 건축 항목 수주액을 제시했으므로 <표>를 이용하여 작성한 그래프로 옳다.

② <표>의 토목 항목과 토목 항목에 부속된 전년대비 증감률을 제시했으므로 <표>를 이용하여 작성한 그래프로 옳다.

④ <표>의 건축 항목 중 하위 항목인 주거용과 비주거용 수주액을 제시했으므로 <표>를 이용하여 작성한 그래프로 옳다.

⑤ <표>의 전체 항목과 건축 항목에 각각 부속된 전년대비 증감률을 제시했으므로 <표>를 이용하여 작성한 그래프로 옳다.

빠른 문제 풀이 Tip

표-차트 변환형은 두 가지 항목을 하나의 그래프에 동시에 표시하는 경우 특정 수치를 서로 바꿔 오답을 구성하는 패턴이 자주 등장한다. 이를 숙지한다면 비슷한 구조가 나올 때 답을 빠르게 찾을 수 있다.

07 표-차트 변환형

정답 ⑤

난이도 ★★★☆☆

핵심포인트

<표>를 그래프로 변환한 것을 검토하는 문제이므로 먼저 <표>에 제시된 수치가 그대로 반영된 선택지의 그래프부터 검토하고, 수치가 비율로 재구성된 선택지가 두 개인 경우에는 어림산으로 판단할 수 있는 선택지부터 확인한다.

정답 체크

<표>에서 2016년 R&D 과제 건수는 '기업'과 '정부' 모두 감소하고 있어 증가율을 (+)로 나타낼 수 없으므로 <표>를 이용하여 작성한 그래프로 옳지 않다.

오답 체크

①, ②, ③ <표>의 과제 건수와 비율을 그대로 제시했으므로 <표>를 이용하여 작성한 그래프로 옳다.

④ 전체 R&D 과제 건수의 전년대비 증가율은 2014년이 {(851-230)/230}×100≒270.0%, 2015년이 {(1,218-851)/851}×100≒43.1%, 2016년이 {(1,068-1,218)/1,218}×100≒-12.3%이므로 <표>를 이용하여 작성한 그래프로 옳다.

빠른 문제 풀이 Tip

건수가 감소한 경우가 있는지 확인하여 증감 현황만으로 정답을 빠르게 찾을 수 있다.

08 표-차트 변환형 정답 ⑤

난이도 ★★☆☆☆

핵심포인트

<표>를 그래프로 변환한 것을 검토하는 문제이므로 먼저 <표>에 제시된 수치가 그대로 반영된 선택지의 그래프부터 확인한다.

정답 체크

2017년 항공사별 잔여석 수는 A가 360-300=60만 개, B가 110-70=40만 개, C가 300-250=50만 개, D가 660-580=80만 개, E가 570-480=90만 개, F가 390-320=70만 개이므로 <표>를 이용하여 작성한 그래프로 옳지 않다.

오답 체크

① <표>의 연도별 A~F항공사 전체 공급석 및 탑승객 수를 그대로 제시했으므로 <표>를 이용하여 작성한 그래프로 옳다.

② <표>의 항공사별·연도별 탑승객 수를 그대로 제시했으므로 <표>를 이용하여 작성한 그래프로 옳다.

③ 2017년 탑승객 수의 항공사별 구성비는 A가 (300/2,000)×100=15.0%, B가 (70/2,000)×100=3.5%, C가 (250/2,000)×100=12.5%, D가 (580/2000)×100=29.0%, E가 (480/2,000)×100=24.0%, F가 (320/2,000)×100=16.0%이므로 <표>를 이용하여 작성한 그래프로 옳다.

④ 2016년 대비 2017년 항공사별 공급석 수 증가량은 A가 360-260=100만 개, B가 110-20=90만 개, C가 300-240=60만 개, D가 660-490=170만 개, E가 570-450=120만 개, F가 390-250=140만 개이므로 <표>를 이용하여 작성한 그래프로 옳다.

빠른 문제 풀이 Tip

표-차트 변환형은 두 가지 항목을 하나의 그래프에 동시에 표시하는 경우 특정 수치를 서로 바꿔 오답을 구성하는 패턴이 자주 등장한다. 이 문제에서는 만약 2017년 수치를 계산했을 때 그 결괏값이 그래프와 다르다면, 그래프에 표시된 수치는 2016년에 해당하는 수치일 가능성이 높다.

09 표-차트 변환형 정답 ②

난이도 ★★★☆☆

핵심포인트

<표>를 그래프로 변환한 것 중 옳지 않은 것을 찾는 문제이므로 <표>의 수치를 거의 그대로 제시한 선택지부터 확인한다.

정답 체크

여당과 야당의 여자 국회의원 수는 각각 22명과 16명이다. 여자 국회의원의 여야별 SNS 이용자 구성비는 여당이 (22/38)×100≒57.9%, 야당이 (16/38)×100≒42.1%이므로 <표>를 이용하여 작성한 그래프로 옳지 않다.

오답 체크

① 국회의원의 여야별 SNS 이용자 수는 여당 국회의원이 123+22=145명, 야당 국회의원이 59+14+10+2=85명으로 <표>의 수치를 그대로 제시했으므로 <표>를 이용하여 작성한 그래프로 옳다.

③ 여당 국회의원의 당선 유형별 SNS 이용자 구성비는 여당 국회의원의 수 중 지역구가 126명이고, 비례대표가 19명이다. 따라서 전체 국회의원의 수 중 지역구 국회의원과 비례대표 국회의원이 차지하는 비중은 지역구가 (126/145)×100≒86.9%이고, 비례대표가 (19/145)×100≒13.1%이므로 <표>를 이용하여 작성한 그래프로 옳다.

④ 야당 국회의원의 당선 횟수별 SNS 이용자 구성비는 초선 의원이 (36/85)×100≒42.4%, 2선 의원이 (28/85)×100≒32.9%, 3선 의원이 (14/85)×100≒16.5%, 4선 이상 의원이 (7/85)×100≒8.2%이므로 <표>를 이용하여 작성한 그래프로 옳다.

⑤ 2선 이상 국회의원의 정당별 SNS 이용자 수는 A정당이 29+22+12=63명, B정당이 25+13+6=44명, C정당이 3+1+1=5명이므로 <표>를 이용하여 작성한 그래프로 옳다.

빠른 문제 풀이 Tip

② <표>에서 여자 국회의원의 경우 여당과 야당의 SNS 이용자 수는 22:16이고, 전체 여자 국회의원 중 구성비는 57.9:42.1이 된다. 반대로 야당의 여자 국회의원 SNS 이용자 비율이 40%를 초과하는지 판단하면 쉽게 정답을 고를 수 있다.

④ 3선 의원의 수 14명은 4선 이상 의원의 수 7명의 2배이므로 비율도 16.5%가 8.2%의 2배가 되는지 판단한다. 또한 2선 의원의 수 28명도 3선 의원 14명의 2배이므로 비율 역시 32.9%가 16.5%의 2배가 되는지 판단하면 된다.

4 자료이해

유형 10 | 평균 개념형

p.206

01	02	03	04	
②	②	①	①	

01 평균 개념형

정답 ②

난이도 ★★★☆☆
핵심포인트
방문횟수가 구간으로 주어진 경우에는 정확한 평균을 도출할 수 없으므로 구간의 최솟값~최댓값의 평균을 범위로 나타내어 판단한다.

정답 체크

26~30세 응답자 51명 중 4회 이상 방문한 응답자는 7명이고, 비율은 (7/51)×100≒13.7%로 15% 미만이므로 옳은 설명이다.

오답 체크

① 전체 응답자 113명 중 20~25세 응답자 53명이 차지하는 비율은 (53/113)×100≒46.9%로 50% 미만이므로 옳지 않은 설명이다.

③ 응답자의 1인당 평균 방문횟수= $\frac{\text{전체 방문횟수}}{\text{응답자의 수}}$ 임을 적용하여 구한다. 31~35세 방문횟수 구간의 최솟값인 (1×3)+(2×4)+(4×2)=19와 최댓값인 (1×3)+(3×4)+(5×2)=25를 고려하면 전체 방문횟수는 19~25회 사이이다. 따라서 31~35세 응답자는 9명으로 응답자의 1인당 평균 방문횟수는 2회 이상이므로 옳지 않은 설명이다.

④ 전체 응답자 113명 중 직업이 학생인 응답자는 49명, 공무원인 응답자는 2명이므로 학생 또는 공무원인 응답자는 51명이다. 따라서 전체 응답자 중 직업이 학생 또는 공무원인 응답자 비율은 (51/113)×100≒45.1%로 50% 미만이므로 옳지 않은 설명이다.

⑤ 전체 응답자 113명 중 20~25세인 응답자는 53명이고, 전문직 응답자는 7명이다. 제시된 <표>의 정보만 가지고는 20~25세인 전문직 응답자가 몇 명인지 판단할 수 없으므로 옳지 않은 설명이다.

빠른 문제 풀이 Tip

① 전체 응답자가 113명이고, 20~25세 응답자의 2배는 53×2=106명으로 113명 미만이므로 50% 미만임을 알 수 있다.
② 26~30세 응답자 수는 51명이지만 50명이라고 가정하면 10%는 5명, 5%는 2.5명이므로 15%는 약 8명 미만이라고 판단할 수 있다. 따라서 4회 이상 방문한 응답자 수 7명은 15% 미만임을 알 수 있다.
④ 전체 응답자가 113명이고, 전체 응답자 중 직업이 학생 또는 공무원인 응답자의 2배는 51×2=102명으로 113명 미만이므로 50% 미만임을 알 수 있다.

02 평균 개념형

정답 ②

난이도 ★★☆☆☆
핵심포인트
<보기>에서 직접 주어진 평균을 기준으로 판단하는 경우 편차의 합은 0이라는 원리를 이용해 편차의 합이 (+)인지, (-)인지 확인한다.

정답 체크

ㄱ. <표 1>에서 성과 점수가 가장 높은 과제는 '비용부담완화'이고, 가장 낮은 과제는 '보육인력 전문성 제고'이다. 따라서 점수 차이는 5.12-3.84=1.28점으로 1.00점보다 크므로 옳은 설명이다.

ㄴ. 보육 관련 6대 과제별 성과 점수와 추진 필요성 점수의 차이는 비용부담완화가 5.12-4.15=0.97점, 맞춤형 보육서비스 제공이 3.93-3.36=0.57점, 질 제고 및 균형 배치가 4.46-3.64=0.82점, 보육인력 전문성 제고가 3.84-3.70=0.14점, 전달체계 효율화가 4.21-3.42=0.79점, 효과적 지원체계 구축이 4.30-3.49=0.81점으로 보육인력 전문성 제고의 점수 차이가 가장 작으므로 옳은 설명이다.

오답 체크

ㄷ. 보육 관련 6대 과제의 추진 필요성 점수 합은 4.15+3.36+3.64+3.70+3.42+3.49=21.76점이다. 따라서 보육 관련 6대 과제의 추진 필요성 점수 평균은 21.76/6≒3.63점으로 3.70점 미만이므로 옳지 않은 설명이다.

빠른 문제 풀이 Tip

ㄴ. '보육인력 전문성 제고'의 성과 점수와 추진 필요성 점수의 차이는 3.84-3.70=0.14점이므로 남은 각각의 과제별 추진 필요성 점수 +0.14점이 각각의 과제별 성과 점수보다 큰 과제가 있는지 확인하면 빠르게 문제를 풀이 할 수 있다.

ㄷ. 평균을 묻는 경우, 직접 수치를 계산하지 않고, 가평균을 활용한다. ㄷ에서 묻는 3.70을 평균이라고 가정하고 6대 과제별 추진 필요성 점수와의 각 차이를 나타내면, 비용부담완화는 +0.45, 맞춤형 보육서비스 제공은 -0.34, 질 제고 및 균형 배치는 -0.06, 보육인력 전문성 제고는 0, 전달체계 효율화는 -0.28, 효과적 지원체계 구축은 -0.21이다. 이를 모두 더하면 0.45-0.34-0.06-0.28-0.21<0이므로 평균은 3.70점 미만임을 알 수 있다.

03 평균 개념형 정답 ①

난이도 ★★☆☆☆

핵심포인트

편차의 합이 0이라는 평균의 특성을 이용하여 빈칸의 수치를 도출한다.

정답 체크

첫 번째 <조건>에서 A와 C의 판매량이 같다고 했으므로 C의 판매량은 95개이다. 두 번째 <조건>에서 B와 D의 판매량이 같다고 했고 평균이 70개이므로 평균과의 편차를 x라고 가정하면 각 간편식별 편차는 A가 25, B가 x, C가 25, D가 x, E가 x-23, F가 -27이다. 이를 모두 더하면 $2x$이고, 평균의 편차 합은 0이므로 x=0이다. 따라서 B와 E의 판매량은 70개, E의 판매량은 70-23=47개이다.

04 평균 개념형 정답 ①

난이도 ★★☆☆☆

핵심포인트

각 구별 공사 건수와 평균 공사비가 주어졌으므로 각 구별 총 공사비를 도출하여 전체 공사 건수인 9건으로 나눠 도출한다.

정답 체크

A구의 공사 건수는 3건이고 평균 공사비는 30억 원이므로 총 공사비는 90억 원이다. A구와 B구의 공사 건수 합은 7건이고 평균 공사비는 22억 원이므로 A구와 B구의 총 공사비는 154억 원이다. 따라서 B구의 총 공사비는 154-90=64억 원이다. A구와 C구의 공사 건수 합은 5건이고 평균 공사비는 34억 원이므로 A구와 C구의 총 공사비는 170억 원이다. 따라서 C구의 총 공사비는 170-90=80억 원이다.

이를 근거로 계산한 2023년 A~C구 전체 공사의 공사 건수 합은 9건이고 공사비 합은 90+64+80=234억 원이므로 평균 공사비는 26억 원이다.

빠른 문제 풀이 Tip

빈칸으로 제시된 B와 C의 평균 공사비를 도출하지 않고 답을 구할 수 있다. 즉 A+B, B+C, A+C에 주어진 정보를 더하면 2(A+B+C)이기에 각 그룹별 공사비는 154, 144, 170억 원이므로 이를 모두 더한 값을 공사 건수 합인 18건으로 나눠주면 동일하게 26억 원이 도출된다.

유형 11 | 분산·물방울형

p.214

01	02	03	04	
①	⑤	②	①	

01 분산·물방울형 정답 ①

난이도 ★★★☆☆

핵심포인트

X축 항목과 Y축 항목, 그리고 원의 크기 간 관계를 묻는 물방울 차트가 제시되었으므로 X축 대비 Y축의 비율을 묻는 <보기>를 먼저 풀이한다.

정답 체크

ㄱ. 직원 1인당 총자산은 $\frac{총자산}{직원수}$이므로 직원수가 적고, 총자산이 많을수록 커진다. 각주 2)에서 직원수는 국민은행이 한국씨티은행의 6배라고 했으나 <그림>에서 총자산은 국민은행이 한국씨티은행의 6배가 되지 않는다. 따라서 직원 1인당 총자산은 한국씨티은행이 국민은행보다 많으므로 옳은 설명이다.

ㄴ. 총자산순이익률(=$\frac{당기순이익}{총자산}$)은 X축 대비 Y축의 비율이므로 원점과 각 은행을 나타내는 원의 중심좌표를 이은 선분의 기울기로 판단할 수 있다. 따라서 기울기가 가장 낮은 하나은행이 총자산순이익률도 가장 낮고, 기울기가 가장 높은 외환은행이 총자산순이익률도 가장 높으므로 옳은 설명이다.

오답 체크

ㄷ. 직원 1인당 당기순이익은 직원수가 적고 당기순이익이 많을수록 커진다. 신한은행은 외환은행보다 직원 수가 많지만 당기순이익이 더 적다. 따라서 직원 1인당 당기순이익은 외환은행이 신한은행보다 더 많으므로 옳지 않은 설명이다.

ㄹ. 당기순이익이 가장 많은 은행은 우리은행이지만, 가장 적은 은행은 하나은행이므로 옳지 않은 설명이다.

02 분산·물방울형 정답 ⑤

난이도 ★★☆☆☆

핵심포인트

수요예측 오차와 같이 X축과 Y축의 차이는 Y=X선과 각 점을 잇는 직선거리로 판단한다.

정답 체크

실제수요가 3,000개 이하인 제품유형은 A, B, C, D이고 이들은 모두 <그림>에서 Y=X선 우하방에 위치한다. 따라서 각각 수요예측치가 실제수요보다 크므로 옳은 설명이다.

오답 체크

① 수요예측 오차가 가장 작은 제품유형은 보조선과의 직선거리가 가장 가까운 E이므로 옳지 않은 설명이다.

② I와 J 중 실제수요는 I가 더 크지만 수요예측 오차는 J가 더 작으므로 옳지 않은 설명이다.

③ 수요예측치가 가장 큰 제품유형은 J이고 실제수요는 I가 가장 크므로 옳지 않은 설명이다.

④ 실제수요가 3,000개를 초과한 제품유형은 E, F, G, H, I, J로 총 6개이다. 이는 전체 제품유형수 10개의 60%로 50% 초과이므로 옳지 않은 설명이다.

03 분산·물방울형 정답 ②

난이도 ★★☆☆☆

핵심포인트

X축 항목과 Y축 항목 간 관계를 묻는 분산형 차트가 제시되었으므로 각주에서 추가로 제시된 괴리율 식을 X축 항목과 Y축 항목으로 바꿔서 정리한 후 풀이한다.

정답 체크

ㄱ. 해당 월 가격 괴리율(%) = $(\frac{\text{해당 월 시장가격} - \text{해당 월 이론가격}}{\text{해당 월 이론가격}}) \times 100$ 임을 적용하여 구한다. 식을 다시 정리하면, 해당 월 가격 괴리율(%) = $(\frac{\text{해당 월 시장가격}}{\text{해당 월 이론가격}} - 1) \times 100$이므로 $\frac{\text{해당 월 시장가격}}{\text{해당 월 이론가격}}$이 1보다 큰 달은 가격 괴리율이 0% 이상이 되고, Y=X선보다 상단에 위치한다. 따라서 가격 괴리율이 0% 이상인 달은 4개이므로 옳은 설명이다.

ㄷ. 전월대비 가격괴리율이 증가한다는 의미는 $\frac{\text{해당 월 시장가격}}{\text{해당 월 이론가격}}$의 기울기가 전월에 비해 커진다는 의미와 같다. 따라서 전월대비 가격 괴리율이 증가한 달은 2월, 5월, 7월 총 3개이므로 옳은 설명이다.

오답 체크

ㄴ. 전월대비 이론가격이 증가한 달은 3월, 4월이므로 옳지 않은 설명이다.

ㄹ. 전월대비 시장가격이 가장 큰 폭으로 증가한 달은 5월이므로 옳지 않은 설명이다.

04 분산·물방울형 정답 ①

난이도 ★★★★☆

핵심포인트

분산형 차트이므로 그래프 각 항목의 대소 비교, 합 또는 차, 비율 등 4가지 포인트를 중심으로 선택지를 해결한다.

정답 체크

A기업 택배평균단가 비교지수는 Y축 값 대비 X축 값과 같으므로 기울기의 역수를 비교한다. 따라서 2000~2009년 동안 A기업 택배평균단가 비교지수가 가장 작은 해는 원점을 잇는 선분의 기울기가 가장 큰 2002년이므로 옳은 설명이다.

오답 체크

② 각주 1)에 따라 택배매출액=택배평균단가×택배매출액이다. 이를 적용하면 2007년이 83,336×2,708≒225,673,888천 원, 2008년이 99,417×2,627≒260,174,289천 원, 2009년이 111,035×2,570≒285,359,950천 원이다. 2007~2009년 동안 A기업 택배매출액은 매년 상승했지만, 2009년 택배매출액은 3,000억 원 미만이므로 옳지 않은 설명이다.

③ X축 값과 Y축 값의 대소비교이고, 그래프의 X축과 Y축 단위가 동일하므로 그래프에 Y=X인 선분을 그려 우하방에 있는 점의 개수와 좌상방에 있는 점의 개수를 비교한다. 2000~2009년 동안 주요 5개 기업의 택배평균단가보다 A기업 택배평균단가가 높았던 해는 Y=X 그래프의 우하방에 위치하므로 2000년, 2006년, 2007년, 2008년, 2009년 5개이고, 총 10개 년도이므로 주요 5개 기업의 택배평균단가보다 A기업 택배평균단가가 낮았던 해도 5개로 동일하다. 따라서 옳지 않은 설명이다.

④ 2006년의 전년대비 A기업 택배물량 증가율은 {(68,496−49,595)/49,595}×100≒38.1%이다. 그러나 2005년 전년대비 A기업 택배물량 증가율이 {(49,595−35,016)/35,016}×100≒41.6%로 2006년보다 높으므로 옳지 않은 설명이다.

⑤ 2000~2009년 동안 A기업 택배평균단가와 주요 5개 기업 택배평균단가가 가장 높은 해는 2000년으로 동일하므로 옳지 않은 설명이다.

빠른 문제 풀이 Tip

② 2007~2009년 A기업 택배평균단가를 연도 역순으로 판단하면 증가율이 10% 미만이지만 택배물량을 연도 순서대로 판단하면 증가율이 10% 이상이다. 또한 3,000억 원=300십억 원이므로 2009년 택배매출액은 단위를 십억 원으로 통일하여 0.111십억 개×2,570이 300을 넘는지만 판단하면 된다.

④ 유효숫자를 설정하여 비교하면, 2006년의 경우 전년대비 50에서 68로 18 정도 증가했으므로 증가율이 40% 미만이지만, 2005년의 경우 전년대비 35에서 49로 14 이상 증가했으므로 증가율이 40% 이상이다.

유형 12 | 최소여집합형

p.222

01	02	03	04	
③	④	⑤	②	

01 최소여집합형 정답 ③

난이도 ★★★☆☆

핵심포인트

전체 감사실적 건수를 처분 종류, 업무 종류, 결함 원인별로 분류하여 각기 다른 <표>로 제시하고 있으므로 최소여집합을 활용하는 선택지가 있는지 확인한다. 이 문제에서는 'A 기준에서 B기준에 해당하는 항목의 수'를 묻고 있다.

정답 체크

ㄴ. 2005년 '군수시설' 업무 감사는 194건이고, 감사실적 중 결함 원인이 운영불합리인 경우를 제외한 나머지의 합은 520-452=68건이다. 이때 68건이 모두 '군수시설' 업무 감사라 하더라도 이 중 적어도 194-68=126건은 2005년 '군수시설' 업무 감사에서 결함 원인이 '운영불합리'이므로 옳은 설명이다.

ㄷ. 2002~2005년 동안 '감사실적' 건수는 매년 감소했고, 이와 증감방향이 동일한 처분은 시정, 개선, 권고 세 종류이므로 옳은 설명이다.

오답 체크

ㄱ. 감사 횟수당 '감사실적' 건수는 2005년이 520/35≒14.9건, 2004년이 560/38≒14.7건으로 2005년에 증가했으므로 옳지 않은 설명이다.

ㄹ. 2005년 결함원인이 '운영불합리'인 건수의 당해년도 '감사실적' 건수 대비 비중은 (452/520)×100≒86.9%이고, 2001년 처분 종류가 '시정'인 건수의 당해년도 '감사실적' 건수 대비 비중은 (231/1,039)×100≒22.2%이다. 따라서 결함원인이 '운영불합리'인 건수의 당해년도 '감사실적' 건수 대비 비중은 2005년이 2001년보다 더 크므로 옳지 않은 설명이다.

빠른 문제 풀이 Tip

분수 비교를 활용하여 문제 풀이 시간을 단축할 수 있다.

ㄱ. 감사 횟수당 '감사실적' 건수에서 2005년의 $\frac{520}{35}$과 2004년의 $\frac{560}{38}$의 분자 분모 차이 값인 $\frac{560-520}{38-35}=\frac{40}{3}$을 비교하면 $\frac{520}{35}$이 더 크다. 따라서 $\frac{560}{38}$보다 $\frac{520}{35}$이 더 큼을 알 수 있다.

ㄹ. 2005년 결함원인이 '운영불합리'인 건수의 당해년도 '감사실적' 건수 대비 비중은 $\frac{452}{520}$, 2001년 처분 종류가 '시정'인 건수의 당해년도 '감사실적' 건수 대비 비중은 $\frac{231}{1,039}$로 2005년 결함원인이 '운영불합리'인 건수의 당해년도 '감사실적' 건수 대비 비중의 분자의 값은 더 크고, 분모의 값은 더 작다. 따라서 구체적으로 계산하지 않아도 2005년 결함 원인이 '운영불합리'인 건수의 당해년도 '감사실적' 건수 대비 비중이 더 큼을 알 수 있다.

02 최소여집합형 정답 ④

난이도 ★★☆☆☆

핵심포인트

전체 원목 벌채량을 수확벌채, 숲가꾸기 벌채, 피해목 벌채를 기준으로 분류하고 있으므로 최소여집합을 활용하는 선택지가 있는지 확인한다.

정답 체크

'수확 벌채'로 얻은 원목 중 목재로 이용된 양은 212×0.96=203.52만 m^3이고, 목재로 이용된 399만 m^3 중 보드용으로 이용되지 않은 100-55=45%는 399×0.45=179.55만 m^3이다. 따라서 '수확 벌채'로 얻은 원목 중 적어도 203.52-179.55=23.97만 m^3는 보드용으로 이용되었으므로 옳은 설명이다.

오답 체크

① 원목 벌채량 중 목재로 이용된 양은 399만 m^3로 목재로 미이용된 양인 447만 m^3보다 적으므로 옳지 않은 설명이다.

② 목재로 이용된 원목 중 '숲가꾸기 벌채'로 얻은 양은 583×0.27=157.41만 m^3, '수확 벌채'로 얻은 양은 212×0.96=203.52만 m^3로 목재로 이용된 원목 중 '수확 벌채'로 얻은 원목이 더 많으므로 옳지 않은 설명이다.

③ 보드로 이용된 원목의 양은 399×0.55=219.45만 m^3이므로 옳지 않은 설명이다.

⑤ '피해목 벌채'로 얻은 원목 중 목재로 미이용된 양은 51×0.25=12.75만 m^3이므로 옳지 않은 설명이다.

빠른 문제 풀이 Tip

실제 원목벌채량을 구하지 않아도 되므로 유효숫자와 곱셈 비교를 이용해 간단히 비교한다.

② 목재로 이용된 원목 중 '숲가꾸기 벌채'로 얻은 것은 583×27이고, '수확 벌채'로 얻은 것은 212×96이다. 583은 212의 3배 미만이지만 96은 27의 3배 이상이므로 583×27보다 212×96이 더 큰 수치임을 알 수 있다.

③ 399의 55%이므로 400의 55%인 220에서 1의 55%인 0.55를 빼면 220-0.55=219.45로 200을 초과함을 알 수 있다.

03 최소여집합형 정답 ⑤

난이도 ★★★★☆

핵심포인트

전체 저수지 수를 저수용량과 제방높이를 기준으로 분류하고 있으므로 최소여집합을 활용하는 선택지가 있는지 확인한다. 또한 일부 항목이 일정한 범위로 제시된 경우에 <보기>에서 '이상'을 묻는 경우에는 해당 항목의 범위 중 최솟값을 기준으로 판단한다.

정답 체크

ㄴ. <표 2>에서 저수용량이 '10만 미만'인 저수지 수는 전체 저수지 수의 (2,668/3,226)×100≒82.7%로 80% 이상이므로 옳은 설명이다.

ㄷ. <표 1>에서 관리기관이 농어촌공사인 저수지의 개소당 수혜면적 69,912/996≒70.2ha는 관리기관이 자치단체인 저수지의 개소당 수혜면적 29,371/2,230≒13.2ha의 5배 이상이므로 옳은 설명이다.

ㄹ. A지역의 전체 저수지 총 저수용량은 707,612천 m^3이고, 그 5%는 707,612×0.05≒35,381천 m^3이다. '50만 이상 100만 미만'인 저수지의 저수용량이 모두 50만 m^3라고 가정하면, 저수지 수가 100개소이므로 저수용량이 '50만 이상 100만 미만'인 저수지의 저수용량 합은 최소 50×100=5,000만 m^3 이상이다. 따라서 저수용량이 '50만 이상 100만 미만'인 저수지의 저수용량 합은 전체 저수지 총 저수용량의 5% 이상이므로 옳은 설명이다.

오답 체크

ㄱ. <표 1>에서 관리기관이 자치단체인 저수지 수는 2,230개소이고 <표 3>에서 제방높이가 '10 미만'인 저수지 수는 2,566개소이다. 만약 제방높이가 '10 이상'인 저수지 3,226-2,566=660개소가 모두 관리기관이 자치단체라면 '10 미만'인 저수지 중 적어도 2,230-660=1,570개소는 관리기관이 자치단체이다. 따라서 1,600개소 미만일 수 있으므로 옳지 않은 설명이다.

04 최소여집합형 정답 ②

난이도 ★★★☆☆

핵심포인트

제시된 자료는 전체 농산물 생산량을 종류와 지역별로 분류하여 표는 1개이지만 기준이 2개인 자료이므로 최소여집합을 활용하는 선택지가 있는지 확인한다. 또한 선택지에서 '16만 톤 이상'인지 묻고 있으므로 최소여집합을 판단할 때 구체적인 수치 대신 만의 자리 이상만 판단하여 계산 소요를 줄인다.

정답 체크

2012년 친환경인증 농산물의 종류별 생산량에서 무농약 농산물 생산량이 차지하는 비중은 서류가 (30,157/41,782)×100≒72.2%, 곡류가 (269,280/343,380)×100≒78.4%로 서류가 곡류보다 작으므로 옳지 않은 설명이다.

오답 체크

① 2012년 곡류의 전년대비 생산 감소량은 371,055-343,380=27,675톤이므로 감소량이 약 28,000톤 이상인 농산물 종류가 2개인지 검토한다. 곡류보다 전년대비 생산 감소량이 큰 종류는 각각 100,000톤 이상 감소한 과실류와 채소류뿐이다. 따라서 2012년 친환경인증 농산물 종류 중 전년대비 생산 감소량이 세 번째로 큰 농산물은 곡류이므로 옳은 설명이다.

③ 2012년 전체 친환경인증 농산물 생산량 중 전라도와 경상도에서 생산된 농산물 생산량의 합은 611,468+467,259=1,078,727톤이다. 전체 농산물 생산량 중 채소류가 아닌 농산물 생산량은 약 1,498,235-585,004=913,231톤이므로 채소류가 아닌 농산물이 모두 전라도와 경상도에서 생산되었더라도 차이값인 1,078,727-913,231=165,496톤은 전라도와 경상도에서 생산된 친환경인증 채소류 생산량의 최솟값이 된다. 따라서 2012년 전라도와 경상도에서 생산된 친환경인증 채소류 생산량의 합은 적어도 16만 톤 이상이므로 옳은 설명이다.

④ 2012년 서울의 인증형태별 생산량 순위는 무농약, 유기, 저농약 순이다. 서울을 제외한 다른 지역에서 무농약 생산량이 가장 많으면서 저농약보다 유기의 생산량이 많은 지역을 찾으면 인천과 강원도뿐이므로 옳은 설명이다.

⑤ 2012년 친환경인증 농산물의 생산량이 전년대비 30% 이상 감소한 지역은 부산과 전라도 2곳이므로 옳은 설명이다.

빠른 문제 풀이 Tip

② 2012년 친환경인증 농산물의 종류별 생산량에서 무농약 농산물 생산량이 차지하는 비중은 서류 $\frac{30,157}{41,782}$, 곡류 $\frac{269,280}{343,380}$이므로 유효수치만 비교하면 $\frac{30}{42}<\frac{27}{34}$임을 쉽게 파악할 수 있다.

실전공략문제

p.228

01	02	03	04	05
⑤	③	④	⑤	③
06	07	08		
④	⑤	④		

01 평균 개념형 정답 ⑤

난이도 ★★☆☆☆

핵심포인트

평가 점수가 1~3점으로 부여되고, 통신사별로 스마트폰 개수가 같기 때문에 평균을 도출하지 않고 합계 또는 항목을 일대일로 비교해서 답을 도출한다.

정답 체크

ㄷ. 통신사 각각에 대해서 해당 통신사 스마트폰의 '통화성능' 평가점수의 평균을 계산하여 통신사별로 비교하면 갑이 4/3≒1.3점, 을이 3/3≒1점, 병이 5/3≒1.6점으로 병이 가장 높으므로 옳은 설명이다.

ㄹ. 평가항목 각각에 대해서 스마트폰 A~I 평가점수의 합을 계산하여 평가항목별로 비교하면 '멀티미디어'가 26점으로 가장 높으므로 옳은 설명이다.

오답 체크

ㄱ. '소매가격'이 200달러인 스마트폰은 B, C, G이므로 소매가격 200달러에 해당하는 각 통신사의 평가항목 합을 계산하여 구한다. B, C, G의 '종합품질점수'는 B가 2+2+3+1+2=10점, C가 3+3+3+1+1=11점, G가 3+3+3+2+2=13점으로 G가 가장 높으므로 옳지 않은 설명이다.

ㄴ. '소매가격'이 가장 낮은 스마트폰은 H이지만 '종합품질점수'는 F가 2+1+3+2+1=9점으로 가장 낮으므로 옳지 않은 설명이다.

빠른 문제 풀이 Tip

ㄱ. B와 C는 모든 평가항목에서 G보다 같거나 낮다.

ㄴ. F는 H에 비해 '멀티미디어', '배터리수명', '통화성능' 점수는 같고 화질과 '내비게이션' 점수는 낮다.

ㄷ. 각 통신사의 스마트폰은 3개로 동일하므로 합으로 판단 가능하다.

ㄹ. '멀티미디어' 항목에서 I만 2점이고 나머지는 모두 3점이므로 이를 기준으로 접근한다.

02 평균 개념형 정답 ③

난이도 ★★☆☆☆

핵심포인트

각주 3)은 최댓값과 최솟값을 제외한 3가지 항목의 평균값이므로 평균 대신 합계로 비교 가능한 점을 체크한다. 또한 빈칸을 직접 채우지 말고 선택지에서 요구하는 항목 위주로 필요한 항목만 간접적으로 비교하여 해결한다.

정답 체크

ㄱ. 면접관 중 범위는 B가 10-4=6점으로 가장 크므로 옳은 설명이다.

ㄷ. '병'의 교정점수는 32/4=8점이고, '갑'의 중앙값이 6점이므로 '갑'의 교정점수는 24/4=6점이므로 옳은 설명이다.

오답 체크

ㄴ. '정'의 중앙값은 7점이고, '갑'의 중앙값은 6점이다. 따라서 응시자 중 중앙값이 가장 작은 응시자는 '갑'이므로 옳지 않은 설명이다.

빠른 문제 풀이 Tip

ㄷ. '갑'과 '병'의 최댓값과 최솟값을 서로 제외하면 '갑'은 5, 6, 7이고 '병'은 8, 8, 8이다. 따라서 일대일로 보더라도 '갑'보다 '병'이 더 크다는 것을 알 수 있다.

03 평균 개념형 정답 ④

난이도 ★★★★★

핵심포인트

평균점수가 제시되어 있고, A+B와 B+C가 주어져 있으므로 이 둘의 관계를 토대로 B를 도출한 다음 A와 C를 판단한다.

정답 체크

A+B의 팀 연합 평균점수는 52.5점이고, 연합 참가자 인원수는 80명이므로 연합 참가자 개인별 점수의 합은 52.5×80=4,200점이다. A의 인원수를 a, B의 인원수를 b라고 하면, B의 인원수는 b=80-a이므로 40×a+60×(80-a)=4,200이다. 따라서 이를 정리하면 a=30, b=50이므로 A의 인원수는 30명, B의 인원수는 50명이다.

B+C의 팀 연합 평균점수는 77.5점이고, 연합 참가자 인원수는 120명이므로 연합 참가자 개인별 점수의 합은 77.5×120=9,300점이다. B의 인원수는 50명이므로 C의 인원수는 70명이다.

이에 따라 C+A의 연합 참가자 인원수는 100명이고, 연합 참가자 개인별 점수의 합은 40×30+90×70=7,500점이므로 팀 연합 평균점수는 7,500/100=75점이다.

따라서 (가)는 100, (나)는 75.0이다.

빠른 문제 풀이 Tip

A와 B의 평균이 각각 40, 60이므로 만약 A와 B의 인원수가 동일하다면 A와 B를 합한 평균이 50이어야 한다. 하지만 실제 A와 B를 합한 평균은 <표 2>에서 확인할 수 있듯이 52.5이다. 따라서 52.5를 기준으로 40과 60의 차이는 각각 12.5와 7.5이므로 A와 B의 인원수 비중은 차이의 반대 값인 A:B=7.5:12.5=3:5가 된다. 따라서 총 80명 중 A는 30명, B는 50명이다.

다음으로 B와 C의 평균은 각각 60과 90인데 둘을 합한 인원수가 120이므로 위에서 도출한 B의 인원수를 감안하면 C의 인원은 70명이 된다. 따라서 A와 C의 인원수 합은 100명이고 인원수 비중이 A:C=3:7이므로 A와 C의 평균은 A의 40에서 7×35만큼 높고 C의 90에서 3×15만큼 낮은 75점이 된다.

04 분산·물방울형

정답 ⑤

난이도 ★★★☆☆

핵심포인트

물방울 차트에 원이 있는 경우, 원이 나타내는 항목이 무엇인지 파악한다. 각주 1)에서 원의 면적은 각 국가 인구수에 정비례한다고 했으므로 원의 면적이 클수록 인구가 많은 것으로 판단한다.

정답 체크

에너지사용량 대비 GDP는 Y축 대비 X축과 같으므로 기울기의 역수를 비교한다. 즉, 원점과 각 원의 중심을 잇는 선분의 기울기가 작을수록 에너지사용량 대비 GDP는 높다. 따라서 에너지사용량 대비 GDP는 A국이 B국보다 높으므로 옳지 않은 설명이다.

오답 체크

① 에너지사용량이 가장 많은 국가는 물방울 차트의 가장 상단에 위치한 A국이고, 가장 적은 국가는 물방울 차트의 가장 하단에 위치한 D국이므로 옳은 설명이다.

② 1인당 에너지사용량은 인구수 대비 에너지사용량이므로 원의 면적과 Y축의 값을 비교한다. C국과 D국은 원의 면적은 거의 같지만 C국이 D국보다 에너지사용량이 더 많으므로 1인당 에너지사용량은 C국이 D국보다 많다. 따라서 옳은 설명이다.

③ GDP가 가장 낮은 국가는 가장 좌측에 위치한 D국이고, 가장 높은 국가는 가장 우측에 위치한 A국이므로 옳은 설명이다.

④ 1인당 GDP는 인구수 대비 GDP이므로 원의 면적과 X축의 값을 비교한다. H국이 B국보다 원의 면적은 작고 GDP는 더 크다. 따라서 1인당 GDP는 H국이 B국보다 높으므로 옳은 설명이다.

05 최소여집합형

정답 ③

난이도 ★★★★☆

핵심포인트

규모 및 직급별 분류가 <표 1>과 <표 2> 각각 제시된 자료이므로 이를 연결하여 최소여집합을 묻는 선택지가 있는지 확인한다.

정답 체크

출퇴근 소요시간이 120분 이하인 과장급 근로자의 비율은 16.9+31.6+16.7+19.9=85.1%이다. 이때 과장급 근로자 중 원격근무제를 활용하는 근로자의 비율은 16.3%이고, 원격근무제를 활용하지 않는 근로자의 비율은 100-16.3=83.7%이다. 이에 따라 과장급 근로자 중 원격근무제를 활용하지 않는 근로자 모두 출퇴근 소요시간이 120분 이하라 하더라도 그 차이만큼인 85.1-83.7=1.4%는 출퇴근 소요시간이 120분 이하인 과장급 근로자 중 원격근무제를 활용하는 근로자 비율의 최솟값이 된다. 따라서 출퇴근 소요시간이 120분 이하인 과장급 근로자 중에는 원격근무제를 활용하는 근로자가 반드시 존재하므로 옳은 설명이다.

오답 체크

① 출퇴근 소요시간이 60분 이하인 근로자 수가 출퇴근 소요시간이 60분 초과인 근로자 수보다 많으려면 출퇴근 소요시간이 60분 이하인 근로자 비율이 50%를 넘어야 한다. 그러나 대리급 이하 근로자의 비율은 50%를 넘고, 과장급과 차장급 이상 근로자의 비율은 50% 미만이다. 또한 과장급과 차장급 이상의 직급에서는 출퇴근 소요시간이 60분 이하인 근로자 수는 출퇴근 소요시간이 60분 초과인 근로자 수보다 적으므로 옳지 않은 설명이다.

② 탄력근무제를 활용하는 대리급 이하 근로자의 비율은 23.6%이고, 출퇴근 소요시간이 90분 초과인 대리급 이하 근로자의 비율은 13.8+5.0+5.3+2.6=26.7%이다. 따라서 출퇴근 소요시간이 90분 초과인 대리급 이하 근로자의 비율은 탄력근무제를 활용하는 대리급 이하 근로자의 비율보다 높으므로 옳지 않은 설명이다.

④ 원격근무제를 활용하는 중소기업 근로자의 비율은 54.4%이다. 탄력근무제와 시차출퇴근제 중 하나 이상을 활용하는 중소기업 근로자의 비율은 최소 41.7%에서 최대 15.6+41.7=57.3%까지의 범위 내에 존재하지만 구체적으로 근로자 수를 도출할 수 없으므로 옳지 않은 설명이다.

⑤ 출퇴근 소요시간이 60분 이하인 차장급 이상 근로자 비율은 12.6+36.3=48.9%이다. 원격근무제와 탄력근무제 중 하나 이상을 활용하는 차장급 이상 근로자 비율은 원격근무제를 이용하는 비율이 최소이고, 둘 다 이용하는 근로자 비율이 최대로 26.4~51.5% 범위 내에 존재하기 때문에 구체적으로 도출할 수 없으므로 옳지 않은 설명이다.

빠른 문제 풀이 Tip

③ A+B>U 식을 적용하여 85.1+16.3>100으로 판단하면 정답을 쉽게 도출할 수 있다.

06 최소여집합형 정답 ④

난이도 ★★★★☆

핵심포인트

임직원 수의 합이 같고 분류 기준이 국적, 고용형태, 연령, 직급 총 네 가지로 서로 다른 자료이므로 최소여집합을 묻는 <보기>가 있는지 확인한다.

정답 체크

ㄱ. 일본, 대만 및 기타 국적 임직원 수의 합과 중국 국적 임직원 수를 비교하면 일본+대만+기타의 합은 2013년에 2,900명 이상, 2014년에 3,800명 이상, 2015년에 4,900명 이상으로 중국보다 매년 더 많으므로 옳은 설명이다.

ㄷ. 2014년과 2015년에 중국의 전년대비 임직원 수는 매년 1,100명으로 가장 많이 증가하고 있으므로 옳은 설명이다.

ㄹ. 2014년 한국 국적 임직원은 10,197명이다. 고용 형태는 정규직 또는 비정규직이므로 비정규직 1,991명 모두 한국 국적이라고 가정해도 적어도 10,197-1,991=8,206명은 한국 국적인 정규직 임원이다. 직급 역시 사원, 간부, 임원 3가지 중 하나이므로 간부와 임원의 합 3,109+89=3,198명 모두 한국 국적이라고 가정하면 8,206-3,198=5,008명은 적어도 국적이 한국이면서 고용형태가 정규직이고 직급이 사원인 임직원 수의 최솟값이 되므로 옳은 설명이다.

오답 체크

ㄴ. 2014년의 경우 전체 임직원 17,998명 중 20대 이하 임직원 8,933명이 차지하는 비중은 (8,933/17,998)×100≒49.6%로 50% 미만이므로 옳지 않은 설명이다.

빠른 문제 풀이 Tip

ㄹ. 한국을 A, 정규직을 B, 사원을 C라고 하면 $A-B^{C}-C^{C}$로 접근하면 직관적으로 도출 가능하다. A+B+C-2U는 계산이 복잡해지므로 여집합이 직접 도출되는 자료라면 모두 더해 전체 합을 2번 빼는 식은 지양한다.

07 분산·물방울형 정답 ⑤

난이도 ★★★★☆

핵심포인트

분산형 차트가 제시되었으므로 X축과 Y축이 나타내는 항목이 무엇인지 체크하고, Y=X인 보조선을 그려 X축 또는 Y축 항목과 관련된 선택지를 먼저 풀이한다. 또한 <그림>에서 단위 판매가격과 예상운반거리의 단위는 다르지만 수치는 동일하다는 점에 유의한다.

정답 체크

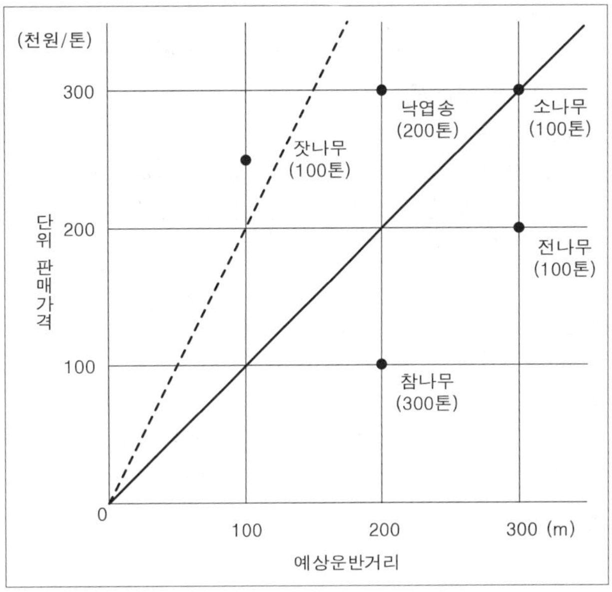

ㄱ. 두 번째와 세 번째 <수종별 벌채 가능 판단 기준>에 제시된 식을 결합하여 간단히 정리하면, 벌채예정량과 '천 원'이 공통이므로 예상이익금=벌채예정량(단위 판매가격-예상운반거리)로 정리할 수 있다. <수종별 벌채 가능 판단 기준>에서 예상이익금이 0원을 초과하면 벌채가 가능하다고 했고, 예상이익금이 0원을 초과하는 경우는 단위 판매가격>예상운반거리인 관계이므로 <그림>에서 단위 판매가격=예상운반거리의 보조선(실선)을 그었을 때 보조선을 기준으로 좌측 상단에 위치한 수종이 벌채가 가능하다. 따라서 벌채 가능한 수종은 잣나무, 낙엽송뿐이므로 옳은 설명이다.

ㄷ. 운반비 단가가 2천 원/(톤·m)라면 단위 판매가격>예상운반거리×2의 관계를 만족해야 한다. 따라서 Y=2X인 보조선(점선)을 그었을 때, 보조선을 기준으로 좌측 상단에 위치한 잣나무만 벌채가 가능하므로 옳은 설명이다.

ㄹ. 전나무의 단위 판매가격이 30만 원/톤을 초과한다면 Y=X인 보조선(실선)을 기준으로 더 상단에 위치하게 된다. 즉 전나무는 단위 판매가격>예상운반거리의 관계로 예상이익금이 0원을 초과하여 벌채가 가능하므로 옳은 설명이다.

오답 체크

ㄴ. 벌채 가능 여부는 단위 판매가격과 예상운반거리에 영향을 받으나 벌채예정량과는 직접적인 관계가 없으므로 옳지 않은 설명이다.

빠른 문제 풀이 Tip

제시된 식을 정리하면 X와 Y의 상대적 크기를 비교하는 <보기>가 제시됨을 알 수 있다. 또한 벌채 가능 여부를 결정짓는 핵심은 예상이익금이 0원을 '초과'한다는 점이다.

08 평균 개념형

정답 ④

난이도 ★★★☆☆

핵심포인트

<표>에 평균이 제시된 평균 개념형 문제이므로 평균과 편차의 합을 도출하여 비교한 후, 평가항목의 일부를 검토하는 선택지부터 순차적으로 해결한다.

정답 체크

'우위유지 영역'으로 분류되는 항목은 '홈페이지', '전시공간 규모', '전시공간 환경', '전시물 수'이고 '현상유지 영역'으로 분류되는 항목은 '안내 시설물', '전시물 설명문', '기획 프로그램', '휴게 시설'이다. 따라서 모두 4개 항목으로 같으므로 옳은 설명이다.

오답 체크

① '안내 직원'의 중요도는 4.05점으로 중요도 평균 4.35점보다 낮으므로 옳지 않은 설명이다.

② '현상유지 영역'은 중요도는 평균보다 낮지만 만족도는 평균보다 높다. '교통 및 주차'는 중요도가 4.29점으로 평균 4.35점보다 낮고 만족도는 4.17점으로 평균 4.37점보다 낮다. 따라서 '교통 및 주차'는 중요도와 만족도 모두 평균보다 낮아 '점진개선 영역'으로 분류되므로 옳지 않은 설명이다.

③ '점진개선 영역'은 중요도와 만족도 모두 평균보다 낮다. 따라서 '점진개선 영역'으로 분류되는 항목은 '교통 및 주차', '안내직원', '전시공간 규모'로 3개이므로 옳지 않은 설명이다.

⑤ '중점개선 영역'은 중요도는 평균보다 높지만 만족도는 평균보다 낮다. '안내 자료'는 평균보다 중요도는 높고 만족도는 낮아 '중점개선 영역'으로 분류되므로 옳지 않은 설명이다.

빠른 문제 풀이 Tip

① '안내 직원'의 중요도를 도출할 때 편차를 이용한다. '안내 직원'을 제외한 평가항목의 편차는 '홈페이지'가 +0.10, '안내 자료'가 +0.04, '안내 시설물'이 −0.03, '전시공간 규모'가 −0.02, '전시공간 환경'이 +0.11, '전시물 수'가 +0.33, '전시물 다양성'이 +0.24, '전시물 설명문'이 −0.01, '기획 프로그램'이 −0.23, '휴게 시설'이 −0.17, '교통 및 주차'가 −0.06이다. 이들의 합은 +0.30으로 (+)이므로 '안내 직원'의 중요도는 평균과 −0.30 차이인 4.05이다.

기출 엄선 모의고사

p.238

01	⑤	분수 비교형	06	①	분수 비교형	11	④	각주 판단형	16	⑤	매칭형	21	②	조건 판단형
02	④	분수 비교형	07	③	곱셈 비교형	12	④	조건 판단형	17	④	평균 개념형	22	④	보고서 검토·확인형
03	①	빈칸형	08	①	분산·물방울형	13	④	매칭형	18	⑤	반대해석형	23	②	분수 비교형
04	⑤	빈칸형	09	①	분수 비교형	14	②	각주 판단형	19	①	최소여집합형	24	⑤	분수 비교형
05	⑤	분수 비교형	10	⑤	빈칸형	15	④	곱셈 비교형	20	⑤	조건 판단형	25	②	표-차트 변환형

복습 가이드

맞힌 문항 수에 따른 복습 가이드를 확인하여 자신의 실력을 점검하고, 취약한 부분을 보완해 보세요.

맞힌 문항 수	복습 가이드
21문항 이상	자료해석에 대한 기본기를 충분히 갖추고 있습니다. 자신이 가장 취약하다고 생각하는 유형을 파악하고 해당 유형의 '문제풀이 핵심 전략'을 빠르게 복습합니다. 그 후, 틀린 문제를 반복해서 풀이하여 실전 감각을 유지할 수 있도록 합니다.
16~20문항	자료해석 문제를 제한시간에 맞춰 빠르고 정확하게 푸는 연습이 필요합니다. 따라서 교재의 틀린 문제를 정해진 시간 내에 풀고 맞히는 연습을 합니다. 또한 틀리거나 풀지 못한 유형의 문제는 해설을 꼼꼼히 확인하여 동일한 유형의 문제를 다시 틀리지 않도록 연습해야 합니다.
10~15문항	자료해석에 대한 기본기가 조금 부족한 편입니다. 교재에서 자신이 잘 모르거나 자주 틀리는 유형을 집중적으로 학습하여 부족한 부분을 보완한 후, 문제를 여러 번 반복해서 풀면서 실전 문제 풀이에 대한 정확도를 높일 수 있도록 해야 합니다.
9문항 이하	자료해석에 대한 기본기가 많이 부족한 편입니다. 교재의 '문제풀이 핵심 전략'이 완벽하게 이해될 때까지 여러 번 반복해서 풀이 전략을 적용하는 연습을 해야 합니다. 그 후, 모든 교재에 수록된 문제를 꼼꼼히 풀이하면서 각 유형에 대한 이해가 확실히 되었는지 점검할 수 있도록 합니다.

01 분수 비교형 정답 ⑤

난이도 ★☆☆☆☆

핵심포인트

<표>에 연도별 정부지원 직업훈련 현황에 관한 실수가 제시되고 있으므로 계산이 단순한 <보기>를 먼저 파악한다. 이 문제의 경우 <보기>에서 증가율과 배수 계산을 요구하고 있으므로 계산에 소요 시간이 큰 <보기>를 후순위로 풀이한다. 또한 제시된 단위가 <표>의 단위와 동일한지 체크하여 단위 변환에 유의한다.

정답 체크

ㄴ. 훈련지원금 총액은 2009년에 10,256억 원으로 1조 원을 넘어 최고치를 기록했으므로 옳은 설명이다.

ㄹ. 훈련인원은 매년 실업자가 재직자보다 적으므로 옳은 설명이다.

ㅁ. 1인당 훈련지원금은 훈련지원금이 많고 훈련인원이 적을수록 많아진다. 매년 실업자와 재직자의 훈련지원금은 비슷하지만 훈련인원은 재직자가 실업자보다 10배 이상 많다. 따라서 1인당 훈련지원금은 매년 실업자가 재직자보다 많으므로 옳은 설명이다.

오답 체크

ㄱ. 2010년에 실업자 훈련인원은 304천 명으로 전년대비 증가했으나 실업자 훈련지원금은 4,362억 원으로 전년대비 감소했으므로 옳지 않은 설명이다.

ㄷ. 2006년 대비 2010년 실업자 훈련인원의 증가율은 {(304−102)/102}×100≒198.0%, 실업자 훈련지원금의 증가율은 {(4,362−3,236)/3,236}×100≒34.8%이다. 실업자 훈련인원의 증가율은 실업자 훈련지원금 증가율의 7배인 34.8×7≒243.6% 미만이므로 옳지 않은 설명이다.

빠른 문제 풀이 Tip

ㄷ. 비율과 배수의 관계를 활용하여 증가율을 파악할 수 있다. 2006년 대비 2010년 실업자 훈련인원은 102명에서 304명으로 약 3배 증가했으므로 증가율은 약 200%임을 알 수 있다. 또한 2006년 대비 2010년 실업자 훈련지원금의 증가율을 어림산하면 30% 이상이다. 즉, 실업자 훈련지원금의 증가율을 30%라고 가정할 경우 7배는 30×7=210%이고, 실업자 훈련인원의 증가율은 약 200%로 7배 미만이므로 옳지 않은 설명이다.

02 분수 비교형 정답 ④

난이도 ★★☆☆☆

핵심포인트

<표>에 양성평등정책에 대한 찬성과 반대 인원이 실수로 제시되고 있지만, 성별 인원수가 각각 연령별로 100명씩이므로 <보기>에서 연령별 비율을 묻는다면 수치 자체를 비율로 고려한다.

정답 체크

ㄱ. 양성평등정책에 찬성하는 비율은 30세 미만 여성이 (90/100)×100=90%, 30세 이상 여성이 (60/100)×100=60%로 30세 미만 여성이 30세 이상 여성보다 더 높으므로 옳은 설명이다.

ㄴ. 양성평등정책에 찬성하는 비율은 30세 이상 여성이 (60/100)×100=60%, 30세 이상 남성이 (48/100)×100=48%로 30세 이상 여성이 30세 이상 남성보다 더 높으므로 옳은 설명이다.

ㄹ. 전체 남성의 수는 200명이고, 이 중 찬성하는 남성은 78+48=126명으로 남성의 절반 이상이 양성평등정책에 찬성하고 있으므로 옳은 설명이다.

오답 체크

ㄷ. 성별 양성평등정책에 찬성하는 비율은 여성이 {(90+60)/200}×100=75%, 남성이 {(78+48)/200}×100=63%로 비율의 성별 차이는 75−63=12%p이다. 연령별 양성평등정책에 찬성하는 비율은 30세 미만이 {(90+78)/200}×100=84%, 30세 이상이 {(60+48)/200}×100=54%로 연령별 차이는 84−54=30%p이다. 따라서 양성평등정책에 찬성하는 비율의 연령별 차이가 성별 차이보다 크므로 옳지 않은 설명이다.

03 빈칸형 정답 ①

난이도 ★★☆☆☆

핵심포인트

<표>에 빈칸이 제시된 문제이므로 빈칸을 채우지 않아도 되는 선택지부터 확인하고, 빈칸을 채우는 선택지는 후순위로 확인하여 꼭 필요한 빈칸만 채우는 방식으로 풀이한다.

정답 체크

국내 지식산업센터 수는 324개이고, 개별입지에 조성되어 있는 지식산업센터 수는 175개이다. 국내 지식산업센터에서 개별입지가 차지하는 비중은 (175/324)×100≒54.0%로 60% 미만이므로 옳지 않은 설명이다.

오답 체크

② 인천의 지식산업센터 수는 7+11=18개이고, 수도권(서울, 인천, 경기)의 지식산업센터 수는 127+18+133=278개이다. 이는 전국 합계의 80%인 324×0.8=259.2개 이상이므로 옳은 설명이다.

③ 경기지역의 지식산업센터는 개별입지에 100개, 계획입지에 133-100=33개 조성되어 있으므로 옳은 설명이다.

④ 경남의 지식산업센터 수는 2+15=17개이고, 동남권(부산, 울산, 경남)의 지식산업센터 수는 9+1+17=27개이다. 대경권(대구, 경북)의 지식산업센터 수는 4+2=6개이고, 동남권(부산, 울산, 경남)의 지식산업센터 수는 대경권(대구, 경북)의 지식산업센터 수의 4배인 6×4=24개 이상이므로 옳은 설명이다.

⑤ 6대 광역시 중 계획입지에 조성된 지식산업센터 수가 개별입지에 조성된 지식산업센터 수보다 적은 지역은 울산광역시뿐이므로 옳은 설명이다.

빠른 문제 풀이 Tip

① 어림산을 활용하여 문제를 풀이할 수 있다. 국내 지식산업센터 수를 300개로 가정할 경우 300개의 60% 이상은 300×0.6=180개 이상이다. 이때 국내 개별입지 지식산업센터 수는 175개이므로 60% 미만임을 알 수 있다. 또는 149×1.5≦175가 성립하는지를 기준으로 판단할 수도 있다.

③ 2011년 울산의 양파 재배면적은 5,100-40-4,900=160ha이고, <그림>에서 2010년 동남권의 양파 재배면적이 4,500ha이므로 2010년 울산의 양파 재배면적은 4,500-56-4,100=344ha이다. 따라서 2011년 울산의 양파 재배면적은 전년대비 감소했으므로 옳지 않은 설명이다.

④ 2010년 양파 재배면적은 4,500ha, 마늘 재배면적은 4,000ha로 양파 재배면적이 마늘 재배면적보다 크므로 옳지 않은 설명이다.

빠른 문제 풀이 Tip

② 분수 비교를 활용하여 단위 재배면적당 양파 생산량을 확인한다. 2010년 양파 생산량은 2009년 대비 약 $\frac{3}{27}$ 증가했고, 2010년 양파재배면적은 2009년 대비 약 $\frac{12}{33}$ 증가했다. 이때 단위 재배면적당 양파 생산량에서 분모가 되는 양파 재배면적의 전년대비 증가율이 분자가 되는 양파 생산량의 전년대비 증가율보다 크게 증가했으므로 2010년 단위 재배면적당 양파 생산량은 2009년 대비 감소했음을 알 수 있다.

04 빈칸형 정답 ⑤

난이도 ★★★☆☆

핵심포인트

<표>에 빈칸이 제시된 문제이므로 빈칸을 채울 필요가 없는 선택지부터 검토한다. <그림>의 경우 네 가지 항목 모두 연도별로 증가 또는 감소하는 형태가 일관되지 않으므로 매년 현황을 판단하는 선택지를 시각적으로 확인한다.

정답 체크

2010년 동남권의 단위 재배면적당 마늘 생산량은 60,000/4,000=15톤이고, 2011년 동남권의 마늘 재배면적은 5,000톤이다. 따라서 단위 재배면적당 마늘 생산량이 2010년과 동일하면 2011년 동남권의 마늘 생산량은 5,000×15=75,000톤이므로 옳은 설명이다.

오답 체크

① 2010년 동남권의 마늘 생산량은 2009년에 비해 감소했으므로 옳지 않은 설명이다.

② 2010년 양파 생산량의 전년대비 증가율은 {(309,538-274,336)/274,336}×100≒12.8%, 양파 재배면적의 전년대비 증가율은 {(4,500-3,289)/3,289}×100≒36.8%로 양파 재배면적의 전년대비 증가율이 양파 생산량의 전년대비 증가율보다 크다. 따라서 2010년 단위 재배면적당 양파 생산량은 전년대비 감소했으므로 옳지 않은 설명이다.

05 분수 비교형 정답 ⑤

난이도 ★★★★☆

핵심포인트

<표>에 식품산업 매출액 및 생산액에 관한 실수가 제시되어 있고, 식품산업 생산액의 경우 제조업 생산액 대비 비중과 GDP 대비 비중이 함께 제시되어 있으므로 제조업 생산액과 GDP를 도출할 수 있는 식을 구성한다.

정답 체크

ㄷ. GDP 대비 제조업 생산액 비중=(GDP 대비 식품산업 생산액 비중/제조업 생산액 대비 식품산업 생산액 비중)×100이다. GDP 대비 제조업 생산액 비중은 2007년이 (3.40/13.89)×100≒24.5%, 2012년이 (3.42/12.22)×100≒28.0%로 2012년이 더 크므로 옳은 설명이다.

ㄹ. GDP=(식품산업 생산액/GDP 대비 식품산업 생산액)×100이고, 2008년 '갑'국 GDP는 (36,650/3.57)×100≒1,026.6조 원이므로 옳은 설명이다.

오답 체크

ㄱ. 제조업 생산액=(식품산업 생산액/제조업 생산액 대비 식품산업 생산액 비중)×100이므로 2001년 제조업 생산액은 (27,685/17.98)×100≒153,976.6십억 원이고, 2012년 제조업 생산액은 (43,478/12.22)×100≒355,793.8십억 원이다. 2012년 제조업 생산액은 2001년 제조업 생산액의 4배인 153,976.6×4≒615,906.4십억 원 미만이므로 옳지 않은 설명이다.

ㄴ. 2009년 식품산업 매출액의 전년대비 증가율은 {(44,441-39,299)/39,299}×100≒13.1%이고, 2011년 식품산업 매출액의 전년대비 증가율은 {(44,448-38,791)/38,791}×100≒14.6%이다. 따라서 식품산업 매출액의 전년대비 증가율은 2009년보다 2011년이 더 크므로 옳지 않은 설명이다.

빠른 문제 풀이 Tip

ㄱ. 유효숫자와 분수 비교를 활용하여 제조업 생산액을 비교할 수 있다. 제조업 생산액의 수치를 간소화하면 2012년 제조업 생산액은 $\frac{43}{12}=\frac{129}{36}$, 2001년 제조업 생산액은 $\frac{28}{18}=\frac{56}{36}$으로 나타낼 수 있다. 이때 2012년 제조업 생산액의 분자인 129는 56의 4배 이상이 되지 않으므로 2012년 제조업 생산액은 2001년 제조업 생산액의 4배 미만임을 알 수 있다.

ㄷ. GDP 대비 제조업 생산액 비중에서 2012년이 2007년보다 분자인 GDP 대비 식품산업 생산액 비중은 더 크고 분모인 제조업 생산액 대비 식품산업 생산액 비중이 더 작으므로 GDP 대비 제조업 생산액 비중은 2012년이 2007년보다 큼을 알 수 있다.

06 분수 비교형 정답 ①

난이도 ★★☆☆☆

핵심포인트

두 개의 <그림>에 영상회의 개최건수에 관한 실수가 제시되었으므로 두 개의 <그림>을 연계하여 공통점과 차이점을 체크한다. 또한 <그림>에서 자료의 전월대비 증가율을 비교할 때 시각적으로 기울기가 큰 3월, 5월을 기준으로 비교한다.

정답 체크

5월의 영상회의 개최건수의 전월대비 증가율은 {(96-61)/61)}×100≒57.4%로 60% 이하이고, 3월의 영상회의 개최건수의 전월대비 증가율은 {(114-68/68)}×100≒67.6%로 60% 이상이다. 따라서 5월의 영상회의 개최건수의 전월대비 증가율은 3월의 영상회의 개최건수의 전월대비 증가율보다 낮으므로 옳지 않은 설명이다.

오답 체크

② 전국 월별 영상회의 개최건수를 분기별로 비교하면 3/4분기가 92+102+120=314건으로 가장 많으므로 옳은 설명이다.

③ 영상회의 개최건수는 전남이 442건으로 가장 많으므로 옳은 설명이다.

④ 9월 개최건수는 120건이고 인천과 충남이 모든 영상회의를 9월에 개최했다면 54+65=119건이 9월에 개최했음을 알 수 있다. 따라서 나머지 1개 지역이 9월에 영상회의를 개최하여 총 3개 지역이 9월에 영상회의를 개최했으므로 옳은 설명이다.

⑤ 강원, 전북, 전남의 영상회의 개최건수의 합은 76+93+442=611건으로 전국 영상회의 개최건수 1,082건의 50%인 1,082×0.5=541건 이상이므로 옳은 설명이다.

빠른 문제 풀이 Tip

② 3/4분기인 7~9월의 건수를 더하여 다른 분기와 비교하지 않고, 월별로 차이를 비교하여 어느 분기의 개최건수가 더 많은지 파악하면 빠르게 문제를 풀이할 수 있다.

⑤ 합계가 1,082건이므로 합계의 50%는 541건이다. 강원, 전북, 전남의 대략적인 합이 541건을 넘는지 판단하면 빠르게 문제를 풀이할 수 있다.

07 곱셈 비교형 정답 ③

난이도 ★★★☆☆

핵심포인트

<표>에 실수와 비율이 동시에 제시되었고, 각 군의 월지급액=각 군의 1인당 월지급액×각 군의 군인수 비중이므로 군인수 비중이 동일한 소속끼리 묶어서 판단한다.

정답 체크

군인수 비중이 같은 (육군+공군), (해군+해병대)를 묶어서 보았을 때, 2013년 11월 '갑'국 전체 군인의 1인당 월지급액은 {(105,000+125,000)×0.3}+{(120,000+100,000)×0.2}=113,000원이므로 옳지 않은 설명이다.

오답 체크

① 2013년 12월에 1인당 월지급액이 모두 동일한 액수만큼 증가한다면, 11월 1인당 월지급액이 100,000원으로 가장 적은 해병대가 전월대비 1인당 월지급액 증가율이 가장 높으므로 옳은 설명이다.

② 2013년 12월에 1인당 월지급액이 해군 10%, 해병대 12% 증가한다면, 해군의 전월대비 월지급액 증가분은 120,000×0.1=12,000원, 해병대의 전월대비 월지급액 증가분은 100,000×0.12=12,000원으로 같으므로 옳은 설명이다.

④ 2013년 11월 육군, 해군, 공군의 월지급액을 모두 합하면 (105,000×30)+(120,000×20)+(125,000×30)=9,300,000원으로 해병대 월지급액 100,000×20=2,000,000원의 4배 이상이므로 옳은 설명이다.

⑤ 2013년 11월 공군과 해병대의 월지급액 차이는 (125,000×30)-(100,000×20)=1,750,000원이고, 육군과 해군의 월지급액 차이는 (105,000×30)-(120,000×20)=750,000원이다. 따라서 2013년 11월 공군과 해병대의 월지급액 차이는 육군과 해군의 월지급액 차이의 2배 이상이므로 옳은 설명이다.

빠른 문제 풀이 Tip

① 증가폭이 동일하다면 증가율은 분모가 작을수록 크다.
③ 비중이 같은 것끼리 묶으면 (육군+공군)은 115,000×2×0.3, (해군+해병대)는 110,000×2×0.2로 정리할 수 있다. 따라서 115,000×0.6과 110,000×0.4의 합이 선택지에서 묻는 115,000원이 될 수 없음을 쉽게 판단할 수 있다.
④ 계산하는 수치의 동일한 단위를 생략하여 계산하면 빠르게 문제 풀이할 수 있다. 2013년 11월 육군, 해군, 공군의 월지급액을 모두 합하면 (105×3)+(120×2)+(125×3)=930으로 나타낼 수있고, 해병대 월지급액은 100×2=200으로 나타낼 수 있다. 따라서 2013년 11월 육군, 해군, 공군의 월지급액은 해병대 월지급액의 4배 이상임을 알 수 있다.

08 분산·물방울형 정답 ①

난이도 ★★★★☆

핵심포인트

Y=X 보조선을 중심으로 좌상방은 2012년 대비 2013년에 순위가 하락, 우하방은 2012년 대비 2013년에 순위가 상승한 기업임을 확인한다. 또한 평균연봉비가 1.0을 넘는 기업은 2012년 대비 2013년 평균연봉이 증가한 기업이고, 평균연봉비가 1.0 미만인 기업은 2012년 대비 2013년 평균연봉이 감소한 기업이다. 또한 평균연봉비가 클수록 2012년 평균연봉 대비 2013년 평균연봉의 증가율이 크고 평균연봉비가 1.0 미만이면서 작을수록 2012년 평균연봉 대비 2013년 평균연봉의 감소율이 크다.

정답 체크

ㄱ. 2012년 순위와 2013년 순위가 같은 Y=X 보조선을 그었을 때 보조선 우하방에 존재하는 기업이 2012년에 비해 2013년 평균연봉 순위가 상승한 기업이다. 따라서 B, C, G, H, I, K, N으로 7개이므로 옳은 설명이다.

ㄴ. 2012년 대비 2013년 평균연봉 순위 하락폭이 가장 큰 기업은 4위에서 13위로 순위가 하락한 M이다. M의 평균연봉비가 0.79이고, 2012년 대비 2013년 평균연봉 감소율은 100-79=21%로 감소율도 가장 크므로 옳은 설명이다.

오답 체크

ㄷ. 2012년 대비 2013년 평균연봉 순위 상승폭이 가장 큰 기업은 7위에서 2위로 상승한 B이고, 평균연봉비가 1.27이므로 2012년 대비 2013년 평균연봉 증가율은 127-100=27%이다. 이때 N의 평균연봉비가 1.33이므로 2012년 대비 2013년 평균연봉 증가율은 133-100=33%이다. 따라서 B의 평균연봉 증가율이 가장 큰 것은 아니므로 옳지 않은 설명이다.

ㄹ. A기업은 평균연봉비가 0.98로 2012년에 비해 2013년 평균연봉이 감소했으나 평균연봉 순위는 2012년과 2013년이 동일하므로 옳지 않은 설명이다.

ㅁ. M의 2012년 순위는 4위지만 2013년 순위는 13위로 10위 이내에 있지 않으므로 옳지 않은 설명이다.

09 분수 비교형 정답 ①

난이도 ★★★☆☆

핵심포인트

<표 2>에는 제조사별 합계가 주어져있지 않으므로 <표 1>의 2023년 상반기 매출액을 참고하여 답을 도출한다.

정답 체크

ㄱ. 2021년 상반기 전체 매출액은 595,539백만 원이므로 비중이 20% 이상인 제조사는 약 119,108백만 원 이상인 제조사이다. 따라서 2021년 상반기 전체 매출액 중 제조사별 매출액 비중이 20% 이상인 제조사는 A, B, C로 3개이다.

ㄴ. 2022년 하반기에 전년 동기 대비 증가한 A, C, D, F를 제외하면 감소한 제조사는 B와 E이다. 매출액 감소율은 B가 8.9%, E가 15.5% 감소하여 감소율이 가장 큰 제조사는 E이다.

오답 체크

ㄷ. 전년 동기 대비 매출액이 증가한 제조사의 수는 2022년 상반기는 A, C, D, E로 4개지만 2023년 상반기는 F 1개로 동일하지 않다.

ㄹ. 2023년 상반기에 D의 백화점, 할인점, 체인슈퍼 매출액의 합은 40,323백만 원으로 해당 제조사 매출액 79,024백만 원에서 차지하는 비중이 51.0%로 50% 미만이 아니다.

빠른 문제 풀이 Tip

ㄱ. 전체가 약 60만 정도이므로 12만 이상이라면 20% 이상이라고 판단할 수 있다.
ㄴ. E가 유일하게 10% 이상 감소하여 가장 큰 제조사이므로 10% 감소율을 기준으로 판단한다.
ㄹ. 백화점+할인점+체인슈퍼 매출액의 합이 편의점+독립슈퍼+일반식품점의 합보다 더 작은지로 판단할 수도 있다.

10 빈칸형 정답 ⑤

난이도 ★★☆☆☆

핵심포인트

괄호가 많은 빈칸형 문제이므로 빈칸이 없는 항목을 기준으로 괄호 안의 수치를 도출하여 문제를 풀이한다.

정답 체크

각주 2)에서 항복강도와 인장강도 평가에서 모두 합격한 샘플만 최종 합격이라고 했고, SD500의 항복강도 합격률이 95.0%, 인장강도 합격률이 100.0%이므로 최종 합격률은 95.0%이다. 이때 SD500의 샘플 수를 x라고 하면 항복강도의 합격률에 따라 $35+0.95x+25\times0.92=(60+x)\times0.96$ → $x=40$이다. 이에 따라 합격률에 따라 각 샘플 수를 구하면 다음과 같다.

구분 \ 종류		SD400	SD500	SD600	전체
샘플 수		35개	40개	25개	100개
평가항목별 합격 샘플 수	항복강도	35개	38개	23개	96개
	인장강도	35개	40개	22개	97개
최종 합격 샘플 수		35개	38개	21개	94개

따라서 항복강도 평가에서 불합격한 SD600 샘플 수는 최종 불합격한 SD500 샘플 수와 2개로 같으므로 옳은 설명이다.

오답 체크

① SD500 샘플 수는 40개이므로 옳지 않은 설명이다.

② 인장강도 평가에서 합격한 SD600 샘플은 22개이고 항복강도 평가에서 합격한 SD600 샘플은 23개이다. 그러나 각주 2)에서 항복강도와 인장강도 평가에서 모두 합격한 샘플만 최종 합격이라고 했고, 최종 합격한 샘플 개수는 21개이므로 인장강도 평가에서 합격한 SD600 샘플이 항복강도 평가에서 모두 합격하지는 못했음을 알 수 있다. 따라서 옳지 않은 설명이다.

③ 항복강도 평가에서 불합격한 SD500 샘플 수는 2개이므로 옳지 않은 설명이다.

④ 최종 불합격한 전체 샘플 수는 100−94=6개이므로 옳지 않은 설명이다.

빠른 문제 풀이 Tip

SD500의 샘플 수를 도출할 때 편차의 합은 0이라는 평균의 원리를 이용한다. 항복강도 전체 합격률을 기준으로 종류별 편차를 도출하면 SD400이 +4, SD500이 −1, SD600이 −4이다. 이때 샘플 수는 SD400가 35개, SD500이 x개, SD600이 25개이므로 종류별로 편차와 샘플 수를 곱하여 모두 더하면 0이 되어야 한다. 따라서 $35\times4+x\times(-1)+25\times(-4)=0$을 만족하는 x를 도출하면 40이다.

11 각주 판단형 정답 ④

난이도 ★★★★☆

핵심포인트

각주에서 제시되는 식이 3개가 있으므로 각주를 사용하지 않고 <표>의 항목을 토대로 판단할 수 있는 <보기>부터 확인한다.

정답 체크

ㄱ. 주택보급률(%)=$\frac{\text{주택수}}{\text{가구수}}\times100$임을 적용하여 구한다. 이때 주택수=(주택보급률×가구수)/100이고, <표>에서 주택보급률과 가구수는 각각 매년 증가하고 있다. 따라서 주택수 역시 매년 증가하므로 옳은 설명이다.

ㄷ. 2001~2004년 동안 1인당 주거공간의 전년대비 증가율은 2001년이 {(17.2−13.8)/13.8}×100≒24.6%로 가장 크므로 옳은 설명이다.

ㄹ. 가구당 주거공간(m^2/가구)=$\frac{\text{주거공간 총면적}}{\text{가구수}}$임을 적용하여 구한다. 2004년 주거공간 총면적은 94.2×12,995=1,224,129천 m^2이고, 2000년 주거공간 총면적 58.5×10,167=594,769.5천 m^2의 2배인 594,769.5×2=1,189,539천 m^2 이상이므로 옳은 설명이다.

오답 체크

ㄴ. 주택보급률은 단순히 가구수 대비 주택수의 현황만을 알려줄 뿐이므로 주택보급률이 상승한 것만으로 2003년 주택을 두 채 이상 소유한 가구수가 2002년보다 증가했는지는 알 수 없다.

빠른 문제 풀이 Tip

ㄷ. 증가율은 기준연도 수치가 분모, 증가폭이 분자이고 분모가 가장 작을 때 증가율이 가장 크다는 점을 활용하여 증가폭을 비교한다. 1인당 주거공간은 2000년 이후 매년 증가하고 있고, 2001년 증가율의 기준연도인 2000년 수치가 가장 작고 증가폭은 가장 크므로 증가율이 가장 큰 해임을 알 수 있다.

ㄹ. 2000년 주거공간 총면적의 계산식은 58.5×10,167이므로 이 값이 60만을 넘는지 확인한다. 10,000×60.0과 곱셈 비교하면 10,167×58.5는 10,000×60.0보다 작다. 그렇다면 2004년 주거공간 총면적 94.2×12,995가 60만의 2배를 넘는다면 옳은 설명이 된다. 12,000×100과 12,995×94.2를 곱셈 비교를 하면 12,995×94.2는 120만을 넘으므로 2000년의 2배 이상이라고 판단할 수 있다.

12 조건 판단형 정답 ④

난이도 ★★★☆☆

핵심포인트

<평가방법>에 주어진 조건을 토대로 <표>에 제시된 전투기의 평가항목별 점수를 부여하여 도출한다.

정답 체크

각 전투기의 평가항목별 점수를 도출하면 아래와 같다.

평가항목 \ 전투기	A	B	C	D	E
최고속력	5	1	3	2	4
미사일 탑재 수	4	5	2	3	1
항속거리	4	1	2	3	5
가격	1	4	3	5	2
공중급유	1	1	0	1	0
자체수리	0	1	0	1	1
계	15	13	10	15	13

따라서 평가항목 점수의 합은 A와 D가 15점으로 동점이기 때문에 둘 중 가격이 더 낮은 D가 '갑'국이 구매할 전투기이다.

빠른 문제 풀이 Tip

최고속력~가격 평가항목은 점수가 1~5점으로 부여되고 공중급유와 자체수리는 가능 여부에 따라 점수가 1점 또는 0점으로 구분되므로 역순인 아래에서 위로 점수를 산정한다.

13 매칭형 정답 ④

난이도 ★★★★☆

핵심포인트

매칭형 문제이므로 어떤 <조건>을 먼저 검토하느냐에 따라 풀이 시간이 달라진다. 따라서 경우의 수를 고려하여 상대적으로 확정 가능한 <조건> 위주로 풀어내거나 판단하기 쉬운 <조건>부터 접근한다. 이 문제의 경우 제시된 자료가 수출액과 수지에 관한 자료이고, 수출액과 수지의 차이를 묻는 수입액 <조건>은 생각을 많이 하거나 차이값을 통해 복잡하게 접근해야 하므로 첫 번째 <조건>과 두 번째 <조건>은 후순위로 접근한다.

정답 체크

· <그림 2>에서 쉽게 판단 가능한 네 번째 <조건>부터 검토하면 2016년 '갑'국과 '병'국의 이전소득수지는 동일하므로 갑과 병으로 가능한 조합은 (B, D) 또는 (C, E)이다.

· 세 번째 <조건>에 따르면 2015년 본원소득수지 대비 상품수지 비율은 '병'국이 '무'국의 3배이므로 선택지에 따라 (B, E)가 (병, 무)인 경우부터 판단한다. 2015년 본원소득수지 대비 상품수지 비율은 B가 15/1=15백만 달러이고, E가 20/4=5백만 달러이므로 (B, E)는 병과 무로 가능한 조합이다. 그러나 E는 본원소득수지 대비 상품수지 비율이 가장 낮아 병이 될 수 없으므로 선택지 ②, ③, ⑤를 소거한다.

· 두 번째 <조건>에 따르면 2015년과 2016년의 서비스수입액이 동일한 국가는 '을'국, '병'국, '무'국이고, 남은 선택지에서 갑, 병, 무가 각각 D, B, E로 정해지므로 A와 C만 검토한다. 서비스수입액=서비스수출액-서비스수지이고 A의 서비스수입액은 2015년이 30-(-8)=38백만 달러, 2016년이 26-(-4)=30백만 달러이고, C의 서비스수입액은 2015년이 40-(-4)=44백만 달러, 2016년이 46-2=44백만 달러이므로 을이 C, 정이 A이다.

따라서 A는 정, B는 병, C는 을, D는 갑, E는 무이다.

14 각주 판단형 정답 ②

난이도 ★★☆☆☆

핵심포인트

자료에 제시되는 연도의 시작과 종료 시점과는 다르게 묻는 <보기>가 있을 수 있으므로 각 <보기>별 시작 연도와 종료 연도를 체크하여 판단한다.

정답 체크

ㄱ. 1949~2010년 동안 직전 조사년도에 비해 도시수가 증가한 조사년도는 1949년, 1980년, 1990년, 1995년을 제외한 나머지 모든 연도이다. 해당 조사년도에는 직전 조사년도에 비해 도시화율이 모두 증가했으므로 옳은 설명이다.

ㄷ. 도시화율(%)=$\frac{\text{도시인구}}{\text{전체인구}}$×100임을 적용하여 구한다. 전체인구는 도시화율 대비 도시인구이고, 1970년에 (20,857,782/49.8)×100≒41,883,096명으로 처음 4천만 명을 초과했으므로 옳은 설명이다.

오답 체크

ㄴ. 1949~2010년 동안 직전 조사년도 대비 도시인구 증가폭이 가장 큰 조사년도는 1960년에 12,303,103-6,320,823=5,982,280명으로 약 6백만 명 증가했고, 직전 조사년도 대비 도시화율 증가폭은 1960년에 42.4-35.4=7.0%p로 1975년 58.3-49.8=8.5%p보다 작으므로 옳지 않은 설명이다.

ㄹ. 평균도시인구=$\frac{\text{도시인구}}{\text{도시수}}$임을 적용하여 구한다. 1955년 도시인구는 약 630만 명이고, 도시수는 65개로 평균도시인구가 10만 명 미만이므로 옳지 않은 설명이다.

빠른 문제 풀이 Tip

ㄷ. 1970년 도시인구는 2천만 명을 초과했고 이는 전체인구의 절반 미만이므로 전체인구가 4천만 명을 초과했음을 빠르게 판단할 수 있다.

15 곱셈 비교형

정답 ④

난이도 ★★★★☆

핵심포인트

전년대비 생산액 변화율 전망치를 토대로 2021~2023년 생산액을 가늠하여 비교한다.

정답 체크

ㄱ. 2020년 '오리' 생산액은 1,327십억 원=1.327조 원이고, 2020년 대비 2021년 생산액 변화율이 −5.58%이므로 2021년 '오리' 생산액 전망치는 1.327×0.9442≒1.253조 원이다. 따라서 옳은 설명이다.

ㄷ. '축산업' 중 전년 대비 생산액 변화율 전망치가 2022년보다 2023년이 낮은 세부항목은 '우유'와 '오리' 2개이므로 옳은 설명이다.

ㄹ. 2020년 생산액 대비 2022년 생산액 전망치의 증감폭은 '재배업'이 30,270×1.0150×0.9958−30,270≒325십억 원, '축산업'이 19,782×0.9966×1.0070−19,782≒71십억 원으로 '재배업'이 '축산업'보다 크므로 옳은 설명이다.

오답 체크

ㄴ. 2021년 '돼지' 생산액 전망치는 7,119×0.9609≒6,841십억 원이고 같은 해 '농업' 생산액 전망치는 50,052×1.0077≒50,437십억 원이다. 따라서 2021년 '돼지' 생산액 전망치는 '농업' 생산액 전망치의 15%인 50,437×0.15≒7,566십억 원 미만이므로 옳지 않은 설명이다.

빠른 문제 풀이 Tip

ㄱ. 유효숫자를 설정하여 계산을 쉽게 한다. 1.327조 원을 기준으로 5.58% 감소하였으므로 이보다 수치를 살짝 높여 1.4조 원의 6%라고 생각해본다. 1.327의 94%보다 1.327의 6%를 전체에서 빼는 것이 더 간단하므로 이를 계산하면 1.327−0.084=1.243조 원으로 옳은 설명이라고 판단할 수 있다.

ㄴ. 2021년 '농업' 생산액 전망치는 2020년보다 증가하므로 50,052십억 원 이상이고, 2021년 '돼지' 생산액은 2020년보다 감소하고 있으므로 7,119십억 원 미만이다. 2020년 '농업' 생산액을 50,000으로 보고 그 15%를 계산하면 7,500십억 원이므로 '돼지' 생산액은 7,500십억 원보다 적다고 판단할 수 있다.

ㄹ. 증가율이 5% 미만인 아주 작은 수치이므로 2021년과 2022년의 증가율을 더해 이를 2020년 대비 2022년 증가율로 간주할 수 있다. 재배업은 1.50−0.42=1.08%, 축산업은 −0.34+0.70=0.36%로 2020년 대비 2022년 증가율은 재배업이 축산업보다 높고, 2020년 재배업 생산액이 축산업 생산액보다 더 많으므로 증감폭 역시 재배업이 축산업보다 크다고 판단할 수 있다.

16 매칭형

정답 ⑤

난이도 ★★★☆☆

핵심포인트

발문에서 자산대비 매출액 비율이 가장 큰 기업과 가장 작은 기업을 묻고 있으므로 이를 먼저 체크한 후 <정보>를 토대로 <표>의 항목과 매칭한다.

정답 체크

- 우선 자산대비 매출액 비율을 정리하면 A가 1, B가 $\frac{4}{3}$, C가 $\frac{3}{4}$, D가 $\frac{5}{6}$, E가 $\frac{7}{4}$이므로 가장 작은 기업은 C, 가장 큰 기업은 E이다.
- 네 번째 <정보>에 따르면 자기자본과 산업 평균 자기자본의 차이가 가장 작은 기업은 650−600=50만큼 차이가 나는 D이므로 D가 '을'임을 알 수 있다.
- 세 번째 <정보>에 따르면 매출액 순위와 순이익 순위가 동일한 기업은 3위인 A와 4위인 D이고, D가 '을'이므로 A가 '정'임을 알 수 있다.
- 첫 번째 <정보>에 따르면 해당 기업의 매출액이 산업 평균 매출액보다 큰 기업은 A, C, E이므로 C 또는 E가 '병'임을 알 수 있다.
- 두 번째 <정보>에 따르면 '갑'의 자산은 '무'의 자산의 70% 미만이므로 B, C, E 중 자산이 가장 많은 C가 '무'임을 알 수 있다. 이에 따라 첫 번째 <정보>와 연계하여 판단하면 E가 '병', B가 '갑'임을 알 수 있다.

따라서 자산대비 매출액 비율이 가장 작은 기업은 '무'이고 가장 큰 기업은 '병'이다.

빠른 문제 풀이 Tip

'가장'이라는 표현이 포함된 네 번째 <정보>부터 검토한다. D는 '을'이므로 선택지 중 '을'이 포함된 것을 소거하고, 세 번째 <정보>에 따라 A가 '정'이므로 선택지에서 '정'이 포함된 것을 소거하면 구체적으로 계산하지 않아도 C와 E를 찾을 수 있다.

17 평균 개념형

정답 ④

난이도 ★★★★☆

핵심포인트

발문에 전체 학생 수, <표>에 남성, 여성, 전체의 비율이 제시되어 있으므로 가중평균 개념을 활용하여 남성, 여성 학생 수를 파악한다. 이때 전체와 부분의 차이는 가중치와 반비례한다는 점을 활용한다.

정답 체크

대학생 1,000명 중 성형수술에 대해 설문조사를 한 남성응답자 수(x)와 여성응답자 수(y)를 도출하기 위해 가중치를 고려하여 다음과 같은 식으로 계산한다.

$x+y=1,000$

$0.3x+0.375y=0.33(x+y)$

→ $x=600$, $y=400$

이에 따라 성형수술에 대해 설문조사를 한 남성응답자 수는 600명, 여성응답자 수는 400명이다. 이때 성형수술을 희망하는 남성응답자 수는 600×0.3=180명이고, 코 성형을 희망하는 남성응답자 수는 180×0.4=72명이다. 또한 성형수술을 희망하는 여성응답자 수는 400×0.375=150명이고, 코 성형을 희망하는 여성응답자 수는 150×0.44=66명으로 코 성형을 희망하는 남성응답자 수가 여성응답자 수보다 많으므로 옳은 설명이다.

오답 체크

① 설문조사에 응답한 남성응답자 수 600명 중 성형수술을 희망하는 남성응답자 수는 180명이고, 여성응답자 수 400명 중 성형수술을 희망하는 여성응답자 수는 150명이므로 옳지 않은 설명이다.

② 전체 대학생 1,000명 중 설문조사에 참여한 남성응답자 수는 600명이고, 여성응답자 수는 400명으로 남성응답자 수가 여성응답자 수보다 더 많으므로 옳지 않은 설명이다.

③ 치아교정을 희망하는 응답자는 피부 레이저 시술도 희망하는지는 제시된 자료만으로 판단할 수 없으므로 옳지 않은 설명이다.

⑤ 치아교정을 희망하는 여성응답자 수는 150×0.3=45명이고, 피부 레이저 시술을 희망하는 남성응답자 수는 180×0.25=45명으로 동일하므로 옳지 않은 설명이다.

빠른 문제 풀이 Tip

만약 전체 대학생 수 중에서 남녀의 비율이 정확히 5:5가 된다면 성형수술 희망 응답자의 전체 비율은 30.0%와 37.5%의 산술 평균인 33.75%가 되어야 한다. 그러나 이 문제의 경우 전체 비율이 33%이므로 전체 대학생 수 중 남성이 더 많다는 것을 알 수 있다. 또한 전체 33.0%에서 남성 30.0%와의 차이는 3.0%p이고 여성 37.5%와의 차이는 4.5%p이므로 대학생 남성과 여성은 4.5:3.0=3:2의 비율로 존재한다. 따라서 전체 대학생 1,000명 중 남성은 600명, 여성은 400명임을 알 수 있다.

18 반대해석형

정답 ⑤

난이도 ★★★☆☆

핵심포인트

전체 지역이 8개이고 이 중 5개 지역을 묻는 <보기>가 제시되었으므로 반대해석을 적용하여 나머지 3개 지역에 대한 정보를 판단하여 풀이 과정을 간소화한다.

정답 체크

ㄴ. 1770년, 1809년, 1908년 각 지역별 시장 수 중 황해도가 82개, 평안도가 134개, 강원도가 68개, 함경도가 28개로 모두 동일하므로 옳은 설명이다.

ㄷ. 시기별 시장 수 하위 5개 지역은 경기도, 황해도, 평안도, 강원도, 함경도이고, 해당 지역의 시장 수 합은 1770년이 413개, 1809년이 414개, 1830년 438개, 1908년이 414개이다. 이때 시기별 전국 시장 수 중 하위 5개 지역 시장 수의 비중은 1770년이 (413/1,062)×100≒38.9%, 1809년이 (414/1,061)×100≒39.0%, 1830년이 (438/1,052)×100≒41.6%, 1908년이 (414/1,075)×100≒38.5%로 시기별 시장 수 하위 5개 지역의 시장 수 합은 해당 시기 전체 시장 수의 50% 미만이므로 옳은 설명이다.

ㄹ. 1830년 함경도의 읍당 시장 수는 42/14=3개이므로 나머지 지역의 읍당 시장 수를 파악한다. 이때 전라도가 188/53≒3.5개, 경상도가 268/71≒3.8개, 황해도가 109/23≒4.7개, 평안도가 143/42≒3.4개로 4개 지역이 3개를 초과하고, 이 중 함경도의 읍당 시장 수는 다섯 번째로 많으므로 옳은 설명이다.

오답 체크

ㄱ. 1770년 대비 1908년 시장 수가 증가한 지역은 경기도, 충청도, 경상도이고, 해당 지역들의 시장 수 증가율은 경기도가 {(102-101)/101}×100≒1.0%, 충청도가 {(162-157)/157}×100≒3.2%, 경상도가 {(283-276)/276}×100≒2.5%로 충청도의 시장 수 증가율이 가장 크므로 옳지 않은 설명이다.

빠른 문제 풀이 Tip

ㄱ. 1770년 대비 1908년 충청도의 시장 수 증가율 $\frac{5}{157}$와 경상도의 시장 수 증가율 $\frac{7}{276}$을 비교한다.

ㄷ. 지역이 총 8개이므로 하위 5개 지역의 시장 수 합이 전국 시장 수의 50% 미만인지 파악하는 것보다 상위 3개 지역의 시장 수 합이 전국 시장 수의 50%를 넘는지 파악하는 것이 더 수월하다. 모든 시기의 상위 3개 지역은 충청도, 전라도, 경상도이고 이들의 합은 각 시기별로 전국 시장 수의 50% 이상이다.

19 최소여집합형

정답 ①

난이도 ★★☆☆☆

핵심포인트

전제 전투의 합계가 동일하므로 자료의 공통적인 속성을 모두 만족하는 항목이 있는지 체크한다. 이 문제의 경우 선택지 ④, ⑤를 판단할 때 최소여집합 중 $A-B^c>0$을 활용하여 문제를 풀이한다.

정답 체크

전체 전투 대비 일본측 공격 비율은 임진왜란 전기가 (29/87)×100≒33.3%이고, 임진왜란 후기가 (8/18)×100≒44.4%이다. 따라서 전체 전투 대비 일본측 공격 비율은 후기가 전기보다 더 높으므로 옳지 않은 설명이다.

오답 체크

② 조선측 공격이 일본측 공격보다 많았던 해는 1592년, 1593년, 1598년이고, 해당 시기에 조선측 승리가 일본측 승리보다 항상 많으므로 옳은 설명이다.

③ 1592년과 1598년의 전체 전투 대비 관군 단독전의 비율은 1592년이 (19/70)×100≒27.1%이고, 1598년이 (6/8)×100=75%이다. 따라서 1598년의 전체 전투 대비 관군 단독전의 비율은 1592년의 75/27.1≒2.8로 2배 이상이므로 옳은 설명이다.

④ 1592년 조선이 관군·의병 연합전에서 거둔 승리는 40-19-9=12회이고, 그 해 조선측 승리의 비중은 (12/40)×100=30%이므로 옳은 설명이다.

⑤ 1598년에 관군·의병 연합전 2회가 모두 조선측 승리라면 관군 단독전 중 조선측 승리는 4회 이상이므로 옳은 설명이다.

20 조건 판단형 정답 ⑤

난이도 ★★★☆☆

핵심포인트

조건이 제시된 계산형 문제이므로 빈칸을 최소한으로 채워 도출할 수 있는 <보기>를 확인한 후, 승점과 상금의 관계를 파악한다.

정답 체크

ㄴ. <규칙>의 가에 제시된 상금을 모두 더하면 총 상금은 10+15+20+25+30+35+40=175만 원이다. <표>에서 B의 획득 상금이 110만 원이므로 A의 획득 상금은 175-110=65만 원이다. 따라서 옳은 설명이다.

ㄷ. 승점을 토대로 판단하면 A는 5회차 게임에서 승리하여 상금 30만 원을 획득했고, <표>에 따르면 A는 1회차 상금 10만 원과 4회차 상금 25만 원을 획득했으므로 A의 총 상금은 10+25+30=65만 원이다. 이에 따라 나머지 회차의 상금은 모두 B가 획득했으므로 3회차는 B가 승리했음을 알 수 있다. 따라서 옳은 설명이다.

ㄹ. A는 1, 4, 5회차에서 총 3번을 승리했으므로 옳은 설명이다.

오답 체크

ㄱ. 3회차는 B가 승리, 4회차는 A가 승리했고, 만약 2회차를 B가 승리할 경우 A의 승점은 1회차부터 7회차까지 모두 더한 1-1-1+1+1+0-1=0점이 되어 <표>와 승점의 합이 일치하지 않음을 알 수 있다. 2회차가 무승부일 경우 A의 승점을 더하면 1+0-1+1+1+0-1=1점이 되어 <표>와 승점의 합이 일치한다. 따라서 전체 게임 중 무승부 게임은 2회차와 6회차 두 번이므로 옳지 않은 설명이다.

21 조건 판단형 정답 ②

난이도 ★★★★☆

핵심포인트

<조건>이 제시된 문제로 각주 2)를 체크하여 한 주의 시작은 월요일임에 유의한다. 즉, 1주차 마지막 날인 일요일에 부품을 구매하므로 1주차 생산량은 0이다.

정답 체크

- 첫 번째 <조건>에 따르면 A제품은 매주 월요일부터 금요일까지 생산하고, A제품 1개 생산 시 B부품만 2개가 사용된다. 또한 각주 2)에서 한 주의 시작은 월요일이라고 했고, 두 번째 <조건>에서 B부품은 매주 일요일에 일괄구매하여 그 다음 주 A제품 생산에 남김없이 모두 사용된다고 했으므로 1주차 마지막 날인 일요일에 구매한 B부품 500개로 1주차 A제품을 하나도 생산할 수 없게 된다. 따라서 1주차 A제품 생산량은 0이므로 재고량도 0이 된다.
- 세 번째 <조건>에 따르면 생산된 A제품은 매주 토요일에 해당주차 주문량만큼 즉시 판매되고, 남은 A제품은 이후 판매하기 위한 재고로 보유한다. 이에 따라 1주차에 주문한 B부품 500개로 A제품 250개를 생산하여 2주차 A제품 주문량 200개만큼 즉시 판매되어 2주차 A제품 재고량은 250-200=50개가 된다.
- 2주차 B부품 구매량은 900개로 3주차 A제품을 450개 생산할 수 있고, A제품 주문량 450개가 즉시 판매되면 2주차 A제품 재고량은 50개만 남게 되므로 3주차 A제품 재고량은 50개가 된다.

따라서 A제품의 재고량은 1주차가 0, 2주차가 50, 3주차가 50이다.

22 보고서 검토·확인형 정답 ④

난이도 ★★★☆☆

핵심포인트

추가로 필요한 자료를 찾는 문제이므로 제시된 자료를 통해 <보고서>를 작성할 수 있는지 판단한다. 조사대상 5개국 중에서 판단하는 것이라면 제시된 자료만 가지고 <보고서>를 작성할 수 있으나 OECD 회원 국가 중에서 판단하는 것이라면 제시된 자료만 가지고 <보고서>를 작성하는 것은 불가능하다.

정답 체크

ㄱ. <보고서>의 다섯 번째 문장에서 2005년 한국의 초등학생 1,000명당 전체 교직원 수는 2004년에 비해 20.3% 증가했지만, OECD회원 국가 중 가장 적었다고 했고, <표>에는 2005년 한국의 초등학생 1,000명당 전체 교직원 수만 제시되어 있으므로 '2004년 한국의 초등학생 1,000명당 전체 교직원 수'는 추가로 필요한 자료이다.

ㄴ. <보고서>의 다섯 번째 문장에서 2005년 한국의 초등학생 1,000명당 전체 교직원 수는 2004년에 비해 20.3% 증가했지만, OECD회원 국가 중 가장 적었다고 했고, <표>에는 미국, 일본, 핀란드, 프랑스, OECD 평균만 제시되어 있으므로 '2005년 전체 OECD 회원국의 국가별 초등학생 1,000명당 전체 교직원 수'는 추가로 필요한 자료이다.

ㄹ. <보고서>의 세 번째 문장에서 프랑스는 OECD 회원 국가 중 초등학생 1,000명당 전문 학생지원직을 가장 많이 고용하고 있는 것으로 나타났다고 했고, <표>에는 미국, 일본, 핀란드, 한국, OECD 평균만 제시되어 있으므로 '2005년 전체 OECD 회원국의 국가별 초등학생 1,000명당 전문 학생지원직 교직원 수'는 추가로 필요한 자료이다.

오답 체크

ㄷ. <보고서>의 첫 번째 문장에서 2005년 국가별 초등학교 교직원 수 현황을 비교한 결과 한국은 조사대상 5개국 중 초등학생 1,000명당 학급교사 수가 가장 적은 것으로 나타났다고 했고, <표>에는 조사대상 5개국의 학급교사 수가 제시되어 있으므로 '2005년 전체 OECD 회원국의 국가별 초등학생 1,000명당 학급 교사 수'는 추가로 필요한 자료가 아니다.

23 분수 비교형 정답 ②

난이도 ★★★★☆

핵심포인트

가로 합이 100%인 표이므로 각 지역 내에서 소요시간 별 통근자 수는 비교할 수 있지만 소요시간이 같은 통근자 수의 지역 간 비교는 불가능하다는 점을 파악하여 정답을 도출한다.

정답 체크

ㄱ. A~E지역 모두 통근 소요시간이 1시간 미만인 통근자 수는 70% 이상이다. 따라서 통근 소요시간이 1시간 미만인 통근자 수는 A~E지역 전체 통근자 수의 70% 이상이므로 옳은 설명이다.

ㄷ. E지역 통근자의 평균 통근 소요시간이 22분 이상인지 판단하는 것은 E지역 통근자의 평균 통근 소요시간의 최솟값이 22분인지 판단하는 것과 동일하다. 따라서 소요시간 구간별로 최솟값을 잡아 계산한다. 우선 30분 미만은 제외하고 계산하면, 30분 이상 1시간 미만이 34.0%이므로 $30 \times 0.34 = 10.2$분, 1시간 이상 1시간 30분 미만이 13.4%이므로 $60 \times 0.134 \fallingdotseq 7.8$분, 1시간 30분 이상 3시간 미만이 5.4%이므로 $90 \times 0.054 \fallingdotseq 4.5$분이다. 따라서 E지역 통근자의 평균 통근 소요시간은 $10.2+7.8+4.5 \fallingdotseq 22.5$분이므로 옳은 설명이다.

오답 체크

ㄴ. A~E지역 중 통근 소요시간이 1시간 이상인 통근자의 구성비가 가장 큰 지역은 A이지만, 지역별 전체 통근자 수가 주어져 있지 않으므로 판단할 수 없다.

ㄹ. 지역별 전체 통근자 수가 주어져 있지 않지만, 이는 공통적인 계산이므로 생략하고 비율만으로 분수 비교한다. 통근 소요시간이 30분 이상인 통근자 수 대비 30분 이상 1시간 미만인 통근자 수의 비율은 C지역이 $\frac{38.8}{51.7} \fallingdotseq 0.75$이고 D지역이 $\frac{26.3}{32.3} \fallingdotseq 0.81$이므로 C지역보다 D지역의 비율이 더 높다. 따라서 옳지 않은 설명이다.

빠른 문제 풀이 Tip

ㄱ. 평균의 개념을 생각하면 통근 소요시간이 1시간 미만인 통근자 수가 A~E지역 전체 통근자 수에서 차지하는 비중은 최솟값인 A지역 71.1%이상, 최댓값인 D지역 94.0% 이하가 된다. 즉, 평균은 71.1~94.0% 사이에 존재한다.

ㄹ. 통근 소요시간이 30분 이상인 통근자 수(X+Y) 대비 30분 이상 1시간 미만인 통근자 수(X)의 비율($\frac{X}{X+Y}$)을 묻고 있지만 이는 1시간 이상인 통근자 수(Y) 대비 30분 이상 1시간 미만인 통근자 수(X)의 비율($\frac{X}{Y}$)로 비교하는 것과 결과가 동일하다. 따라서 C지역은 $\frac{38.8}{12.9}$로 4 미만이고, D지역은 $\frac{26.3}{6.0}$으로 4 이상이므로 C지역보다 D지역의 비율이 더 높다. 따라서 통근 소요시간이 1시간 이상인 통근자 수(Y) 대비 30분 이상 1시간 미만인 통근자 수(X)의 비율($\frac{X}{Y}$)이 C보다 D가 더 높으므로 통근 소요시간이 30분 이상인 통근자 수(X+Y) 대비 30분 이상 1시간 미만인 통근자 수(X)의 비율($\frac{X}{X+Y}$) 역시 C보다 D가 더 높다.

24 분수 비교형

정답 ⑤

난이도 ★★★☆☆

핵심포인트

제시된 자료의 수치가 많기 때문에 <표 1>은 생산액, <표 2>는 면적과 생산량이라는 점을 체크하여 <보기>에서 묻는 항목을 정확하게 연결하여 판단한다.

정답 체크

ㄴ. 6대 과일 중 2021년 생산량의 전년 대비 증감률은 25.0%인 사과, −3.6%인 감귤, −39.7%인 복숭아, −32.5%인 포도, −30.5%인 배, −34.7%인 단감으로, 증감률이 가장 큰 과일은 복숭아이다.

ㄷ. 6대 과일 생산액의 합에서 배의 생산액이 차지하는 비중이 10% 이상인 연도는 16.1%인 2019년, 12.6%인 2020년, 14.4%인 2021년, 11.3%인 2022년으로 4개이다. 2023년은 7.2% 미만으로 10% 이상이 되지 못한다.

오답 체크

ㄱ. 2022년 재배면적당 생산액은 복숭아 456/16.7≒27.3이 감귤 637/21.3≒29.9보다 적다.

빠른 문제 풀이 Tip

ㄱ. 유효숫자로 판단하면 복숭아는 456/167이고 감귤은 637/213이므로 3을 기준으로 판단한다.

ㄴ. 증감률은 복숭아가 약 40%로 가장 크다. 따라서 나머지 과일의 증감률 역시 40%를 기준으로 판단한다.

25 표-차트 변환형

정답 ②

난이도 ★★★☆☆

핵심포인트

여러 가지 항목이 주어졌기 때문에 각 <보기>의 그림이 표-차트 변환형의 대표적인 오답패턴인 '항목 바꾸기'에 해당하는지 확인하여 답을 도출한다.

정답 체크

<표>를 이용하여 작성한 <보기>의 자료 중 옳은 것만을 모두 고른 것은 ㄱ, ㄹ이다.

오답 체크

ㄴ. <표 2>에서 2019년 배의 생산량은 324인데 그래프에는 476으로 잘못 표시되었다(포도의 생산량을 배로 잘못 표시하였다).

ㄷ. <표 1>에서 2022년 복숭아는 456, 배는 426으로 복숭아가 배보다 생산액이 더 많지만 그래프에서는 복숭아 10.2%, 배 11.0%로 복숭아보다 배의 비중이 더 크게 잘못 표시하였다(비중이 서로 바뀌었다).

해커스PSAT **7급 PSAT 기본서** 자료해석

부록

기출 출처 인덱스

기출 출처 인덱스

교재에 수록된 문제의 출처를 쉽게 확인할 수 있도록 출제 연도, 시험 유형, 책형, 문제 번호, 교재 수록 페이지 순으로 정리하였습니다.
기출문제 학습 후 해당 유형을 찾아 학습할 때 활용할 수 있습니다.

7급공채 예시 문제

7급공채 모의평가

7급공채

민경채

5급공채

외교관

Note

Note

Note

2026 대비 최신개정판

해커스PSAT 7급PSAT 기본서 자료해석

개정 6판 1쇄 발행 2025년 9월 5일

지은이	김용훈
펴낸곳	해커스패스
펴낸이	해커스PSAT 출판팀
주소	서울특별시 강남구 강남대로 428 해커스PSAT
고객센터	1588-4055
교재 관련 문의	gosi@hackerspass.com 해커스PSAT 사이트(psat.Hackers.com) 1:1 문의 게시판
학원 강의 및 동영상강의	psat.Hackers.com
ISBN	979-11-7404-417-4 (13320)
Serial Number	06-01-01

한국사능력검정시험 **1위* 해커스!**

해커스 한국사능력검정시험 교재 시리즈

* 주간동아 선정 2022 올해의 교육 브랜드 파워 온·오프라인 한국사능력검정시험 부문 1위

빈출 개념과 **기출 분석**으로
기초부터 문제 해결력까지
꽉 잡는 기본서

해커스 한국사능력검정시험
한권합격 심화 [1·2·3급]

스토리와 **마인드맵**으로 **개념잡고!**
기출문제로 **점수잡고!**

해커스 한국사능력검정시험
2주 합격 심화 [1·2·3급] 기본 [4·5·6급]

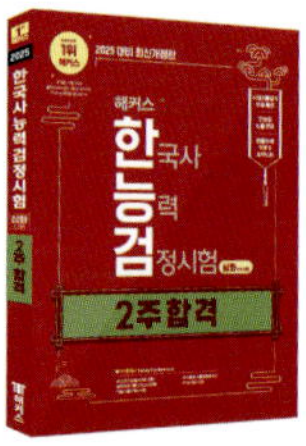

시대별/회차별 기출문제로
한 번에 합격 달성!

해커스 한국사능력검정시험
시대별/회차별 기출문제집 심화 [1·2·3급]

개념 정리부터 **실전까지!**
한권완성 기출문제집

해커스 한국사능력검정시험
한권완성 기출 500제 기본 [4·5·6급]

빈출 개념과 **기출 선택지**로
빠르게 합격 달성!

해커스 한국사능력검정시험
초단기 5일 합격 심화 [1·2·3급]
기선제압 막판 3일 합격 심화 [1·2·3급]

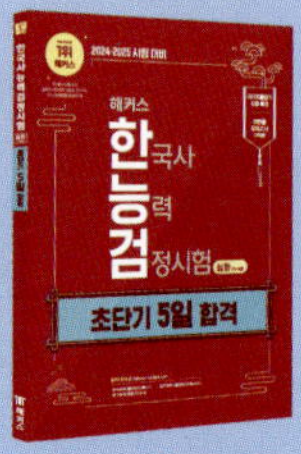